한국전쟁

어떻게 일어났나

한국전쟁

어떻게 일어났나

소진철 著

KSI 한국학술정보㈜

서 언

    우리 민족에게 헤아릴 수 없이 많은 고통과 고난을 안겨다 준 한국전쟁이 舊소련 정부가 주도한 '국제공산주의자'들의 소행이라는 사실은 1950년대와 1960년대에는 보편적으로 받아들여진 인식이었다. 특히 미국의 朝野 人士들 중에는 이 전쟁을 가리켜 그것은 소련 수상 스탈린의 무모한 '개인적인 야망의 표출'이라고까지 혹평하는 경우도 있었다.

    그러나 1960년대 후반에 접어들자 한때 '스탈린 노선'을 가혹하게 비판했던 후르시쵸프 前 소련수상은 한국전쟁의 기원에 관한 '증언'에서 놀랍게도 이 전쟁에 대한 스탈린의 역할은 극히 '피동적'이었으며, 또한 '소극적'인 것이었다고 주장해 한때 세상을 놀라게 하였다. 그의 그러한 주장은 이른바 '전통주의적' 시각(한국전쟁은 소련이 韓半島의 공산화라는 목표를 가지고 '주도'한 것)을 무색하게 하였으며, 학계에서는 그의 발언을 가지고 이것은 '眞實에 아주 가까운 것'이라고 보고, 이를 '通說'로 받아들이게 되었다.

    그러나 1980년대 후반에 접어들면서부터 소련 사회의 대변혁으로 말미암아 그동안 '베일'에 가려 있던 舊소련의 '전쟁문서'가 하나둘씩 세상에 드러나게 되었다. 특히 근자에 이르러서는 대량의 '전쟁문서'들이 러시아 정부의 배려로 세상에 공개되어 한국전쟁의 '배경'을 규명하는 데 큰 도움을 주고 있다.

그런데 최근 공개된 '문서'들에서는 이상하게도 후르시쵸프의 주장과 같은 내용은 찾아볼 수 없으며 오히려 '전통주의적'인 입장을 '대변'해 주고 있는 것이 대부분이어서 우리는 한국전쟁의 기원을 재검토하지 않으면 안 되게 되었다. 앞으로도 이와 같은 '전쟁문서'는 더 많이 공개될 것으로 보이나, 지금까지 공개된 자료만으로도 이를 토대로 한 '잠정적인 결론'을 유추하는 데는 별문제가 없을 것으로 보인다.

필자는 30여 년 전에 쓴 한 편의 논문에서 한국전쟁의 기원을 밝힌 바 있는데 그 논지는 오늘날 공개된 旧소련의 '전쟁문서'와 맥을 같이 하는 것으로서, 本稿는 그 논문에 바탕을 두고 최근에 공개된 旧소련 '전쟁문서'를 보완자료로 삼아 그간 우리 학계가 채택한 입장의 그릇된 점을 지적하고자 한다.

필자가 학창시절 이 논문을 작성할 때 이를 지도해 주시고 편달해 주신 미국 오클라호마대학(The University of Oklahoma)의 벤슨(Oliver E. Benson) 교수와 홀(Rufus G. Hall, Jr.) 교수님께 감사하는 바이다. 그리고 논문 작성 시 직·간접으로 도움을 주신 강영훈(姜英勳) 선생님(전 국무총리)께도 감사의 말씀을 드리며 또한 미국 버클리대학(UC Berkeley)의 스칼라피노(Robert A. Scalapino) 교수님의 고마운 충고에 대해서도 감사하는 바이다.

本稿를 작성하는 데 있어 필자가 재직하고 있는 원광대학교 사회과학대학의 김용욱(金容郁), 이우정(李愚貞) 교수님은 원고를 정독해 주시고 귀중한 조언을 주셨다. 그리고 원광대대학원생 최원용(崔沅鏞) 군은 원고를 정리하는 데 수고가 많았다. 이 자리를 빌려 감사의 말씀을 드리고 싶다.

그리고 후학들에게 조금이나마 한국전쟁의 진실을 알리겠다는 심정에서 이를 출판해주신 한국학술정보(주)의 채종준 사장님과 출판을 주선해 준 임은정씨에 각별한 사의를 표하는 바이다.

끝으로 필자가 이 늦은 나이에도 불구하고 연구 활동을 계속 할 수 있는 것은 오로지 가족들의 깊은 이해와 지원의 결과라고 생각한다. 그간의 보람이 이 한권의 책으로 남게 되니 이 기쁨을 가족과 같이 하고 싶다.

2008년 11월

蘇 鎭 轍

목 차

제1장

제2차 대전의 종결과 韓半島 정세

1. 제2차 대전 중의 국제 협정과 한민족의 장래
― 한국의 즉각적인 독립은 약속되지 않았다 ―

1) 1910년 한국의 주권(主權) 상실

東北아시아에 있어서 韓半島의 지정학적(地政學的) 중요성은 타의 추종을 불허한다. 시대에 따라 그 정도의 차이는 있었지만, 중국 대륙과 러시아의 연해주(沿海州) 및 일본열도의 삼각관계의 중심부에 자리하고 있는 한반도(韓半島)는 예부터 한 세력이 타 세력에게 영향을 끼치게 하는 요소로 작용하였다. 그렇기 때문에 東아시아의 '헤게모니'(hegemony) 쟁탈전에서는 언제나 韓半島의 '컨트롤'(control)이 문제시되었다. 바로 이러한 점이 우리에게 비운을 가져다준 근대사의 한 단면이 되기도 했다.

韓半島가 국제정치의 세력 각축장이 된 것은 1870년대의 일인데, 이때 일본 제국주의자들은 재빨리 여기서 우월권을 확립하는 데 성공함으로써 東아시아 '헤게모니' 쟁탈전에서 유리한 고지를 점하게 되었다.

1905년 일본은 노일(露日)전쟁에서 막강한 러시아(Russia) 함대를 패배시킴으로써, 韓半島 병합(倂合)의 발판을 구축하였으며 대망의 대륙 진출의 야욕을 충족시킬 수 있게 되었다. 1910년 8월, 일본은 旧한국 정부에 대해 韓半島에 있어서의 '안정과 평화를 추구하고, 한국인의 복지와 번영을 위하며, 나아가서는 외국인의 신체와 재산을 보호'한다는 것을 구실로, 이른바 "한일합방조약의정서(韓日合邦條約議定書)"에 서명할 것을 강요함으로써, 마침내 한민족의 독립과 주권은 일제의 손아귀에 들어갔고, 한국은 그들의 식민지로 전락하여 나라 잃은 쓰라린 경험을 맛보게 되었다.[1]

2) 제2차 대전 중의 국제 협정과 한국의 독립

일제에게 주권을 **빼앗긴** 한국은 그동안 기미독립운동(己未獨立運動)과 같은 거족적이며 조직적인 항일(抗日)운동을 계속하였으나, 한민족만의 힘에 의한 주권 회복은 암담한 것이었다. 그러나 일본은 그들의 제국주의적인 팽창정책이 그 극에 달해 마침내 1940년 12월 8일에는 미·영 연합국에 '선전포고'를 하고 태평양전쟁에 돌입하였다.

그 결과 한민족의 주권의 회복은 일본제국의 패망과 동시에 그 가능성을 찾을 수 있게 되었다. 1943년 8월 미국 대통령 루즈벨트(Franklin D. Roosevelt)와 영국 수상 처칠(Winston S. Churchil)은 "대서양헌장(大西洋憲章, Atlantic Charter)"을 선언함으로써, 한국처럼 일본에 주권을 강제로 약탈당한 국민들에게 주권 회복의 희망을 안겨주게 되었다.[2]

이러한 "대서양헌장"의 정신은 같은 해 11월 루스벨트 대통령, 처칠 수상 및 장개석(蔣介石) 중국 총통 등이, 이집트(Egypt)의 수도 카이로(Cairo)에서 만나 대전 후의 문제처리를 협의하는 자리에서 발표된 "카이로선언"(Cairo Declaration)에서 한층 더 구체적으로 나타났다.

이 선언은 한국의 장래에 대해, "3대국은 한국인의 '노예상태'에 유의 (mindful of the enslavement of the Korean People)하고 있으며, 적당한 시기(in due course)에 한국을 해방(解放, free)시켜 독립시킬 것을 결의한다."라고 다짐해, 전쟁 종료 후 어느 정도의 '과도기'를 거치게 되면 한국민은 민주적이고 또한 통일된 조국의 독립이 연합국(聯合國)에 의해서 약속되었던 것이다.[3]

---

1) 이 條約은 日帝의 '강압'에 의한 것이고, 條約 체결의 절차상 '중대한 하자'가 있기 때문에 條約은 원천적으로 無效라는 것이 한국 정부(韓國 정부)의 입장이다.

2) Department of State, *Selected Document on American Foreign Policy*, 1941~1945(Washington, D.C.: GPO, 1946), pp.2−3.

카이로 회담의 英·美·中 3국 수뇌들(1943. 11.)

그런데 여기서 한 가지 유의해야 할 점은 연합국이 보장한 한국의 독립은 '즉시' 이루어지는 것이 아니라 상당한 기간의 '과도기'를 거친 후에 허용된다고 하는 미국 대통령 루즈벨트의 복안이다. 그는 교육적인 차원에서 韓半島에는 '위임통치'나 '신탁통치'와 같은 것을 장기간 실시해야 한다고 생각했던 것이다.[4]

당초 카이로회담에는 소련 정부의 초청이 없었으므로, 미·영 수뇌들은 소련 수상 스탈린을 별도로 이란(Iran)의 수도 테헤란(Teheran)에 초치하여, 카이로회담의 합의 사항을 논의하고 이에 대한 스탈린 수상의 양해

---

3) Department of State, *Korea's Independence*(Washington, D.C.: GPO, 1947), Annex Ⅱ, p.16.

4) 루즈벨트 대통령은 韓半島의 즉각적인 독립을 생각하지 않았다고 한다. 그는 1943년 10월 모스크바로 떠나는 코델 헐(Cordell Hull) 국무장관에게도 韓半島에 대한 '신탁통치' 구상을 전달한 바 있고(FRUS, Conferences at Cairo and Teheran, 1943(Washington, D.C., 1961, pp.257~325), 또한 1943년 11월 19일 카이로 행 아이오와(Iowa)선 상에서도 참모들에게 蔣介石 총통이 한국에 대한 '신탁통치'를 원하고 있는데, 이는 러시아, 중국과 미국이 탁치국(託治國)이 되어 통치할 것이라는 언급을 했다.

를 구하기로 하였다. 1943년 12월 이 회담에 참석한 스탈린(Joseph V. Stalin) 수상은 카이로회담의 결의사항에 대하여 별다른 반대를 하지 않았다고 한다. 따라서 한반도 문제는 어느 정도의 '과도기'를 거친 후에 한국의 독립은 허용된다고 하는 미국 측 구상에 소련이 양해한 것이다.5)

그러나 韓半島 문제가 보다 더 현실화된 것은 소련의 대일 참전(對日 參戰)을 논의한 1945년 이후의 일이다. 1945년 2월 루스벨트, 처칠 및 스탈린 등 3개국 수뇌들은 소련 남부의 크리미아(Crimia) 반도에 있는 얄타(Yalta)에서 회담을 갖고 소련의 대일 참전과 전후문제 처리에 관해 협의하였다. 회담의 결과 당시 일본과 '불가침조약(不可侵條約)'을 맺고 있는 소련은 對日 참전의 대가로 극동(極東)의 旧영토, 세력범위 및 제 권리의 회복을 확약받았다.6)

이것은 소련 정부에 제정(帝政)러시아 이래의 한결같은 소망인 그들의 '남진정책(南進政策)'의 실현을 약속한 것이며, 후일 韓半島에 초래된 불운의 씨앗이 되었을 뿐만 아니라 東北아시아 전체의 불안의 요인이 되기도 했다(한편 미국으로서는 東北아시아의 전후문제 처리에 있어서 日帝(일제)를 대체한 새로운 상대인 '소비에트 제국주의'를 맞이하지 않을 수 없었던 것도 바로 이 회담의 결과인 것이다).

이 회담에서 루즈벨트 대통령과 스탈린 수상 간에는 전후 韓半島의

---

5) 테헤란회담에서 루즈벨트 대통령은 한반도에 대해 약 40년간의 '신탁통치'안을 제시하였고, 스탈린 수상은 이에 잠정적으로 동조하였다고 한다. 소련 측 자료에 의하면 루즈벨트 대통령이 필리핀(Philippine)의 예를 들어, 인도지나(Indo-china)에는 3~4개국에 의한 30~40년간의 신탁통치가 바람직하며, 다른 植民地들도 같을 것이라고 언급하였다고 한다(USSR, Documents: Tehran Conference of the Leaders of the Three Great Powers, International Affairs(Moscow, July 1961), p.135).

6) *Korea's Independent, p.17.*

'신탁통치'에 관한 의견교환이 있었다고 하는데,7) "카이로선언"의 정신
은 1945년 7월 "포츠담선언"(Potsdam Proclamation)에서도 확인되었다. 또한
1945년 8월 소련의 對日 선전포고에서도 동 선언의 내용에 동의함으로
써, 제2차 대전의 종전을 맞이하는 순간까지도 韓半島에는 연합국(聯合
國)에 의한 '신탁통치'의 가능성은 유지되었으나, 그것은 '과도기적'인
것이었으며, 궁극적으로는 한민족의 주권의 회복과 독립에 대해 연합국
은 이를 보장했던 것이다.

2. 북위 38도선으로 남·북이 분단

소련 정부가 동의한 "얄타밀약(密約, Yalta Secret Agreement)"에 따르면 소
련은 독일(Germany)이 패망한 후 2~3개월 이내에 對日 전선에 참전해야
한다는 것이었다. 따라서 소련은 1945년 5월 독일의 패망 후 8월에는
對日 참전이라는 시한에 쫓기게 되었다. 그런데 이 무렵 일본 정부는
아직도 '우호관계'를 유지하고 있는 소련 정부에 접근해 '무조건 항복'
의 의사가 있음을 표명하고 이에 대한 연합국의 반응을 타진해 줄 것을
요구하였다. 그러나 소련 정부는 고의로 이 사실을 숨기고, 자국의 '국
익'을 위해 은밀히 對日 참전을 준비하였다.
　1945년 8월 8일 소련 정부는 對日 '선전포고'를 하고 태평양전쟁에
돌입하였다. 그 결과 소련군 제25군(군단장: 치스챠코프(I. M. Chistiakov)

---

7) 1945년 2월 얄타회담에서 루즈벨트 대통령이 처음으로 韓半島의 '신탁통치'
　를 제안했을 때 스탈린은 그 기간이 짧으면 짧을수록 좋다고 말했으며, 또한
　외국 군대의 韓半島 주둔도 반대한다고 했다(金基兆, 『38線 分割의 歷史』(서
　울: 東山出版社, 1994), pp.66~67 참조).

20

大將)과 해군 육전대(陸戰隊)는 재빨리 韓半島 동북부로 진출하여 저항하는 일본군에 함포사격을 가하는 한편, 8월 12일에는 웅기(雄基)를 그리고 13일에는 나진(羅津)을 점령했으며 일본이 연합국에 항복을 발표한 다음 날인 16일에는 청진(淸津)을 점령하는 전과를 올렸다.[8] 이 무렵 미국의 지상군은 아직도 오키나와에 머물고 있어 미군의 韓半島 상륙은 사실상 불가능한 형세였다.[9]

1945년 8월 15일 연합국이 제시한 항복 조건을 일본천황 히로히토(裕仁)는 이를 전부 수락하는 이른바 '무조건 항복'을 선언하였다. 이것은 곧 한민족에게는 새로운 역사의 장을 여는 순간이었다. 한민족은 이날을 무자비한 일제(日帝)의 식민 통치로부터 '해방'된 날이고 또한 머지않

---

[8] 같은 시기에 소련 極東軍 사령부는 北海道지역 침공작전을 추진했다. 러시아의 저명한 군사전략가인 볼코크노프(Dimitrii Volkognov) 장군에 의하면 스탈린은 對日 '선전포고' 하루 전인 8월 7일 極東軍 사령관 바실리예프스키(A. M. Vasilevsky) 장군에게 '滿洲 侵攻과 병행해 樺太 남부 및 千島 열도의 解放과 北海道 북부를 점령'하라는 명령을 내렸다고 한다. 바실리예프스키 장군은 이 명령을 받고 즉시 2개 보병사단과 1개 전투기사단 그리고 1개 폭격기사단 등 도합 4개 사단을 北海道 方面에 투입하기로 하고 행동에 돌입했다(讀賣新聞, 1990. 12. 25 참조).

[9] 陸軍士官學校, 『韓國戰爭史』(일진사, 1994), p.168.
포츠담회담(1945년 7~8월)에서 美 합참의장 마셜(George C. Marshall)과 소련군 총참모장 안토노프(Alexi Antonov)는 美·蘇 양군의 작전 지구를 협의하는 과정에서 해·공군의 작전 경계선은 南滿洲(長春)-韓半島 북부-北海道 북단을 연결하는 선으로 확정하였으나, 지상군의 작전 경계선에 관하여는 분명한 협의가 없었던 것으로 알려져 있다.
안토노프가 마셜에게 미군이 소련군과 더불어 韓半島에서 합동 상륙 작전을 수행할 의사가 있는지를 타진하면서 소련군의 韓半島 진입 의사를 암시하였을 때, 마셜은 美 지상군은 가까운 장래에 韓半島에 상륙할 수 있는 준비가 되어 있지 않음을 시인하여 韓半島 全域의 점령을 소련군의 지상 작전에 일임한 듯한 인상을 주었다.

은 장래에 이 땅에는 자주·독립국가가 수립될 것으로 기대했던 날이기도 하다.

1945. 8. 15, 日帝의 식민지로부터 해방된 한민족

그러나 시간이 흐름에 따라, 한인(韓人)들은 연합국의 승리는 곧 韓半島의 자주적인 독립국가의 출현을 뜻하는 것이 아니며, 오히려 그와는 정반대로 남과 북 사이에는 인위적인 분단(分斷)의 '장벽'이 설치되었다는 사실을 알게 되었다. 韓半島의 북위 38도선에 의한 남·북 분계선(分界線)의 설치경위는 대체로 이러하였다.

1945년 8월 10일 일본 정부는 '무조건 항복'을 제의하였는데 당시의 전선을 고려한 미국 정부는 주로 군사적인 견지에서 북위 38도선 이북에는 소련군이, 그리고 그 이남에는 미군이 일본군의 항복을 각각 수리할 것을 결정하였다.

이와 같은 결정은 당시 연합군 최고사령관 맥아더(Douglas MacArthur) 장

군이 9월 2일에 포고한 "일반명령 제1호"(General Order No.1)에 의하여 구
체화되었는데,[10] 이 "일반명령 제1호"의 초안은 1945년 8월 11일과 12
일 양일 사이에 '국무 · 육군 · 해군부 조정위원회'(State · War · Navy Coordinating
Committee-SWNCC)에서 토의된 것이다.

　8월 12일의 회의에서는 합동참모(合同參謀, Joint Staff) 회의가 동 초안을
재검토하고 필요에 따라 수정할 때까지 "일반명령 제1호"에 대한 심의
를 연기한다는 것에 합의하였으나, 합동참모 회의의 "일반명령 제1호"
에 대한 재검토는 8월 14일 완료되고, 이어 '국무 · 육군 · 해군부 조정
위원회'의 승인을 받아 트루먼(Harry S. Truman) 대통령에게 제출되었다.
이에 대한 대통령의 재가를 받은 다음, 합동참모회의는 8월 15일 "일반
명령 제1호"를 필리핀(Philippin)에 있는 맥아더 장군에게 전송하였다.[11]

---

10) US Senate, *Background Information on Korea*(Washington, D.C.: GPO, 1950), p.2.
11) 韓半島의 38도선 설정에 직접 관여한 러스크(Dean Rusk-당시 육군 대령)는
　　이 선의 결정 과정을 아래와 같이 회상한다.

　　　"우리는 최종적으로 (전후에) 아시아 대륙에 미국 군대가 남아 있어야 한다
　　　는 타협안에 합의했는데, 그것은 상징적 목적으로 韓半島를 군사적으로 점
　　　령하는 것이다.
　　　SWINK회의가 있었던 1945년 8월 14일(日本이 항복하는 그날) 번스틸(C.
　　　Bonesteel) 대령과 나는 늦은 밤 옆방에 가서 韓半島의 지도를 들여다보았다.
　　　이때 우리가 할 일은 미군의 점령지역을 선정하는 중요한 일이었다. 틱(Tic
　　　-번스틸을 지칭하는 것)이나 나는 한국 전문가는 아니나, 한국의 수도인
　　　서울이 미군의 점령지역에 포함되어야 한다는 것은 쉽게 알 수 있었다. 우
　　　리는 미군이 너무나 광활한 지역을 점령해서는 안 된다고 생각했다.
　　　우선 National Geographic에 있는 지도를 사용해, 서울 북부에 있는 한 분계
　　　선을 들여다보았는데, 자연스러운 지리적 분계선은 보이지 않았다. 그러나
　　　우리는 38도선이 있다는 것을 보았고 결국 그 선을 상부에 추천하게 된 것
　　　이다. ……(이와 같이) 피로에 지친 두 육군 대령이 늦은 밤에 한 작업의 결
　　　과는 한민족의 운명을 결정한 것이다."

　　Dean Rusk, As *I Saw It*(New York: W. W. Norton & Co., 1990), p.124.

"일반명령 제1호"는 참고로 모스크바 주재 미군 사절단장 딘(John R. Deane) 장군에게도 송부되었으며, 영국 정부는 물론 스탈린 수상에게도 그 사본이 전달되었다. 그러나 의아스러운 것은 소련 정부의 태도였다. "일반명령 제1호"에 대한 스탈린 수상의 8월 16일자 회신에는 미국 정부가 제안한 38도선과 관련된 "일반명령 제1호"의 규정에 대해 아무런 반대의사의 표명이 없었다는 점이다.[12] 따라서 소련군이 38도선 이북에서 일본군의 항복을 받는다는 방침은 확정된 것이다.[13] 다만 소련 정부는 북해도(北海道)에 대한 '분할점령'(分割점령)을 확실하게 요구하였는데, 이는 매우 주목할 만한 일이라 하겠다.[14]

---

12) 러스크는 미국 정부가 제안한 '북위 38도선'에 대해 소련 수상 스탈린은 이의를 제기할 것으로 보았다(Dean Rusk, Ibid, p.124).

　　"SWINK는 우리의 추천(38도선)을 큰 문제없이 받아들였는데, 놀랍게도 소련도 별말 없이 이를 수리하였다. 나는 우리 미군이 韓半島로부터 멀리 떨어져 있기 때문에 그들이 38도선보다 더 남쪽의 분계선을 주장할 것으로 보았다."

　　한편 일본의 저명한 평론가인 饗庭孝典은 스탈린이 조용히 미국 측 제안인 38도선에 의한 '분할점령'안을 받아들인 이유는 그가 韓半島보다는 日本의 '분할점령'에 더 큰 관심을 가지고 있었기 때문에 韓半島에 대한 노골적인 세력 확대의 의욕을 표시하지 않은 것이라고 주장한다. 만약 韓半島 문제로 미국 측의 경계심을 불러일으키는 결과가 된다면 그것은 바람직한 것이 되지 못한다고 판단한 것 같다(饗庭孝典(NHK), 『朝鮮戰爭-分斷 38度線の眞實を追う』(東京: 日本放送出版協會, 1990), p.25 참조).

13) 韓半島에서 소련군과 일본군 간의 정전(停戰) 교섭은 8월 20일까지 진행되었으며, 실제로 전투가 정지된 것은 8월 21일이다. 그 후(날짜 미상) 함흥에 있는 일본군 제34군 사령관(節淵(세쓰부치) 中將)은 滿洲의 延吉에 가서 소련군 제25군 사령관 치스챠코프 대장에게 항복했다(金基兆, 전게서, pp.327-328 참조).

14) Ministry of Foreign Affairs of the USSR, *Correspondence between Stalin and Roosevelt and Truman: Aug. 1941~Dec. 1945*(New York: Capricorn Books, 1965), pp.226-267 참조.

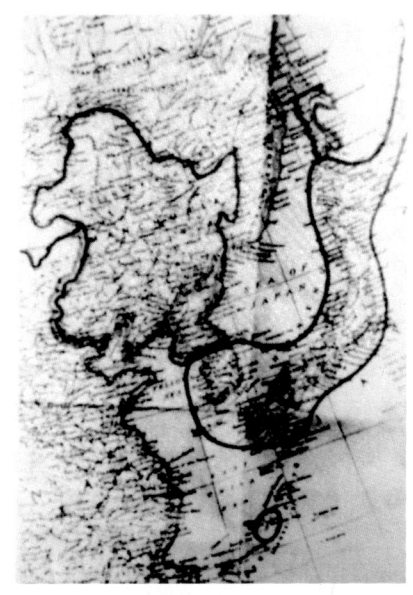

미국 전쟁성(戰爭省) 작전국이
확정한 38도선이 들어간 지도
(출처: 미국 전쟁정책단의
1945. 8. 11 건의)

스탈린은 이 서한에서, 滿洲 속에 遼東半島가 포함되는 것으로 양해하고 있
으며, 또한 千島열도 전체가 소련군에게 항복하고 소련에 귀속되어야 한다고
했다. 또한 소련군에게 항복할 일본군의 지역에 북해도의 북반부 ─구시로(釧
路)·루모이(留萌)를 연결하는 선의 북부─를 포함시킬 것을 요구하였다. 그
이유는 '소련의 여론이 일본 본토의 일부라도 소련군이 점령하지 못하는 것
은 용납하지 않기 때문'이라고 했다.

그러나 트루먼 대통령은 스탈린에게 보낸 8월 18일자 답신에서, 北海道를 포
함한 日本 本土 내의 일본군의 항복은 맥아더 장군에게 이미 조치되었다고
언급함으로써 소련 측의 北海道에 대한 分割 요구를 단호히 거절하였다.

스탈린은 이러한 미국의 강경한 태도에도 불구하고 8월 23일에도 樺太 남부
에 주둔하고 있는 제87보병 군단에 대해 "北海道 상륙작전의 수행을 위해
배에 승선하고 장비를 적재하라."고 명령했다. 그러나 25일 스탈린은 이유의
제시 없이 한 통의 전보로 이를 취소했다고 한다(볼코크노프 장군은 스탈린
이 전후의 對美관계를 고려해 처음부터 극한적인 대립을 원치 않아 양보한
것이라고 주장한다)(讀賣新聞(東京), 1990. 12. 25. 드미트리 볼코크노프(한국
전략문제연구소 역), 『스탈린』(서울: 세경사, 1993), p.290 참조).

따라서 韓半島에서 일본군의 항복을 규정한 동 포고령은 일본군의
항복수락과 무장해제를 위한 순수한 군사적 목적에 의한 잠정적인 조치
이며, 결코 韓半島의 정치적 분할(分割)을 기도한 것은 아니었다. 그러나
소련은 이러한 군사적 구획선을 그들의 對東北아시아 전략의 일환으로
그리고 '남진정책'(南進政策)의 실현을 위한 정치적 목적으로 韓半島의 분
단을 정치적 경계선으로 굳히는 데 온갖 노력을 경주했던 것이다.15)

---

15) 스탈린은 상기 "일반명령 제1호"에 대한 회신(1945년 8월 16일자)에서 '소
련군에게 항복할 지역에 北海道의 북반부를 포함'할 것을 요청하였는데, 그
이유는

> "러시아의 世論에 비추어 보아 이것은 특별한 의의가 있다. 1919년과 1921
> 년 일본군은 소비에트의 極東을 두 군데나 점령하에 두었다. 소련군이 이번
> 엔 일본 본토의 어느 한 부분이라도 점령지역으로 갖지 않으면 러시아 국민
> 의 여론은 격분할 것이다."

라고 말한 것으로 보아 日本 領土의 일부만이라도 확보해야겠다고 하는 그
의 집념을 엿볼 수가 있다. 그런데 트루먼 대통령이 8월 18일자 회신에서
그의 요구를 모두 거부하게 되니 그는 몹시 '흥분'하고 '당혹'해했다고 한
다. 그가 이때 당한 '수모'는 어쩌면 후일 소련의 對日 및 對東北아시아 정
책에 큰 영향을 주었을 것으로 보인다(讀賣新聞, 1990. 12. 25).

제2장

초기의 統韓 노력과
남·북 단독 정부의 출현

남·북한에 진주한 미·소 양군은 해당 지역에서 '점령 정부'를 설치하고 점령 행정을 실시하였다. 이 시기의 양국의 점령 정책은 그 시발부터 큰 차이를 빚은 것으로 보인다. 韓半島 정세를 비교적 소상하게 파악하고 있는 것으로 보이는 소련 정부는 점령 초기부터 어떤 '확고한 정책'을 가지고 이를 일관되게 폈던 반면, 미국 정부는 이렇다 할 뚜렷한 정책을 확립한 것 같지는 않았다.

소련의 초기 점령 정책은 크게는 토착 공산주의자들을 내세워 장차 출현할 '조선임시정부'를 장악하는 일이었다. 만약 그것이 여의치 않을 경우에는 적어도 38도선 이북의 지역을 확보하여 거기다 이른바 견고한 '민주기지'를 구축하여 후일을 대비하려 한 것 같다. 그러나 남한에 진주(進駐)한 미군의 '군정 정부'는 이렇다 할 정책을 가지고 있지 않았으며 그저 분단으로 야기된 주민들의 불편한 생활을 덜어주는 데 역점을 두었던 것이다.

1. 모스크바 3相회의와 '모스크바협정'

韓半島 분단의 고정화는 한국인의 정상적인 사회·행정관계를 분열시킴으로써 민족적인 실망과 말할 수 없는 경제적인 고통을 가져다주었다. 미국 정부는 이를 시정하기 위해서 주한(駐韓) 미군 사령관에게 북한 주재 소련군 사령관과 직접 교섭을 시도하도록 명하였다. 그 결과 양자 간의 접촉은 성립되었으나 소련 측의 끈질긴 비협조로 말미암아 아무런 진척이 없었다. 미군 사령관은 결국 양자 간의 직접적인 교섭으로써는 아무런 성과도 거둘 수 없다고 판단하고 이를 해결하기 위해 양국의 정부 차원에서 협의해야 한다고 건의하였다.

'모스크바 3相회의'에 참석한 미·영·소 3국 外相들

1945년 12월 16일 모스크바에서 개최된 3국 외상(外相)회의는 이런 우여곡절 끝에 이루어진 것이다. 미국의 번스(James F. Byrnes) 국무장관, 영국의 베번(Ernest Bevin) 외상 및 소련 외상 몰로토프(V. M. Molotov)는 韓半島의 '통일정부' 수립을 위한 과정을 논의하였다. 이 논의의 결과 현존하는 난관을 제거하기 위한 절차를 거쳐 '全 조선임시정부'의 수립을 위한 협정이 12월 26일에 체결되었다.[1] 중국 정부도 뒤늦게 이 협정에 참여하였으므로 우리는 이 회의를 모스크바 4相회의라고도 부른다.[2]

---

1) Department of State, *Department of State Bulletin*, 1945. 12. 30, p.1027.
   번스장관에 의하면 이 협정은 소련 측 제안을 가지고 성안되었다고 한다(Department of State, *Korea*, 1945~1948(Washington, D.C.: GPO, 1948), pp.105 −106 참조).

2) 國務省의 소련通인 케난(George F. Kennan) 대사는,

   "원래 스탈린은 韓國의 신탁통치에 반대하고 韓國의 즉각적인 독립을 원했다. 그는 외국 정부가 韓半島의 내정을 간섭하지 않도록 요구하면서, 실제로는 소련 지도층에 의해서 韓國을 또 하나의 지역的 '군사기지'로 변화시키

'모스크바 3相회의'에서 채택된 '모스크바협정'의 주요 내용은 다음과 같다.

1. 독립국가로서의 朝鮮이 민주주의 원칙에 의하여 국가를 발전시키기 위해 필요한 조치를 취할 '조선임시정부'를 수립하여야 한다.

2. '조선임시정부'의 구성을 돕고 적절한 방법의 예비적 구상을 위하여 南韓의 미군 사령부와 北韓의 소련군 사령부의 대표로 구성된 공동위원회를 설치하여야 한다. 그들의 제안을 준비하기 위하여 동 위원회는 朝鮮의 민주주의적인 정당과 사회단체와 협의하여야 한다.

3. 공동위원회의 제안은 '조선임시정부'와 협의를 거친 후 최대한 5년간 朝鮮에 대한 4개국의 신탁통치에 관한 협정을 작성하기 위하여 미·소·영·중 각국 정부가 공동 심의토록 제출되어야 한다.

4. 주한 미군 및 소련군 사령부의 대표자 회의가 2주일 이내에 개최되어야 한다.

미·소 양군 사령부의 대표로 구성된 미·소 공동위원회는 2주일 이내(1946년 1월 10일)에 서울에서 회합을 갖고 남북한에 관계되는 긴급한 제 문제를 검토하고, 행정 및 경제적인 문제에 관한 양군 사령부의 항구적인 조정을 위한 대책을 강구하기로 하였다. 또한 미·소 공동위원회는 '全 조선임시정부'의 수립과 한국의 완전독립을 목적으로 한 4개국(미·영·소·중) '신탁통치협정' 교섭에 관한 권고안 작성을 포함

려고 하였다. 3相 회담에서 신탁통치를 받아들인 것도 미국과의 일시적인 타협의 일환이었다."

라고 평가한다(*George F. Kennan to the Secretary of State*, Jan. 25, 1946, FRUS, 1946, Vol.8(Washington, D.C., 1971), p.619).

하는 장기적인 정치·경제문제를 검토하기로 하였다.

그러나 '모스크바협정'은 즉각적인 자주독립을 믿고, 또한 이를 희구해 온 3천만 한국민에게는 커다란 충격이 아닐 수 없었다. 그리하여 全국민은 일제히 궐기하여 '신탁통치'에 결사반대하는 이른바 거국적인 반탁(反託)운동을 전개하였다. 南韓의 공산주의자들도 처음에는 대다수 국민들과 함께 '신탁통치'를 맹렬히 반대하였다. 그러나 불과 수일 사이에 소련 측의 지령을 받고 평양(平壤)에서 귀경한 남로당(南勞党) 지도자 박헌영(朴憲永)은 그동안의 '반탁' 태도를 돌변하여 '신탁통치' 찬성이라는 이른바 '찬탁(讚託)'진영으로 돌아가3) '반탁' 운동에 대항하는 입장을 취하였다.4)

---

3) 1946년 1월 2일 남로당 중앙위는, "모스크바 3相 회의의 결정을 신중히 검토한 결과 이 회의는 세계의 민주주의 발전에 있어 진일보한 것이다. ……이러한 국제적 결정은 오늘의 朝鮮을 위해서 정당한 것이라고 우리는 인정한다." 라는 성명을 발표하고, '찬탁'으로 태도를 급변했다(이 태도 급변은 말할 것도 없이 모스크바의 지령에 의한 것이다). 萩原 遼, 『朝鮮戰爭, 金日成とマッカーサーの陰謀』(東京: 文藝春秋, 1993), p.95 참조.

4) 원래 스탈린은 韓半島의 '신탁통치'를 반대해 왔다고 하는데, 모스크바 회담에서 소련 정부는 전략상 '신탁통치'를 받아들인 것으로 보인다. 그 이유는 韓半島와 같이 빈곤이 만연하고 또한 日帝의 패전으로 말미암아 힘의 공백이 있는 곳에서는 공산주의의 침투가 용이할 것으로 본 것 같다. 공산주의자들은 土地의 '무상분배' 등을 주장하게 되는데 이를 주장할 때 농민들의 지지는 상상외로 클 것으로 보인다.

그러므로 소련 정부는 장차 등장할 '임시정부'(연립정권)에서 공산주의자들이 쉽게 승리할 것으로 본 것 같다. 그리고 다른 한편으로는 공산당이 '찬탁'을 함으로써 임시정부 수립을 위한 협의대상에서 '반탁'으로 나오는 우익진영(右翼陣營)을 견제할 수 있고, 나아가 '反託'은 "모스크바협정" 자체를 반대하는 것이기 때문에 아예 우익진영을 협의대상에서 배제할 수 있는 이점도 있는 것이다.

2. 미·소 공동위원회의 활동

미·소 양군 사령부의 대표로 구성된 공동위원회의는 1946년 1월 16일 서울에서 첫 회합을 가졌다. 이 회의는 2월 5일 최종 회합 시까지 도합 15차례의 회합을 가졌다. 양측 대표들은 한국의 경제 및 행정적인 문제의 해결을 위해 서로 의견을 교환했으나, 곧 양측은 서로 상반된 견해를 가지고 있다는 것을 확인하였다. 미국 대표 아놀드(Archibald Arnold) 少將은 양분된 국토를 통합하려고 노력하였으나 소련 측 대표 슈티코프 (Trent F. Shtykov) 중장5)은 동 문제를 행정적으로는 완전히 별개의 지역 사이에서 이루어지는 단순한 교환과 조정에 관한 것으로 보았다. 결국 이 회의는 서신 교환과 조정에 관한 극히 사소하고 지엽적인 문제에만 합의를 보았을 뿐, 기타 중요한 문제에 대해서는 손도 대지 못한 상태였다.6)

1) 제1차 미·소 공동위원회(1946. 3. ~1946. 5.)

'신탁통치'에 대한 한민족(韓民族)의 강력한 반대에도 불구하고, '모스크바협정' 제4항에 의거해 설치된 미·소 공동위원회(US·USSR Joint Commission)는 1946년 3월 20일 그 첫 회합을 서울에서 열기로 하였다.

---

5) 슈티코프 중장은 소련군 상장(上將)으로서 제2차 대전 시에는 레닌그라드(Leningrad) 공방전에 참전해 전공을 세웠으며, 종전 직전에는 소련의 제1극동 방면군의 제2인자인 군사평의회위원(中將)으로 對日 전선에도 참가한 노장이다. 그는 美·蘇 공동위원회의 소련 측 수석대표로서 정치적 수완을 발휘했다는 이유로 스탈린의 두터운 신임을 받았으며, 1949년 12월 3일 소련 정부로부터 그간의 공로를 인정받아 '레닌훈장'을 수여받았다.

6) *Korea's Independence*, p.3.

대다수 국민들이 '신탁통치' 조항에 반대하였는데, "이것은 1910년의 '한일합방'(韓日合邦) 전에 있었던 일본의 '보호'정치와 흡사한 것"으로 보았기 때문에 전국적으로 대대적인 반대시위를 벌였다. 그러나 당시 소련 대표 슈티코프는 '조선임시정부' 수립의 절차에 있어서 '모스크바협정'의 모든 조항을 전적으로 지지하는 정당 및 사회단체에 국한하여 협의대상으로 삼아야 한다고 주장하였다.7)

---

7) *Korea*, 1945~1948, p.5.
   슈티코프 대표는 공동위원회 개회 전인 1946년 3월 7일 소련공산당에 아래와 같은 '조선임시정부'의 조각(초안)을 보고했다.

'조선임시정부' 조각명단(초안)			
수 상	呂運亨 (여운형)	인민당 당수	
부수상	朴憲永 (박헌영)	조선공산당	
〃	金奎植 (김규식)	김구정부 부통령	
외 상	許憲 (허 헌)	민전의장	
내무상	金日成 (김일성)		농림상 미국추천
산업상	金武亭 (김무정)	북조선공산당	재정상 〃
교육상	金枓奉 (김두봉)	북조선 임시 인민위	교통상 〃
선전상	吳淇燮 (오기섭)	조선공산당	제신상 〃
노동상	洪南杓 (홍남표)		보건상 〃
계획경제위원장	崔昌益 (최창익)	북조선신민당	상업상 〃

(소련은 초기부터 연립정권을 통한 '조선임시정부'의 장악을 기도한 것 같다).

미국 측 수석대표
하지 중장과
소련 측 수석대표
슈티코프 중장(중앙)

이러한 소련 측의 주장은 한국민 대다수를 '협의대상'에서 제외하는
결과를 빚게 된다. 다시 말하면 오직 소수의 공산주의자들만이 절대 우
세한 입장에서 '협의대상'에 포함되는 것이다. 이에 대해 미국 대표 아
놀드 장군은 한국민은 동 협정에 대한 그들의 의견을 제시할 권리가 있
으며 따라서 소련의 입장은 언론의 자유와 민주적인 절차의 원칙에 위
배되는 것이라는 견해를 표명하였다.8) 이처럼 원칙 문제에 대한 기본적

한편, 소련군 사령부는 1945년 8월 23일자 보고(문서번호 F0130P7P4P46 pp.14 -
16 참조)에서 李承晩은 "한국의 망명 정치인들 가운데 가장 반동적이고 반소
적인 인물이다."라고 그를 기피 인물로 지명했다. 그러나 呂運亨에 대해서는
1945년 10월 5일 沿海州 軍管區 사령부가 국방성에 한 보고에서 "1921년 모
스크바에서 레닌을 만나기도 했던 呂運亨은 자신을 공산주의자로 생각하며,
韓半島는 소련의 지배하에 있어야 한다고 말하고 있다."라고 그를 親共 人士
로 보고했다("蘇, 해방 직후 내각에 좌익 臨政구성", ≪中央日報≫, 1995. 2.
14 참조).

8) *Korea*, 1945~1948, p.5.
이 시점의 소련 정부는 자국에 유리한 조건의 '조선임시정부' 구성에 중점을
두고 있었다. 최근 공개된 舊소련 '정부문서'에 의하면, 소련 외무성은 1946
년 3월 16일 '훈령 제1호'를 평양에 있는 슈티코프 대표에게 발송하면서,

36

인 의견의 불일치로 말미암아 동 위원회 제1차 회의는 1946년 5월 8일 아무런 성과도 없이 폐회되었다.

2) 제2차 미·소 공동위원회(1947. 5.~1947. 9.)

미군 사령관은 제1차 회의 폐회 이후, 소련군 사령관에게 보낸 일련의 서한을 통해 동 위원회의 속개를 위한 기초를 마련하고자 노력하였으나 허사로 그쳤다. 그러나 1946년 4월 모스크바에서 개최된 제4차 外相회의에서 미 국무장관 마샬은 소련 外相 몰로토프에게 재차 '한국문제'(The Korean Question)를 제기하였으며, 그 후 일련의 서신 교환이 있은 후 공동위원회의 재개에 합의하였다.

그러한 합의에 따라 1947년 5월 21일 제2차 美·蘇 공동위원회가 서울에서 개최되었다. 회의 초에 제시된 의제는 '조선임시정부' 수립에 관한 협의대상과 자격문제였다. 회의의 초반은 순조롭게 보였다. '모스크바협정'을 준수하고 공동위원회와 협조하며 동 위원회의 결정을 준수하는 모든 정당 및 사회단체를 그 대상으로 한다는 데 합의가 이루어짐으로써 회의는 성공적으로 속개될 듯하였다.[9]

그러나 동년 7월 초 소련 대표 슈티코프는 또다시 '신탁통치'에 반대하는 제 정당과 개인들은 협의대상에서 제외시켜야 한다는 종전의 주장을 되풀이함으로써 회의는 정돈(停頓) 상태에 빠졌다. 결국 공동위원회의

"'조선임시정부'의 형태는 '내각책임제'로 하고, 내각(국방부와 외교부는 두지 않는다)은 南北이 균등하게 분점하나 南의 절반은 좌익계 인사가 차지해야 된다."라고 요구했다("蘇, 해방 직후 내각에 좌익 臨政구성", ≪中央日報≫, 1995. 2. 14 참조).

9) *Korea's Independence*, Annex IX D, pp.41-45.

토의 상황에 관한 공동보고서의 작성에 대한 합의마저 이루어 내지 못한 채 결렬되고 말았다.

이처럼 소련 측이 계속 일방적인 주장을 강요함으로써 미·소 공동위원회를 결렬시킨 이유는 이해하기 어렵다. 다만 결과론적이지만 비록 소련이 공산당을 포함한 '연립임시정부'를 수립하더라도 미국의 지원을 받게 될 강력한 반공(反共)세력의 등장을 우려하였던 것 같다. 그 같은 세력의 등장은 소련이 의도하는 韓半島의 조속한 공산화 통일은 어려울 것으로 판단되었던 것이다.

따라서 장차 韓半島의 '공산화통일'을 위해 남·북한의 분단 상태를 당분간은 그대로 유지하고, 후일에 대비하려고 한 것으로 보인다. 즉 강력한 '민주기지'를 38도선 이북에 확보한다는 정책을 펴 나가기로 한 것 같다.[10] 그러므로 소련 정부로서는 무엇보다도 먼저 '북조선 임시인민위원회'와 같은 지방 정권(政權)의 조직이 필요했으며 또한 미군이 韓半島에서 철수(撤收)하는 현실만을 시급히 요망했던 것이다.

---

10) 동경대의 和田春樹 교수는 스탈린은 소련군이 北韓에 진주한 후 얼마 되지 않은 시점부터 로마넨코(A. A. Romanenko) 사령관에게 '北朝鮮에 단독정권을 빨리 세우라고 지시했다.'고 주장한다(金學俊, "歷史는 흐른다", ≪朝鮮日報≫, 1986. 4. 2 참조).
일찍이 駐 소 미국대사 해리만(Harriman)도(1945. 11.) 그와 같은 소련 정부의 정책구상을 자국 정부에 보고한 바 있다. 동 대사는 소련 정부가 '별개의 우호적인 북조선 정권을 수립함으로써…… 韓半島에 대한 지배적인 영향력을 모색하여' 북한에 강력한 군대를 조직한 후 韓半島로부터 소련군을 철수함으로써 '우리에게도 압력을 가해 올 것'으로 예상하였다(The Ambassador in the Soviet Union (Harriman) to the Secretary of State, Moscow, Nov. 12, 1945(895. 01/11-1245), FRUS, 1945, Ⅵ, pp.1121-1122).

3. 통일정부 수립을 위한 유엔의 초기 노력

미국은 계속되는 쌍무회의의 결렬에 따라 미·소 공동위원회를 통한 교섭은 한국에 '민주적 독립정부'를 수립하려고 했던 당초의 목표를 성취할 수 없다는 것을 뒤늦게 판단하게 되었다. 이에 미국 정부는 1947년 8월 26일 영국·중국·소련 등 3개국 정부에 '모스크바협정'을 조속히 실행하는 방법을 강구하기 위하여 동 협정에 따라 '4개국 회의'를 개최할 것을 제의하였다.

영국과 중국은 이를 수락하였으나 소련 정부는 이를 거부하였다.[11] 그러나 같은 날 서울에 있던 미·소 공동위원회의 소련 측 수석대표인 슈티코프는 "1948년 초까지 미국 측이 '全 외국군 철수'안에 동의한다면 소련군도 철수할 것"이라는 이른바 조건부 철수안을 제안함으로써 미국 측 구상에 정면으로 반대하고 나왔다.

미국은 '모스크바협정'의 테두리 안에서 소련과 직접적 교섭을 편다는 것은 무의미하다는 것을 깨닫게 되었다. 또한 두 勢力 간의 대립 때문에 합의하지 못함으로써 한국민의 독립에 대한 절실하고 정당한 요구를 더 이상 지체할 수 없다는 판단을 내리게 되었다. 그리하여 마샬 (George C. Marshall) 국무장관은 1947년 9월 17일 한국 독립에 관한 모든 문제를 제2차 '유엔총회'(General Assembly)에 제기하기로 하였다.[12]

---

11) Foreign Ministry, *The Soviet Union and the Korean Question, 1945~1948* (Moscow, 1948), pp.36-38.
볼코크노프 장군은, "스탈린은 미국의 신탁통치안이나 南·北韓 자유선거 제안을 모두 의혹시하였다."라고 한다. 그의 생각은 "미국이 '얄타協定'에서 이탈했기 때문에 평화적으로 南·北韓을 통일하는 것은 불가능하다."고 보고 있기 때문이다(Dimitrii Volkognov, Triumfi Tragcgiia, Vol.2(Moscow: Novosti, 1989), p.108).

9월 23일 유엔총회는 '한국문제'를 의제로 채택하고 이 문제를 정치
위원회(政治委員會)에서 토의하여 보고하도록 하였다. 소련을 비롯한 공산
진영의 맹렬한 반대에도 불구하고 유엔총회는 1947년 11월 14일 정치
위원회(The Political Committee)가 건의한 한국독립의 절차를 규정한 미국의
제안을 절대다수로 채택하였다.

이것은 '한국문제'(The Korean Question)에 관한 유엔의 최초의 결의로서
그 내용은 다음과 같다.

> ……한국의 국가적 독립은 재성취되어야 하고, 全 점령군은 가능한 최
> 단 시일 내에 철수되어야 할 것을 확신하며, 한국 국민의 자유와 독립은
> 한국 국민의 대표가 참여하지 않고는 공명정대하게 해결될 수 없다는 전
> 술의 결론과 또 선거에 의한 한국 국민의 대표의 참여를 용이케 하고 촉
> 진시키기 위하여 '유엔' 임시한국위원단(UNTCOK, 이하 '임시위원단'으
> 로 호칭)을 설치키로 한 前記 결정을 상기하며,
>
> 1. 그 위원단('유엔' 임시 한국위원단)은 호주·캐나다·중국·엘살바
> 도르·프랑스·인도·필리핀·시리아와 우크라이나 소비에트 사회주의
> 공화국의 대표로써 구성할 것을 결정하고,
> 2. 한국 국민의 자유와 독립의 조속한 달성에 관하여 동 위원단과 협
> 의할 수 있는 대표자들을 선출하기 위하여 1948년 3월 31일에 성년자
> 선거권 원칙에 따른 비밀투표를 시행하며,
> 3. 선거 후 가급적 조속히 국회(國會)가 소집되어 중앙정부를 수립하며,
> 4. 중앙정부 수립 직후에 정부는 위원단과 협의하여 下記 사항을 실
> 시할 것을 권고한다.

---

12) *Korea*, 1945~1948, pp.47-48.

a. 보안군(保安軍)을 편성하고,

b. 남·북한의 군사령관과 민정(民政) 당국으로부터 정부의 제 기능을 이양받을 것,

c. 가급적 조속히 가능하다면 90일 이내에 점령군이 한국으로부터 완전 철수하도록 점령 양국과 협정할 것.[13]

총회의 결의로 설치된 '유엔' 임시한국위원단은 1948년 1월 8일 서울에 도착하여 12일 최초의 회합을 가지고 활동을 개시하였다. 그러나 소련은 이 '임시한국위원단'에 협력하기를 거부하고, 소련군 점령하의 북한에 '임시한국위원단'이 들어오는 것을 반대하였다. 그 결과 '임시위원단'은 부득이 2월 6일 南韓에서만이라도 유엔총회의 계획을 실시할 것인지에 관하여 유엔 소총회(The Little Assembly)에 문의하였다. 이에 대하여 동 소총회는 2월 26일 다음과 같은 요지의 결의를 채택하여 南韓에서만의 선거('단독정부' 수립)를 가능하도록 하였다.

1947년 11월 14일 유엔총회 결의에 의하여 설정된 계획은 실시되어야 하며, 이 목적을 위한 필요조치로서 '유엔' 임시한국위원단은 全 한국을 통한 선거의 감시에 임해야 한다. 그것이 불가능한 경우 동 위원단은 접근 가능한 韓國의 지역에서 선거 감시에 임해야 한다.[14]

---

13) UN General Assembly, Official Record: Second Session, September 16 to November 29, 1947, pp.16−18.

14) Official Record: Third Session, Supple. No.9, 1948, p.26.

4. 南·北의 단독정부 출현

1) 대한민국 정부의 수립

1948년 3월 1일 주한 미군 사령관은 포고령을 통하여 '유엔' 임시한국위원단의 감시하에 南韓에서의 총선거를 오는 5월 9일 실시할 것을 발표하였다[15](실제로 선거일은 5월 10일로 하루 연기되었다).

1948년 3월 17일 '임시한국위원단'은 주한 미군 사령관에게 선거에서 '민주주의의 제 권리가 인정되고 또한 존중되는 자유 분위기'를 위하여 사령관이 취하여야 할 조치를 강구하도록 요청하였다. 미군정 당국은 그러한 권고를 실행하기 위하여 모든 노력을 경주하였으며 대부분의 권고사항은 실천에 옮겨졌다. 또한 '임시한국위원단'은 4월 5일부터 등록과 투표를 포함한 全 선거구에서의 종합적인 감시계획을 수립하고 이를 수행하였다.

이러한 노력의 결과 정치적으로 '중도'를 표방하는 南韓의 일부 정치 지도자—김구(金九), 김규식(金奎植) 등—와 공산주의자들의 반대에도 불구하고 5월 10일 남한 전역에서 실시된 총선거는 극히 '민주적이며 자유로운 분위기' 속에서 진행되었다. '임시한국위원단'은 후일(6월 25일) "'5·10 선거'는 '유엔' 임시한국위원단의 접근이 가능하고 한국 국민의 약 3분의 2의 인구를 보유하는 지역에 있어 유권자들의 자유의사의 정당한 표현"이라고 보고했다[16]

국민들이 사상 최초의 민주적 선거로 선출한 198명의 국회의원들은

---

15) *Ibid*, p.31.

16) UNTCOK, First *Part of the Report*, Vol.I, General Assembly, *Official Record*, p.44.

1948년 5월 31일 제헌국회(制憲國會)를 소집하였다. 그런데 새로 소집된 제헌국회에는 인구 수에 비례한 전체 의석의 1/3인 약 100석을 후일 북한에서 선출될 국회의원을 위하여 공석으로 남겨 두었다. 국회(國會)는 李承晩(이승만) 의원을 초대 국회의장으로 선출하고 6월 3일에는 李 의장 명의로 연락위원단이 조직되었다는 것을 '임시한국위원단'에 통고하였다. 6월 11일자 공한에서 李承晩 의원은 "국회는 1947년 11월 14일 유엔총회의 결의에 의거하여 수립된 것이며 全 한국을 통괄하는 정부를 조직할 권한이 부여되어 있다."는 점을 강조하였다.

6월 12일 국회는 만장일치로 북한 동포에게 보내는 '메시지'와 '결의문'을 채택하고 이러한 국민의 의사를 '임시한국위원단'에 전달하는 한편, 방송을 통해 북한 동포들에게도 알렸다. 국회는 이 '메시지'와 '결의문'에서 '北韓에서도 우리와 같이 자유선거를 실시하여' 선출된 대표를 국회에 보내도록 호소하였다.[17] 그리고 7월 17일에 공포된 신헌법 제3조에서 "대한민국(The Republic of Korea)의 영토는 韓半島와 그 부속도서(附屬島嶼)로 구성된다."는 점을 명백히 함으로써 통일에 대한 명제를 국민적 합의로 뒷받침하였다.

이 헌법의 공포에 즈음해 李承晩 의장은 재차 북한 동포들에게 100석의 의석이 그들의 대표를 위해서 유보되어 있음을 상기시켰다. 또한 北韓도 유엔 결의에 순응하여 민주적 절차에 의하여 선출된 대표를 국회에 보내오도록 요청하였다. 국회는 이어 7월 20일에 李承晩 국회의장을 초대 대한민국 대통령으로 선출하고, 8월 5일에는 李範奭(이범석) 장군을 국무총리로 임명하는 정부조직을 완료하였다. 그리하여 李 대통령은 8월 6일 '유엔' 임시한국위원단에게 정부의 수립을 정식으로 통고하였다.

---

17) *Official Record: Third Session, Supple. No.9.* 1948, p.3.

국민 앞에 선서하는 초대 대통령 李承晚 박사

　이러한 준비와 절차를 밟아 수립된 대한민국 정부는 뜻 깊은 8·15 광복절(光復節)을 맞아 내외에 독립을 선포하였다. 이로써 3년간의 미군정은 종결되었다. 미국을 비롯한 많은 우방들이 신생국을 국제사회의 일원으로서 승인하였으며 한국은 역사상 최초로 유엔에 의해 승인된 국가로 탄생하게 되었다.

　유엔 총회는 1948년 12월 12일 '유엔' 임시한국위원단의 보고서를 접수하고, "'임시한국위원단'이 감시 및 협의를 할 수 있었으며, 또한 한국 국민의 대다수가 거주하고 있는 지역에 효과적인 통치와 관리권을 가진 합법정부가 수립되었다."는 것을 선포하였다. 또한 "이 정부는 한국의 이러한 지역의 유권자의 자유의사의 정당한 표현이고 '임시한국위

원단'이 감시한 선거에 기초를 두었다."는 것과 "이 정부가 한국 내의
유일한 정부"라는 점을 천명하였다.[18]

2) '조선민주주의 인민공화국'의 출현

서울에서는 미·소 공동위원회가 막 열리고 있을 무렵, 소련군 점령
하의 북한에서는 1946년 2월 8일 김일성(金日成)[19]을 내세운 사실상의
위장(僞裝) 정권인 '북조선 임시인민위원회'가 조직되었다.[20] 그러나 미·

---

18) UN, *Year Book of the UN*, 1948~1949(New York: UN, 1949), pp.288−289.
   1949년 9월 15일 슈티코프 대사는 스탈린 수상에게 다음과 같은 '한국정세'
   를 보고하였다.

   "현 南韓 정부가 국민들 사이에 지지기반이나 권위도 없이 매우 불안정한
   상태라는 것을 잘 알고 있는 미국 측은 이 정부를 지원해 줄 조치를 강구하
   고 있음. 미국 측은 자신의 위성국가들의 도움으로 '유엔' 총회에서 南韓 정
   부를 합법적인 정부로서 인정을 받아내는 데 성공했으며, 이후 미국 측은
   자신들도 공식적으로 南韓 정부를 인정하고 사절단을 서로 교환하였음."

19) 金日成의 출신배경에 대해 볼코크노프 장군은 이렇게 말한다.

   "韓半島가 일본의 식민지였을 때에도 소련은 많은 공산주의자들을 침투시켰
   다. 김일성도 이러한 목적을 위해서 비야츠코(Viatskoe)에 있는 소련 극동군
   독립 88보병여단에서 특수군사훈련을 받은 사람 중의 한 사람이다. 그는
   1941년 일본군의 토벌 부대에 쫓겨 만주로부터 소련에 철수해 88여단에 소
   속되었던 소련군 대위였다."

   전쟁 종료 후 金日成(本名 金成柱)이 사이체프 少將(소련 극동군 정찰본부
   소속)에 의해 인솔되어 블라디보스토크를 경유하여 퓨가쵸프號 편으로 元山
   에 도착한 것은 1945년 9월 19일이다. 이때 金과 같이 元山에 상륙한 사람
   은 88여단 참모장 崔庸健 少佐, 정치처 金策 주임, 정치처 金一, 金京錫 대
   대장, 安吉 大尉, 대대정치위원 崔光 上尉, 중대장 柳京洙 中尉 등이다.

20) 러시아의 저명한 한국전쟁 연구가인 코로토코프(Korotokov) 박사에 의하면
   스탈린은 金日成을 직접 임명했다고 한다.

소 협상에 의한 韓半島 문제의 해결은 실패로 돌아갔으며, 그 후 소련 정부는 38도선 이북에 토착 공산주의자를 내세운 단독 정부의 수립을 위해 박차를 가했다.

1947년 11월 14일 유엔총회가 한국에 관한 결의안을 채택한 후 소련 정부는 북한에 공산정권의 수립을 위한 구체적인 노력의 일환으로 이른 바 '인민헌법'을 기초할 특별위원회를 구성하였다. 全 조선(朝鮮)의 주권을 주장한 이른바 '인민헌법'은 1948년 3월 2일 '북조선인민위원회(北朝鮮人民委員會)' 간부회의에서 채택되었다. 또한 南韓의 '5·10 선거'와 때를 같이해 '북조선인민위원회'는 5월 1일에 상기 헌법 초안을 통과시키고 동시에 공산정권의 수립계획을 결정 발표하였다.[21]

"한마디로 스탈린은 金日成의 代父였다. 스탈린이 金日成을 지명할 때까지 중요한 역할을 한 사람은 소련 극동군사위원회 위원이었던 슈티코프 장군이었다. 金日成은 슈티코프의 추천에 의해 비밀경찰의 두목인 베리아(Lavrenti Beria)의 승인을 거친 다음 스탈린에 의해서 임명되었다."

(1950년 3월 20일자 슈티코프 대사의 전문에 의하면, 金日成과 朴憲永은 1946년 7월 비밀리에 모스크바를 방문했다고 한다.) 가브릴 코로토코프 지음(이건주 옮김), 『스탈린과 金日成』(서울: 동아일보사, 1992), pp.136-202 참조.

한편 日本의 저명한 평론가 饗庭孝典는 스탈린이 朴憲永 대신 무명의 金日成을 北韓의 지도자로 지명한 배경에 대해,

"韓國에서는 오랫동안 抗日運動을 지도해 온 朴憲永이 더 고명한 편이다. 그러나 스탈린은 코민테른(Comintern) 시대의 자신의 과거를 알고 있는 朴憲永을 경원하고 아무것도 모르는 젊은 金日成을 선택했다."라고 한다. 그리고 "滿洲에서 '게릴라' 활동을 하다 蘇領에 쫓겨 온 金日成을 소련이 北韓에 데리고 온 것은 후일 共産軍의 '南進'을 생각하고 데리고 온 것이라고 보는 사람도 있다."

라고 한다(饗庭孝典, 『朝鮮戰爭』(東京: 日本放送出版協會, 1990년), pp.71-73).

21) Philip Rudolf, *North Korea's Political and Economic Structure*(New York: Institute of Pacific Relations, 1957), p.17.

이 결정에 따라 그들은 8월 25일 북한 전역에서 이른바 소련식 '흑백
선거'를 실시하고, 동년 9월 9일에는 '조선민주주의 인민공화국(朝鮮民主
主義 人民共和國, The Democratic People's Republic of Korea)'을 선포하였다. 같은
날 '북조선인민위원회' 위원장인 金日成은 '조선민주주의 인민공화국'의
초대 내각수상(內閣首相)으로 선출되었으며, 그가 임명한 신 내각은 '최고
인민회의(最高人民會議)'의 승인을 받았다.

여기서 특기할 점은 그가 내각 성립 다음 날인 9월 11일 '최고인민회
의'서 행한 이른바 '조선민주주의 인민공화국 선언(宣言)'이다. 그는 이
선언에서 북한 정권은 "남·북조선인민의 총의로 수립되었으며, 중앙정
부는 ……단일 민주주의 국가와 '조국통일과업'을 제1차 목표로 삼는다."
는 것을 분명히 하였다.

'조선민주주의 인민공화국' 초대 내각의 면모

그리고 그는 현재 한국 정부가 적법하게 제정하고 유효한 제 법률은
'무효'이며 '위법'이라고 선언함으로써 대한민국의 존재를 송두리째 부

정하였다.

> 조선민주주의 인민공화국 정부는 토지개혁에 관한 법령·중요 산업국
> 유화 법령·노동법령·남녀평등권 법령 그리고 다른 민주개혁과 北朝鮮
> 에서 개혁된 모든 제도의 계속적인 시행을 위해 노력할 것이다. 全 조
> 선인민은 이들 제 법령이 南半部에서도 적용될 수 있게 투쟁할 것이며,
> 필요한 조치를 강구할 것이다.22)

결과적으로 이 선언은 대한민국에 대한 '선전포고'를 방불케 하는 것
이었다. 이로써 북한 당국은 그들이 원하기만 하면 언제든지 '조국통일'
이라는 미명 아래 동족상잔의 침략전쟁을 감행할 수 있는 터전을 마련
한 셈이다.

북한 정권이 수립된 후 소련 정부는 10월 12일 이를 공식승인하였다.
이때 소련 수상 스탈린은 '공화국 정부'는 "조선 사람들의 '통일정부' 수
립을 위해 노력할 것"을 지상의 과제로 삼으라는 것을 당부 하였는데 이
는 '조국통일과업'(南侵의 별명)을 북한 정권의 '주도'로 추진하라고 하는
공개적인 지령이나 다름없는 말이다.23)

이러한 소련 정부의 북한 정권의 승인조치 이후 다른 공산국가들의
승인도 뒤따랐다. 한편, 소련 정부는 10월 18일 前 소련 점령군 사령부

---

22) William Manel(ed.), *Soviet Source Materials on USSR Relations with East Asia*:
1945~1950(New York: Institute of Pacific Relations, 1950), pp.272-273.

23) 南·北韓이 채택한 헌법은 모두 강력한 통일지향의 법률체계로서 상호간에
는 법률상의 충돌을 면키 어렵게 되었다. 스탈린 수상은 이때 처음으로 '통
일'이라는 어휘를 사용했는데(슈티코프는 1947년 여름에 이 용어를 처음 썼
다), 그가 말하는 '통일'은 '평화적인 통일'이거나 또는 전쟁과 같은 '무력적인
통일'이거나 어떠한 경우라도 북한 당국은 '통일'을 주도하라는 뜻이다. 결국
이 말은 南侵을 종용하는 말과 다름없는 것이다.

의 군사위원이며, 미·소 공동위원회의 소련 측 수석대표로 활약한 슈티
코프 대장을 초대 駐 북한 대사로 임명하였다.[24]

그는 임지로 떠나기에 앞서 1948년 12월 3일 소련 정부로부터 그간
북한에서 활약한 공로를 크게 인정받아 소연방 최고 영예인 '레닌훈장'
을 수여받는 영광을 갖기도 했다. 그리고 그는 12월 하순에 소련 정부
가 특파하는 '특별군사사절단'을 이끌고 모스크바를 출발하여 1949년 1
월 12일 평양(平壤)에 도착하였다.[25]

이러한 경위로 출현한 북한 정권에 대해, '유엔' 한국위원단(UNCOK)은,

> 북한 정권은 점령군의 창조물에 불과하며, 동 점령군의 본국 정부
> 로부터 권력을 단순히 이양받은 권리에 의하여 지배하고 있다.

---

24) 슈티코프 駐北韓 소련 대사는 2重의 임무를 띠고 부임한 것이다. 그는 대사
로서 소련 外務省에 소속되었고, 또한 大將으로서 소련 極東軍 사령부(?)에
도 소속된 것 같다. 이러한 임명은 소련의 외교관례로서는 보기 드문 일이
며, 분명 그에게는 '특수 임무'가 부여되어 그러한 인사를 한 것으로 보인
다(그러나 이 '미스터리'는 최근 러시아 정부가 공개한 旧소련 '전쟁문서'에
의해 해명되었다. 1949년 4월 22일 국방상 바실리예프스키는 스탈린의 명을
받고 슈티코프 大將을 스미르노프(Smirnov) 少將 대신 北韓 駐在 소련 군사
고문단장으로 임명했다. 이때 스미르노프 少將은 '총고문'으로 격하되었다).
蘇鎭轍, "共産軍은 이렇게 南侵 準備를 하였다", 『共産主義問題研究』(제1권
제1호), 1964년 9월, 韓國反共聯盟調査研究所, p.2 참조.

25) 한때 폴란드(Poland) 武官으로 北韓에 주재한 경험이 있는 모나트(Pawel Monat)
大佐는, "슈티코프는 스탈린의 명령을 직접 받을 수 있는 실력자로서 사실
상 北朝鮮의 지배자로서 군림하고 있었으며, 金日成을 비롯한 북한 수뇌들
은 그의 지시를 거역할 수가 없었다."라고 한다(Pawel Monat, "Russians in
Korea", *The Hidden Bosses, Life*, 1963. 7). 또한 駐日 소련代表部의 유리 라
스트보로부(Yuri Rastvorov) 大佐도 "슈티코프는 北韓의 '총독'과 같은 인물"
이라고 평한다(Yuri Rastvorov, *How Red Titans Fought For Supreme Power,
Life*, 1954. 12).

북한 집단은 공평한 국제기관의 감시하에 국민들에게 자유 분위기
속에서 동 정권의 통치요구에 대한 의사표시를 할 수 있는 기회를 부여
하려고 한 적이 없다.

고 주장하였다. 이것은 이 정권이 문자 그대로 소련 정부의 '괴뢰(傀儡)'
임을 만천하에 공개하는 선언과 같은 것이다.[26]

---

26) 1950년 10월 미 國務省이 북한 정권의 실태를 파악하기 위해 현지에서 조
사한 바에 의하면, 북한 정권은 다른 하나의 소련邦 '共和國'에 불과한 것
으로 결론지었다. 그 이유로 동 조사 보고는 다음 4개 항을 지적하고 있다.
① 소련 정부는 점령군 철수 후에도 北韓을 완전히 장악하기 위해, 소련을
모델(model)로 하는 위성국을 세웠기 때문에 북한 정권의 독립성은 극히
형식적인 '가공'의 것이다.
② 정권의 요직은 모조리 소비에트-코리안(Soviet-Korean)이 장악하고 있는
데, 그들은 소련의 시민권과 공산당 당원의 자격을 계속 보유하고 있어,
소련 대사는 그들을 직접 통제하게 된다.
③ 소련 대사는 소련 정부의 기관이 北韓에 배치한 요원과 소련 정부가 북
한 정권에 배치한 각급 고문관들을 직접 통제하게 된다.
④ 北韓에서 소련 정부(군사고문관도)는 직접 명령(Direct Order)이나 직접개입
(Direct Involvement)은 회피하고 있으나 '암시(Suggestion)'로써 통제가 가능
하다.
결론적으로 동 보고서는 駐平壤 소련 대사관은 점령군 본부가 가진 권한을
그대로 가지고 있는 것이다.
(US Department of State, *North Korea: A Case Study in the Techniques of
Takeover*, Dept. of State publication 7118, Released Jan. 1961 참조. 또한
USFR, 1950 Vol.VII, pp.111-112 참조).
한편 在美 공산권 연구가인 李庭植 교수도 '미국과 소련의 영향을 같은 차
원에서 비교하는 것은 우스운 일'이라고 전제하고, "北韓의 정부나 黨 그리
고 軍의 지배기구에 있는 韓人系 소련인은 韓人이기 전에 소비에트 公民이
었다. 그들을 지배하는 것은 金日成이 아니고 스탈린이다. 당시의 北韓의
실정은 그러했다."라고 말한다(饗庭孝典, 전게서, p.72 참조).

제3장

주둔군의 철수와 南·北 간 힘의
불균형

소련의 對韓半島 전략은 우선 남·북 간에 '분리정권(分離정권)'(단독정권)을 세우는 일이고 나아가 韓半島를 통합하는 사업, 즉 韓半島 '통일과업'은 자신들이 직접 세운 북한 정권을 앞세워 수행한다는 입장이다. 원래 韓民族은 남과 북을 초월해 오랜 세월 '민족의 전통(傳統)'과 '민족의 동질성(同質性)'을 견지해 온 민족으로서 소련 지도부가 추구하는 이른바 '조국통일과업'에 대한 대내적인 저항은 그리 크지 않을 것으로 본 것 같다.

따라서 북한 공산주의자들이 추진할 '조국통일과업'은 오직 한국인만을 상대로 하는 것이어야 하며, 그것이 주한 미군과의 직접적인 대립을 초래하는 것이 되어서는 아니 되는 것이다. 그러므로 '통일과업'의 추진을 위해서는 무엇보다도 미군이 존재하지 않는 南韓의 실현이 제일차적인 전제였던 것이다.

1. 소련의 주둔군 철수 제의

미·소 양측에 의한 점령군의 철수(撤收)문제는 먼저 소련 측에 의해서 정식으로 제기되었다. 제2차 미·소 공동위원회가 열리고 있던 1947년 8월 26일 소련 측 수석대표 슈티코프는 돌연히 한국인 스스로에게 자체 정부를 수립할 능력을 주기 위하여 韓半島에서 미·소 양군은 동시에 철수할 것을 제의하였다. 그리고 1948년 초까지 만약 미국 측이 '全 외국군 철수'안에 동의한다면 소련군도 철수를 준비할 것이라는 조건부 철수안을 제안하였다.[1]

---

1) 슈티코프 소련 측 수석대표의 제안:

소련 정부가 이 시기에 무엇 때문에 그러한 주둔군(駐屯軍) 철수 문제
를 갑자기 들고 나왔는지 그 당시로서는 그 저의(底意)를 잘 알 수가 없
었다.[2] 그러나 이 제안에 대한 미국 측 답변은, "외국군 철수 문제는
장차 유엔에서 논의될 '한국문제'의 일부분"이므로 공동위원회에서 논
의할 성질의 것은 아니라는 극히 소극적인 입장이었다. 이 답변에서 한
가지 분명해진 것은 미국 정부도 소련 측과 같이 韓半島에서 주한(駐韓)
미군의 철수를 고려하고 있다는 사실로 이 점이 소련 정부로서는 무척
이나 궁금했던 일 중의 하나이다.[3]

"朝鮮人 스스로가 연합국의 개입과 원조 없이 자기들의 정부를 구성할 수
있는 기회가 주어져야 할 것으로 본다. 단 美·蘇 양군은 朝鮮으로부터 철
수해야 한다. 소련 대표는 모든 외국 군대는 1948년 초까지 철수하여야 한
다고 믿으며, 소련군은 미군과 같이 철수할 준비를 할 것이다."(The Soviet
Union and Korean Question, p.46.)

2) 이 시기에 미국 정부는 對소 전략의 일환으로 東北아시아에서 미군의 역할
을 점검하고, 나아가 駐韓 미군의 철수 여부를 검토하고 있는 중이어서, 소
련 정부로서는 그것이 사실인지 여부를 타진하고 나아가 자국의 중·장기
정책수립에 기여하고자 한 것으로 보인다.
韓半島 내에 2개의 분리정권을 세우고 미군이 없는 南韓의 실현은 소련의
당면 목표였다. 그러므로 외군 철수 문제는 가장 시급한 당면 과제이기도
했다(상기 소련 정부의 제안은 한국전쟁의 '구상'에 대한 소련 정부의 최초
의 구체적인 의사표시로 볼 수가 있다). 한편 이 무렵(1947년 여름) 樺太地區
에서는 스탈린이 '재가'했다는 한 '특별조치'로 말미암아 27,000명의 한국인
의 본국 송환은 중단되었다고 하는데, 이 문제도 한국전쟁과 관련해서 생각
해 볼 필요가 있다.

3) 소련 정부의 금번 제의는 스탈린의 東北아시아 '구상', 특히 韓半島 '구상'이
구체화된 최초의 신호로 볼 수 있다. 그의 '구상'은 장차 남·북에 출현할 2
개의 단독정권을 예견하고, 이들의 '통일과업'은 말할 것도 없이 人民軍이 주
도해야 할 것이며, 그 시기는 中共軍의 대륙 제압 이후에 하는 것으로 이해
된다. 그렇기 때문에 그의 '구상'의 선행조건은 무엇보다도 미군이 떠난 韓半
島의 실현에 있는 것이다.

사실 미국 정부가 주한 미군 2개 사단을 다른 지역에 배치하려는 구상
은 상당히 오래된 일이다. 1946년 9월 초 미국 정부는 중국과 韓半島의
정세를 조사·분석하고 재평가하기 위해서 웨드마이어(Albert C. Wedemeyer)
중장을 단장으로 하는 '웨드마이어 군사사절단'을 극동 지역에 파견한
바가 있었다. 이들이 지역 정세를 조사한 후, 자국 정부에 제출한 보고
서에 따르면 놀랍게도 南韓을 미국의 주요 '전략기지'로 간주하지 않았
다는 점이다.4)

'웨드마이어 군사사절단'이 南韓을 미국의 주요 '전략기지'로 인정하
지 않은 주된 이유는,

> 극동에서 전쟁이 발발할 경우, 미군이 남한에 주둔한다 함은 군사적
> 으로는 직접적인 부담(a military liability)이 될 것이며, 전쟁 도발 전에
> 충분한 증원군이 없이는 이를 유지할 수가 없을 것이다. 그런데 미국이
> 아시아(Asia) 대륙에서 공략전을 획책한다면 아마 韓半島를 거치지 않아
> 도(by pass) 될 것이다.

라는 관점이었다. 결국 미군의 남한 주둔은 '부담'일 뿐 전략적 가치가
별로 없다는 평가인 셈이다.

또한 만약 공산군이 남한을 석권했을 경우 소련 측이 얻을 수 있는
전략적 실리로는,

> 적군(소련을 가상했음)은 韓半島에 강력한 해·공군 기지를 보유할
> 수 있을 것이고, 그들은 능히 동지나해(East China Sea, 東支那海)와 만주
> (滿洲), 황해(黃海) 그리고 동해(東海)와 그 근해의 미국 통신망과 작전을
> 교란할 수 있을 것으로 전망한다. (그러나) 이러한 介入은 敵의 강력한

---

4) Wedemyer, A. D., Wedemyer Reports, New York: Henry Hold & Co., 1958.

해·공군력의 존재를 필요로 하는데, 이는 미 공군(제5공군)에 의해 견제될 수 있다. 공군에 의한 견제는 용이하고 그 유지비가 막대한 지상군(地上軍)의 그것보다는 훨씬 경제적인 것이다.

라는 입장이었다. 따라서 실질적으로 소련은 아무런 전략적인 이익을 얻지 못할 것이라는 판단이다.

2. 미국, 南韓에서 철군을 고려

한국에서 미군을 철수시켜야 한다는 계획이 구체화된 것은 1947년 중반의 일이다. 당시 미국은 제2차 대전 시와 비교할 때 군병력을 대폭 감축시키고 있었다. 그러나 군비 지출의 절감을 위한 의회의 강력한 압력은 행정부에 가해졌다. 트루먼 대통령은 국무·국방省에 대해 해외 駐屯軍의 재배치 및 군사비 절감방안을 적극 강구하도록 지시하였다. 당시의 미군의 병력은 한마디로 말해 알래스카(Alaska)에 있는 한 '임시비행장'을 수비할 만한 충분한 병력의 유지도 어려운 실정이었다고 한다.

마샬 국무장관은 1947년 가을 이러한 문제를 해결하는 방안으로 한국에서 '체면을 손상하지 않고' 주둔군 2개 사단을 철수시키는 문제를 모색하기에 이르렀다. 미국 정부는 같은 해 9월에 이 문제를 '한국문제'의 일부로서 간주하기로 하고 이를 다가오는 '유엔' 총회에 제기키로 하는 한편 미군 철수에 수반하는 종합적인 전략 등을 검토하기 위해 합참의장(合參議長)에게 제2차 '웨드마이어 군사사절단'을 조직하여 동 문제를 조사·연구하도록 하였다.

이 '사절단'의 현지 조사 결과 한 보고서가 국방장관에게 제출되었다.

이 보고서에 따르면 '사절단'은 군사상의 안전이라는 견지에서 미군의 한국 주둔은 병력이나 기타에 관한 전략적 이익이 거의 없다는 종래의 평가를 재확인하였다. 그리고 미군 철수와 관련해 미국 정부가 한국에서 취할 수 있는 3가지 선택방안을 건의하였다.

① 단순히 철수하는 것은 소련에게 南韓을 포기하는 것으로서 북한 공산당은 힘으로 南韓에 도전해 올 것이다. 이 방안은 전략적 견지에서 받아들일 수 없는 성질의 것이다.

② 무기한 계속 駐屯하는 것은 만약 소련군이 북한에서 철수해 버리면 미국 국민에게 용인될 수 없는 방법일 뿐 아니라 미국은 국제적으로 비난을 받게 될 것이다.

③ 소련군이 철수함과 동시에 미군을 철수시키는 방안이다. 이 방법이 가장 적당하며, 될 수 있으면 소련과 협상을 맺고 이에 의거 철수하면 좋을 것이다. 미국은 미군의 철수에 앞서, 이 기간 동안에 南韓에 대하여 北韓에서의 위협에 대처하기 위한 원조와 한국인으로 편성된 방위부대를 창설 훈련시키는 것이 상책이다.[5]

이와 같은 건의는 미국 정부의 정책 입안에 있어 분명히 결정적인 영향을 주었을 것으로 보인다. 미국 정부는 한국민에 대하여 어떠한 안전대책도 강구하지 않은 단순한 남한의 미군 철수만은 할 수 없다고 판단한 것 같다. 그래서 미국은 제1차와 제2차 미·소 공동위원회에서 봉착된 '한국독립' 문제를 소련이 이미 제안한 '점령군 철수' 문제와 연계하여 이것을 제2차 '유엔' 총회에 '한국문제'로서 제기하는 방안을 강구하게 되었다.

---

5) H. S. Truman, *Memoirs* Vol. II (Garden City: N.Y., Doubleday & Co. Inc., 1956), p.326.

1947년 9월 17일 미 국무장관 마샬은 '유엔' 총회에서 '신탁통치'를 해제한 한국의 즉시 독립을 주장하고 유엔이 '한국문제'를 해결해 줄 것을 요구했다.[6] 그리하여 9월 23일 미국 대표는 '유엔' 총회에서 '한국문제'를 제안하면서,

> 韓國에서 필요 이상의 외국 점령군의 주둔은, 한국 사람이 그들 스스로의 책임 있는 자주정부를 수립하려는 노력을 수포화시키며, 나아가 한국 정부의 주권과 독립이라는 견지에서도 합당하지 못하다.

고 외국군 철수를 '한국독립'과 연계하여 제안하였다.[7]

그러나 소련 대표 비신스키(Andrei Y. Vyshinsky)는 이 제안에 반대하면서 소련 정부는 1947년 말까지 소련군을 "무조건 철수하기로 하였다."는 것을 강조하고, 동시에 미군도 소련군과 함께 철수하여 '한국문제'를 해결하자는 종래의 주장을 되풀이하였다.[8]

이와 같은 소련 측의 무리한 주장은 한국의 안전 보장을 위한 '국방

---

6) Department of State, *The Conflict in Korea*(Washington, D.C., GPO, 1951), p.5.

7) *Ibid*.

8) 9월 26일 제2차 美·蘇 공동위원회의 소련 대표는 한 달 전의 제안과 같은 내용의 철수안을 다시 제안한 바 있다(*The Soviet Union and Korean Question*, p.46).

> "朝鮮人 스스로에게 연합국의 개입과 원조 없이 자기들의 정부를 구성할 수 있는 기회가 주어져야 할 것으로 본다. 단 美·蘇 양군은 朝鮮으로부터 철수해야 한다. 소련 대표는 모든 외국 군대는 1948년 초까지 철수하여야 한다고 믿으며, 소련군은 미군과 같이 철수할 준비를 할 것이다."

한편, 10월 9일 몰로토프 소련 외상은 美·蘇 공동위원회의 소련 측 대표의 연설과 같은 내용의 서한을 마샬 국무장관에게 보냈다(*Korea, 1945~1948*, Annex Ⅳ, p.49 참조).

경비대'의 조직과 이에 필요한 군사·정치적 및 경제적 조처(원조)를 취한 후 철수하고자 하는 미국 정부의 의도를 사전에 봉쇄하려고 하는 데 목적을 둔 것으로 보인다. '유엔' 정치위원회는 소련 측 제안을 거부하고 미국 측 제안을 채택하였다. 총회에서도 11월 14일 이와 같은 결의안을 채택하고 한국의 국가적 독립의 성취와 점령군은 가능한 한 최단시일 내에 철수해야 한다는 원칙을 세웠다.

점령군의 철수 시한에 대해서는 "가급적 조속히, 가능하다면 90일 이내에 점령군은 한국으로부터 완전히 철수하도록 점령 양국과 협정을 체결할 것을 권고"[9]하였다. 이러한 일련의 사안 진행을 지켜본 소련은 설사 비록 자국의 제안은 부결되었다고 하더라도 머지않은 장래에 미군은 남한에서 떠날 것이라고 하는 '확신'을 가진 듯하다.

3. '남북협상회의'와 '全 외국군 철수' 결의

韓半島에서 소련의 전략이 무엇인지를 명료하게 파악하지 못했던 미국 정부는 주한 미군의 철수계획을 계속 추진하였다. 남한에 단독정부를 수립한다는 방침이 확정된 1948년 4월 미 국무·국방성 및 국가안전보장회의 등 3자는 일련의 연석회의를 열었다. 이 회의에서 그들은 주한 미군의 철수에 관한 1947년 11월 14일자 '유엔' 총회의 결의를 재확인하고 미군의 철수는 한국 정부 수립 이전이라도 가능하지만 늦어도 "1948년 12월 31일까지 주한 미군의 철수를 위한 모든 조건의 성숙을 위해 노력을 경주할 것"이라는 결론을 내렸다.[10]

---

9) *The Conflict in Korea*, p.5.

'남북협상'을 위해 북으로 가는 金九 선생

이러한 결정은 곧 소련 정부에 미군이 궁극적으로는 남한에서 철수할
것이라고 하는 확신을 갖게 한 것이다. 다만, 과연 1948년 말까지 철수
를 완료할 것인지에 대해서는 다소 회의적인 관측이었던 것 같다. 이에
소련은 주한 미군의 조속한 철수를 촉구하고 나아가 그들에게 '압력'을
가하는 수단으로 1948년 4월 평양(平壤)에서 개최되는 '남북협상회의(南北
協商會議)'에서 '全 외국군 철수'안을 회의 주제로 선정하고 이를 통과시
키도록 북한 당국에 지시하였다.

결국 '남북협상회의'는 북한 당국의 '강요'와 '강압'에 따라 '全 외국
군 철수'안을 채택하였다. 그리고 이것을 미·소 양국 정부에 통고하였
다. 소련 정부는 이를 즉시 수락하고 동년(5월 7일), '미·소 양군의 동

---

10) *Ibid.*

시 철수'를 강력히 요구하고 나섰다. 그리고 소련군의 일부는 이미 북한에서 철수를 개시하였다고 발표해 외국군 철수에 대한 새로운 국면의 전개를 시도했다.[11]

이와 같은 시기에 미국 정부도 종전의 駐韓 미군의 철수구상을 보다 구체화했다는 소문이 나돌았으나, 결국 새로 수립될 한국 정부가 國軍(국군)의 방위임무를 성공적으로 수행할 수 있는 충분한 힘과 훈련을 갖기 전의 미군 철수는 타당치 않다는 종전의 입장을 견지하였다.

4. 소련군의 철수로 미군 철수 강요

1) 소련군의 철수 - 1948년 12월 시베리아로 철수

대한민국 정부 수립에 뒤이어 출현한 북한 정권의 등장(9월 9일)은 소련 정부에 의한 점령군 철수 문제를 급진전시키는 계기가 되었다. 약 3년간에 걸친 소련군의 북한 점령은 마침내 金日成을 수반(首班)으로 하는 '조선민주주의 인민공화국'을 탄생시키는 데 성공하였다. 이 정권은 말할 것도 없이 소련 정부를 대신해 韓半島에 있어서의 소련의 '이익'과 '목적'을 달성하는 데 충분한 '능력'과 '의욕'을 가지고 있다는 점을 소련 지도부는 잘 알고 있었던 것이다.

1948년 9월 12일 북조선 '최고인민회의' 간부회의(幹部會議)는 이른바 '朝鮮의 통일과 민주적이고 평화적인 통일정부'를 세우기 위한 전제로서 점령군의 '동시' 그리고 '즉시' 철수를 요구한다는 호소문[12]을 미국

---

11) *The Soviet Union and the Korean Question*, p.69.
12) *Ibid.*, p.74.

과 소련 정부에 각각 발송하기로 하였다. 이것은 소련 정부에는 철군(철 군)의 명분을 주기 위한 것이고 그 대신 미국에는 주한 미군의 철수를 강요하기 위한 압력의 수단이었다.

이 요구에 대해 '소연방최고회의(소련邦最高會議)'는 9월 19일 "소련군 은 10월 중순부터 북조선에서 철수를 개시할 것이며 연말까지는 이를 완료할 것"이라고 발표했으며, 외무성도 이 사실을 모스크바 주재 미 국 대사에게 통고해 미국 정부도 소련 정부와 같이 행동해 줄 것을 요 구하였다.[13]

그러나 미국은 소련 정부의 이 제의를 거부하고 이러한 문제는 어디 까지나 다가올 '유엔' 총회에서 토의될 성질의 것이라는 점을 분명히 하였다. 미군 철수에 대한 미국 정부의 입장은 이미 미국 정부가 계획 한 대로 추진될 것이며, 소련 정부의 어떠한 '권유'나 '압력'으로부터 영향을 받지 않겠다는 것이다. 그러므로 미국 정부는 9월 21일 현재 주 한 미군의 數는 현저히 감축되었으나 최종적인 철수는 제3차 '유엔' 총 회에서 '한국문제'에 관한 결정이 있기 전에는 하지 않을 것이라고 시 사했다. 이 사실은 1948년으로 예정된 주한 미군의 철수는 사실상 어렵 게 되었다는 것을 암시하는 것이다.

그러나 미국의 이러한 일관된 철군 계획에 대하여 1948년 11월 20일 한국 국회는 정부 수립 직후에 발생한 '여순사건(麗順事件)'의 예를 들어, 국군의 조직과 장비가 미흡한 상황이므로 한국의 방위를 위한 군비가 갖추어질 때까지 미군의 철수는 당분간 연기되어야 한다는 점을 미국 정부에 강력히 요구하였으나, 별 성과를 거두지는 못했다.

한국에서 철군을 하려는 미국 정부의 계속된 정책은 1948년 12월 12 일 제3차 '유엔' 총회의 결의로 더욱 구체화되었다. 이날 통과된 '유엔'

---

13) *USSR Embassy to the US: USSR Information Bulletin*, October 6, 1948.

총회 결의안은 한국 정부를 韓半島 내의 '유일합법정부'로 인정하는 한
편, '점령 제국은 가능한 한 조속히 한국으로부터 점령군을 철수시켜야
할 것'을 권고하였다. 그리고 점령군의 실질적인 철군을 감시하고 필요
시 철수의 사실을 입증하기 위해 양측 점령군의 군사전문가들에게 협조
를 요청할 수 있는 임무를 새로 구성된 '유엔' 한국위원단(UNCOK)에
게 부과했다.14)

이 같은 제3차 '유엔' 총회의 결의는 미군이 머지않은 장래에 남한에
서 철수할 것이라는 보장을 소련 정부에 확인해 준 것이나 다름없는 것
이었다. 소련은 하루빨리 미군의 철수를 유인하기 위해 먼저 북한으로
부터 철수해야 한다는 전략 아래, 자국 군대는 12월 25일을 기해 북한
에서 철수할 것이라고 '돌연히'(1948년 12월 초) 발표하고 이를 실행하
였다. 그리하여 장기간 논쟁을 불러일으킨 점령군 철수 문제는 소련 정
부의 주도로 마무리 국면을 맞게 되었다.15)

이 사실은 소련 측 주장일 뿐 '유엔' 한국위원단이 북한에서 확인한
바는 없다. 그러나 그간의 정황을 종합해 볼 때, 소련군은 북한에서 철
수하여 소령(蘇領)으로 되돌아간 것은 사실인 것 같다. 다만 동해안 기지
에 있는 수많은 소련 해군 요원들은 그대로 잔류한 것으로 보이며, 또
한 상당수(약 2,000~3,000명)의 소련군이 아직 그대로 남아 '군사고문
관'의 직책으로 활약한 것으로 보인다.16)

---

14) *Year Book of the UN*, 1948~1949, pp.289-290.
15) 1948년 12월 26일 金日成은 北韓 정권을 대표해 스탈린 수상에게 소련군의
    철수를 감사하게 생각한다는 내용의 '메시지'를 발송한 바 있다.
16) 소련 정부는 소련군 철수 시 약 3,000명의 병력을 소련 군사고문단의 요원
    으로 그대로 잔류시켰다고 한다. 人民軍의 보병사단에는 15명이 넘는 소련
    군 고급장교가 배치되어 있으며, 사단장의 고문은 소련군 大佐가 담당하고
    있었다. 그리고 平壤의 보위성에는 스미르노프(Smirnov) 少將 이하 수십 명

2) 미군의 철수 - 1949년 6월이 그 시한

소련군이 북한에서 철수하였다는 소련 정부의 발표는 중공군(中共軍)의 승리가 예견되는 중국 대륙의 전세와 맞물려 미국 정부로 하여금 駐韓 미군의 철수를 재촉하는 촉진제로 작용하였다. 이러한 상황 변화에 힘입어 소련은 '미군 철수'를 강요하는 압력을 계속하였다.

1949년 2월 초 공산주의자들의 사주를 받은 것으로 보이는 약 70명에 이르는 이른바 '국회소장파(國會少壯派)' 의원들은 국회(國會) 본 회의에서 '駐韓 미군 철수'안을 들고 나와 미군 철수를 요구하였다. 물론 이 제안은 국회에서 큰 표 차로 부결되었지만 이로 인한 국내 정국의 혼미는 가중되었다.[17] 또한 한국에 대한 미국 朝·野의 '기대'는 커다란 실망으로 바뀌어 결국 미군 철수를 촉진하는 데 기여하였다.[18]

1949년 3월 미 '국가안전보장회의(The National Security Council)'는 그간의 정세를 점검하고[19] 미군 철수의 계획을 최종적으로 매듭짓기로 했다.

의 고문이 배치되어 있는데, 후일 고문단장에는 슈티코프 대사가 겸직했다 (전술 p.40 참조).

17) 슈티코프 대사는 이 사실을 직접 스탈린에게 보고하였다(舊소련 '정부문서', 1949. 9. 15).

"노동당은 南韓의 국회의원들을 자신들의 편으로 끌어 모으기 위해 노력하고 있으며, 노동당의 지령에 따라 이들 국회의원들이 의회에서 韓國에서 시행되고 있는 미국정책 및 남한정부 당국의 붕괴를 목적으로 활동하고 있다. 韓國에서의 미군 철수를 내용으로 하는 62명의 '의원청원서', '정부불신임표결 건의서', '모든 長官들의 사임 요구' 등은 바로 위와 같은 목적에 따라서 실행된 예이다."

18) ≪朝鮮日報≫, 1986. 9. 3 참조.

19) 李承晩 대통령은 '외국군 철수' 문제로 야기된 국내정국의 혼미상태를 타개하기 위해, 1949년 3월 趙炳玉 박사를 특사로 파견하여 미국의 朝·野 인사들과 접촉도록 하였다. 趙 박사는 3월 24일 애치슨 국무장관과 만나 아래

이 회의의 결과,

> 미국 정부는 한국에 계속적인 정치적 지원과 경제, 기술 및 군사적
> 원조(약 65,000명의 國軍을 유지하고 지원)를 하는 동안, 이러한 원조의
> 효과적 지원을 위해 반드시 미 점령군의 한국 주둔이 필요한 것은 아니
> 며, 이들의 철수는 정치·군사적으로나 필요한 것이다.

라는 결론을 내리게 되었다. 그리고 철수 후에는 약 500명 규모의 미군
고문관이 남아서 韓國軍의 훈련을 담당하고 미군의 최종적인 철수는 동
년 6월 말까지 완료할 것이라는 결정을 하였다.[20]

이러한 결정이 서울에서 보도되었을 때, 李 대통령의 반응은 사뭇 심
각한 것이었다. 北韓의 金日成은 1948년 12월 26일 스탈린 '대원수'에
게 북한으로부터의 소련군의 철수를 환영한다는 감사 '메시지'를 보내
고 있는 데 반해 그와는 대조적으로 李承晩 대통령은 '비통한' 심경으
로 미국 정부의 정책적 '허점'을 비난하면서 '한·미 방위조약'의 필요
성을 역설하고 나왔다.

> 미군이 주둔하거나 또는 철수하는 것은 큰 문제가 아니다. 중대한 문

와 같은 우리 정부의 입장을 전한 바 있다.

> "韓國은 1명의 미군도 요구하지 않는다. 전투가 필요하게 되면 우리 자신이
> 전투를 할 것이다. 그 대신 한국에 육·해·공 3군의 장비를 개선시켜 줄
> 것과 무기를 공급해 줄 것을 요청한다. 그리고 우리는 韓國軍을 도와주고
> 또한 훈련을 시킬 美 군사사절단을 원한다."

20) *The Conflict in Korea*, p.6.
駐日 소련 대표 데레부양코(Derevyanko) 中將은 1949년 2월 16일에 맥아더
장군과 면담하였는데, 동 장군은 "주한 미군의 철수에 관해, 미국 정부의
결정과 이미 대부분의 미군은 한국에서 떠났다."라고 말했다고 한다(1949년
2월 16일자 旧소련 '정부문서' 참조).

66

제는 무엇이 한국의 안보를 위한 미국의 정책이냐 하는 것이다. 내가 원하는 것은 트루먼 대통령이 한국에 대한 공격은 미국에 대한 공격으로 간주한다는 내용의 성명 하나뿐이다. 만일 이것이 가능하다면 우리는 미군의 철수에 반대하지 않을 것이다.[21)

李 대통령을 비롯한 많은 애국지사들의 절규에도 불구하고, 미국 정부는 1949년 6월 8일 한국의 안보와 국내질서가 채 안정되기도 전에 아무런 '보장'도 없이 '한국으로부터 곧 그들의 점령군을 완전히 철수할 것'이라고 발표하고, 6월 29일 약 500명의 駐韓 미 군사고문단(단장: 라이트(William H. S. Wright) 대령)을 남긴 채 일본으로 철수하였다.[22) 이로써 약 4년여에 걸친 미국 정부의 한반도 점령은 종식되었다.

이러한 미국 정부의 철군 정책은 결과적으로 소련 지도부가 장기간 추진해 온 對韓半島 '구상'에 있어서 최대의 장애물이라고 할 수 있는 '외국군 철수' 문제를 의외로 쉽게 해결한 셈이 되었다.[23)

---

21) Robert T. Oliver: *Syngman Rhee, The Man Behind the Myth*(New York: Doad Mead and Co., 1954), p.295.

22) 李承晚 대통령은 취임 이래 여러 차례 '한·미 방위조약'의 필요성을 역설한 바 있다. 그는 미군이 한국으로부터 철수하더라도 '한·미 방위조약'과 같은 안전장치만 마련된다면, 北으로부터의 압력(국제공산주의자들의 무력침공 위협)을 극복할 수 있을 것으로 판단한 것 같다. 그런데 미국 행정부는 이 문제에 대해 너무도 '옹졸'하고 '졸속'한 결정을 하고 말았다.
만약 이때 미국 정부가 李 대통령의 간청을 수용했다고 한다면, 아마도 소련 정부는 '6·25 전쟁'과 같은 전면적인 '전쟁'의 방식은 택하지 않았을 것으로 본다. 소련은 다분히 전면적인 '전쟁'의 방식을 피하고 국지전(옹진반도 점령)이나 유격전과 같은 비정규전으로 나올 수밖에 없는데, 그렇게 되었을 때 이 것은 소모시간이 길고 또한 승리에 대한 보장이 없기 때문에 큰 문제가 되는 것이다.

23) 이와 같이 미국 정부의 '무책임'한 정책에 대해 韓國-自由中國(대만) 등 아시아 국가들은 태평양 동맹과 같은 지역협력체제를 조직할 움직임을 보이

1949. 6.29 인천에서 최종 철 군부대를 실은 미육군수송선 볼드원호

미군 철수를 반대하는 한국 학생들의 행진

기 시작했는데, 이에 대한 소련 정부의 반응은 예민한 편이었다. 슈티코프 대사는 1949년 9월 15일 스탈린 수상에게,

> "미국의 도움으로 일반 국민들 사이에 자신들의 위신을 높이고자 하는 李承 晩의 계략은 공산주의와의 투쟁을 위하여 '태평양 국가연합'을 창설하도록 주 장하기에 이르렀음. 그러나 南韓 민중들은 이러한 李承晩의 계략에 대하여 믿 지도 않을뿐더러 터무니없는 소리라는 반응을 보이고 있다."

라고 보고했다(이 문제는 '6·25 전쟁' 직전인 1950년 5월과 6월에 활발히 논의되었다).

1949년 1월 17일 소련 정부는 북한 정권이 요청한 "우호방위조약"을 시기 에 적절하지 않다는 것을 이유로 이를 거부하고('통일' 후에 체결 의향), 그 대신 '조약관계'는 中共과 北韓이 체결하도록 조치하였는데, 그것은 미국 정부로 하여금 철군 전 '한·미 방위조약'과 같은 조약을 체결하지 못하도 록 하기 위한 것이다.

제4장

소련의 對韓半島 적극 개입

─ 조속한 인민군의 '근대화' 작업 ─

3년여에 걸친 소련군의 북한 점령은 마침내 金日成을 수반으로 하는 소연방(소련邦)의 한 '공화국'을 잉태하는 데 성공하였다. 이들은 말할 것도 없이 소련 정부의 '이익'과 '목적'을 추구하는 데 있어서 조금도 손색이 없는 존재인 것이다.

이 무렵 중국 대륙에서는 國·共 간의 싸움이 중반의 고비를 넘기고 있어 사실상 中共軍의 승리가 약속되고 있었으며, 다른 한편으로는 주한 미군은 새로 태어난 한국 정부가 '한·미방위조약'만이라도 체결하고 떠나라는 절규에도 불구하고, 계획된 철수 준비에만 '부산'해했다.

이것은 문제 그대로 '모스크바'의 전략가들이 오랫동안 기다렸던 순간이 도래한 것이다. 문제는 인민군(人民軍)을 조속히 확대해 그들에게 보다 더 큰 힘을 안겨줄 수 있다면, 미구에 전개될 韓半島의 '통일과업'에 대한 성공은 확실히 보장되는 것이다.

1. '모스크바' 군수뇌회담과 '특별군사사절단'의 派北

1948년 12월 소련군은 북한으로부터 전면 철수를 감행함으로써 소련의 對 동북아 정책은 새로운 계기를 맞이하게 되었다. 소련 정부가 앞으로 북한에서 해야 할 새로운 과제는 소련군의 철수로 말미암아 야기된 '힘의 공백'을 메우기 위해 人民軍을 급속도로 보강하고 그들에게 '결정적인 戰力'을 확충해 주는 일이었다.

소련 정부는 이를 위해 1948년 12월 초순 소련군의 북한 철수와 때를 맞추어 모스크바에서 군수뇌회담을 개최하였다. 철군(撤軍) 이후의 구체적인 계획을 수립하고 이를 새로 조직될 '특별군사사절단'을 통해서 집행하기로 한 것이 회의내용이었다.[1]

한때, 북한에서 이 '특별군사사절단'의 일원으로 활약한 前 소련군 포
병 중좌 카리노프(Kyril Kalinov)에 의하면,[2] 소련 정부는 1948년 12월 중

---

1) 러시아의 저명한 군사문제연구가인 코로토코프 박사는 한국전쟁의 근본적인
원인을

> "1948년 말 북한 주둔 소련군의 철수를 계기로 스탈린은 '한국전쟁'을 결심
> 하게 된 것이다. ……결국 300만 이상의 희생자를 낸 한국전쟁은 스탈린의
> 세계 공산화 정책의 일환이라고 할 수 있을 것이다."라고 주장한다(코로토코
> 프, 전게서, p.145).

2) 카리노프 中佐의 진술, "*How Russia built the North Korean Army?*"는 미국
의 한 주간 시사지 ≪*The Reporter*≫(New York), Sept. 26~Oct. 10, 1950에 상
세히 기록되어 있는데, 현재로서는 제일 중요한 사료로 평가된다. ≪The
Reporter≫에 게재된 기사는 진술자 자신이 1949년 말 東獨을 탈출한 직후에
발표한("The Soviet Marshals Speak to you", Paris, 1949) 것으로서, 그의 진
술은 대부분 이 공식사료와 일치하고 있어, 이것을 '제1차 자료'와 같은 것
으로 취급해도 무방할 것 같다.
필자는 1963년 오크라호마대학에 제출한 논문(*Some Causes of Korean War of
1950: A Case Study of Soviet Foreign Policy in Korea*(1945~1950), with
emphasis on Sino-Soviet Collaboration, Norman, Okla., 1963)에서 상기 사료
를 '주요 사료'로 인정하고 이를 학술지에 처음으로 인용하였다.
그러나 미국의 부루스 커밍스(Bruce Cumings)는 그의 공저 『*Korea: The Unknown
War*』(New York: Pantheon 1989)에 서 카리노프의 진술을 경시하고 "西方의
텍스트(text)는 이 기사를 개전에 대한 소련의 역할을 추정하는 신빙성 있는
자료로 종종 인용하고 있다. (그러나) 이 기사는 CIA가 조작한 것이다. 진술
자 카리노프 中佐는 꾸며진 가공의 인물이다."라는 등 전혀 근거 없는 주장
을 하고 이외 사료적 가치를 부정한다.
소진철, "共産軍은 어떻게 南侵을 하였는가", 『共産主義問題硏究』(제1권 제1호),
1964. 9, 韓國反共聯盟, Soh, J. Chull, "*The Role of the Soviet Union in Pre-
parations for the Korean War*", *Journal of Korean Affairs*, Vol.Ⅳ, No.4, Jan.
1974, Washington, D.C., 韓國 弘報協會, 『韓國動亂』, 1973 등에서도 상기
'사료'를 인용했다. 또한 國防部, 戰史編纂委員會, 『韓國戰爭史硏究』(第一),
1966. 3, pp.27-28 및 北韓, 1988. 6, pp.50-85, 陸軍士官學校, 『韓國戰爭史』
(서울: 일신사, 1987), pp.205-206도 이를 '중요 사료'로서 인용하고 있다.

순 모스크바에서 불가닌(Nikolai Bulganin) 국방相이 주재한 일련의 고위 군
사회의를 열었는데, 이 회의에는 극동군 사령관 마리노프스키(R. Y. Mali-
novsky) 원수, 前 극동군 사령관 바시리예프스키(A. M. Vasilevsky) 원수, 지
상군(地上軍) 사령관 코네프(Konev) 원수, 해병(海兵) 사령관 글로프코(A. G.
Glovko) 제독(提督) 그리고 제1副수상 마렌코프(G. M. Malenkov) 등 소련 군
부의 최고위 수뇌들이 참석하였다. 그리고 북한과 중공(中共) 측의 고위
군부 대표들도 자리를 함께하였다3)고 한다. 또한 '赤軍(적군)' 측에서는
다수의 기술 분야 장성들이 자리를 함께하였다.

이 회의에서는 주로 人民軍의 '확장문제'와 軍의 '근대화'에 대한 구체
적인 계획들이 논의 확정되었다. 그리고 이 계획을 실천하기 위한 '특별군
사사절단'을 조직했다. 이 '사절단'에는 기갑 전술 전문가인 카투코프(M.
Y. Katukov) 대장, 쿠바노프(Kubanov) 중장, 코로테예프(Koroteyev) 중장 그리고
정보전문가인 자하이로프(M. N. Zakharov) 제독 등을 포함한 약 40여 명의
소련군 고위 장성들로 구성되었다. 신임 駐北韓 대사인 슈티코프 대장은
동 '사절단'의 단장으로 이들을 인솔하고 1948년 12월 말에 모스크바를
출발하여 1949년 1월 12일 평양에 도착하여 즉시 활동을 개시하였다.

'특별군사사절단'은 평양(平壤)에 도착하기 전 몽고(蒙古)4)와 만주를 거

---

3) 카리노프 中佐가 말하는 '모스크바 회의'에 北韓과 中共 측의 군사 대표가
   배석한 사실은 이해가 되나, 마렌코프 副수상이 회의에 참석하고 회의를 주
   재하지 않은 점은 석연치가 않다. 아마도 그는 소련 공산당 정치국이나 '최
   고국방위원회'와 같은 고위기관을 대표해서 배석한 것이 아닌가 생각된다(北
   韓 측 대표가 누구인지는 잘 알 수 없으나 일응 金一 少將으로 추정한다).

4) 카리노프 中佐에 의하면 '사절단'은 滿洲로 향하는 도중 소련 極東軍 사령부
   가 위치한 치타(Chita)에 기착하였다고 한다. '모스크바'의 지침은, 카투코프 장
   군이 치타에서 소연방 부이야트(Buryat) 공화국 대표와 蒙古軍 고위인사(참모
   총장 막단산(Moag Dan San) 장군과 기갑여단장 이완 다메이에프(Yuan Damaiev)
   大佐 등)와 만나, 장차 창설될 人民軍의 기갑사단요원들의 훈련을 담당할 약

쳐 왔다고 하는데, 특히 만주의 길림(吉林)에서는 '조선인 의용군(朝鮮人 義勇軍)' 부대를 직접 점검한 바가 있다고 한다.5) '모스크바' 당국이 이들을 派北한 목적은 다름 아닌 미구에 있을 남침(南侵)을 위한 준비로 人民軍의 장비를 '근대화'하는 한편 만주(滿洲)에 있는 '조선인 의용군'(일명 '東北 의용군'이라고도 함)을 조속히 入北시켜 향후 '18개월 이내'(1950

1,500명의 탱크 조종사와 전문가들을 차출하라는 것이다. 막단산 장군과의 회담은 잘 진행되지 않아, 부이야트 공화국에서 1,500명의 탱크 요원들을 곧 派北하기로 하였다(≪The Reporter≫, 1950. 9. 26, p.8).

5) '사절단'은 滿洲의 하얼빈에서 黑龍江지구 군사위원인 馬링대(Ma Ling Dao) 장군과 회담했다. 먼저 구바노프 장군은 '모스크바계획'(The Moscow Plan)을 설명하고, 滿洲에 있는 '조선인 의용군'의 조기 派北을 요청했다. 이에 대해 馬링대 장군은 이 문제는 후일 북한 당국과 중국의 고위층이 접촉을 통해 해결되기를 희망하여 구바노프 장군도 이 요청에 동의했다.

그러나 그는 1949년 3월 1일 이전에 이들을 派北하는 것은 퍽 어려운 문제라고 시사했다. 왜냐하면 아직도 滿洲에는 國府軍의 패잔병이 여기저기에 있어 이들을 완전히 소탕할 소탕전이 필요하다는 것이다. 그러나 구바노프 장군은 이 제안을 거부하고 지금 人民軍을 조직하는 문제는 화급을 요하는 중요한 문제이고, 吉林에 있는 20,000~22,000명의 조선인 병사들은 곧 派北되어야 한다고 주장했다.

다음 날 '사절단'은 馬 장군의 안내로 吉林에 가서 '조선인 의용군'의 실태를 검열하였는데 여기서 시범훈련은 5, 6일이나 계속되었다. 카리노프 中佐는 이때의 검열 소감을 아래와 같이 말한다.

"한마디로 조선인 병사(朝鮮人 兵士)들의 기량은 대단하였다. 불리한 상황하에서 훈련을 받았을 텐데 포병들의 기량은 누구보다 뒤지지 않았으며, 대부분의 장교들도 그들의 임무를 잘 수행했다. …… 모양이 서로 다른 혼성 탱크부대의 기동훈련은 문자 그대로 엉망이었다.

장비의 성능불량으로 대열은 여러 차례 흐트러졌으며, 예하 부대에 내린 명령은 제대로 수행되지 않았고 장비의 대부분은 근대화된 다른 장비에 비해 아주 미흡한 실정이었다. ……반면 소화기 및 자동 회기류의 조직과 보병들의 실전 훈련은 그런대로 만족스러웠다. 자동소총과 기관총의 표적 명중률은 아주 좋았으며 우리 赤軍의 최우수 여단의 수준과 비슷했다."(≪The Reporter≫, 1950. 9. 26, p.10.)

년 6월까지)6)에 북한으로부터 철수한 소련군을 대체할 만한 우수한 군
대를 조직하라는 것이었다.7) 그리고 이 군대의 훈련기간은 '10개월'을
초과하지 않아야 하며, '기동성'과 '공격성향'으로 훈련을 하라는 것이
'모스크바' 당국의 지침이었다. 그러므로 이 '특별사절단'이 '조선인 의
용군' 부대를 직접 점검한 것은 커다란 의미를 갖는 일이 아닐 수 없다.

슈티코프 대사의 平壤驛 도착 광경(1949. 1.)
(장군복 차림으로 부임하는 신임 대사와 김일성, 박헌영, 홍명
희 등이 보인다)

---

6) 1948년 하반기에 北韓을 탈출한 농업省 副相 정상진은 북한 정권에 의한 南韓
   의 파괴공작은 소련의 계획이라고 폭로하였다. 1949년 1월 1일자 ≪New York
   Times≫에 의하면,

   　"소련은 共産軍이 한국 정부를 타도하는 데 약 2년의 준비기간이 필요할 것
   으로 보고(즉 1950년 여름), 그동안 南韓에 침투할 것을 명하였다."고 한다.

7) 사실 滿洲에 있는 '조선인 의용군'의 入北은 규모는 작지만 상기 보고보다
   훨씬 전부터 있었던 것 같다(1947년 7월 25일 제1진이 귀국했으며, 8월 27일
   제2진이 귀국하였다고 한다). 주한 미국 대사 무쵸는 1949년 1월 27일 北韓
   에 있는 '조선인 의용군'의 존재를 자국 정부에 처음 보고하면서 이들 兵士
   들은 이미 3년 이상의 군사훈련을 받았으며 그중 25% 이상은 滿洲에서 전
   투경험을 가진 자들이라고 한다(FRUS, 1949, Vol.Ⅶ, p.950).

카리노프 중좌가 밝힌 바에 의하면, 모스크바 군수뇌회담에서 결정된 人民軍의 지상 병력의 규모는 "5개의 '돌격사단'으로 구성된 것이며, 그 중 만주에 있는 '조선인 의용군' 부대의 5개 '축소사단'(약 20,000∼25,000의 병력)이 그 기간을 이루게 된다."고 한다. 또한 이들 '돌격사단' 이외에도 人民軍은 기동성이 있는 8개의 '전방사단'과 우수한 장비와 훈련이 잘된 다른 8개의 '예비사단'을 갖게 될 것이다.

장차 구성될 탱크부대에 대해 '소련은 중량 32톤급의 T-34(개량된 신형 중형급 탱크)를 보급하기로' 했다고 밝혔는데, 탱크부대의 3분의 2는 T-34로 충당하나, 나머지는 중량급 KV2로 보충될 것이라고 하였다. 탱크부대의 규모는 약 500台의 탱크를 보유하는 2개의 '기갑사단'이 될 것이라고 그는 전망했다.

그러나 공군은 '정치적'인 배려에 따라 신설하지 않기로 했다고 한다. 그 이유는 북한군이 南韓을 점령했다고 가정할 경우, '만약 그들이 우수한 공군까지 가지고 있다고 하면 그들은 일본을 위협할 가능성이 있는데', 그렇게 되면 그것은 미·소 간의 관계에 영향을 미치는 중대한 문제이기 때문이었다.[8] 그러나 후일 이 계획은 변경되었다. 당초 '모스크바'는 이 계획의 입안과정에서 北韓 측과의 절충의 여지를 남기기 위

---

8) 한때 소련 군부는 소련 공군의 北韓(元山) 배치를 계획했던 것 같다. 1949년 2월 9일자 旧소련 '정부문서'에는 아래와 같은 이상한 내용이 있어 주목된다.
① 1949년 2월 19일 슈티코프 대사는 平壤에 온 소련 太平洋함대 부사령관과 면담함.
② 동 부사령관은 '총사령부의 지시에 의거해서 전투비행여단을 元山에 배치할 것'이라고 함.
③ 슈티코프 대사는 "소련의 전투비행여단이 北韓에 배치되는 것은 바람직하지 않다."는 의견을 표명하고, "가까운 시일 내에 南쪽으로부터의 침공은 없을 것이며, 38도선 부근에서의 도발은 人民軍이 독자적으로 처리할 수 있다."는 의견을 개진함.

해서 그렇게 했을 가능성도 있었다고 카리노프 중좌는 부연하였다.9)

人民軍의 '근대화' 작업은 소련의 '특별군사사절단'이 平壤에 도착한 직후 바로 착수되었다.10) 소련 정부는 1949년 봄 확대 보강될 人民軍을 위해 탱크, 야포 등의 중화기와 트럭, 오토바이 등 기갑사단의 장비와 이들이 소모할 연료를 블라디보스토크(Vladivostok)로부터 北韓의 동북부 항구로 반입하기 시작하였다. 동시에 소련 정부는 1946년부터 소련에서

---

9) 카리노프 中佐에 의하면, "'사절단'은 平壤에 도착 후 곧 金日成, 朴憲永, 洪命憙 등 북한 측 수뇌들과 '모스크바계획'에 대해 협의하였는데, 北韓 측에서는 공군문제를 주요 의제로 들고 나왔다."고 한다. 그리고 그들은 "만약 공군의 신설을 '모스크바' 당국이 허락하지 않을 경우, 체코(Czechoslovakia)나 스웨덴(Sweden) 또는 스위스(Switzerland) 등에서 비행기를 구입하겠다."고 위협까지 했다고 한다.

이에 대해 구바노프 장군은 '모스크바계획'의 실천을 고집했으며, 결국 "또 한 차례의 회담을 거친 후 北韓 측 요청대로 합의되었다."고 하는데, 이 문제는 金日成 자신이 직접 몰로토프 副수상과 교섭하여 이루어진 것이라고 한다. 이때 몰로토프 副수상은 우선 150대의 비행기를 줄 수 있다고 金에게 회신했다고 한다(1949년 3월 5일 北韓 수뇌들이 모스크바에서 스탈린과 면담하였을 때, 스탈린은 몇 가지 질문을 하다가 갑자기 "北朝鮮은 전투(군사) 항공기가 필요할 것이다."라고 말해, 결국 북한군에 공군의 신설을 허락했다)(舊소련 '정부문서', 1949. 3. 5 참조).

10) 한편, 1949년 1월 하순 滿洲의 하얼빈에서는 '조선인부대'를 인도·인수하기 위한 북한 당국과 중국 측과의 고위급 회담이 열렸다고 『韓國戰爭史』 (육군사관학교)는 기록하고 있다.

"1949년 1월 하얼빈에서 '조선인부대'의 인도에 대한 회의가 열렸다. 이 회의의 참가자들은 北韓을 대표해서 崔庸健 민족보위상, 金武亭 포병사령관, 方禹庸 노동당 중앙 감찰위원장, 그리고 滿洲의 '조선인 의용군'의 대표로서 方虎山 독립제4사단장, 方德慶 牧丹江군구 독립제3사단 수송사단장, 朱德海 하얼빈 보안대 여단정치위원, 중국 공산당 대표로서 東北 인민해방군 吉林省 군구사령관 周保中, 동북부 행정위원회 主席 林楓, 중국 공산당 동북부 정치위원 李立三 등 5명과 소련 군사사절단 대표 전원이며, 1949년 9월 말까지 '조선인부대' 28,000명의 인도를 약속하는 협정이 맺어졌다."

훈련을 받고 있는 1만여 명에 가까운 북한 출신 탱크兵 훈련요원들을 귀환시키는 등 기갑사단의 창설을 위해 박차를 가하였다.[11]

한편 '특별군사사절단'은 북한의 동북부에 위치한 기존의 '정유소' (Refinery)를 확장하는 공사에 착수하였다. 이 공사는 1949년 말이나 1950년도 초에 완료하여 년산(年産) 12만 5천 톤의 옥탄가 80 '가솔린'(gasoline)을 생산하여 앞으로 확대될 기계화 부대가 소모할 막대한 연료의 일부를 충당하는 데 목적을 두었다.

2. '소연방 각료회의'의 要職 개편과 몰로토프의 重用

1949년 3월 초 북한 정권의 대표단 일행은 소련 정부의 공식초청으로 모스크바를 방문 중이었다. 이 시기에 소련 정부는 '돌연' 外相과 貿易相의 교체를 발표해 西方 측을 놀라게 하였다. 1949년 3월 4일 '소연방최고회의(The Supreme Soviet of the USSR)' 간부회의(幹部會議)는 모스크바 방송을 통해,

> 연방각료회의 부의장 동지 몰로토프를 외상(外相)의 임무로부터 해임하고, 후임에 비신스키(Andrei Y. Vyshinsky) 副외상을 임명한다. 또한 미코얀(Anasta I. Mikoyan) 연방 각료회의 부의장을 무역상(貿易相)의 임무로

---

11) 그동안 학계는 1949년 봄 1만여 명에 가까운 탱크 조종 훈련병들이 北韓에 들어왔다고 하는데, 이 수는 좀 과장된 것 같다. 사실은 '사절단'이 부이야트 (Buryat) 공화국 측과 蒙古 측과의 협의결과 派北된 부이야트 공화국 兵士들을 말하는 것 같다. 카리노프 中佐는 이들 부이야트 공화국 兵士들(약 1,500명)이 1949년 1월 하순경부터 入北하였다고 주장한다(≪The Reporter≫, Oct. 10, 1950, p.19).

부터 해임하고, 그 후임에 맨시코프(M. A. Menshikov)를 임명한다.[12]는 중
대한 인사발표를 내보냈다.

'연방각료회의'의 부의장이며 더욱이 '연방각료회의' 의장인 스탈린
수상의 신임이 그 누구보다도 두터운 이 두 副수상의 겸직 해임 결정은
참으로 예기치 못했던 일이었다. 더욱이 당시 소련 정부는 이른바 '베
를린 봉쇄(封鎖, Berlin Blockade)'로 야기된 西方 제국과의 긴장상태가 아직
해소되지 않은 상태에서 몰로토프 副수상의 외상職 해임은 참으로 의외
의 일이며 납득하기 어려운 처사이다. 사실 몰로토프 부수상은 소련 역
사상 가장 뛰어난 '외교적 수완'을 발휘한 인물로 평가받고 있으며, 그
는 국제정세에 민첩할 뿐만 아니라 아시아 정세에도 매우 밝은 '아시아
通'으로 스탈린 수상의 右手(우수)와도 같은 역할을 수행해 온 閣內의
최고 실력자 중의 한 사람이었다.
이러한 그의 중요한 겸직을 '돌연' 해임 조치한 의도를 전혀 납득할
수 없었던 西方 측 외교계는 이 人事(인사)를 놓고 이를 어떻게 평가해
야 할지 갈피를 잡지 못하였다.[13] 이 점에 대해 일부 성급한 논평은 이
를 소련의 "對 동구(東歐) 정책, 즉 '베를린 봉쇄'에 대한 실패를 자인하
는" 것으로 말하자면 일종의 '좌천' 人事와 같은 것이라는 견해도 있으
나,[14] '모스크바' 사정에 정통한 人士들은 전혀 다른 견해를 피력하고

---

12) ≪New York Times≫, 1949. 3. 5.
13) 西方 측이 당황한 것은 이 두 副수상은 黨의 실권을 장악하고 있는 14人 정
    치위원의 지위에는 하등의 변동이 없었으며, ≪Izvestia≫나 ≪Pravda≫ 등 주
    요 신문들이 각각 4면에 사실 기사로 작게 보도하고 있기 때문이다.
14) 또한 西베를린의 한 미국 정부 측 관리의 평가는 "이것은 소련이 東歐와
    '베를린 봉쇄'에 대한 마샬계획(Marshall plan)을 거부하는 정책의 실패를 자
    인하는 것이다."라고 말해 결국 몰로토프 副수상이 앞으로 '실각'될 것을 예
    견했다(≪New York Times≫, 1949. 3. 6).

있어 주목되는 바이다.

소련 주재 미국 대사 커크(Alexander Kirk)는 소련 당국의 이번 人事는 "정부 내에서 양인의 지위의 격하를 뜻하는 것은 아니며, 따라서 소련 정부의 외교정책에는 큰 변화는 없을 것이다."라는 전망을 하였다. 다시 말해 소련의 외교는 앞으로도 계속 종전과 같이 '강경책'을 고수할 것이라고 전망하였다.[15]

그러나 특히 소련 주재 영국 대사 피터슨(Peterson)은 전자의 경우보다 강도 높은 평가로,

> 몰로토프 씨의 외상職 해임은 좌천이 아닌 '승진'으로, 몰로토프는 외교정책의 총수라고 할 수 있는 정치·경제·사상의 각 方面에서 소련의 대외정책의 최고 수뇌자가 된 것이다.[16]

라고 의미심장한 분석을 해 이번 인사의 중요성을 통감케 하는 것이었다.[17]

---

15) ≪朝日新聞≫, 1949. 3. 7.

16) ≪*New York Times*≫, 1949. 3. 6.

17) 몰로토프 副수상은 외상職을 겸임하고 있을 때도 그 이상의 역할을 수행하고 있었던 것으로 보인다.

① 카리노프 中佐의 말에 의하면, 1949년 1월 金日成은 공군의 신설과 관련해 상황이 급박해지자 이 문제를 직접 몰로토프 外相과 교섭해 문제를 해결했다고 한다.

② 1949년 2월 3일자 旧소련 '정부문서'에 의하면, 슈티코프 대사는 현재 人民軍이 보유하고 있는 군수품(병기 및 탄약)은 부족하여 위험수준에 있다고 하면서, 몰로토프 外相에게 '무기가 조속히 공급될 수 있도록 개입을 요청'했다.

③ 1949년 3월 11일자 旧소련 '정부문서'에 의하면, 소련 정부 내에는 '조선문제 위원회'라는 기구가 있는데, 이 기구는 한국전쟁을 추진하고 또한 조정하는 기구로 보이며, 몰로토프는 이 기구의 議長職에 있었다.

④ 1949년 3월 이후에 슈티코프 대사가 스탈린 수상에게 직접 보고하는 경

우리는 왜 스탈린 수상이 이 시점에 와서 갑자기 몰로토프나 미코얀
과 같은 자신의 가장 가까운 측근들을 외상직이나 무역상직과 같은 중
요한 겸직에서 해임했는지 그 진의를 알 길이 없다. 그러나 몰로토프
외상의 경우 그의 뒤를 이어 비신스키(Andrei Y. Vyshinsky) 副외상(수석)이
외상으로 오히려 승진한 것이나, 그로미코(Andrei Gromyko) 副외상이 '수
석'으로 발탁되는 등 외무성 내에 포진하고 있는 자신의 '인맥'을 그대
로 重用한 것으로 미루어 보아, 이번 人事는 몰로토프 副수상에 대한
어떤 '견책'이나 또는 '문책'을 뜻하는 것이 아닌 일종의 '발탁' 人事로
보아야 할 것이다.

이 두 사람에 대한 人事는 분명히 그들에게 더 중요한 '역할'과 '임
무'를 부여하기 위한 목적에서 하게 된 것이다.[18] 특히 몰로토프 副수
상의 경우 그러한 점이 더 두드러지게 엿보이고 있다. 아마도 이번 조
처는 소련 정부가 1948년 12월에 채택한 것으로 보이는 '모스크바계획'
과 관련된 北韓 대표단의 모스크바 방문 중에 이루어졌다고 하는 점으
로 미루어 볼 때 다분히 스탈린의 對韓半島 '구상'과 관계가 큰 것으로
보아야 할 것이다.[19]

우, 그는 항상 몰로토프 副수상을 제1차 '참조인'의 위치에 두고 있었다.
스탈린 수상의 건강이 썩 좋지 않은 당시의 상황으로 볼 때 이것은 몰로토
프 副수상에게 직접 보고하는 것이나 다를 바 없는 것이다.

18) 미국의 저명한 중국문제 전문가인 조나단 폴락(J. Pollack)에 의하면 1949년
1월 스탈린 수상은 미코얀 副수상을 비밀리에 중국에 급파해 중국과 소련
의 접근을 시도하였다고 한다(김철범·제임스 매트레이 엮음, 『한국과 냉전』
(서울: 평민사, 1991), p.212 참조).

19) 다음 사항은 그의 특수 역할을 입증해 준다.
① 북한 대표단은 3월 6일 스탈린 수상을 예방하기에 앞서 몰로토프 副수
상과 불가닌 국방상을 먼저 만나 '사전 주의사항'을 청취하였다고 한다.
② 3월 11일 현재 몰로토프 副수상은 '조선문제 위원회'의 의장직을 맡고

1949년에 접어들어 중국 대륙의 전세는 中共軍에게 유리하게 전개되고 있었다. 中共軍 병사들은 역사적으로 유서 깊은 북경(北京)을 해방시켰으며, 뒤이어 중국 최대 도시 상해(上海)의 해방을 목전에 두고 있었다. '모스크바' 당국은 中共軍의 대륙 제패 후에 전개될 소련의 對韓半島 '구상'을 추진하고 또한 조정자의 역할을 할 수 있는 '조율사(調律士)'와 같은 人物이 필요했던 것이다.

몰로토프 副수상의 重用(중용)은 駐소 영국 대사 피터슨의 말과 같이 '외교정책의 총수'로서 스탈린의 '대역(代役)'과도 같은 역할을 수행하기 위한 것으로 보아야 할 것이다.[20] 사실 몰로토프 副수상은 이때 새로 발족한 '조선문제 위원회'라는 한국전쟁(일명 '조국통일과업')을 추진하

있었다.

③ 1949년 2월 3일자 旧소련 '정부문서'에 의하면, 슈티코프 대사는 소련 극동지구 군부가 북한군 2개 여단에 대한 무기 공급을 지연시키고 있다고 지적하며, 몰로토프 외상이 '무기의 조속한 공급을 위해 介入해 줄 것을 요청'했다.

20) 외상직 해임 후의 몰로토프의 행각에 대해 '런던'(London)과 '워싱턴' (Washington, D.C.)의 보도는 다음과 같다.

① 그는 "비신스키 외상에 자리를 내준 이래, 극동에 관한 비밀계획의 준비 때문에 시간을 할애해 왔다."라고 한다(≪朝日新聞≫, 1950. 1. 19, 런던발 AFP, 1950. 1. 17 참조).

② Washington Post의 피어슨(Pearson) 씨는 "몰로토프는 1년 전 외상의 지위를 떠나 極東의 공산당 관계 지도에 임해 왔으며, 樺太에 그 지도부를 설치하고 있다. '한국전쟁'을 구상한 사람은 바로 몰로토프이다."라고 주장한다(≪朝日新聞≫, 1950. 7. 4, 워싱턴발 UP, 1950. 7. 2 참조).

③ ≪News Week≫(1990. 10.)에 의하면, 몰로토프는 '6·25 전쟁' 발발 직후 미국의 대대적인 개입이 결정된 이후인 "7월 중순경 비밀리에 北京을 방문하고, 毛澤東과 비밀회담을 가졌다."고 한다(이때 그는 東京에서 철수한 데레부양코(Derevyanko) 장군을 동반했다고 하며, 이들은 약 2주간 그곳에 체류하였다고 한다).

는 중심기구의 의장職에 취임하였다. 따라서 그의 겸직(外相職) 해임은
이 일에만 전념하기 위한 것으로 보아야 할 것이다.

3. 북한 대표단의 '모스크바' 방문(스탈린 - 金日成 회담)

1) '조·소 경제·문화협정'의 체결

1948년 말 소련군이 북한에서 철수하여 생긴 군사력의 공백과 북한
정권 수립 후의 南·北관계 등 향후의 韓半島 정세를 논의하기 위해,
소련 수상 스탈린은 金日成과 朴憲永(박헌영) 등 북한 정권 수뇌들을 모
스크바로 招致하여 일련의 회의를 가진 바 있다. 1949년 2월 22일 金日
成은 부수상 겸 외상 朴憲永, 부수상 洪命憙(홍명희), 국가계획 위원장
鄭準澤(정준택), 상업상 張時禹(장시우), 교육상 白南雲(백남운), 체신상 金廷
柱(김정주)와 군부 대표로 人民軍 정치국장 金一(김일) 소장 등을 대동하
고, 平壤에 부임한 지 2개월도 채 안 된 駐북한 대사 슈티코프(T. F.
Shtykov)의 안내를 받아 訪蘇 여정에 올랐다.[21]

---

21) 金日成 일행의 금번 '모스크바' 방문은 슈티코프 대사의 平壤 부임 전에 자
   국 정부로부터 받은 訓令에 의거한 것으로 보인다. 그는 1949년 1월 12일
   平壤에 도착 즉시 이 문제를 가지고 북한 당국과 협의하여 北韓 대표단의
   2월 중 방문을 확정지었다. 그리하여 外相 朴憲永은 2월 2일 '최고인민회
   의'에서 북한 대표단의 모스크바 방문계획을 보고하였으며, 2월 19일 閣議
   에서 대표단 구성을 마무리 지었다(슈티코프 대사의 1월 17일자 자국 정부
   에 보고한 電文 참조).
   그러나 金學俊 교수는 金日成의 訪蘇 동기를 外相 朴憲永과의 '권력암투'
   로 말미암아 이루어진 것이라고 주장한다(金學俊, "歷史는 흐른다", ≪朝鮮
   日報≫, 1986. 8. 22).

이들은 레닌그라드(Leningrad)까지 비행기 편으로 이동하고 거기서부터
는 다시 철도편을 이용해 3월 4일 모스크바의 야로슬라브驛에 도착하였
다. 이들 대표단 일행은 미코얀 副수상과 그로미코 副외상 그리고 朱寧
河(주영하) 駐소 북한 대사 등의 영접을 받았다.

모스크바驛에 도착한 북한 대표단(1949. 3. 4.)
(미코얀 副수상과 그로미코 副외상이 영접)

金日成은 驛 구내에서 가진 도착성명에서,

　　日帝 식민지의 억압으로부터 朝鮮과 조선인민을 해방시켜 준 소련인
　　민과 붉은 군대, 특히 '영명하신' 스탈린 대원수에게 깊이 감사드린다.
　　조선 민주주의 인민공화국의 수립을 도와준 데 대하여 영원히 잊지 않
　　을 것이다. 소련인민과의 친선만이 조선민주주의 인민공화국의 독립에
　　대한 담보가 될 것이다.

　　"이처럼 金日成과 朴憲永의 권력투쟁과 동상이몽 속에 南侵이 준비되고 유격
　　투쟁이 전개되던 1949년 초 金日成은 소련 방문을 결심했다. 南侵을 위해서는
　　스탈린의 재가는 물론 경제적-군사적 지원이 반드시 있어야 하기 때문이다."

라는 짤막한 인사의 말로 소련 국민과 스탈린 '대원수'에게 감사의 뜻
을 전하였다.

  일행은 도착 翌日(익일)인 3월 5일 스탈린 수상이 베푼 만찬에 참석하
는 등 소련 정부의 환대를 받았으며 그 후 소련 당국과 가진 수차례에
걸친 회담의 결과 金日成과 비신스키 외상은 3월 17일 '조·소 경제·
문화협정'의 체결을 발표하였다.[22] 全文 5개 조항으로 구성된 이 협정
은 10년간의 한정 협정으로 향후 북한에서의 소련의 경제활동을 보장받
기 위한 속셈으로 체결된 것이다. 같은 날 두 사람은 부수적인 3개의
단기협정에 대해서도 서명하였다. 그 내용은 ① 물품의 교환(交換)과 그
지불(支佛)에 관한 협정, ② 신용(信用)에 관한 협정, ③ 소연방의 기술원
조에 관한 협정 등이다.[23]

---

22) 朝·蘇 간의 경제문제와 관련된 회담은 3월 5일 스탈린-金日成 회담 시
    논의되었다. 3월 5일자 舊소련 '정부문서'에는 아래와 같은 회담내용이 기
    록되어 있다.
    스탈린: 北朝鮮은 어떠한 도움이 필요한가?
    金日成: 우리는 인민경제개발 2개년 계획을 수립했습니다. 우리에게는 기계,
        설비가 필요할 뿐만 아니라 산업, 통신, 교통, 기타 인민경제 부문
        에 소요되는 예비품들이 필요합니다. 새로운 공장의 설계와 지질탐
        사작업을 도와줄 소련 전문가들이 필요합니다.
    스탈린: 모든 도움과 전문가들을 보내주겠다.
    金日成: 우리의 對蘇 수출은 수입에 못 미치고 있습니다. 소련 정부로부터
        借款이 필요합니다.
    스탈린: 차관이 어느 정도 필요한가?
    金日成: 4,000만~5,000만 달러가 필요합니다.
    스탈린: 2억 루불, 즉 4,000만 달러를 주겠다.
23) 1949년 4월 26일 북한의 '최고인민회의' 상임위원회는 3월 17일 체결된 '조
    ·소 협정'을 비준했다. 그리고 金日成은 4월 21일 '최고인민회의'(제3차 회
    의)에서 모스크바 방문결과를 보고했다. 이 자리에서 그는 '조·소 협정' 체
    결의 경과를 보고하면서 "이 협정은 조국의 통일과 자유 그리고 '국토완성'

이상의 협정을 체결한 金日成은 북한 정권을 대표하여 소련 당국에 감사의 뜻을 표시하였다. 스탈린 수상은 北朝鮮이 소련과 밀접한 경제적 협력을 이루는 것만이 앞으로 '조선인민에게 국가적인 부귀(富貴)'를 가져올 것이며, 극동에 있어서의 평화와 안전에도 기여하게 될 것이라는 중대한 발언을 하였다.

조·소 간의 현안문제에 대한 협의를 끝마친 북한 대표단 일행은 슈티코프 대사의 안내를 받아 3월 20일 모스크바를 출발하여 귀로에는 몽고와 만주를 거쳐 4월 7일 平壤에 도착하였다.[24]

2) 조·소 비밀회담과 한국전쟁

3월 17일자 ≪Pravda≫의 보도는 극동문제에 깊은 관심을 가지고 있는 많은 내외의 人士들에게 큰 실망을 안겨주었다. 그 이유는 金日成 일행의 소련 방문은 소련군이 북한으로부터 철수했다고 발표한 직후의 일이며, 또한 駐북한 소련 대사가 부임하자마자 이루어졌기 때문에, 이것은 단순한 경제 및 사회·문화적인 협력만을 목적으로 한 것이 아니

을 위한 우리의 투쟁에 지대한 힘을 줄 것이다. 이 正義의 투쟁에 있어 우리의 승리를 한층 촉진할 것이다."라고 말했다(金日成, 『祖國의 統一과 民主化를 위한 제2권』(平壤: 國民出版社, 1949), p.365).

그러나 여기의 '신용에 관한 협정'은 소련 정부가 제공하는 4,000만 불의 제정 借款으로서, 북한 당국은 향후 3년에 걸쳐 소련으로부터 원조받기로 한 무기의 구입 代金으로 충당하게 될 것이다.

24) 북한 대표단은 3월 20일 모스크바를 출발하여 4월 7일 平壤에 도착하기까지 2주 이상의 여행을 한 것으로 보이는데, 그동안 이들이 기착했다고 하는 蒙古와 滿洲는 얼마 전 슈티코프 대사가 平壤에 부임할 때, '특별군사사절단'을 이끌고 기착한 곳과 같은 것으로 보아 이들의 기착도 '모스크바계획'과 관련이 있는 것으로 보인다.

고, 오히려 정치 및 군사적 현안문제에 대한 절충이 더 시급했던 것으로 보이기 때문이다.

그러나 불행히도 우리에게는 이와 관련된 공식자료의 결여로 말미암아 그들이 과연 무엇을 논의했는지를 정확히 알 수는 없다. 과거의 경험으로 미루어 보아 소련 정부가 이들 대표단을 모스크바로 초청한 목적은 소련군이 북한으로부터 철수한 결과로 발생한 새로운 '사태'에 대한 대책과 中共軍의 전세 호전에 따른 소련의 對 韓半島 내지는 對 동북아 전략을 협의하기 위한 것이 아니었나 생각된다.

개인적으로 스탈린과 金日成은 북한 정권의 출범 후 첫 공식적인 대면인 것으로 미루어 보아,25) 아마도 스탈린은 개인적으로 金日成을 종용하여 '조국통일'을 쟁취하라는 권유를 했거나, 혹은 길일성이 사전에 슈티코프 대사 등의 '조언'을 받고 스탈린 수상에게 그 자신의 '조국통일과업'을 설명하고, 스탈린은 이를 묵인하는 형식을 취하지 않았나 하는 추측을 해 본다.26) 어쨌든 이 기회에 소련 정부는 북한 당국에 제공

---

25) 최근 확인된 바에 의하면 金日成과 朴憲永은 1946년 7월 비밀리에 모스크바를 방문하여 스탈린 수상을 접견한 바가 있다. 따라서 금번의 모스크바 방문은 그들의 두 번째 방문인 셈이다(旧소련 '정부문서', 1950. 3. 20 참조). 한편, 北韓 정권의 대표단이 모스크바에 도착 전인 2월에는 체코 공산당 대표단이 모스크바를 방문하여 스탈린 수상과 회담을 가진 바 있다.

26) 旧소련 '정부문서'(1949. 3. 5.)에는 스탈린과 北韓 대표단이 교환한 대화내용을 아래와 같이 요약했다(회담내용은 슈티코프 대사가 정리했다).
회담참석자
소련 측: 스탈린, 비신스키, 슈티코프, 김(통역)
북한 측: 김일성, 박헌영, 홍명희, 정준택, 장시우, 백남운, 김동주, 주영하(駐蘇 대사), 문일
회담일시: 1949. 3. 5, p.m. 8:00～9:15
스탈린: 南韓에 미군이 얼마나 있는가?
金日成: 2만 명 이하입니다.

할 수 있는 군사원조의 범위와 그 상환방법 등에 관해서도 논의했을 것이며, 또한 그동안 소련군이 사용해 온 원산(元山)과 청진(淸津), 웅기(雄基) 등의 동해안 항구와 진남포(鎭南浦) 등 서해안 항구의 해군 기지에 대한 계속적인 사용문제도 논의하였을 것으로 보인다.[27]

또한 이 회담에서 우리의 관심을 끄는 문제는 혹시 소련과 다른 많은 위성국 사이에서 그러했듯이 北韓과도 '우호 방위조약(友好 防衛條約)'이 체결되지 않았나 하는 점이다. 특히 '경제·문화협정' 체결 후 소련

슈티코프: 약 만 오천에서 2만 명입니다.

스탈린: 南半部에는 南韓軍도 있소?

金日成: 있습니다. 약 6만 명 정도 됩니다.

스탈린: (웃으면서) 그 정도 병력을 두려워하시오?

金日成: 아닙니다. 두려워하다니요. 그렇지만 해군 전투부대를 갖고 싶습니다.

스탈린: 어느 쪽이 더 강한가? 北朝鮮軍이오, 南韓軍이오?

朴憲永: 北朝鮮軍입니다.

스탈린: 모든 전쟁문제에 대해 도움을 줄 것이오. 北朝鮮은 전투기가 필요할 것이오.
(다음 그는 北朝鮮이 南韓軍에 침투시킨 '프락치'가 있느냐고 물었다.)

朴憲永: 우리 쪽 사람들이 거기에 침투해 있습니다만, 당분간 모습을 드러내지 않을 것입니다.

스탈린: 옳은 말이오, 현 단계에선 '프락치'들이 영향력을 발휘할 필요는 없다. 그러나 남쪽도 北朝鮮에 자기 사람들을 침투시켜 놓았을 것이오. 신중함과 예민함이 필요하다.

27) 최근 알려진 바에 의하면 소련 정부는 이미 1947년 北韓의 지방행정기관인 '함경북도 인민위원회'와의 사이에 30년간 港口사용권(淸津, 雄基 등)을 체결했다고 한다. 이로 인해 별도의 '협정'이나 '조약' 체결의 필요성은 없었던 것 같다.
한편 1949년 7월 3일자 舊소련 '정부문서'에 의하면 슈티코프 대사는 자국 정부에 淸津의 해군 기지와 平壤과 咸興의 공군사령부를 폐쇄할 것을 건의했다(동 대사는 南韓에서 미군 철수 후 소련군의 북한 주둔은 정치적 불이익을 초래하게 되고 또한 '해로운 정치선전'에 이용될 가능성이 있다고 보았다).

의 언론들은 모두 "조선인민은 소연방으로부터 가능한 '모든 원조'를 기대할 수 있다."고 보도하였다. 그런데도 소련 정부는 북한 당국에 안전보장에 관한 법적 '책임'은 지지 않는 것 같다. 다시 말해 소련 정부는 그동안 위성국들을 얽어매는 데 사용해 온 '우호 방위조약'을 北韓과 체결하지 않은 것으로 보인다.

소련의 이러한 의도적인 배려의 배후에 대해 우리는 몇 가지 견지에서 이를 풀이할 수 있을 것이다. 그 하나는 미국 정부가 한국의 전략적 가치를 인정하지 않고 아무 대책 없이 철군을 서둘렀는데, 만약 소련이 그와 같은 군사조약을 체결했다고 하면 그것은 중대한 일로서 李承晩 대통령에게 좋은 '구실'을 제공하게 되며, 결국 미국도 같은 내용의 조약을 체결할 가능성이 큰 것이다. 만약 한·미 간에 그러한 조약관계가 실현되었다고 가정한다면 그것은 소련이 현재 '구상'하고 있는 '조국통일과업'에 대한 중대한 문제가 되는 것이다.

왜냐하면 소련은 韓半島에서 야기될 '사태'(전쟁과 같은 것)를 예견할 수 있으며, 만약 그와 같은 한·미 '우호 방위조약'이 존재한다면 북한군의 '선제공격'에 대한 제3국(미국을 생각할 수 있음)의 개입(介入)이 확실시되며 그럴 경우 소련도 여기에 '자동개입'의 의무가 생기게 되기 때문이다.[28]

최근 러시아 정부가 공개한 旧소련 '정부문서'에 따르면, 그 당시의 '조·소 비밀회담'에서는 그러한 '우호 방위조약'에 관한 논의는 없었던 것으로 보인다. 이미 이 문제는 1949년 1월 슈티코프 대사의 부임 직후

---

28) 영국의 저명한 소련문제 전문가인 베로프(Max Beloff) 교수도 '아마 소련이 앞으로 있을 한국전쟁에서의 책임을 모면하기 위한 수작'으로 그리했을 것으로 추정한다(Max Beloff, Soviet *Foreign Policy In the Far East*(London: Oxford Univ. Press, 1952), pp.177-178 참조).

북한 당국과 충분히 논의되었으며, 소련 정부는 이 문제를 북한 당국이 중국 측과 협의하도록 조치하였다.[29] 한원전쟁과 관련된 제반 문제에 대해 양자 사이에 충분한 의견교환이 있었으며, 北韓 대표단은 1948년 12월 소련 군부가 주도해 채택한 '모스크바계획(The Moscow Plan)'을 확인하였다. 또한 전쟁 '구상'에 대한 소련 정부의 입장도 충분히 파악한 것

---

[29] 1949년 1월 17일 슈티코프 대사는 본국 정부에 아래와 같은 전문을 발송하였다(북한 당국은 전부터 소련 정부에 대해 '상호방위조약'의 필요성을 역설한 것으로 보임).

"자신은 朝·蘇 우호조약의 체결을 南朝鮮 측이 남북 분단을 영구화하기 위한 것이라고 北朝鮮에 불리한 선전용으로 사용할 수 있으므로, 소련 정부는 현시점에서 북조선과의 우호조약을 체결하는 것이 시기적으로 적절치 못하다고 생각하고 있음을 北朝鮮 지도부에 설명했다. 이에 대해 金日成과 朴憲永은 당혹감을 표시하고 이 조약을 체결할 수 없다면 對北 원조 비밀조약을 체결하자고 제의함. 그러나 최종적으로는 金日成과 朴憲永은 현시점에서는 양국 간에 '우호친선 및 상호원조조약'의 체결이 적절치 못하다는 데 동의함."

소련 정부는 북한군의 남침을 예견하고 있었기 때문에 북한과 원조조약을 체결했다고 한다면, 만일의 경우 북한군의 남침 시 '美帝'나 西方 측이 이에 개입할 경우 소련도 '자동개입'의 문제가 제기되는데 이것은 바람직한 일이 아닌 것이다.
그러므로 스탈린 수상은 北韓의 안전보장문제에 대한 1차적인 책임을 中共 측(당시 東北人民정부로 보임)에 이양하고 '조·중 우호조약'을 체결하도록 조치한 것으로 보인다.
이와 같은 관례는 일찍이 유고(Yugoslavia)와 알바니아(Albania)의 경우에서도 볼 수 있는 일이다. 유고는 알바니아의 안전보장에 대한 제1차적인 책임을 지고 '유고·알바니아 우호동맹조약'을 1946년 7월에 체결했는데 이것은 소련 정부의 개입으로 이루어진 것이다. 그리고 불가리아(Bulgaria)와 알바니아는 1947년 12월에 '상호방위조약'을 체결하였다(蘇鎭轍, "共産軍은 어떻게 南侵을 하였는가", 『共産主義問題研究』(제1권 제1호), 1964. 9, Soh J. C., 미발간 논문, 1963 참조. 또한 김학준, 『한국전쟁』(서울: 博英社, 1989), pp.79-80 참조).

으로 보인다.[30]

이 회담에서 스탈린이 대표단에게 제시한 '의견'을 1949년 3월 5일자 旧소련 '정부문서'는 아래와 같이 요약하고 있어 주목된다.

1) 北朝鮮軍이 南朝鮮軍에 대해 절대적인 우위를 확보하지 못하는 한 공격해서는 안 된다. 그 이유는,

⑦ 南朝鮮에는 아직도 미군이 주둔하고 있으며,

⑭ 소련과 미국은 38선 분할의 합의자이다.

2) 北朝鮮의 南朝鮮에 대한 공세적 군사활동은 南朝鮮에 의해 야기된 침략을 격퇴하는 경우에만 허용된다.[31]

한편, 이 비밀회담은 '모스크바계획'에 수반되는 군사비, 즉 무기구입 등의 비용의 상환문제도 논의되었다. 소련은 北韓 대표단이 귀국 후 毛澤東(모택동) 주석과 별도의 회담을 통해 '조·중 상호방위조약' 문제와

---

30) ≪US News & World Report≫(1993. 8. 9.)에 의하면 北韓 대표단은 모스크바에 도착 직후에 국방상 불가닌 元帥를 만났다고 하는데(1949년 3월 4일), 이 자리에서 국방상은 金日成이 스탈린 동지와 만났을 때(3월 5일로 예정) 이야기할 내용에 대해 사전에 논의했다고 한다. 또한 불가닌 국방상은 3월 12일에도 金日成 일행과 회담을 한 바 있으며, 이때도 한국전쟁의 '구상'에 대한 심층부를 협의하였다고 한다("歷史는 흐른다", ≪朝鮮日報≫, 1986. 8. 22 참조).

31) 코로토코프 박사는 로모프(Lomov) 장군(前 소련군 '총참모부' 극동국장)의 말을 인용, 스탈린은 "우리는 '조선문제'(통일문제)를 미국과 같이 해결할 수는 없다. 이 문제는 우리 스스로가 해결해야 할 문제이다. 그러나 우리 赤軍의 사용은 금물이다. 그렇지만 당신네들 '공화국'과 '정부' 그리고 '人民軍隊'는 이것을 능히 할 수 있을 것이다."라고 말하며, "남침 계획을 수립하기 위해 유능한 군사고문을 파견할 것을 약속한다."라고 말했다고 한다(≪US News & World Report≫, 1993. 8. 9, p.46 참조).

‘조선인 의용군’의 派北문제 등 현안문제를 집중적으로 논의하도록 ‘권고’했다.[32] 또한 한국전쟁(‘조국통일과업’으로 표현함)과 관련된 제반 문

---

32) 북한 당국은 金一(人民軍 정치국장)을 北京에 파견했는데, 이는 대표단의 ‘모스크바’ 방문결과를 中共 수뇌들에게 보고하기 위한 것이다(旧소련 ‘정부문서’, 1949. 5. 14, 공전 참조).

① 金一은 毛澤東·周恩來·朱德·高岡 등과의 연쇄회담을 통해서 ‘朝鮮人 義勇軍’의 派北문제를 협의하였다.

② 毛澤東은 한국전쟁과 관련하여 “金日成 동지는 어느 순간에도 기습이든 지구전(持久戰)이든 이를 수행할 수 있는 준비를 갖추어야 한다.”라고 강조하여 아래와 같이 말했다. 만약 지구전이 될 경우,

㉠ 일본이 南측에 가담할 수도 있을 것이다.

㉡ 그러나 소·중 양국은 北朝鮮과 인접해 있으므로 이를 두려워할 필요는 없다－필요시에는 北朝鮮을 돕기 위해 中國軍을 파견할 수 있다. 그러나 金日成 동지는 가까운 시일 내에는 南朝鮮을 공격할 필요는 없다－국제정세가 별로 유리한 상황이 아니다.

③ 毛澤東은 ‘朝鮮人 義勇軍’의 이양문제와 관련하여 다음과 같이 말했다.

“3개 朝鮮人 사단 중 北朝鮮 국경에 가까운 牧丹, 長春地區에 배치된 2개 사단은 즉시 이관할 것이나 잔여 1개 사단은 중국 남단에서 國民黨과의 전투에 참여하고 있으므로 빠르면 1개월 후(6·7월경)에나 이관이 가능하다.”

한편, 1949년 5월 18일 소련군 ‘총참모부’ 첩보총국은 다음과 같이 毛澤東·金一 회담의 내용을 스탈린 수상에게 보고했다(旧소련 ‘정부문서’, 1949. 5. 18).

① 北朝鮮 측은 가까운 시일 안에 南韓에서 철수하는 미군 대신 일본군이 들어올 것을 우려하고 있다.

② 그리고 일본군 부대의 지원을 받아 남한 당국은 北侵을 감행할 것으로 보고 있다.

③ 이에 대해 毛 主席은 南韓軍이 北侵을 하면 이를 격퇴하고, 만약 敵軍이 우세하다면 군대를 보존하기 위하여 국토의 일부를 희생하고 더 유리한 조건이 형성될 때 침입군을 포위 격멸하도록 충고했다.

④ 만약 미군 철수 후 일본군이 오지 않으면 북조선 당국은 절대로 선제공격을 하지 않을 것이며, 적당한 시기가 도래할 때 南侵을 하도록 조언했다(왜냐하면 人民軍이 南侵을 하면 맥아더 장군이 신속히 일본군 부대와 무기를 韓國에 투입할 것이나, 중국으로서는 主力이 揚子江 이남에

제는 앞으로 몰로토프 副수상이 전담하는 '조선문제위원회'의 지시에 따른다는 것에 대해서도 양해가 되었다.[33]

이 회담에서 조·중 양국 간의 방위조약 문제에 대한 깊은 논의의 흔적은 보이지 않는다. 그러나 당시 상해(上海)에 있는 국민정부의 한 기관지는 "中共(당시 東北 인민정부로 보임)은 1949년 3월 17일 소련 보호하에 있는 북한 정권과 '상호방위조약'을 체결했다."고 주장해 내외의 관심을 모으기도 하였다. 국민정부 기관지가 보도한 조약의 내용은 다음과 같다.

> 中共은 北韓에 대한 여하한 침략에도 공동으로 방위한다. 당사자의 일방에 대한 공세에 대해서는 쌍방이 다 같이 대항하며, 1949년 7월 1일부터 1949년 8월 30일까지 만주와 중국 지부로부터 무기와 물자·군력을 北韓에 보급한다.[34]

4. 북한 당국, '비상태세'로 전환

김일성 일행이 모스크바에서 평양으로 돌아온 후 人民軍의 군사력 확장사업은 급속도로 진행되었다. 남침 준비의 징후가 각계 분야에서 눈에 띄게 보이기 시작한 것이다. 특히 소련 당국은 朴憲永의 남로黨

배치되어 있기 때문에 신속히 대규모 군사지원을 하기 어려운 상황이기 때문이다).

33) 金學俊 교수는 北韓 측 자료를 근거로 해 金日成은 귀국 후 모스크바 방문 결과를 보고하는 자리에서 "우리가 가지고 간 모든 문제를 그 자리에 제출했다."라고 하고, "스탈린 동지는 즉석에서 이를 받아들여 몰로토프 副수상을 수석으로 하는 '위원단'을 구성하게 하여 토의 해결할 것을 지시했다."라고 한다(≪朝鮮日報≫, 1986. 8. 22 참조).

34) ≪New York Times≫, 1949. 5. 6, p.7, Jin C. SOll, 미발간 논문, p.87 참조.

계열보다는 金日成과 소련계 한인(韓人)들을 중심으로 한 정치권력기구
의 개편작업에 박차를 가하는 등 미구에 있을지도 모르는 남·북 노동
黨 간의 분규 개연성에 대해서도 이를 사전에 봉쇄하였다.

1) '조국통일 민주주의 민족전선'의 결성

1949년 4월 모스크바 방문을 마치고 귀국한 金日成은 앞으로 있을
'불장난'을 위해 보다 적극성을 띠기 시작했다. 동시에 그는 정치적 실
권을 당시 소련계인 자파의 수중에 집중시키는 공작도 활발하게 전개하
였다.

북한의 '중앙통신'에 의하면, 1949년 5월 14일 남한의 여러 '민주정
당'과 '공공기관'은 북조선 민주주의 민족전선(북조선민전)에 "통일된
단일체인 조선민주주의 민족전선을 결성하여 미군이 조속히 철군하도록
全 정당과 사회단체가 여기에 집결하기를 바란다."35)는 요지의 호소문
을 보내 왔다고 보도했다. '북조선민전' 중앙위는 이 제의를 즉시 수리
하고, 각 정당과 기관의 대표로 준비위원회를 구성하여 6월 25일까지
'조국통일 민주주의 민족전선'('조국통일전선'으로 약칭)을 결성할 것을
결의 했다.36)

약 1개월간의 준비활동을 거쳐, 6월 25일 준비위원회 부의장 구홍(具
洪)은 "7개 정당과 사회단체가 지지했다."고 보고하였다. 이에 따라 6월
27일 준비위원회는 '조국통일전선'을 결성할 수 있는 최종결의안을 채
택하였다.37) 그리고 다음 날인 6월 28일 '조국통일전선'은 '앞으로 조선

---

35) ≪Pravda≫, May 13, 1949, *The Current Digest of the Soviet Press*, June 14,
   1949, p.28.

36) *Ibid*, May 20, 1949, *Ibid.*, July 21, 1949, p.33.

에서의 더 이상의 분단은 조선인민에게 최대의 위기를 조성'하는 것이
라고 주장하고 '조국통일'의 필요성을 역설하는 등, 남한에서의 미군 철
수를 포함한 10개의 '투쟁목표'를 실천계획으로 결의했다.[38]

이 결의의 특징은 무엇보다도 앞으로의 통일전선은 남로당系에 의한
전담사업(게릴라戰과 같은 것)이 아니며, 人民軍에 의한 대담한 '전쟁'
의 방식으로 수행된다는 점을 천명한 것이다.[39]

끝으로 '조국통일전선'은 6월 30일 이른바 '조국의 민주적 방법에 의
한 평화적인 통일' 방안을 결의하고 이를 남·북한 당국에 각각 제시하
였다. 그 요지는 다음과 같다.

1. 朝鮮의 평화적 통일은 조선인민 자체로서 결정되어야 한다.
2. 미군은 즉시 철수하여야 한다. 그리고 '유엔' 한국위원단도 즉시
朝鮮에서 떠나야 한다.

---

37) *Ibid.*, June 29, 1949, *Ibid.*, August 2, 1949, pp.21－22.
　　1949년 6월 6일자 舊소련 '정부문서'에 의하면, 슈티코프 대사는 자국 정부에,

　　　"통일민주조국전선'을 창설하여 동 단체로 하여금 남·북조선의 동시 선거
　　　실시를 촉구하도록 할 계획이며, 동 선거 결과에 따라 全 조선 단일정권의
　　　수립을 제의할 것이다."

　　라고 보고했다.
38) *Ibid.*, July 1, 1949, *Ibid.*, pp.22－23.
39) 북한문제 전문가인 金昌順에 의하면, 南·北의 공산주의자들 간에는 統一을
　　위한 방안에 상당한 異見이 있었다고 주장한다. 남한 타도 후에 있을 권력
　　투쟁을 예상하고 越北한 남로당系는 북로당의 언권을 미리 봉쇄할 목적으
　　로 '人民軍'에 의한 '전면전쟁'의 방식을 피하고 남로당을 주축으로 하는
　　'유격전'만으로도 남한 정권은 붕괴된다고 믿은 것 같다. 반면 북로당 수뇌
　　부는 '전쟁'과 같은 대규모의 투쟁으로써만 남한 정권은 타도된다고 믿었다
　　고 한다(상세한 내용은 金昌順, "六. 二五와 朴憲永", ≪韓國日報≫, 1962.
　　6. 26, p.2 참조).

   3. 1949년 9월 15일에 南·北을 통한 총선거로서 '통일입법기관'을 만든다. 이 입법기관이 '조선공화국' 헌법의 기초를 전담하고 정부는 이 헌법에 의해 조직된다. 그리고 이 정부가 정상적인 기능을 발휘하면 南朝鮮과 北朝鮮에 존재하는 정권은 해체한다.

   4. 南朝鮮과 北朝鮮의 군대는 '조선공화국 정부'의 지시에 따라 민주적 원칙으로 합동한다.[40]

   그런데 이것은 1년 후(1950년 6월) 북한 당국이 제안한 이른바 '최고인민회의' 상임위원회의 '조국통일방안'과 똑같은 내용의 것으로, 그것을 마치 '예행연습'을 방불하게 하는 무시무시한 '흉계'인 것이었다.

   이 제의에 대한 한국 정부의 반응은 거의 없었다. 李承晩 대통령은 제안 자체의 접수를 거부하고, 거듭 1948년 12월 파리(Paris)의 '유엔' 총회가 채택한 '통한원칙(統韓原則)'을 지지하고 나왔다. 그러나 金日成은 7월 5일 이 제의를 전폭적으로 지지한다는 수락성명을 발표하였다.[41] 따라서 이날을 기해 '6·25 전쟁'의 서막은 이미 올랐다고 보아야 하며,

<hr>

40) Shih Chieh Chih Shih, *A Chronicle of Principal Events Relating To Korean Question*: 1945~1950(Bejing, 1954), pp.21−22를 기초로 했음. 내외문제연구소, 『傀集의 대남책략사』(서울, 1962), p.58에도 있음.
    특히 제3항과 관련해 旧소련 '정부문서'(1949년 6월 6일자 공전)에 의하면, 슈티코프 대사는 "'祖統'은 南·北 동시 선거를 통한 朝鮮의 단일정권 수립을 제의할 방침이다."라고 보고했으며, 이에 대해 비신스키 外相은 회신(6월 24일자)에서 이에 '동의한다'고 했다.
    그리고 6월 6일자 공전에서 동 대사는 金과 朴은 진정한 자유선거하에서 北朝鮮은 승리할 자신을 피력하였다고 하며(北韓에서 80%와 南韓에서는 65~70% 득표), 南韓의 李承晩은 이 제의를 거부할 것으로 보았다. 그럴 경우 그것은 좌파의 정치적인 승리라고 했다.

41) ≪Pravda≫, July 5, 1949, *Ibid.*, August 9, 1949, *Ibid.*, pp.24−25.
    金日成選集 참조.

북한 당국은 언제나 '조국통일'이라는 미명 아래 이른바 '정의의 전쟁' 을 할 수 있는 근거를 마련한 셈이다.[42]

2) 남·북 노동당의 통합

'조국통일전선'이 결성된 지 한 달쯤 후인 1949년 8월 남·북 노동당 은 극비밀리에 이른바 合黨이라는 과정을 거쳐 통합된 조선노동당(朝鮮勞 動黨)으로 발족하였다.[43] 새로 조직된 조선노동당의 특색은 소위 친소계 의 완전한 승리로 귀착되었다. 따라서 장차 '조국통일' 후에 있을지도 모

---

42) 슈티코프 대사는 스탈린에게 金日成과 朴憲永의 '조국통일' 구상을 다음과 같이 보고했다(旧소련 '정부문서', 1949년 9월 15일자 작성).

"金日成과 朴憲永의 생각으로는 현 상황에 있어서 南·北 양 진영의 평화 로운 통일(화합)이란 불가능하다고 함. ……절대다수의 국민들은 38선을 없 애야 한다는 것에 대해서는 의견을 같이하고 있다.
미군이 南朝鮮에 주둔하고 있을 때 우리는 南朝鮮에 주둔하고 있는 미군이 南北 통일의 걸림돌이라고 주장하여 왔다. 그러나 이제 미군은 南朝鮮에 더 이상 駐屯하고 있지 않다. 따라서 우리 측 주장대로라고 하면 더 이상 통일 의 장애물은 존재하지 않는 것이다.……
金日成과 朴憲永은 南北 통일이 더 이상 평화로운 방법으로 이루어지지 않을 것이라는 점을 강조하며, 그들은 '무력'으로써 남조선 정부를 침략하는 방법 만이 유일한 통일의 길이라는 것을 누누이 강조하고 있다. 그들의 의견대로 라면 지금 南朝鮮을 침략하여 통일을 이루지 못한다면 통일은 오랜 시간이 흐 른다 할지라도 이루기 힘들 것이다.……
金日成과 朴憲永의 대화에서 알 수 있는 것은 그들이 결코 무한정 남북을 두 부분으로 나누어진 채로 내버려 두기를 원치 않는다는 것이다."

43) 조선노동당이 언제 공식으로 통합되었는지에 대해서는 異論이 있다. 국내에 서는 대체로 1949년 6월로 보고 있는 데 반해, 미 국무성은 이를 1949년 8 월로 보고 있다(朝鮮民主主義人民共和國, 平壤, 1958, p.15와 *North Korea, A Case Study* ……, p.17 참조).

르는 남·북 노동당 간의 '권력투쟁'의 소지는 미연에 봉쇄된 것이다.[44]

해방 후 남·북 간에는 남조선 노동당(남로당)과 북조선 노동당(북로당)이 각각 별개의 조직체로서 발족된 2개의 독립된 공산당으로 존립하였다. 이들은 북한 정권이 수립된 1948년 9월 이후에도 계속 독자성을 유지하였다. 남로당 위원장인 朴憲永은 비단 지금은 북녘 땅에서 '눈칫밥'을 먹고는 있지만, 머지않아 남한 정권은 공산주의자들에 의해 타도될 것이며, 그렇게 되면 그가 영도하는 남로당은 통일 한국에서 용이하게 '주도권'을 장악할 수 있을 것으로 믿었을 것이다.

金日成과 그의 친소파(親蘇派)들이 朴과 그 일파를 견제하려고 하는 것도 바로 그러한 점을 미리 차단하려 했던 것으로 보인다. 金日成 一黨은 남한에는 약 20만 명이나 되는 공산주의자들과 그들의 동조세력 (소위 '씸파'들)이 남로당을 지원하고 있다는 사실을 잘 알고 있었을 것이다. 또한 만약 무력침공이 성공해 남한을 제압하는 날 朴은 자신들보다도 훨씬 많은 人口와 자원을 통제할 가능성이 있다는 사실도 잘 알고 있었을 것이다.

그러므로 친소파들은 '사전조치'의 한 방책으로 남로당을 약화시키지 않으면 안 되었던 것이다. 따라서 '조국통일전선'의 결성을 준비하던 1949년 6월 金日成 一黨은 우선 '시위'의 목적으로 그간 남로당과 관련을 맺고 있다고 알려진 수많은 중앙과 지방의 黨 관료들을 대량 숙청하기 시작하였다.[45]

그리고 동년 8월에 있었던 일련의 갑작스런 '비밀회의'를 통해 남·북 노동당의 合黨이라는 미명 아래 金日成과 그의 친소파는 국내파와

---

44) 최근의 연구에 의하면, 南·北 노동당의 통합문제는 먼저 남로당의 朴憲永이 그 필요성을 제기했다고 한다.

45) *Ibid.*

연안파(延安派)를 모두 제압하고 黨을 통일하는 데 성공하였다. 이런 조
처는 장차 벌어질지도 모르는 黨內의 '패권' 싸움의 소지를 미리 제거
하려는 데 그 목적이 있는 것이다.

그동안 북로당 부위원장직에 머물렀던 金日成은 일약 새로 조직된
조선로동당의 위원장으로 선출되었으며 남로당 위원장인 朴憲永은 그
부위원장(총무담당)으로 선출되는 등 과거의 黨 '서열'은 완전히 무시된
것이다.[46] 또한 그동안 金日成과 같이 북로당 부위원장직에 있었던 허
가이(許哥而)도 통합신당의 조직담당 부위원장으로 선출되는 등 친소파는
신당의 당권을 장악하는 데 성공했다.[47]

그리고 黨의 행정기구의 구성에 있어서도 친소계인 허가이(許哥而)와
김상협(金相俠)이 제1, 제3書記에 각각 임명된 데 반해, 남로당 측에서는
오직 제2書記 한 자리만 사법相 이승엽(李承燁)이 차지했을 뿐이다. 한편,
총 8석으로 구성된 黨의 중추기구인 정치위원회(소련공산당의 정치국에
해당됨)의 조직에 있어서도 남로당 출신은 단 3인(朴憲永, 李承燁, 許憲

---

46) 金日成과 그의 一派가 黨의 통합과정에서 대약진할 수 있었던 것은 말할
　 필요도 없이 슈티코프 대사의 작용이 컸던 것으로 보인다. '모스크바' 당국
　 이 金을 앞세워 그를 '행동대의 책임자'로 정한 이상 그를 전폭 지원하지
　 않을 수 없었던 것이다.
47) *Ibid.*, p.22.

朝鮮勞動黨(1949)

中央檢閱委員會		中央委員會	中央監察委員會	
		委員長 金日成		
		副委員長 朴憲永		
		副委員長 許哥而		

(허헌))뿐이고, 나머지는 모두 북로당 출신(金日成, 許哥而, 金策(김책), 朴
一禹(박일우), 金相俠(김상협)과 金枓奉(김두봉))의 몫이 되었다.[48]

이러한 우여곡절을 거쳐 한때 한국 공산주의 운동의 '선구자'로 내외
에서 알려진 朴憲永과 그의 一派는 졸지에 몰락하고 黨은 완전히 친소
파의 수중에 들어가게 되었다.

따라서 金日成과 그 一派는 장차 있을지 모르는 '위험분자'들에 의한
'반란'의 소지를 사전에 봉쇄한 행운을 얻게 되었다. 金日成의 이러한
당권의 장악은 스탈린의 경우에 비하면 기적적인 일이라 하겠다. 당권
의 장악을 위해 소련 수상 스탈린은 무려 10년이라는 긴 세월을 소요
했던 것이다.[49]

書記局	政治委		組織委	
	(北勞)	(南勞)	(北勞)	(南勞)
	金日成	朴憲永	金日成	朴憲永
秘書 許哥而 (北勞)	金 策	李承燁	朴一禹	李承燁
秘書 李承燁 (南勞)	朴一禹	許 憲	金相俠	
秘書 金相俠 (北勞)	許哥而		金枓棒	
	金相俠		崔昌益	
	金枓棒		金 烈	

48) *Ibid.*

49) 북한 대표단의 모스크바 방문 후 감행된 勞動黨과 '조국통일전선'의 개편작
업은 모두 슈티코프 대사의 직접적인 介入으로 이루어진 것으로 보인다. 그
런데 이 무렵 소련공산당은 중국공산당 副주석 劉少奇를 모스크바로 초치
해 중공 정권 수립 후의 양국관계를 협의했으며, 또한 일본공산당의 개편을
위해 黨 '오르크'의 코프첸코(Kovchenko)를 東京에 급파하는 등 주목할 만한
일들이 연쇄적으로 있었는데 이는 모두 서로 상관된 일로 보인다(상세한 내
용은 후술 pp.112-113, 136 참조).

3) 38도선상의 무력충돌 증가와 南에 대한 '게릴라' 활동 강화

북한 대표단 일행은 1개월에 걸친 모스크바 방문을 끝내고 1949년 4월 초 무사히 평양(平壤)에 귀환하였다. 이때 이들을 인솔한 슈티코프 대사도 일행과 같이 平壤으로 귀환하였다. 이들의 모스크바 방문은 북한 정권의 탄생 후 처음 있었던 일이다. 그것은 金日成 자신의 말과 같이 '대단히 만족스럽고 또한 유익한 방문'이었다.

소련 정부는 독립 후 일천한 북한 정권의 앞날을 위해 물심양면의 지원을 다짐하였다. 또한 그들의 주도하에 민족의 염원인 '조국통일'의 대업(大業)이 성사되도록 제반 조처를 취하였다. 그런데 그보다 더 중요한 사실은 일행의 방문 중 그들은 친히 스탈린 '대원수'를 만나볼 수 있었다는 사실과 또한 그에게 人民軍은 남한의 國軍보다도 훨씬 더 강한 군대라는 인상을 남기고 왔다는 사실이다. 스탈린 자신은 바로 이 점을 그 무엇보다도 먼저 듣고 싶었을 것이다.

소련 정부가 연초부터 추진해 온 人民軍의 보강작업은 만주 吉林에 있는 '조선인 의용군'의 병력이 그해 초여름에 북한으로 대량 이동하면서 본격화되었다.[50] 새로 入北한 前 中共軍 제4야전군 휘하의 제55군단 소속 164사단은 羅南(라남)에서 '人民軍 제5사단'으로 개편되었으며, 같은 中共軍 제55군단 소속의 166사단은 新義州(신의주)에서 '人民軍 제6사

---

50) 슈티코프 대사는 1949년 9월 15일자로 스탈린 수상에게 제출한 보고서에서 '조선인 의용군'의 派北 상황을 다음과 같이 보고했다.

"금년 6월 중국인민解放軍에서 北朝鮮 人民軍으로 편입된 총 20,000명으로 2개 사단이 신설되었다. 사단의 구성원들은 전투경험이 많은 사람들이며, 그들 2개 사단은 중국제, 미제, 일본제 등 다양한 군장비로 무장되어 있다. 또 지휘관들도 풍부한 전투경험의 소지자들이지만 전술과 작전계획, 능력의 측면에서는 충분히 훈련되지 못하였다."

단'으로 개편되었다.51) 그리하여 이미 人民軍의 병력은 '모스크바' 당국
이 계획한 대로 5개의 정규 보병사단을 보유하는 규모로 확대되었다.

그러나 만주(滿洲) 길림(吉林·지린)에는 아직도 '조선인 의용군'의 잔여
병력이 남아 있었으며, 이들의 派北문제와 소련으로부터의 더 많은 군
수물자의 수송은 한국전쟁 개전 직전까지 계속되었다.

그동안 38도선 일대의 경비업무는 미·소 양군이 전담하여 왔었다. 그
러나 1949년 1월 이후부터 그 임무는 國軍과 人民軍에 의해 교체되었다.
이처럼 남·북 간의 병력이 38도선을 사이에 두고 대치하게 되면서부터
남·북 간에는 비록 소규모이기는 하나 무력충돌이 그치지를 않았다.

그런데 북한 수뇌들이 '모스크바' 방문을 마치고 돌아온 1949년 봄부
터 그 양상은 크게 달라지기 시작했다. '심상치 않은 조짐'이 여기저기
서 보이기 시작한 것이다. 人民軍은 대규모 병력(대대 규모 병력)을 동
원해 38도선 이남을 침범하여 아군의 진지를 공격하는가 하면, 때로는

---

51) 1949년 7월 29일 人民軍 최고사령관 金日成은 제6사단 장교회의실에서 이들
의 귀국을 환영하면서 '프롤레타리아 국제주의'를 강조했다.

"제군은 조선 민족으로서 중국 인민을 지원해 중국 인민의 解放戰爭에 참가
하고 조국에 귀환했다. 나는 제군과 다시 만나게 돼 기쁘게 생각한다. 제655
부대(제6사단)의 장병은 '프롤레타리아 국제주의'에 충실했고 朝·中 양국의
人民의 전투적 단결의 강화에 크게 공헌하고 귀국했다. 제군의 높은 '프롤
레타리아 국제주의' 정신과 높은 업적은 조선 인민과 중국 인민의 혁명사에
영구히 기록될 것이다."(『金日成 著作集』 제5권(平壤: 外國出版社), 1981,
p.178 참조.)

그러니 사무엘 그리픽(Samuel B. Griffich)은 한국전쟁의 국제성을 부정하고 '朝
鮮人 義勇軍'의 入北은 "한국전쟁을 의식해서라기보다 中共의 국내사정 때문
이었을 가능성이 크다."라고 주장한다(Samuel B. Griffich, *Chinese People's
Liberation Army*, New York: McGrew Hill, 1967, p.84, 또한 Allen S.
Whiting, *China Crosses the Yalu: The Decision to Enter the Korean War*(New
York: The MacMillan Co., 1960) 참조).

國軍 내부에 침투한 공산 '프락치'들을 동원해 그들이 장악하고 있는 병력을 '훈련'으로 빙자하여 은밀한 계략으로 강제 越北시키는 일들이 연발하였다.

개성지구(開城地區)의 38도선 分界 기점은 개성 북방에 있는 송악산(松嶽山)의 남쪽 정상을 가로지르는 선이다. 그런데 그곳의 방위를 맡고 있는 國軍 제2연대의 大隊 병력이 어느 날 송악산 남쪽 고지에서 전지 구축작업을 펴고 있는데, 갑자기 人民軍 제1사단 소속의 3개 중대 병력이 이들을 습격하고 고지를 점령하는 불상사가 있었다. 그 후 여기서는 싸움이 그치지 않았으며 國軍은 이 고지를 탈환하기 위해 많은 희생의 대가를 치러야만 했다.[52]

이른바 '송악산 5·4 전투'라고 불리는 북한군의 기습공격이 있던 같은 날 國軍 내부에 침투한 남로당계 세포인 表武元(표무원) 소령(육사 2기생)은 자신이 장악하고 있는 대대 병력(제6사단 제8연대 소속) 약 450명을 은밀한 계략으로 동원해 강제로 越北시킨 사건이 발생하였다. 또한 그다음 날(5월 5일)에는 表 소령과 같은 남로당계 세포로 알려진 姜太武(강태무) 소령(육사 2기생)도 자신의 대대 병력(제6사단 제6연대 소속) 약 300명을 表 소령과 같은 수법으로 동원하여 강제로 越北시키는 등 상상을 초월하는 불상사가 연이어 일어났다.[53]

---

52) 슈티코프 대사는 1949년 9월 15일 스탈린 수상에게 아래와 같은 '國軍의 실태'를 보고했다.

"韓國軍의 사격술과 전술에 관한 교육은 불충분하며, 南韓 측 군인들의 전술교육이 뛰어나지 않다는 것은 38선 주위의 소규모 작전 시 잘 나타나고 있는데, 이러한 미흡한 전투교육은 전투 시에 대규모 사상자의 발생을 야기하고 있다. (그러나) 최근 우리 측에서 분석한 人民軍의 군사력—군병력 및 무장 정도—은 南韓軍을 초전에 격멸하고 南韓지역을 점령하기에는 역부족이라고 본다."

53) 슈티코프 대사는 1949년 5월 4일 表少領의 越北 사실을 보고하면서, "北朝

　　이러한 불상사는 전혀 우연한 사건은 아니며, 이는 용의주도하게 꾸며진 공산주의자들의 소행으로서 철군을 서두르고 있는 미국 행정부에 적지 않은 '부담'을 안겨주는 결과가 되었다.[54] 그러나 平壤에서는 이들의 越北을 축하하는 이른바 '의거월북영웅(義擧越北英雄)'에 대한 환영행사가 대대적으로 거행되었으며, 이러한 환영행사는 다른 지역에도 확산되어 북한 전역을 떠들썩하게 만들었다.

　　한편, 옹진(甕津)지구에서도 雙方 간의 충돌은 日益 확대되어 가고만 있었다. 5월 8일 韓國軍의 병력이 38도선 북방에 위치한 사직리(社稷里)의 한 고지를 공격하였는데, 이때 북한군은 이 공격에 대한 '보복'으로 5월 17일 이 고지를 탈환하고 나아가 '백천(白川)침공'을 감행해 38도선 이남의 연안읍(延安邑)을 점거한 사건이 벌어졌다. 여기서 북한군은 다수의 양민을 살해하고, 백천 경찰서를 소각하는 등 만행을 저질렀으며, 계속해 38선 이남의 여러 마을을 유린하였다. 결국 이들은 國軍의 대대적인 반격으로 격퇴되었다.

　　이러한 일련의 전투를 통해서 알 수 있는 것처럼 人民軍의 병기와 화력은 國軍의 그것보다 우수하다는 것이다. 또한 그들의 전투력도 크

　　鮮의 첩자인 한 南朝鮮軍의 대대장이 北朝鮮에 대한 기습계획이 이미 대대장급에게까지 시달되었으며, 전투행위는 49년 6월에 시작될 예정이다."라고 했다. 또한 그는 1949년 9월 15일자 스탈린에게 한 보고에서도 두 대대장의 越北 사실을 보고했다.

　　　"北朝鮮 측에서 파견된 첩보원의 사업결과, 그들은 2명의 대대장(表·姜을 지칭)과 장교로 변신 복무할 수 있었으며, 그 결과 1949년 9월 현재 2개의 대대가 北으로 귀순하게 되었다."

54) 韓國軍 2개 대대의 越北 사건과 관련하여 미국의 라이샤워(Edwin Raishawer) 교수는 "이 두 불상사는 미국으로 하여금 韓國에 대한 군사원조를 삭감하고 나아가 북한군의 침입을 유발한 하나의 요인이 되었다."라고 평가한다(佐佐木春隆, 『朝鮮戰爭/韓國編』 上(東京: 原書房, 1976년), p.189).

게 향상된 것으로 미루어 보아 그동안 소련의 군사원조와 군사고문단의 활동이 컸다는 사실을 실감할 수 있었다. 더욱이 소련군 고문관들의 모습이 전선에서도 종종 목격되었다고 하는데, 이는 전시의 彼我(피아) 간의 전력을 파악하기 위한 실전 준비작업의 일환으로 보인다.55)

1949년 중반에 접어들자 남한 각지의 '빨치산'들은 점차 그 조직과 규모를 확대하여 소위 '인민유격대'로 발전·편성되었다. 그러한 조직의 확대는 1949년 6월 25일에 '조국통일전선'이 결성되고, 또한 31일에는 그 '강령(綱領)'이 채택되어 '9월 총선거'를 호소하였기 때문에 이것을 지원하기 위한 병력의 증강이 필요했던 것으로 보인다. 그리하여 북한 당국은 먼저 지리산(智異山)지구의 '게릴라'들을 정비·강화하여 李玄相(이현상)을 사령관으로 하는 소위 '인민유격대 제2병단'을 편성하였다.

한편 1949년 6월 초 북한으로부터 파견된 약 400명의 '게릴라'와 7월 초에 파견된 약 200명의 金達三(김달삼) 부대는 오대산(五臺山) 방면으로 진출해 태백산(太白山)과 일월산(日月山) 일대에 출몰하였다. 이들의 무기와 장비는 8월에 해상을 통해 반입되어 이들은 金達三을 사령관으로 하는 '인민유격대 제3병단'으로 편성되었다.

또한 1949년 8월 말에는 이북에서 조직된 '인민유격대 제1군단'의 병력 약 360명이 사령관 李昊濟(이호제)의 지휘하에 태백산을 통해 월남해

___

55) 이것은 연초에 派北된 '특별군사사절단' 요원들이 현지에서 人民軍의 전투력을 평가하기 위해 다수의 '고문관'이 동원되어 참가한 것으로 보인다. 슈티코프 대사는 人民軍의 전투수행 능력을 다음과 같이 평가했다(1949년 9월 15일자 舊소련 '정부문서' 참조).

"구성원들은 모두 사격술과 전술에 있어서 뛰어난 사람들로 선발되었다. 전시에 있어서의 군대의 능력에 대해서는 조사된 바가 없다. 그러나 海州지역의 전투에 참가했던 1개 대대의 활동은 전시에 긍정적인 결과를 얻을 수 있다는 예상을 증명하였다."

보현산(普賢山) 일대로 진출하였다. 그러나 이 지역의 수비 國軍에 의해 큰 피해를 입었으나 지방 '게릴라'와 주민이 합류하여 명맥만을 유지하는 '인민유격대 제1군단'으로 재편성되었다.[56]

이렇게 해서 1949년 6∼9월 사이에 이른바 '인민유격대'의 세력은 2개 병단(兵團)과 1개 군단(軍團)으로 편성되었고, 이를 지휘하기 위한 명령체계도 재편되어 조선노동당 중앙위 직속의 '중앙당 14호실'이 이들을 관장하게 되었다.[57]

---

56) 1949년 9월 15일자로 슈티코프 대사는 스탈린 수상에게 韓半島의 군사 상황을 보고하였는데, 그는 1949년 8월 현재 人民軍은 韓國軍을 '초전에 격멸'하기는 어렵다고 보고, 우선 '빨치산'을 증강할 필요성이 있다고 건의했다(후술 p.100 참조).

57) 이렇게 해서 편성된 '게릴라'들은 북한 정권의 수립 1주년이 되는 9월 9일을 기해 일제히 공세를 폈다. 이때 이들이 쓴 전술을 '牙城攻擊'이라고 하는데, 그것은 지금까지의 '소극적'이고 '산발적'인 규모의 유격투쟁을 지양해, 일거에 행정거점과 군·경의 본거지를 집중공격하는 보다 '적극적'인 '무력투쟁'을 말하는 것이다.

'9월 공세'는 주로 湖南地方에서 기세를 올렸는데, 9월과 10월에 光州를 위시한 寶城·光陽·居昌 등지의 관공서를 습격하고 점거하였으며 멀리는 安東과 浦項까지 확대되었다. 다음의 숫자는 북한 측이 발표한 '성과'인데, 이는 과장된 숫자이기는 하나 대·소규모의 작전이 광범하게 전개되었다는 것을 말해주고 있다.

　　1949년 9월(1개월간)의 성과:
　　동원 수　　　　77,256명
　　교전 횟수　　　1,184회
　　경찰본서　　　　습격 15개소(지서습격 110개소)
　　군경소탕　　　　1,272명(포로 832명)
　　무기노획　　　　1,300정

4) '평화옹호운동'의 전개와 무기구입 募金운동

소련을 방문 중인 북한 정권의 수뇌들은 소련 당국과 중요 업무 협의를 마치고 귀국길에 오르고 있었다. 그런데 북한에서는 '돌연히' '평화옹호운동'이라는 '국제공산주의' 운동의 연대투쟁이 벌어지고 있어서 매우 심상치 않은 분위기가 조성되고 있다는 조짐이 엿보였다.[58] 북한 정권의 수뇌들이 아직도 국외에 체재 중임에도 불구하고, 이와 같은 중요한 '국제연대운동'이 조직적으로 추진되고 있다는 사실은 필경 북한 정권의 최고위층에 의한 원격조정의 결과라고 보아야 할 것이다.

3월 20일 平壤에서는 이른바 '평화옹호 전국 민족위원회'라는 국제공산주의 운동의 전위기구가 설치되었다. 그리고 이 기구의 지도하에 여타 주요 도시에서도 일제히 '평화옹호대회'가 감행되었다. 平壤에서는 3월 24일에 '평양, 북조선 평화옹호대회'가 개최되었는데, 이 집회는 말할 것도 없이 소련공산당의 지시에 따라 북조선로동당이 이를 주관한 것이다.

이것은 스톡홀름(Stockholm) '세계평화회의(世界平和會議)' 행사의 일환으로 凡세계적인 '反美·反帝운동'을 불러일으키려는 '국제공산주의자'들의 음모의 하나이다. 그러나 북한에서는 이를 미구에 전개될 인민군의 군사행동(남침)과 연계해서 북한 주민들에게 군사행동의 정당성을 '설득'하고 앞으로의 대규모 '동원'에 호응하기 위한 홍보사업으로 변모된 것이다.

한편, 그해 여름에는(7월 15일) 이른바 '조국방위위원회'라는 새로운

---

58) 金學俊 교수는 북한의 '평화옹호운동'의 이중성을 지적한다.

"모스크바 방문을 끝낸 金日成 일행은 1949년 3월 20일 모스크바를 출발했고, 21일 레닌그라드에 도착했다. 이와 때를 맞추어 北韓 전역에서는 '평화옹호운동'이 벌어졌다. 3월 20일 平壤에서는 '평화옹호 전국 민족위원회'가 열렸다. 南侵을 모의하고 돌아오는 똑같은 시점에 '평화옹호대회'를 열었다는 데서 북한 정권의 二重性을 엿보게 된다."(≪朝鮮日報≫, 1986. 9. 3.)

전쟁지원 준비기구가 전국 도처에 설치되었다. 北韓 당국이 이 기구를 설치한 이유는 소련 정부가 미구에 있을 人民軍의 '군사행동'을 예견하고 人民軍의 '확장'과 '근대화' 계획을 위해서 제공하기로 한 각종 전투기, 탱크 및 각종 중화기들이 모두가 '高價'의 것으로 이들 병기들을 소련으로부터 구입하는 데 소요되는 '代錢'을 마련하기 위해서였다.

소련 정부가 北韓에 제공하기로 한 무기는 명목상으로는 '원조'라는 미명이나 실은 고가(高價)의 '유상원조'였다. 따라서 이것들을 구입하기 위해서는 막대한 자금의 조달이 필요했던 것이다.59) "人民軍에게 좋은 병기를 보내자."라는 구호의 이 운동은 북한전역에서 일어났다. 그 결과 1949년 말에 모금실적은 현금 2억 8천만 원(美貨 1,100만 달러 상당), 그리고 3천 점에 이르는 귀금속과 가마니 조각 50만 장 이상을 모으게 되었다고 한다.

5) 슈티코프 대사의 일시귀국과 옹진·개성지구의 작전수행 건의

연초부터 부산했던 滿洲 吉林에 있는 '조선인 의용군'의 入北문제도 소련 정부의 개입과 중공 당국의 협조로 그해 6월에야 완료되어 人民軍 제6사단과 제5사단으로 각각 재편성이 되었다. 그리고 모스크바 당국의 지대한 관심사의 하나인 남로당과 북로당의 合黨문제도 별문제 없이 金日成을 중심으로 하는 조선노동당으로 통합되는 등 1950년 여름으로 예

---

59) Kim Sam Kyu, Korea Today, Tokyo: Kawade shobo, p.35.
金日成은 1966년 일본공산당 서기장 宮本顯治와 회담하는 자리에서 소련 정부가 제공한 무기 및 군수품은 모두 '高價'의 것으로 북한 당국은 소련에 막대한 채무를 지게 되었다고 소련을 비난했다(思想運動硏究所編, 『日本공산당 事典』(東京: 全貌社, 1978), p.1020).

정한 人民軍의 南侵 행보는 비교적 빠른 속도로 진척되어 가고 있었다.

이런 중요한 시기에 그동안 '모스크바계획'을 실질적으로 주도하고 추진해 온 '현지 책임자'라고 할 수 있는 슈티코프 대사는 8월 어느 날 갑자기 그저 '휴가차' 본국에 다녀오겠다는 말만 남기고 모스크바로 떠났다. 그는 근 40여 일 동안이나 모스크바에 체류하면서 정부 및 당의 요로와 접촉하고 10월 초에 平壤으로 귀환하였는데, 그 누구보다도 분망했던 그가 장기간 平壤에서 사라졌다고 하는 사실은 참으로 중대한 일이 아닐 수 없다.

최근 러시아 정부가 공개한 舊소련 '정부문서'에 따르면, 당시 駐북한 소련 대사 슈티코프(그는 소련군 대장으로서 군사고문 단장을 겸임하고 있음)는 '정무협의차'(명목상은 '휴가') 귀국해 1949년 8월 14일부터 10월 4일까지 모스크바에 체류하면서 스탈린 수상에게 '개인적 보고'를 하는 한편 소련군 지도부와 黨 중앙위에 '韓半島 정세'에 관한 종합적인 보고를 하였다고 한다.

그가 모스크바로 떠났다고 하는 8월 중순은 바로 9개월 전 그와 같이 入北한 '소련특별군사사절단'의 고위 장성들(쿠바노프, 카투코프와 자하이로프 장군 등)이 그들에게 주어진 10개월간의 '임무'를 마치고 본국으로 떠난 시기와 일치하는 것으로 보아, 그의 본국 귀국은 다름 아닌 '18개월 이내'에 人民軍을 '확장'하고 '근대화'하라고 한 '모스크바 계획'(1948년 12월에 성안되었음)에 따른 것으로 보이며, 동 계획에 대한 '중간평가'와 이를 '조정'하기 위한 것이 그 주된 목적이 아니었나 생각된다.[60]

---

60) 슈티코프 대사의 본국 귀환 시 金日成도 동반하였는지 여부는 기록상 확인할 길이 없다. 그러나 그간의 경험에 비추어 볼 때 그의 모스크바 방문은 가능성이 큰 것으로 보인다. 이 점에 대해 前 人民軍 작전국장 兪成哲 少將

그는 9월 15일자로 작성한 한 보고서("南朝鮮 측과 北朝鮮 측의 현
정치·경제적 상황, '민주세력'과 '반동세력'의 투쟁 상황 및 그들이 일
반 대중에 미치는 영향에 대하여")에서 현재 남한의 정정은 좌·우익의
격렬한 투쟁으로 몹시 '불안정'한 상태이나, 남로당은 軍·警과 대치하
여 아주 선전(善戰)하고 있어 장래가 밝다는 점을 스탈린 수상에게 직접
보고하였다.

그리고 경제와 군사 분야에 있어서도, 北은 南보다 '월등히 앞서' 있
으며, 또한 '안정'되고 '희망'적인 것이라고 보고하고 소련 정부에 대해
다음과 같은 전략적인 문제를 건의하였다.61)

첫째, 人民軍의 창설(강력한 人民軍을 뜻함)과 관련하여, 이것이 소련
을 반대하는 제국주의 국가들의 반동적인 행위에 이용될 수 있는 복잡
한 국제정세도 고려해야 한다. 만일 이러한 상황이 실제로 전개될 경우
미국 측의 공작과 남한 측에 대한 적극적인 지원 가능성도 배제할 수
없을 것이다.

도 '金日成은 1949년 두 차례나 소련을 방문'하였다고 주장하고 있어 金의
모스크바 방문은 사실인 것으로 보인다(兪成哲 "나의 證言", ≪한국일보≫,
1990. 11. 9 참조).
카리노프 中佐에 의하면, 그는 1949년 여름 '사절단의 일부 요원을 모스크
바로 귀환'하라는 명령을 받고,

'쿠바노프, 카투코프와 자카이로프 장군을 따라 다른 몇 명의 동료들과 함
께 모스크바로 송환되었다.'

고 한다. 그는 거기서 '새로운 임무'를 받고 '伯林에 가서 동독 인민 돌격대를
재편성하고 보강하라는 명령'을 받고 떠나는 쿠바노프 장군을 따라 伯林으로
갔다고 한다(그는 그곳에서 얼마 후 서방으로 탈출했다)(『北韓』 1988년 6호에
는 전술한 ≪The Reporter≫의 카리노프 기사 全文이 있다).
61) 1949년 9월 15일자 旧소련 '정부문서' 참조.

둘째, 人民軍의 군사력-군병력과 무장 정도는 南韓軍을 초전에 격멸하고, 남한 전역을 점령하기에는 역부족으로 판단한다. 따라서 人民軍의 승산에 대한 가능성과 합목적성을 고려할 때, 우리는 남한에서 활동 중인 '빨치산' 대원들에게 전폭적인 지지와 지원을 아끼지 말아야 한다.

셋째, 만약 상황이 좋다고 하면 앞서 계획했던 대로 옹진반도와 개성지구에 대한 '부분적인 작전'의 수행(점령을 뜻함)도 가능할 것으로 본다. 옹진반도와 개성시를 침략할 구실로는 38도선 주위에서 남한 측 사람들이 '스파이' 행위를 했다고 할 수도 있겠고, 또는 38도선 주위 지역을 南측에서 먼저 침략한 것에 대한 '보복'이라고 하여도 무방할 것이다.

슈티코프 대사의 상기 '건의'는 그야말로 획기적인 것이었다. 그중 핵심은 말할 것도 없이 옹진·개성지구에 대한 人民軍의 부분적인 '작전 수행'을 확대하는 문제이다. 지난 3월 북한 대표단이 '모스크바'를 방문했을 때 스탈린 수상은 그들에게 절대로 '선제공격'을 해서는 안 된다는 점을 누누이 강조한 바가 있었다. 그러나 금번의 슈티코프 대사의 '건의'는 '38도선 주변 지역을 南측에서 먼저 침략한 것에 대한 보복'이라는 것을 구실 삼아 人民軍은 '선제공격'으로 '국지적 작전'의 수행을 가능하게 한다는 것이다.[62]

이러한 작전상의 변경을 요청한 '건의'가 그대로 '모스크바' 당국에

---

62) 슈티코프 대사는 북한군이 '선제공격'을 할 수 있는 근거로 두 가지 이유(남한 측의 '스파이' 행위 또는 '北侵'을 들었다)를 제시했는데, 이 '구상'은 후일 '6·25 전쟁' 때 그대로 응용되었다. 바시리예프 장군이 작성했다는 '3일 작전'의 기본도 '國軍이 北侵을 자행하므로' 반격을 하는 것이고(후술 p.199 참조), 金日成의 1950년 6월 25일 오전 9:30의 平壤 放送도 같은 내용이다. 그도 人民軍의 반격은 韓國軍이 '38도선 북방인 海州地區에 대한 무력침공을 감행'했기 때문에 하는 것이라는 주장이다(후술 p.224 참조).

112

의해 수용되지는 않았으나, 이는 中共軍의 대륙 제패를 눈앞에 두고 있는 시점에서 크게 변화하는 상황에 적응하려고 하는 소련 지도부의 노력의 일환으로 보아야 할 것이다.63)

---

63) 상기 슈티코프 대사의 '건의'에 대해 1949년 9월 24일 소련공산당 중앙위(政治局)는 이를 검토하고 이에 대한 指針을 하달해 대사가 이를 金·朴에게 전달하도록 하였다.

첫째, 현재의 대내외 상황으로 보아 南韓에 대한 '선제공격'은 시기적절하지 못하다(이러한 공격은 北韓의 침략행위로 간주되며…… 미국이 '유엔' 총회에 제의하여 유엔으로부터 미군의 남한 파병을 승인받게 되어 外軍 점령의 장기화를 초래해 '조국통일'이 지연될 것이다).

둘째, 南韓 내에서의 '빨치산' 활동의 강화는……南韓 정권을 동요시킬 수 있으며, 李承晩 정부로 하여금 北韓이 제안한 '평화적 통일' 문제의 논의에 응하도록 하든지 아니면 李承晩 정권을 전복시킬 수 있는 여건을 조성하는 데 기여할 것이다.

셋째, 옹진반도의 점령 작전과 관련, 동 '작전'이 군사적으로는 타당하나 南韓 측에서 이를 '전면공격'으로 간주할 수 있으며, 이로 인해 장기분쟁으로 발전될 소지가 크다.…… 따라서 南韓軍의 공격이 있을 때 이들을 북한 영토 내로 끌어들여 궤멸시킨 후 반격전으로 나와 옹진반도를 점령하는 방안을 강구해야 될 것이다(대사는 朴·金에게 평화적 통일의 가능성을 너무 도외시해서는 안 된다는 점을 지적하고 '조국통일전선'의 제안을 南韓에 널리 선전할 것과 일본, 미국, 중국 등에 거주하는 韓人들을 총동원하여 이들이 유엔에 동 제의를 지지한다는 문서를 보내는 방안을 강구해야 할 것이다).

(상기는 1949년 9월 24일자 소련공산당 중앙위(政治局) 회의록 71번을 요약한 것)

제5장

중공군의 승리와 아시아 정세의 급변

─ 중공군의 승리는 '국제공산주의'의 승리 ─

1949년 10월 중공군(中共軍)의 극적인 승리는 분명 西方 세계에는 매우 큰 '실망'을 안겨주었으나, '모스크바' 당국자들에게는 새로운 역사의 장을 여는 순간이었을 것이다. 사실, 스탈린 자신이 한때 실토한 바와 같이 자신의 對 동북아 '구상'은 어디까지나 中共軍의 대륙 제패를 전제로 하는 것이기 때문에 中共軍의 승리는 참으로 의미 있는 大事(대사)라고 하지 않을 수가 없다. 그러므로 中共軍의 승리는 분명 중국인민의 승리일 뿐 아니라 그것은 '국제공산주의자' 모두의 승리인 것이다.

그런데 여기서 우리가 한 가지 간과해서는 안 될 점이 있다. 그것은 소련수상 스탈린은 일찍부터 중국공산당 지도부와 긴밀한 관계 유지를 위해 힘써 왔다는 사실이고 또한 미구에 전개될 북한 당국의 이른바 '조국통일과업'의 실천에는 어디까지나 중국공산당의 적극적인 협조와 협력 없이는 성공할 수 없다는 강한 신념을 가지고 있었다는 사실이다.

1. 중화인민공화국의 출현과 '소련一邊倒(일변도)' 정책

전후 國·共 간의 싸움은 소련군이 일본군의 항복을 접수하고 그로 인해 그 지역에 영향력을 크게 미치게 된 만주(滿洲)에서 시작되었다. 국부군(國府軍)은 한때 이 지역에서 우세한 전세를 유지하고 있는 것같이 보였으나 1948년에 접어들면서부터 中共軍은 승기를 잡아 장춘(長春·旧新京), 부신(阜新)과 금주(錦州) 등 만주의 주요 도시들을 차례로 장악하였다. 또한 1949년에 들어 전세는 다시 급변하여 中共軍은 파죽지세로 산해관(山海關)을 넘어 本土로 진격해 대망의 '본토해방(本土解放)'의 계기를 맞이하게 되었다.

中共軍은 1949년 1월 말에 역사적으로 유서 깊은 북경에 '무혈입성'

하였다. 이로써 國·共 간의 싸움은 결정적인 국면을 맞게 되었으며, 中共軍의 연내 '본토해방'을 밝게 해 주었다. 國府軍을 격파한 中共軍은 승승장구의 기세로 4월에는 남경(南京·난징), 그리고 5월에는 중국 최대의 도시 상해(上海·상하이)를 해방하는 등 10월에 있을 '중앙정권'의 출현을 가능하게 하였다. 중국공산당 수뇌부는 이때 8월에는 '인민정치협상회의(人民政治協商會議)'를 소집할 것을 예견하였다.[1]

중국 내전(內戰)에서 중국공산군의 극적인 승리는 중국인민에게 새로운 역사의 장을 열었을 뿐만 아니라, 東北아시아 각지의 공산세력에 일대 '팽창'의 계기를 마련한 것이다. 1949년 10월 1일 北京에서 개최된 '중국인민정치협상회의'는 그 첫 모임에서 毛澤東(모택동·마오쩌둥)을 국가 주석으로 하는 중화인민공화국(The People's Republic of China)의 수립을 선포하였다. 정무원(政務院) 총리 周恩來(주은래·저우언라이)는 정부 수립 선언에서 "이 정부는 중화인민공화국의 국민을 대표하는 유일·합법적인 정부며 세계 모든 나라와 상호평등, 상호이익과 주권존중의 제 원칙을 준수할 의사가 있다."라고 천명하였다. 이어 소련을 비롯한 많은 공산국가들은 물론 중립국 및 일부 서방국들까지도 이 정부를 승인하는 등, 중공 정권의 기반은 한결 더 굳건해졌다.[2]

---

1) 金學俊 교수에 의하면 1949년 6~8월에 중국공산당 부주석 劉少奇는 '모스크바'를 방문하여 스탈린 수상과 회담을 하였는데, 그는 '중국공산당은 1950년 1월 1일에 중화인민공화국의 수립을 선포'할 계획임을 말했다고 한다. 그러나 이에 대해 스탈린은 "중국에서 장기간의 無정부 상태가 더 이상 허용될 수는 없다."라고 하며, "될 수 있는 대로 빨리 선포하기 바란다."라는 말을 했다고 한다. 이 말을 전해들은 모택동을 비롯한 중국공산당 간부들은 무척 기뻐했으며 스탈린의 그러한 태도에 고무되어 그들은 중화인민공화국의 수립을 1949년 10월 1일로 앞당기기로 했다고 한다(≪朝鮮日報≫, 1994. 9. 19).

2) 소련(49. 10. 2), 불가리아(49. 10. 3), 北韓(49. 10. 4), 루마니아(49. 10. 4), 체코(49. 10. 4), 폴란드(49. 10. 4), 헝가리(49. 10. 4), 유고(49. 10. 5), 몽고(49.

그런데 中共 정권의 출현을 제일 먼저 환영한 나라는 말할 것도 없
이 이웃의 북한 당국이었다. 북한 수상 金日成은 10월 1일 毛 주석에게
보낸 축전에서,

조선인민과 아시아인민의 해방운동에 중국인민의 해방운동으로 인해
서 크게 고무되었다. 동시에 세계인민의 평화 쟁취 및 민주투쟁에 막대
한 공헌을 했다.

라는 짤막한 인사를 했다. 또한 '최고인민회의' 상임위원회 의장 金枓奉
(김두봉)도 '중국인민정치협상회의' 주석에게,

중화인민공화국과 중앙 정부의 성립은 朝鮮의 해방과 인민공화국의
발전에 크게 기여할 것이다. 동시에 세계평화애호 人民의 투쟁에도 크
게 기여할 것이다.

---

10. 8), 알바니아(49. 11. 20.) 등 공산국가가 일찍이 중공 정권을 승인하였다.
소련 정부는 10 · 4 前 駐華 대사인 니코라이 로신(Nikolai Roshin)을 신임 駐中
대사로 임명했으며, 중국은 王稼祥을 신임 駐蘇 대사로 임명했다. 王 대사는
10월 21일 '모스크바'에 도착하여 11월 1일 신임장을 제정하고, 즉시 中 · 蘇
관계의 업무조정에 들어갔다.
그러나 北韓과 中共 간의 대사급 교환은 이보다 훨씬 늦은 것이다. 北韓의
駐中대사 李周淵은 1950년 1월 28일 劉少奇 副주석에게 신임장을 제정했는
데 반해 중국 측은 '6 · 25 전쟁' 발발 직전까지 대사의 임명이 없었던 것 같
다(그래서 학계에서는 이를 근거로 北韓과 中共 간의 불화설이나 또는 상호
무관심설을 주장하는 경우도 있다).
北韓 대사의 신임장을 접수하는 자리에서 劉少奇는,
  "중국인민은 자신들의 독립과 민주주의와 조국의 통일을 위해 영웅적 투쟁
  을 벌이는 조선인민에게 무한한 동정심을 보낸다."
라는 말로 격려했다("歷史는 흐른다", ≪朝鮮日報≫, 1986. 12. 17 참조).

라는 축전을 보내 양국 간의 관계 증진을 위해 노력할 것을 다짐하였다.[3)]

중공 정권의 탄생은 확실히 아시아의 세력구조에 큰 변화를 가져올 것이 분명했다. 왜냐하면 중국공산당 주석 毛澤東은 '反미·反제국주의'로 일관하였으며, 소련을 적극 지지하는 이른바 '소련一邊倒' 정책을 외쳤기 때문에, 이것은 아시아에 있어서 소련공산당의 일대 승리가 아닐 수 없다.

일찍이 중국공산당 주석 毛澤東은, '소련一邊倒' 주의는 孫文(손문) 선생과 공산당으로부터의 교훈이라고 전제하면서,

> 지난 40년간의 경험을 통해서 볼 때, 중국인민은 '제국주의진영'이나 아니면 '사회주의진영'을 택해야만 했다. 이 길은 피할 수 없는 원칙인 것이다. 거기에는 제3의 노선('티토주의'를 지칭)의 선택은 없는 것이다. 우리는 제3노선의 '환상'을 반대한다. 그것은 우리뿐이 아니라 全 세계는 누구나 예외 없이 '제국주의'나 '사회주의'의 양자 중에서 택일을 해야만 한다.

라고 외쳤다. 이것은 이른바 '티토노선'에 반대하고, 나아가 소련을 정점으로 하는 사회주의진영으로 기울어져, 아시아 공산화 투쟁에 매진할 것을 다짐하는 것이다.[4)]

이러한 중화인민공화국의 '소련一邊倒' 정책은 1948년 6월 뜻하지 않은 유고 대통령 티토의 '반란'으로 한때 주춤했던 스탈린주의(대국주의·1국사회주의)에 일대 활력소가 되었다. 즉 그것은 소련의 對아시아 政策의 장래를 희망적이고 또한 고무적인 것으로 승화시킨 것이다.

이 점에 대해 소련 副수상 마렌코프는 1949년 11월 6일에 거행된 '10월 혁명' 제32주년 기념식에서, 중국의 승리를 가리켜, 그것은 소련

---

3) ≪新華社通信≫, 1949. 10. 3 참조.
4) 毛澤東, 『有觀人民民主主義』(香港: 新民主 週報社, 1949), pp.7-8.

의 역사상 처음으로 레닌(V. I. Lenin)의 예언이 적중한 것이라고 이를 높이 평가하였다.

　1923년 레닌은 자본주의와 공산주의의 최종결판은 소련, 인도 그리고 중국이 全 세계 인류의 절대 다수를 占하고 있다는 사실과 이들은 빠른 속도로 피압박 인민들을 해방하고 있다. 중국 민주주의의 승리는 중국 인민의 역사적인 장을 열었을 뿐 아니라, 제국주의자에 의해 압박받고 있는 모든 아시아인민에게도 새로운 역사의 장을 열어 주었다.

이 사실 하나만으로도 지금 소련 외교의 軸(축)은 급속도로 아시아지역으로 이동하고 있다는 사실을 실감할 수가 있게 되었다.[5]

2. 소련 정부의 '東方우선정책' 표면화

　제2차 대전의 종식 후 소련의 국력은 전전(戰前)에 비해 크게 확장되었다. 소련의 지도자들에게는 그들의 선구자들이 그동안 한낱 꿈으로만 여겨 왔던 일들이 바로 목전의 현실로 나타난 것이었다. 이제 세계로의 길은 3개의 통로가 열린 것이다. 즉 西유럽으로 뻗어 나가는 소련의 동독(East Germany) 및 동구 제국의 점령, 그리고 중·근동 지방으로 진출하는 이란(Iran)·터키(Turky) 및 발칸(Balkan)에 대한 소련의 영향력 확대, 그리고 소련군의 북한주둔 및 만주 점령과 화태(樺太) 및 천도(千島) 열도의 접수는 소련의 對아시아 전략의 장래를 희망적인 것으로

---

5) *"Proud and Calm with Abundant Reasons, USSR Marks 32nd Anniversary"*, USSR Information Bulletin, Nov. 18, 1949, pp.696−697.

예견해 주었다.

　전후 많은 관측자들은 소련이 제2차 대전(특히 독·소전)으로 입은 상처가 워낙 크기 때문에 향후 수년간은 국내 재건에만 주력할 것으로 보았다. 다시 말해 전승의 결과 쉽게 얻게 된 舊영토와 제 권리가 크기 때문에 소련은 그저 '현상유지(status quo)'에 치중할 것으로 전망하였다.

　그러나 그러한 전망은 곧 사실과 다르다는 것이 판명되었다. 소련 지도부는 지체 없이 그들의 세력 확대를 위해 더욱 광분했으며, 극한적인 모험도 불사한다는 대담한 정책을 선택하였다. 그러나 그와 같은 '팽창 정책'은 어디까지나 소련군(赤軍)의 직접 介入을 배제하는 이른바 '민족 해방'이나 '조국통일' 전술로서 소련의 '국익'과 '안전'은 최대한 보장되는 것이었다.

　소련의 세계 전략의 목표는 궁극적으로 西유럽의 독일, 아시아의 중국과 일본에서 '美帝'의 영향력을 제거하는 데 있었다. 그것은 독일과 일본이 오랫동안 소련의 안보를 위협해 왔기 때문에 앞으로도 그럴 가능성이 크다는 것을 소련 지도부는 잘 알고 있기 때문이다. 소련 정부는 초기 對外정책의 주력을 유럽과 발칸지역에 집결시킨 것으로 보였다. 그것은 이 지역이 보유하고 있는 '잠재력'이 크기 때문에 전후 세력 재편과정에 있어서 西方 측과의 대결을 시도하겠다는 의도가 있었다고 풀이할 수 있다.

　그러나 이러한 소련의 '유럽 우선주의'는 아시아의 중요성이 상대적으로 약화된다는 뜻은 결코 아니다. 사실 중국공산당은 아시아지역에서 '국제공산주의'의 기치를 높이 들고 중국 대륙의 주도권 장악에 매진하고 있는데 이것은 매우 승산이 큰 싸움이기도 했다. 그러므로 이들의 궁극적인 승리를 보장하기 위해서는 무엇보다도 미국 등 西方 측의 介入을 배제해야 하기 때문에 소련은 이 지역에서 의도적으로 적극적인 행동을 피하고 오히려 소극적인 전술로 대처한 것 같다.

1948년 초까지만 해도 소련의 이러한 전략은 상당한 성과를 거두고 있는 것으로 평가되었다. 東歐(동구)에서 소련은 폴란드・헝가리・루마니아・불가리아・유고슬라비아・알바니아를 하나 둘씩 잠식하고 마침내 東유럽 전역에 '인민정부'를 수립하는 데 성공하였다. 그리고 체코슬로바키아에서 소련은 체코 공산당이 관여한 '연립정부'를 1948년 여름 이를 '쿠데타'로 전복하고 거기에 '인민정부'를 수립함으로써 西方 측의 강한 반발을 불러일으키기도 했다.

그러나 이때 예기치 않게도, 유고의 티토 대통령은 소련의 '획일주의・대국주의'에 반기를 들고 나와 마침내 스탈린과 결별하게 되었다. 이것을 본 西方 측 지도자들은 한때 안도의 숨을 쉬기도 하였다. 그러나 이러한 와중에서도 소련 정부는 대담하게도 '베를린 봉쇄(Berlin Blockade)'와 같은 위기상황을 조성해 미국과 날카로운 대립을 초래해 西方 국가들을 긴장시키며, 마침내 소련은 중국 대륙 깊숙이 침투해 중공군의 최종적인 승리를 유도해 냈다, 1949년 1월 중공군은 북경을 '해방'하고 4월에는 남경을 그리고 5월에 상해(上海)를 '해방'시켰다. 이처럼 國・共 간의 내전은 중공군의 일방적인 승리로 막을 내리게 되었다.6)

이 지역에서 중공군의 승리는 소련의 '아시아 시대'의 개막을 뜻하는 것이기도 했다. 향후 수년간 소련의 對아시아 전략은 그 전도가 보장되었다고 할 수 있을 것이다. 왜냐하면 아시아의 여러 신생국들은 독립국가로서의 경험이 미흡한데다 정권은 불안정하기 그지없기 때문에 이는 마치 공산혁명을 위한 '온상'과도 같은 것이라고 할 수 있을 것이다.

---

6) 학계 일부에서는 중국 내전에서 중공군의 승리를 '민족공산주의'의 승리로 평가하는 견해도 있으나, 필자는 이는 소련 당국이 개입한 '국제공산주의'의 승리로 규정하고 싶다.

　더욱이 이 지역의 여러 나라에서는 아직도 '기아'와 '빈곤'이 만연되고 있어, 서구식 '자유민주주의'로서는 그 해결책이 되지 못할 뿐 아니라, 말레이시아, 버마, 인도네시아, 필리핀 등지에서는 구질서에 항거하는 '인민봉기'의 불꽃마저 일고 있어 앞으로 걷잡을 수 없는 내전으로 발전될 조짐마저 보이고 있었다.

　따라서 새로 등장한 중국공산당의 존재는 이 지역에서의 '민족해방'과 '조국통일' 투쟁에 지대한 영향을 줄 것이 분명했다. 특히 중국공산당의 승리는 '미제'와 싸우고 있는 북한 당국에는 큰 '용기'를 안겨줄 뿐 아니라 미구(未久)에 전개될 그들의 '군사행동'의 성공을 다짐하는 보루가 될 것이다.

　그리고 이 싸움에서 人民軍의 '승리'가 보장된다면 그것은 결과적으로 '중·소동맹'이 일본열도를 북으로는 화태(樺太)와 천도(千島)열도, 남으로는 韓半島와 대만을 잇는 거대한 '포위망'을 구축하는 결과가 되어 소련진영으로서는 그야말로 다양한 세계 전략을 구사할 수 있는 새로운 시대를 열게 되는 것이다.

　일본에 있어서 소련(중·소동맹)의 당면목표는 곧 제기될 것으로 보이는 '미·일 단독강화조약'의 체결을 저지하는 일이었다. 그러나 궁극적으로는 그곳에서도 '美帝'를 추출하고 일본을 해방해 '일본인민공화국'을 수립하는 일이었다.

3. 北京 '아시아·대양주 노동자대표회의'와 중국공산당의 '지도적 역할'

　중화인민공화국의 출현을 지켜본 西方 여러 나라의 지도자들은 '홍

분'과 '실망'이 교차하는 착잡한 심정이었을 것이다. 그러나 그들은 한
결같이 중·소 관계의 장래를 우려하면서도 毛澤東의 '티토化'와 같은
'反소·反스탈린' 노선으로의 선회를 기대했던 것이 사실이다. 그러나
그러한 '예상'과 '희망'은 곧 사실과는 다른 것으로 판명되었다.

　소련 수상 스탈린은 中共軍의 승리 후에 전개될 아시아지역의 공산
화 투쟁에는 무엇보다도 중국공산당의 협력이 절실함을 통감하였다. 그
래서 그는 中共 정권의 탄생 이전부터 중국공산당의 '중추적 역할'을
통한 이 지역의 공산화 투쟁을 강조한 바가 있다.[7] 다시 말해 스탈린
자신은 세계 '공산혁명의 總帥'로서 중국공산당의 毛澤東 주석을 아시
아 각국(신생국은 물론 베트남, 韓半島 그리고 일본까지도 포함)의 '적
화사업'과 '정부전복'을 지도할 '지도적 人物'로 인정했다는 것이다.[8]

---

[7] 미국의 저명한 중국문제 연구가인 폴락(Pollock)에 의하면, 1949년 1월(중공군
　의 북경 입성 시) 스탈린은 미코얀(Anastas Mikoyan)을 중국에 파견하여 중국
　과 소련의 접근을 시도하였다고 한다(김철범·제임스 매트레이 엮음, 『한국
　과 냉전』(평민사: 1991), p.212).
　또한 1949년 3월 스탈린은 북한 대표단을 만난 자리에서 대표단은 귀국 후
　별도로 北京을 방문해 회담결과를 毛 주석에게 보고하도록 조치했다.

[8] 1949년 6월 말 소련 수상 스탈린은 중국공산당 副주석 劉少奇를 '모스크바'
　로 초치해, 양국 黨의 관계 증진에 대해 협의하였으며, 11월에 개최될 北京
　'아시아·대양주 노동자대표회의'의 소집문제에 대해서도 협의하였다고 한다.
　협의를 끝낸 劉는 8월 중순경에 귀국하였다고 하는데, 劉와 스탈린의 대화요
　지는 아래와 같다.

　　劉少奇: 세계 공산혁명에 대한 지역的 책임문제를 제의한다.
　　스탈린: 중국공산당은 중국 혁명에 성공함으로써, 아시아 反식민주의 투쟁에
　　　　큰 영향력을 갖게 되었다. 그러니까 아시아 공산혁명은 중국이 이끌
　　　　어 주어야겠다. 우리 소련은 유럽의 공산혁명에 치중하겠다.
　　劉少奇: 세계 공산혁명에서 다툼의 여지가 없는 지도자는 소련이다.
　　스탈린: 혁명의 중심은 東方으로 그리고 중국으로 이동하고 있다(그런 취지
　　　　에서 그는 축배를 제의했다).

1949년 11월 16일 중화인민공화국의 수도 北京에서 성대히 그 막을 올린 '아시아·대양주 노동자대표회의'(亞·澳州職工代表者會議, The Trade Union Conference of Asia and Oceanic)는 그해 여름 소련 정부의 주선으로 이루어진 것이다. 이것은 아시아 공산주의 운동사상 최초의 일이며, 또한 가장 '획기적'인 것이라고 할 수 있을 것이다.[9] 이 회의에는 北韓과 南韓 그리고 몽고(Mongolia), 인도(India), 인도네시아(Indonesia), 인도지나(Indo-China), 태국(Thailand), 미얀마(Burma), 소련, 미국 등 총 14개국에서 117명의 대표가 참석하였다.[10]

劉少奇: 그럴 수 없다. (그러나) 중국은 아시아 혁명운동이 확대되고 성공하도록 최선을 다할 것이다.
(金學俊, "다시 써야 할 冷戰史", ≪朝鮮日報≫, 1994. 9. 19 참조.)

한편 周恩來 수상의 러시아어 통역도 스탈린은 "세계 혁명의 중심이 東方에 옮겨 당신네들의 책임이 무거워졌다. 이것은 우리가 마음에서 기대하고 있는 것이다."라는 표현을 썼다고 한다(饗庭孝典, 전게서, p.143). 또한 폴락 박사에 의하면, 劉少奇는 체류기간 중 스탈린 수상을 5번이나 만나 1949년 12월로 예정된 毛澤東 주석의 모스크바 방문을 준비했다고 한다(김철범·제임스 매트레이 엮음, 상게서, p.212).

9) 이 회의의 성공적 개최를 위해 '세계工聯' 본부는 1949년 8월 13일자로 각 회원국에 초청장을 발송했다. 회의기간은 1949. 11. 15~30이며 회의 장소는 北京이다(≪人民日報≫, 1949. 8. 14).
전술과 같이 劉少奇 副주석은 스탈린 수상의 초청으로 1949년 6~8월에 모스크바에 체류했는데, 그가 그곳에 있을 때 소련은 이 회의의 소집을 요구하였다. 그런데 이 회의는 후술하는 '코민포름' 제3차 총회의 개최일정과 일치하는 것이다(饗庭孝典, 전게서, pp.143-144 참조).

10) 당초의 초청 대상자 중 일본, 오스트레일리아(Australia) 및 뉴질랜드(New Zealand)는 불참했다. 그러나 세계工聯 집행부(Executive Bureau)의 유럽지역 대표들은 참석했다. 금번 회의에 참석한 南·北 朝鮮의 대표는 다음과 같다.
北朝鮮 대표－北朝鮮職業同盟委員長: 崔璟德(최경덕)
北朝鮮鑛山職盟委員長: 朴元述(박원술)
北朝鮮化學職盟委員長: 金炳七(김병찬)

이 자리에서 국가 副주석 劉少奇(유소기·류사오치)(중국 전국 총공회 명예회장)는 개회사에서 다음과 같이 천명하였다.

중국인민이 제국주의자들을 타도하고 중화인민공화국을 수립하기 위해 걸어온 길은, 全 식민지 및 半 식민지의 독립과 인민민주주의를 쟁취하기 위한 길이어야 한다. 이 지역에 있어서의 해방운동은 '무력투쟁'을 원칙으로 하고, 대중들의 투쟁은 지방의 '게릴라'들과의 협조 하에 이루어져야 할 것이다.

'노동자대표회의'의
개회사를 하는
劉少奇 국가 副주석
(사진: ≪北京人民日報≫,
1949. 11. 22.)

그리고 그는 이 투쟁을 전개하는 전략으로 다음과 같이 선언하였다.

北朝鮮職盟 秘書長: 崔浩敏(최호민)
北朝鮮職盟 工作員: 金龍奎(김용규)
南朝鮮 대표-南朝鮮 勞動評議會 副委員長: 朴世榮(박세영)
南朝鮮 作家全國評議會: 金南天(김남천)

다른 黨과 연합을 하고 공산당의 주도하에 민족전선을 형성하고 강
력한 해방軍을 가질 것: 무력투쟁이 주된 투쟁이고, 식민지와 半 식민지
에서의 조국해방운동은 무산자(無産者) 대중과 그들의 黨인 공산당에 의
해서 주도되어야 한다.

이것은 아시아의 '민족해방운동'은 어디까지나 각 지역 공산당의 '주
도'로 전개되어야 한다는 기본 '틀'의 제시인 동시에 아시아 제국에서의
'민족해방'운동은 모름지기 중국식(中國式) '무력투쟁'이어야 하며, 그런
투쟁에 있어서 중국공산당은 언제나 '지도적 역할'을 발휘할 것이라는
점을 분명히 한 것이다.[11] 그는 韓半島의 문제에도 언급해 "조선인민은
美帝의 앞잡이 李承晩을 타도하는 투쟁을 계속 벌여 나가야 하며, 통일
된 조선민주주의 인민공화국을 세우기 위해 계속 싸워야 한다."는 점을
강조하였다. 그리고 이를 위해서는 '6·25 전쟁'과 같은 무력 남침도 불
사해야 한다는 점을 역설하였다.

이에 대해 소련 대표 살리안트(Louis Saliant, 세계 공련(工聯)위원장)는 劉少
奇의 상기 발언을 전폭 지지하면서, 그동안 "중국이 걸어온 길은 東北
아시아의 앞날에 중요한 교훈이 될 것이다."라고 강조하면서 소련공산
당이 중국의 '지도적 역할'을 공개적으로 확인했다.[12] 한편 북한 대표

---

11) 蘇鎭轍, 전개논문, p.12 참조.
   前 일본공산당 서기장 宮本顯治는 중국공산당의 '지도적 역할'에 대해 이것
   은 이미 인정되었다고 주장한다.

   "혁명에 성공한 중국공산당의 발언도 아시아의 지도적 先輩의 발언으로 받
   아들여지는 상황이다. 이들 黨이 당시 국제적 권위를 갖는 것은 위대한 혁
   명에 성공했기 때문에 당연한 귀결이다."

   (『宮本顯治 對談集』(東京: 新日本 出版社, 1972년), p.254 참조.)

12) ≪人民日報≫(北京), 1949. 12. 2 참조. For a Lasting Peace and Peaple's
   Democracy(Bucharest), 1949. 12. 30 참조.

崔憬德(최경덕)도 본회의 연설에서 중국의 승리를 높이 찬양하고 "중국이 蔣介石(장개석) 정부를 대만(台灣)으로 몰아냈듯이 北朝鮮도 李承晩 도당을 韓半島에서 몰아내고 말 것이다."라는 단호한 결의를 표명하고 '조국통일과업'의 성공을 다짐하였다.

2주간에 걸친 본회의는 진지한 분위기 속에서 아시아 제국의 공산당이 처해 있는 '당면문제'를 종합적으로 검토하고, 이에 대한 적절한 대책을 강구하였다. 그리고 회의 최종일인 12월 2일 대회는 '지속적인 사업의 추진'을 위해서 北京에 세계공련 '아시아 연락국'을 설치하기로 결의하고[13] 남한에서의 '미군 철수'를 촉구하는 결의안을 만장일치로 채택하고 막을 내렸다.

이 회의를 계기로 해서 아시아 제국의 공산화 투쟁은 중국공산당의 직·간접적인 介入으로 추진하게 되었으며, 한국전쟁의 기원도 실질적으로 이 범주를 벗어나지 못할 것으로 보아야 할 것이다.[14] 이러한 맥

---

13) 中華全國總工會 대표 劉寧一은 이 '연락국'의 초대 국장으로 선출되었다. '연락국'의 설치와 관련해 ≪朝日新聞≫(1949. 11. 30.)은 北京放送(1949. 11. 28.)을 인용해,

   "'아시아·대양주 노동자대회' 석상에서 劉少奇 국가 副주석은 중국인민은 馬來, 인도지나, 필리핀의 민족해방운동에 물심양면의 원조를 제공하지 않으면 안 된다고 했다."

   고 하면서, 이때 설치된 '연락국'은 '極東 코민포름'과 같은 것이라고 주장했다. 또한 ≪朝日新聞≫(1950. 3. 4.) 社說은 "中共의 권위는 인도(India) 공산당에게까지 미치고 있다."라고 하면서, '연락국'의 설치를 '極東 코민포름'의 창설로 간주하고 있다. 한편 饗庭 씨도 "'코민포름'에 의한 일본공산당 비판후 野坂參三 등 지도층이 지하에 잠입했을 때 北京의 세계勞連 아시아 사무국에 '아시아 코민포름'이 설치되었다고 하는 관측이 東京에서 나온 일이 있다."라고 주장한다(饗庭孝典, 전게서, p.144).

14) 金日成는 1966년 일본공산당 서기장 宮本顯治와 대담하는 자리에서,

락에서 후술할 일본공산당을 가혹하게 '비판'한 소련공산당과 중국공산당의 동시 介入 문제('1950년 문제'라고도 함)도 이해될 수 있을 것이다.[15]

4. 제3차 '코민포름' 대회와 지역 공산당의 임무

'코민포름(COMINFORM-Communist Information Bureau)'은 1947년 9월 소련공산당의 주도로 결성된 東유럽과 西유럽의 9개국 공산당을 하나로 결속하기 위해 조직된 일종의 공산주의 국제기구이다.[16] 그러한 '코민포

"1949년 가을 毛澤東 동지는 인편을 통해 자신에게 北京을 방문해 줄 것을 요청하였으나, 자신은 가지 않고 조선노동당 부위원장(朴憲永으로 추정됨)을 보냈으며, 毛澤東 동지는 그에게 하루속히 南朝鮮에서 미군을 축출하는 것이 좋겠다. 만약 시간이 지체되면 될수록, 조선인이 美帝에게 길들여져 싸울 의지가 약해질 것이다."

라는 발언을 하였다고 하는데, 毛 주석의 이러한 발언은 중국공산당의 '지도적 역할'에서 발단된 것으로 보인다(思想運動研究所編, 전게서, p.1020, Korea Herald, 1987. 1. 24와 외교, *Ibid.* 참조. 饗庭孝典, 전게서, pp.66-67).

15) 그러나 金學俊 교수는 '노동자대표회의'의 중요성은 인정하지 않고, 이 회의를 그저 중공 정권 수립 후에 있었던 수많은 행사 중의 하나로 보려고 한다. 그가 그렇게 보려고 하는 주된 이유는, 이 회의에 참석한 각국 대표들의 '정치적 비중'이 그리 크지 않는 데 있는 것 같다("歷史는 흐른다", ≪朝鮮日報≫, 1986. 12. 17 참조).
그러나 일본공산당의 경우, 일본공산당은 이 회의에 대표가 참석하지도 못했던 상황인데, 일본공산당 서기장 宮本顯治는 "1949년 '아시아·대양주 노동자대표회의'에서……일본도 여기에 포함시켰다. 이러한 상황에서 극좌 冒險主義 노선이 채택된 것이다."라고 술회한다(朝日ジ一ナル, 1969. 7. 30 참조. 또한 饗庭孝典, 전게서, pp.143-44 참조).

16) '코민포름'은 1947년 10월 유고(Yugo)의 수도 벨그라드(Belgrade)에서 9개국 공산당(소련, 유고(Yugoslavia), 폴란드(Poland), 헝가리(Hungary), 체코(Czechoslovakia),

름'의 제3차 정기총회가 1949년 11월 20~30일에 헝가리(Hungary)의 수
도 부다페스트(Budapest)에서 개최되었다. 이 회의는 지난해(1948년) 유고
의 티토(Josip B. Tito) 수상이 소련공산당의 이른바 대국주의(大國主義)를 반
대하고 '코민포름'을 떠난 지 꼭 1년 만에 맞이하는 뜻 깊은 모임인 것
이다.

　이러한 중대한 시기에 아시아지역에서는 새로 등장한 중화인민공화국
의 탄생을 축복하는 별도의 모임인 北京 '아시아·대양주 노동자대표회
의'가 열리고 있었다. 이는 역사상 처음 있는 일로서 '국제공산주의' 운
동의 국제적 연대가 바야흐로 凡세계적으로 이루어지고 있다는 사실을
널리 알리는 계기가 되었다.

　금번 北京에서 열린 '아시아·대양주 노동자대표회의'에서 중국공산
당 副주석 劉少奇는 아시아지역의 '공산혁명'에 관한 방안을 논의하였
다. 그런데 '코민포름' 제3차 총회에서는 이른바 '세계평화'의 쟁취를
위해 각국 공산당이 수행해야 할 역할에 대해 중점적으로 논의하고 있
어, 얼핏 보면 서로는 무관한 별개의 회의처럼 보이지만 실질적으로는
같은 내용을 취급하는 동일한 회의이다. 제3차 총회에서 논의하고 또한
채택한 결의안의 개요는 다음과 같다.

① 평화의 수호와 전쟁도발자에 대한 투쟁
② 노동계급의 단결과 각국의 공산당과 노동당이 해야 할 일
③ 살인자(殺人者)이자 '스파이'의 수중에 있는 유고 공산당

　루마니아(Romania), 불가리아(Bulgaria), 불란서(France), 이태리(Italy))이 결집하여
만든 기구이나 실제로는 스탈린이 東歐 및 西歐의 공산당을 장악하기 위한
것이며 소련공산당의 전위 조직이다.

소련공산당을 대표한 스스로프(Mikhail A. Susulov)가 제안한 제1결의안,
즉 '평화의 수호'는 다름 아닌 세계 공산혁명의 기본 지침이 담겨 있는
중요한 제안이다. 스스로프 대표(소련공산당 정치국원)는 제안 설명에서
당시의 국제정세를 미·소 양 진영이 대립·대결하는 국면으로 이해하
고, 미국을 주축으로 하는 '反민주·제국주의진영'은 그 존립의 구조상
전쟁이라는 방법을 택할 수밖에 없는 데 반해, 그러한 '죄악적인 흉계
를 분쇄하는 적극적인 투쟁'은 오직 소련을 주축으로 하는 '반제국·민
주진영'만이 가능할 것이라고 역설했다.

그는 이러한 '반제투쟁'은 어디까지나 지역 공산당과 노동당이 모든
책임을 지고 추진하는 이른바 '지역책임주의'를 강조하였다. 따라서 그
는 '美帝'를 축출하고 '人民정부'를 수립하는 투쟁('조국통일과업'과 같
은 것)은 어디까지나 지역 공산당의 책임 하에서 수행되어야 하며, 결코
'적군(赤軍)'의 직접적인 개입을 요하지 않는다는 점을 분명히 하였다.

이 회의에서 스스로프 대표에 의해 제안되고 또한 만장일치로 채택된
지역 공산당의 '평화수호'의 투쟁과제는 모두 8개 항이었다.

① 평화운동을 강화하고, 새로운 선을 설정할 것,
② 노동계급의 보다 적극적인 활동,
③ 노동계급의 단결과 右派 사회주의와의 승리에서,
④ 모든 전쟁 선동을 분쇄할 것,
⑤ 전쟁 준비에 반대 투쟁할 것,
⑥ 국가의 독립을 평화수호 투쟁과 연계할 것,
⑦ 소연방과 인민민주 정부와의 유대를 강화할 것,
⑧ 티토 도당의 '스파이'를 분쇄하고 이를 색출한다.

이 8개 항목17) 가운데 '국가의 독립을 평화수호 투쟁과 연계'하라는
제6항의 과제는 북한 당국이 미구에 전개할 중심사업('조국통일과업')과
매우 관계가 깊은 것이다.

그러므로 조선노동당은 이 결의안을 신속히 黨 중앙위원회에 보고하
고 '코민포름'의 결의사항을 전폭 지지하기로 하였다. 1949년 12월 22
일 金日成은 黨 중앙위원회에 출석하여 "우리는 이 결의안에 따라 美帝
와 李承晩 도당과 싸울 것이며, 黨은 '조국통일전선'의 사업을 최고의
목표"로 삼을 것이라는 점을 분명히 하였다.18)

5. 중·소 공조체제의 구축

1) 소련 정부의 對일 '세균전' 비난

1949년 12월 25일 소련은 제2차 대전 후 처음으로 12명의 前 관동군
(關東軍) 고위 장성에 대해 엉뚱하게도 세균전(細菌戰)에 대한 책임을 추궁
했다.19) 소장(訴狀)에 의하면 이들 12명은 제2차 대전 중에 몽고·중국

---

17) World News and Views(Moscow), 1949. 12. 10 참조.
18) 《新華社通信》, 1950. 1. 6, 《朝鮮日報》 1986. 11. 20 참조.
제3차 '코민포름' 대회의 결의에 따라 韓半島에서 '美帝'와 '李承晩 도당'을
축출하는 일이나, 일본열도에서 '美帝'와 '吉田반동정권'을 축출하는 일은 모
두 조선노동당과 일본공산당의 제1차적 책임 하에서 수행될 일이지 결코
'赤軍'의 개입이 허용되는 일은 아닌 것이다.
19) 당시에는 소련 정부의 이와 같은 주장은 엉뚱한 것이었으나 최근에 와서
이것은 사실인 것으로 밝혀졌다. 關東軍은 滿洲와 廣東地區에서 중국인을
상대로 한 세균전 실습을 하였다는 것이 사실로 확인되었다고 한다(《朝鮮

그리고 소련과 미국에 대해 세균전을 준비하였으며 또한 이를 실제로
사용하였기 때문에, 이는 '소연방 최고회의' 상임위원회 포고령 제1조
(1943년 4월 9일 제정)에 위배되는 '중대한 범죄'라고 추궁하였다.[20]

1949년 12월 30일 연해주 군관구(沿海州 軍管區) 군법재판소는 이들에게
2년에서 25년까지의 '강제노동형'을 각각 선고했다.[21] 그런데 문제는 왜
소련 정부가 이러한 죄상(罪狀)을 갑자기 들고 나왔느냐 하는 것이다. 이
것은 말할 나위도 없이 소련 정부도 前 관동군에 대한 이러한 죄상을
공개함으로써 ≪北京人民日報(북경인민일보)≫가 지적한 바와 같이 '이 재
판은 …… 소련인민과 중국인민의 우호관계의 표시'임을 중국인민에게
알리려고 하는 저의에서 나온 것으로 보인다.[22]

그러나 소련 정부의 이러한 저의는 방금 신체제로 전환하고 있는 일
본공산당에 새로운 '선전자료'와 '투쟁목표'를 제공하기 위한 속셈이 컸
던 것으로 보인다. 따라서 소련 정부는 공식적으로 중국, 미국 그리고
영국 정부에 연해주 군관구 군법재판소의 재판결과를 통고했다. 그리고
이 문제를 위해서 '특별국제법회의'의 설치를 제의하여 이 재판소에서
일본천황 裕人(히로히토)와 다른 3명에 대한 재판권을 행사하자고 제의하
였다.[23]

日報≫, 1995. 7. 31 참조).

20) New Times, January 1, 1950.

21) ≪Pravda≫, December 30, 1949, *Ibid.*, February 18, 1950, pp.22-26.

22) *Ibid.*, January 9, 1950, *Ibid.*, February 25, 1950, p.25.

23) New Times(Moscow), February 8, 1950.
    1950년 2월 1일 주미 소련 대사 파니슈킨은 소련 정부의 각서를 애치슨 국
    무장관에게 전하고 천황과 다른 4인의 前 關東軍 장성을 戰犯으로 추가해
    재판에 회부할 것을 요구했다. 그러나 이에 대해 애치슨 장관은 이 요구를
    거부하면서 "미국 정부는 이 문제를 '극동위원회'에 넘길 의향이 없다."라고
    했다(≪朝日新聞≫, 1950. 2. 3과 2. 5 참조).

이러한 요구에 대한 미·영 양국의 반응은 '일고의 가치도 없는 것'
이라고 외면하였다. 그러나 중공과 북한 그리고 몽고 등 아시아 공산
제 국가들은 이를 전폭 지지하고 나아가 상기 '전범자(戰犯者)'들을 체포
하라고 외치고 나왔다. 또한 같은 시기에 일본공산당도 이 대열에 참가
하기로 결정함으로써[24] 이 문제는 極東(극동) 전역을 휩쓰는 '反미·反
일' 운동으로 확대되었다.

2) 소련 대표, '유엔' 안보이사회에서 퇴장

1950년 1월 8일 중공 외상 周恩來(주은래)는 중공 정권의 수립 이래
두 번째로 '유엔' 안보이사회(安保理事會, The Security Council)에서 국민당 정
부의 대표가 신임되는 것은 위법이며, 동 蔣廷黻(장정창) 대표의 '신임장
(credential)'을 인정하지 말 것과 그를 동 이사회에서 '추방(expel)'해야 한
다는 요지의 항의 '각서(Memorandum)'를 '유엔' 당국에 제출하였다. 소련
대표 말리크(Y. V. Malik)는 즉시 이에 동의하고 1월 10일 '유엔' 안보이
사회에서 국민당 정부 대표의 '신임장'을 인정하지 말 것과 나아가 蔣
대표를 안보이사회에서 축출해 줄 것을 요구하는 결의안을 제출하였다.
1월 13일 안보이사회는 소련의 제안을 심의한 결과 찬성 3표, 반대 6
표 그리고 기권 2표로 동 제안은 부결 되었다. 그런데 이때 마리크 대
표는 격한 어조로,

> 소련 정부는 안보이사회가 국민당 정부 대표를 동 이사회에서 축출
> 할 때까지 안보이사회에 참여하지 않을 것이다. 국민당 정부 대표는 유

---

24) ≪Pravda≫, February 10, 14, 15, 1950. *Ibid.*, April 1, 1950, p.17과 April 8,
1950, pp.20-21.

엔의 자리를 불법으로 점유하고 있으며, 그의 안보이사회 출석은 안보
이사회와 유엔의 '명예' 및 '권위'를 실추시키고 있으며, 안보이사회 자
체를 더 이상 합법적인 기관으로 볼 수 없을 것이다.

라는 말을 하고, 나아가

소련은 국민당 집단이 참여하여 이루어진 '어떠한 이사회의 결의'도 합
법으로 인정하지 않으며, 소련은 그러한 결의에 '구속되지 않을 것'이다.

라고 밝히고 '퇴장(walkout)' 하였다.[25]
이때 많은 西方 측 관측자들이 이것은 단순한 소련 정부의 '제스처
(gesture)' 로서, 현재 모스크바에서는 중·소 수뇌 간의 회담이 진행되고
있기 때문에 이것은 소련 정부가 중국인민에게 보내는 하나의 '우호적
인 신호'에 불과한 것으로 평가하였다.
그러나 이러한 행위를 통해 소련 정부가 노리는 효과는 그 이상의
것이라는 사실을 알아야 할 것이다. 소련은 고의로 유엔에서 '퇴장'함으
로써 유엔의 기능을 마비시키고, 나아가 '1950년 여름'으로 예정된 인민
군의 무력 남침 시 야기될지도 모르는 '유엔' 안보이사회의 介入을 '소
련불참·국민당 정부 참석'의 구실로 무력화시키려고 하는 의도가 계산
되어 깔려 있다는 사실을 알아야 한다.[26]

---

25) United Nations Bulletin, Feb. 1, 1950, pp.117-118.
　　그런데 이 '퇴장' 전술은 1939년 12월 소련이 핀란드(Finland)를 공격할 때
　　'국제연맹(The League of Nations)'에서 '퇴장'하고 공격한 것과 똑같은 것으로
　　서 이것은 당시 몰로토프 외상의 전술이다.

26) Jin Chull Soh, "The Role of the Soviet Union in Preparations for the Korean
　　War", *Journal of Korean Affairs*, Vol.Ⅲ, No.4, 1974. 1, p.9 참조.
　　'모스크바'와 '北京'의 전략가들은 그들의 붉은 군대(人民軍)가 북방에서 南

1월 16일 이후 유엔기구에 나와 있는 소련 대표들은 물론 그들 위성국의 대표들까지도 합세하여 하나 둘씩 회의장에서 퇴장하였다. 이는 회의 참석을 거부하는 행위였다. 이러한 '퇴장'의 추세는 워싱턴에 있는 '13개국 극동위원회(極東委員會, The Thirteen-Nation Far Eastern Commission)'와 東京의 '4대국 동맹평의회(同盟評議會, The Four Power Allied Council)'에까지

侵했을 때, 이를 저지하기 위한 미국의 직접적인 介入의 가능성도 고려했겠지만, 유엔에 의한 介入 가능성도 충분히 검토한 것으로 보인다(후술 pp.241-242). 1월 12일 미 국무장관 애치슨은 기자회견에서 韓國을 미국의 방위선에서 제외한 것은 사실이지만, 다른 한편으로 만약 공산 측에 의한 공격으로 38도선에 이상이 생겼을 경우에 '유엔' 헌장은 이를 묵과하지 않을 것이라는 점을 시사한 바가 있다.

그런데 유엔에 의한 介入을 생각할 때, 소련 정부는 유엔을 그리 힘 있는 실체로는 보지 않기 때문에 人民軍의 '선제공격'에 유엔이 실질적으로 대응하기보다는 다만 형식적인 결의나 항의로 대항할 것으로 추산했을 것이다. 그런데 만약 소련 대표가 안보이사회에 출석했다고 한다. 그와 같은 西方 측의 동의에 대해 그는 '비토(Veto)'를 해야만 하는데, 그렇게 했을 때 소련은 人民軍의 배후에서 침공을 조종하고 있다는 강한 인상을 풍기게 되는 것이다.

그렇기 때문에 소련 정부는 유엔에서 '퇴장'이라는 전술로 나와, 만일의 경우 西方 측이 '유엔' 헌장 제33조와 제34조를 들고 나와 人民軍의 침공에 대한 安保理의 제1차 요구인 '휴전결의'와 '원상복귀'에 대해 소련의 안보이사회 결의불참과 중화인민공화국의 관여 없이 이루어진 결의라는 것을 이유로 이의 합법성을 否定할 것이다. 만약 안보이사회가 '유엔' 憲章 제41조와 제42조 그리고 제43조에 의거한 '행동'(무력개입)을 취할 때는 의심할 여지 없이 人民軍의 군사행동은 완료되고, '해방지구'에서의 각급 '인민위원회'의 조직도 완료될 것으로 믿은 것 같다.

일단 그러한 과정이 실현된다고 하면, 공산주의자들은 이를 바탕으로 한 새로운 '스테이터스코(status quo)'를 주장하게 될 것이나, 8월에는 소련 대표가 安保理 의장의 자격으로 복귀하게 되는데, 이때 그는 직권으로 이를 강력하게 주장하게 될 것이다. 또한 중공 당국은 北韓과 전격적인 '우호동맹조약'을 체결해 통일된 공산 정권의 안전을 중공이 실력으로 보장한다는 전략인 것 같다.

136

확대되어 결국 모든 국제기구에 나와 있는 소련 대표들은 모두 '퇴장' 하는 것이었다.

소련 대표가 이들 기구에서 '퇴장'하는 이유는 무엇보다도 이들 기구 가 對日 강화(講和) 문제를 관장하고 있는 중추기구이기 때문이었다. 소 련 정부는 이 기구의 기능마저 마비시킴으로써 對日 강화 문제에 대한 논의를 원천적으로 봉쇄하고 나아가 시간을 지연시켜 이를 韓半島 사태 의 추이와 연계하려는 의도가 깔려 있는 것이다.[27]

이러한 소련 대표의 퇴장 전술은 마침내 6월 1일을 기해 '유엔' 신탁 통치 이사회에서 소련 대표가 이유 없이 여기에서 '퇴장'함으로써 그 막을 내리게 되었다.[28]

---

27) 소련과 중공은 같은 처지에서, 나날이 그 윤곽이 드러나고 있는 '美·日 단
독강화'의 움직임에 대해 몹시 불안하게 여겨 왔는데, 적어도 韓半島에서
共産軍에 의한 무력침공이 성공적으로 끝날 때(1950년 여름)까지 이 기구의
활동을 봉쇄하려고 한 심산인 것 같다. 이 기구의 대표들도 8월 이후에 복
귀할 예정으로 자리를 떠났는데, 이들이 복귀할 것으로 보이는 8월에는 人
民軍의 군사행동은 종료되고 北韓은 韓半島를 장악하게 되는데, 그렇게 되
면 그 결과는 일본열도에 미치는 영향이 크기 때문에 '단독강화'의 움직임
은 일단 제동이 걸리게 되는 것이다.
28) 소련 대표의 국제기구로부터의 '퇴장'이 빈번해짐에 따라 당시 소련은 궁극
적으로 유엔을 탈퇴할 것이라는 우려가 확산되어 가고 있었다. 따라서 리
'유엔' 사무총장은 이 문제를 협의하기 위해 5월 6일 모스크바를 방문하여
스탈린 수상과 단독회담을 가졌는데, 스탈린은 소련 대표의 '퇴장'은 중국의
대표권과 관련이 있으며, 소련 대표는 '유엔' 총회 이전에 복귀할 것이라는
것을 암시하였다고 한다.
이러한 사실로 미루어 보아 마리크 대사의 8월 安保理 복귀는 처음부터 계
획된 것으로 보아야 한다(≪New York Times≫, 1950. 5, ≪朝日新聞≫, 1950,
5. 6 참조, 그리고 ≪London Times≫, 1950. 5. 27 참조).

제6장

소련의 對日 문제 적극 개입

— 일본공산당은 '국제공산주의'의 대열로 —

1949년은 '국제공산주의자'들에게는 참으로 의의 깊은 한 해로 기록될 것이다. 중국 내전에서의 중공軍의 승리로 중화인민공화국의 수립을 선포했으며, 또한 그해 여름에는 주한 미군도 예정한 대로 일본으로 철수해 1950년 여름으로 예정된 북한군에 의한 '조국통일과업'(남침(南侵)의 별명)은 별지장 없이 잘 추진되는 듯하였다. 물론 아직도 '험난한 과제'가 남아 있는 것은 사실이지만 이 시점에서 볼 때 그리 우려할 만한 상황은 아닌 것 같았다.

문제는 지금까지 비교적 자신들의 일을 잘 처리하고 있던 것으로 보이는 일본공산당을 '획기적'으로 개조해 '모스크바'·'北京'라인(line)으로 끌어올리는 일이다. 왜냐하면 스탈린의 對아시아 '구상'에는 미처리된 전후의 '일본문제'가 포함되어 있기 때문이다. 韓半島에서 북한 당국이 추진하는 '조국통일과업'이 성공적으로 수행될 때 그 결과는 소련의 對日 공략에 크게 기여하게 되기 때문에 소련으로서는 빠른 시일 안에 일본공산당을 개조해야 할 필요성이 절실해진 것이다.

1. 미국 정부의 東北아시아 新'방위선'
― 일본 열도는 '사수', 韓半島는 '포기' ―

미국 정부의 고위 군사전문가들은 미국의 對 동북아 전략에 있어서 韓半島가 차지하는 지정학적(地政學的) 요건이 미국에 별로 중요하지 않다고 판단하였다. 미국 정부의 생각으로는 미 육군이 韓半島를 확보하고 있지 않더라도 만약 공산세력이 중국 본토를 제압한 후 그 여력이 태평양(太平洋) 방면으로 진출을 기도한다 하더라도 미국으로서는 일본 열도를 확보하고 있는 한 이를 얼마든지 저지할 수 있을 것으로 믿었던 것 같다.

　따라서 미국 정부는 1949년 6월 말 한국에 약 500명 정도의 군사고문단을 남긴 채 그들의 지상 병력을 모두 일본으로 철수하였던 것이다 (소식통에 의하면, 소련군은 그보다 앞서 1948년 12월 약 2,000~3,000명의 군사고문단을 남기고 시베리아와 만주로 철수했다고 한다). 그리고 한국의 안전보장을 위해 '한·미 안보조약'과 같은 방위조약의 체결을 거부하고, 그 대신 '한국 정부에 조력할 것과 그들 자체의 국방군에 대한 훈련과 장비를 제공하고, 나아가 신생국가의 파멸을 모면하기 위해 경제 원조를 할 것' 등을 고려하기로 하였다.

　이처럼 미국 정부는 아무런 군사적인 안전책을 강구하지 않고 미군을 한국에서 서둘러 철수시켜 버렸다. 미국의 이러한 처사에 대해 내외의 많은 관심 있는 人士들이 이를 매우 의아스럽게 보고 있을 때, 다른 한 편에서는 한국은 미국의 '태평양 방위선'에서 제외되었다는 소문이 나돌기 시작하였다. 그러나 이러한 소문은 시간이 지남에 따라 단순한 '풍문'이 아닌 '사실'로 나타나기 시작하여 국민들은 몹시 불안해했다.[1]

　1950년 초 '모스크바'에서는 사상 초유의 中·蘇 수뇌회담이 열리고 있었다. 이 회담에서는 아시아 全般에 걸친 폭넓은 현안문제가 논의되

---

[1] 1949년 봄, 맥아더 장군은 영국 언론인 프라이스(Price)에게 보낸 한 공한에서, 太平洋은 앞으로 敵의 미국에 대한 침공의 노선이 될 가능성도 있으나, "太平洋은 마치 아시아 해안에 접선된 앵글로-색슨(Anglo-Saxon)의 호수와도 같다."고 비유하고, 이 지역에 대한 미국의 방위선은 "필리핀에서 시작해서 琉球 열도의 主軸인 오키나와를 거쳐 일본 본토로 뻗어 알류산 군도와 알라스카(Alaska)로 연결된다."라고 말해 한국과 대만은 미국의 '방위선'에서 제외될 것이라는 것을 시사한 바 있다.
　그리고 동 장군은 말을 이어, "만약 北韓이 南韓을 침공해 韓半島 전체를 상실한다 해도 어쩔 수 없는 일이며, 그렇게 되어도 미국은 아시아의 안보이익을 지킬 자신이 있다."라는 해괴한 말을 하기도 했다(≪New York Times≫, 1949. 3. 2).

었을 것이 분명하다. 그런데 이에 반해 '워싱턴(Washington D.C.)에서는 對韓 및 對華(화) 정책에 관한 최종적인 손질(미국이 이 지역에서 손을 떼는 것)을 하고 있어 매우 대조적인 면을 연출하고 있었다.[2]

1950년 1월 5일 트루먼 대통령은 대만에 대한 불개입 원칙을 선언하였다. 이것은 이 지역에 대한 미국 정부의 확고한 입장을 표명한 것이다. 또한 국무장관 에치슨도 1월 12일 워싱턴의 전국 기자협회(The National Press Club)에서, "태평양에 있어서 미국의 안전과 권익"이라는 주제의 정책연설을 통해 이 지역에 대한 미국 정부의 포괄적인 입장을 피력하였다.

그는 이 연설에서 미국 정부의 '新방위선'을 선포했는데,

> 미국의 방위선(Defense Perimeter)은 알류샨(Aleutian) 열도로부터 일본 본토에, 그리고 계속해서 琉球(오키나와 등 포함)로 직결된다. 琉球(유구)는 우리의 중요한 방위요소이고, 우리는 계속해서 이 도서(島嶼) 주민의 권익을 위해서 미국은 적당한 시기에 이를 유엔의 신탁통치하에 둘 것이다. 그러나 이 도서는 어디까지나 미국의 태평양 방위선의 일부이고, 어떠한 대가를 치르더라도 확보될 것이다.

---

2) 韓半島에 對한 '국제공산주의자'들의 결의는 단호한 것이다. 북한 수상 金日成은 1950년 새해 新年辭에서, 지난 한 해(1949년)를 회고하면서 "美帝와 李承晩 도당의 반동으로…… 1949년에는 우리의 사명인 '조국통일'을 완수하지 못했다."……라고 전제하고, 그러나 "1950년에는 '조국통일'을 위한 해가 되기를 기원하며, 승리를 향하여 전진하는 전체 조선인민에게 영광이 있을 것이다. 통일조선 만세!"를 외치면서 싸움에서의 승리를 다짐했다(로동신문(平壤), 1950. 1. 1).
   그러나 李承晩 대통령도 1950년 新年辭에서 강한 통일의 의지를 표명하였다.
   "새해에는 거족적으로 실지 회복에 노력해야 한다. 국제정세의 변화에 비춰보아 새해에는 우리들 자신의 실력으로써 南·北韓을 통일해야 한다는 것을 염두에 두지 않으면 안 된다."

142

우리의 방위선은 琉球에서 필리핀으로 연속한다. 미·필 방위협정에 의해, 우리는 필리핀의 안보에 대한 제1차적인 책임을 지고 있다. 이 협정은 충실히 이행되어 왔고, 또 앞으로도 이행될 것이다. ……필리핀에 대한 여하한 공격도 감히 용납되지 않았으며, 또한 용납하지 않을 것이다.[3]

미국 정부의 서태평양지역 新'방위선'(1950. 1.)

---

3) Dean Acheson, *My Years in the State Department*(New York: New American Library, 1969), pp.465－466.

라고 천명하였다. 한국과 대만은 미국의 '제1차 방어선'에서 제외될 것
이나, 일본 열도에 대해서는 어떠한 대가를 치르더라도 이를 사수할 것
이라는 굳은 결의의 표명인 것이다.

그러나 그는 상술한 여러 지역 이외의 나라(한국과 대만 등)들의 안
전보장문제에 대해서는 "언제 그런 일(敵의 공격)이 발생할지 모르나,
그 지역에 대한 공격이 있을 경우 그것은 그 지역 주민에 의한 '제1차
적인 방어'에 의존해야 할 것"이다. 그러나 그런 일이 생겼을 경우(敵의
공격), "'유엔' 헌장이 보장하는 문명(文明)세계의 약속"은 독립을 수호하
려고 노력하는 사람들을 결코 방관하지는 않을 것이기 때문에 문명사회
에 의한 지원(즉, 유엔에 의한 지원)은 기대할 수 있을 것이라는 다소
'막연한 여운'을 남기기도 하였다.4)

에치슨 장관의 정책연설은 한국에 대한 미국의 오랜 전략적 '경시풍
조'를 공식적으로 천명한 것인데, 이는 소련 정부의 이 지역에 있어서
가공할 만한 '구상'을 전혀 모르고 하는 '우매한 정책'의 표본이었다고
하지 않을 수가 없다. 이제 한국의 안전보장문제는 더 이상 미국의 관심
권에서 사라졌으며 오직 '중·소 동맹'은 어느 선까지 미국과 유엔의 의
지를 타진할 것인가라는 정치적인 배려에만 의존할 수밖에 없게 되었다.

한국에 대한 미국 행정부의 이러한 '우매한 정책'은 거기서 그치지
않고 의회의 지도자들까지도 이에 합세하기에 이르렀다. 유력한 상원의
원인 코넬리(Thomas Conally) 국방위원장은 '6·25 전쟁' 발발 직전에 가
진 한 기자회견에서, 에치슨 장관의 그러한 정책구상을 전폭적으로 지

4) 애치슨 장관의 금번 선언이 스탈린의 오래된 '구상'(한국전쟁)에 대해 어떠한
   영향을 주었는지는 자세히 알 수 없으나, 적어도 미국 행정부는 장차 極東지
   역에서 일어날지도 모르는 '회오리바람' 속에 휘말려 들기를 꺼릴 것이라는
   정도의 인상은 받았을 것으로 본다.

지하면서, "일본 열도, 오키나와 그리고 필리핀은 우리의 절대적인 방어선이 된다는 것은 우리에게 시험되었다."라고 언명하였다.

그도 한국을 미국의 중요한 '요새'로 간주하는 것을 거부한 셈이었다. 이렇게 계속되는 주요 정책 발언은 '국제공산주의자'들에게는 최종적인 순간까지 하나의 '안전신호'로 간주되었을 것이다.

2. 일본공산당의 '무력혁명' 노선 채택

1) '코민포름'의 일본공산당 간부 비판

1950년 1월 초, 모스크바에서는 사상 초유의 중·소 영수회담이 한참 진행되고 있었는데, 부하레스트(Bucharest)에 본부를 둔 '코민포름(Communist Information Bureau)'의 기관지는 '돌연'히 그동안 당세 확장에 크게 기여한 것으로 보이는 일본공산당의 이른바 '평화혁명 노선'(의회를 통해서도 '인민민주정부'의 수립은 가능하다)[5]을 공개적으로 공격해 세상을 놀라게 하였다.[6]

---

5) 일본공산당 지도부는 전후 黨을 재건하고 당세를 확장하는 데 있어, 일본이 처해 있는 특수사정, 즉 미군의 점령下에 있다는 사실과 일본人의 전통적인 의식구조는 공산주의의 기본 사상과 잘 부합되지 않는다는 것을 감안해 이른바 '일본제 공산주의 이론'을 정립하였다.
   野坂의 이론은 '무력혁명'을 배제하고 의회를 통해서도 '인민정부'의 수립은 가능하다고 하는 일명 '의회주의' 또는 '사랑받는 공산당'으로 불리고 있다. 따라서 그의 온건노선은 점령 당국의 보호를 받는 합법정당으로 인정되어 당세 확장에 크게 기여하여 왔다.
   특히 1949년 1월의 총선거에서 일본공산당은 총투표의 9.6%에 해당하는 약 300만 표를 획득하는 성과를 올려 衆議院 代議士 5명에서 무려 35명이라는 경의적인 숫자로 확대되었다. 그러므로 野坂는 스탈린으로부터 '규탄'을 받을

　　그동안 東方 문제에 대해서는 별로 언급한 일이 없는 '코민포름'의 기관지 ≪For a Lasting Peace and for a People's Democracy≫는 1950년도의 첫째 판 사설(1월 6일자)에서 일본공산당 지도부의 한 사람인 野坂參三(노사카산조) 정치국원을 신랄하게 비난하였다. 표면적으로는 그저 '관측자(Observer)'라고만 한 익명의 사설 "일본 정세에 관하여(concerning the Japanese situation)"는 野坂의 전략을 이는 '오도된 이론'이라고 지적하고, 이를 즉각 철회하고 시정할 것을 요구하고 나왔다.

'코민포름'기관지, 노사카씨를 비난
기사: ≪朝日新聞≫(東京), 1950년 1월 8일자

하등의 이유가 없었던 것이다.

6) 1950년 초 모스크바의 기류에 異常이 있다는 신호는 '일본의 소리' 放送의 新年辭에서 엿볼 수가 있었다. 모스크바의 '일본의 소리' 放送은 해마다 신년 元旦에 德田나 野坂 등의 논제를 발표하는 것이 관례이나, 1950년 1월 1일의 放送에서는 특이하게도 黨內 '비주류'인 志賀 정치국원의 "新年과 프롤레타리아 국제주의"를 보도했다(≪朝日新聞≫, 1950. 4. 17).

일본공산당의 지도자들, 특히 野坂參三[7])는 일본에 있어서의 공산당의 임무를 수행하는 데 실패하고, 점령 정책에 봉사하여 공산주의의 임무를 훌륭히 수행하지 못했다. 일본에 있어서 공산주의의 임무는 전후의 일본에 있어서 미·일 자본주의에 대해, 투쟁하는 노동조합과 '인민민주 세력'을 위해서 명확한 계획을 세우는 일이다.

일본에 있어서 지도자 및 애국적 시민들이, 일본 제국주의 및 제국주의자들과의 결합을 배제하고 난 후에만, ……일본은 융성하고 위대한 독립국가가 될 수 있다.[8])

그리고 이와 같은 비판이 아직 野坂나 黨 지도부에 알려지기도 전에 소련공산당 기관지 ≪Pravda≫는 1월 7일자 사설을 통해 野坂는 '미 점령군에 봉사하고 있다.'는 가혹한 비난을 하고, '코민포름'의 입장을 받아들일 것을 강요했다.[9]) 그러나 아직도 일본공산당 지도부는 공식적인

---

7) 스탈린 수상이 일본공산당 간부 중에서 유독 野坂만을 지명한 데는 그럴 만한 충분한 이유가 있는 것 같다. 野坂는 黨 간부 중 국제적으로 지명도가 가장 높을 뿐 아니라, 당시 그는 일본공산당의 정책 결정에 중요한 역할을 한 실력자의 한 사람이다.
   그는 일찍이 慶應大學 理財科를 졸업한 경제통으로 1931~1940년 모스크바에 체재 시 스탈린과 교분이 있었다고 하며, 1940~1945년에는 延安에서 毛澤東과 같이 지내는 등 오랜 망명 생활을 경험하면서 국제적으로 잘 알려진 인물이다. 1945년 12월 그는 延安에서 귀국할 때 徒步로 韓半島를 횡단했다고 하는데, 平壤에서는 金日成과도 대면한 일이 있다고 한다(그는 金日成이 20대의 청년으로 보였다고 한다)(≪前衛≫(No.238), 1965. 7, p.226).

8) Observer, "Concerning the Japanese Situation", *For a Lasting Peace and for a People's Democracy*, Bucharest, 1950. 1. 6. 알려진 바로는 본 연구는 毛 주석과 친분이 있고 또, 한때(1956년)는 駐中 소련 대사를 역임한 요딘(Jodin)이 스탈린의 명으로 쓴 것이라고 한다.

9) 이와 같이 계속되는 소련의 비판에 대해, ≪朝日新聞≫(1950년 1월 11일자)의 社說 "코민포름의 폭탄"은 사건의 추이를 제법 심각하게 보았다.

보도를 접하지 못하고 있기 때문에 뜻밖에 들려오는 이러한 소문을 믿으려 들지 않았다.[10]

　이렇듯 일본공산당의 공식반응이 나오지 않자 이번에는 모스크바 방송(1월 9일)이 재차 '코민포름' 기관지의 사설을 인용 보도하기도 했다. 그러나 일본공산당 지도부는 뒤늦게 1월 11일 駐일 소련 대표부의 중개로 동 사설을 입수해 비로소 사태의 심각성을 느끼게 되었다.

　이 문제를 둘러싼 일본공산당 당내의 갈등은 주류파(국내파)와 비주류파(국제파) 간에 격한 논쟁으로 비화되었다. 비주류파인 국제파의 志賀(시가)와 宮本(미야모도) 정치국원은 '코민포름'의 비판은 아시아의 새로운 정세(중공軍의 승리)에서 온 당연한 결론이므로 이를 '긍정적'으로

─────────────

　"'코민포름'이나 소련공산당 기관지가 일본공산당의 일부 지도자의 방침을 맹렬히 비난한 것은, 아시아 국제정세의 금후 동향이나 일본공산당의 국내 정세 추이에나 경시할 수 없는 문제이다. '코민포름'이 눈을 東方으로 돌려 일본공산당의 문제에 介入한 것은, 그들이 유럽적 규모에서 세계적인 규모로 스스로를 확대하고 있다는 것을 말해주는 것이다.
　그들이 노리는 것은, 일본공산당으로 하여금 맹목적으로 日·美 간을 이간시키는 역할을 맡도록 하는 점인 것 같다. 그리고 이 공작을 통해서 일본을 혼란스럽게 만들 때, 美·英 양국이 아시아에 뿌리를 내리려고 하는 '반공기지'의 일환이 흔들린다 해도 과오는 아닐 것이다."

또한 ≪朝日新聞≫(1950. 1. 11.)의 다른 社說 "野坂 비판이 노리는 것"도,

　"美·蘇 세력의 대립을 중심으로 하는 국제정국의 무대가 유럽에서 아시아로 옮겨 오고 있으며, '코민포름'이 先手를 쳐 아시아 반공포위망에 대한 정치적 반격을 시도하는 한편, 일본공산당을 견제해 '反帝·反美' 투쟁의 명확한 임무를 요구한 것이다."

라고 분석했다.

10) 黨 지도부로서는 전혀 예기치 못한 일로서 초기에는 이를 단순한 '黨의 통일을 파괴하려고 하는 敵의 모략일 것'으로 가볍게 생각했다(≪赤旗≫, 1950. 1. 9 참조).

148

받아들여야 한다고 역설했다.11)

그러나 德田(도꾸다)와 野坂 등 국내파(주류)는 이 비판의 긍정적인 면을 어느 정도는 인정하지만 비판을 한 장본인인 '관측자'가 도대체 누구인지를 모르고 있었으며12) 또한 이 문제는 당내 '주도권'의 향배와도 연계되는 중대한 문제이기 때문에 일단 이를 거부하기로 방침을 세웠었다.13)

이러한 黨 지도부의 반응을 지켜본 중·소 두 나라의 수뇌들은 크게 당황하였을 것이다. 왜냐하면 미구에 전개될 중·소 양국의 對日 구상 속에는 일본공산당이 행동대로서 핵심적인 역할을 담당해야 하는데 黨 지도부 인사들은 전혀 그러한 모습은 보이지 않고 있기 때문이었다. 野坂에 대한 외부로부터의 비판은 계속되었으며 또한 더욱 거칠게 밀어붙

---

11) 袴田(하가마다)와 宮本 씨에 의하면, 소련공산당은 이와 같은 일본공산당의 노선 수정을 위한 비판을 예견하고, '黨 오르그' 코프첸코(Kovchenko)를 1949년 늦여름 東京에 파견했다고 하는데, 이때 그는 '駐日 대표부' 참사관의 직함을 가지고 부임했다고 한다. 志賀 정치국원은 그와 자주 접촉을 했다고 하는데, 그는 "앞으로 곧 비판이 올 것이다."라는 말을 종종했다고 하며, 때로는 자신이 "곧 서기장이 될 것이다."라는 말도 했다고 한다(袴田, Ibid., 週刊朝日, 1978. 4. 14, p.4 참조. 또한 『宮本顯治 對談集』, p.252 참조).

12) 소련공산당 중앙위는 1964년에 비로소 이 '관측자'는 다름 아닌 스탈린 자신이라는 사실을 일본공산당에 답하였다(TICD 636 JPRS 261058, p.30, 그리고 Scalapino, Robert A., *The Japanese Communist Movement 1920~1966*, Berkeley: The University of California Press, 1967, p. 참조).

그러나 스탈린 자신은 1951년 8월, 그를 방문한 일본공산당 대표단(野坂, 德田, 袴田 등)에게 "1950년 '코민포름'의 일본공산당 비판은 내가 한 것이다."라고 해명하여, 바로 이 '관측자'는 다름 아닌 스탈린 자신이었음을 밝혔다.

"1950년 일본공산당에 대한 '코민포름' 비판은 내가 한 것이다. 이 비판은 그럴 만한 충분한 이유가 있어서 한 것이다. 그리고 이 비판을 하게 된 나의 '구상'을 나는 지금도 옳았다고 생각한다." (袴田里見, "私の戰後史", 週刊朝日, 1978. 4. 28, p.155.)

13) ≪朝日新聞≫, 1950. 1. 13 참조.

이게 되었다.[14)]

그런데 그에게 쏟아진 새로운 비판의 화살은 다름 아닌 野坂 자신이 한때 '마음의 고향'이라고 한 '北京(북경)'에서 온 것이다. '東京(동경)'의 불투명한 정황은 마침내 '北京'의 介入(개입)을 초래하게 되었다.

기사: ≪朝日新聞≫(東京), 1950년 1월 19일자 - 『중공도 일본공산당 을 비판』

---

14) 일찍이 미국의 저명한 일본문제 전문가인 스웨어린젠(Rodger Swearingen) 교수는, 이 비판에 대해 그것은 "아마도(스탈린이) 남한의 침공을 결정하고 있어, 이것이 일본공산당의 급속한 개편을 유도했는지도 모른다."라고 말해 '비판'을 한국전쟁과 관련해서 보았다(Swearingen, Rodger and Langer, Paul, *Red Flag in Japan*(Cambridge: Harvard University Press, 1952), p.20).
袴田里見도 일본공산당에 대한 '비판'의 배경에는 '조선전쟁이 있다.'라고 솔직히 술회했다(週間朝日, 1978. 7. 21 p.155).
또한 최근 일본공산당 사회과학 연구소의 宇野三郎 소장도 私見이라고 하면서 한국전쟁과 '코민포름'의 일본공산당 간부 비판은 상관관계가 있다고 한다(후술, p.156 참조).

중국공산당 기관지 ≪北京人民日報≫는 1월 17일자 사설 "일본인민 해방의 길"에서, "오늘날 중국인민은 일본의 해방에 깊이 관여되어 있다."라는 놀라운 사실을 토로하고 동지 野坂은 하루속히 '코민포름'의 비판을 수용하고 나아가 일본도 중국인민이 걸어온 지난 역사와 같이 '美帝'에 대한 단호한 '무력투쟁'을 전개해야 된다고 강박했다.

　　지금 일본공산당은 역사상 결정적인 국면에 직면하고 있으니, 마르크스 · 레닌주의에 진지하고 충실한 공산주의자들은 단결하고, 동지 野坂의 과오(過誤)를 시정하는 적절한 방법을 강구하지 않으면 안 된다. 동지 野坂의 과오는 단순한 과오는 아니다. 부르주아 지배 하에서, 노동자의 국가권력에 대한 투쟁은 혁명적인 투쟁에 의해서만 달성할 수 있을 것이고, 의회를 통한 투쟁은 단지 보조적인 수단에 지나지 않는다.[15)

2) 일본공산당의 '비판' 수용과 새로운 진로

이와 같이 계속되는 강압적인 비판을 받고 특히 ≪人民日報≫의 "지금 일본공산당은 역사상 결정적인 국면에 직면하고 있다."라는 놀라운 경고를 받은 黨 지도부는 비로소 사태의 심각성을 외면할 수 없게 되었다. 黨 지도부는 뒤늦게 일본을 감싸고도는 주변 정세의 긴박함을 감지할 수 있게 되었다. 따라서 黨 지도부는 '새로운 정세'에 대응하는 黨 노선의 정립을 모색하지 않을 수 없게 되었다.16)

---

15) ≪朝日新聞≫, 1950. 1. 18 참조.
16) 袴田씨는 黨 서기장 德田가 '코민포름' 비판에 '항복'하게 된 것은, 人民日報의 비판을 받고 비로소 결정된 것이라고 한다(袴田, Ibid., 週刊朝日, 1978. 4. 14).
　그와 같은 중국공산당의 介入에 대해 1959년 毛澤東은 宮本 서기장에게 사

1월 18일에 개최된 제18차 '黨 확대 중앙위원회'에서는 이 문제를 진지하게 논의한 결과, 만장일치로 '코민포름'의 비판을 받아들이기로 결정했다. 또한 이 자리에 德田(도꾸다) 서기장이 보고한 '새로운 정세와 이에 대한 우리 黨의 정책'을 당면 활동지침으로 채택하였다. 그 내용은 기존의 것과 판이하게 다른 새로운 것이었다.

① '단독강화'를 배격하고 '포츠담 선언'에 의거한 '전면강화'의 지지
② 금후의 투쟁 목표로 '민주주의 민족전선'의 강화
③ 지역 투쟁의 조직화와 전국 투쟁의 확대
④ 黨과 黨員의 생활의 쇄신

이것은 '모스크바'・'北京'의 새로운 지침인 것이다.[17]
특히 이날 회의에서 野坂는 주변의 예상을 뒤엎고 자신의 리론에는

과를 했다. 이때 毛澤東은 "중국의 黨이 1950년 스탈린과 같이 일본의 黨의 대내문제에 介入한 것은 잘못된 것이다."라고 말했다고 한다(『일본공산당사전』, p.1023). 또한 鄧小平도 1957년 袴田와 만난 자리에서 "우리는 스탈린의 말을 듣고 큰 실패를 했다."라고 후회하면서, "스탈린의 過誤에 대해 우리가 반박하는 것은 우스운 일이다."라고 말했다고 한다(週刊朝日, 1978. 6. 9).
17) 그러나 워싱턴의 極東문제 전문가들은 일본공산당의 초기 반응을 보고, 1월 18일의 黨 확대중앙위에서 일본공산당은 궁극적으로 '비판'을 거부할 것으로 전망했다.

"오는 18일 東京에서 열릴 확대 중앙위에서 黨의 대세는 野坂 씨에 지지를 표명할 것이다. 이번 사건을 둘러싼 정세는 마치 유럽에서의 '코민포름'과 티토의 분쟁과 같이 발생될 가능성도 있다. 그러나 일본공산당의 입장과 현재 유고를 지배하고 있는 독립적 공산당의 입장은 비교가 되지 않는다. 그러나 금번의 '코민포름'과 野坂 씨 一派의 대립은 그 결과 여하에 따라 큰 영향을 가져올지도 모른다. 그것은 野坂 씨가 中國의 毛澤東과는 밀접한 인간관계에 있고, 또한 그는 아시아 공산주의의 단결에 있어 延安의 원칙에 공명하고 있기 때문이다."(≪朝日新聞≫ 1950. 1. 14, 1. 24 참조.)

'過誤'가 있었다는 점을 '솔직히' 시인한 이른바 '자기비판(自己批判)'을 한 후 '코민포름'의 비판을 전폭적으로 수락할 것을 다짐하였다. 그는 이 자리에서, "지금 중요한 사명이 일본공산당에 부과되어 있다."라는 말을 함으로써 모종의 중요한 '지침'이 상부로부터 시달되어 있다는 사실을 솔직히 시인하였다.[18] 그는 "앞으로 이러한 과오를 다시는 犯하지 않고 '국제프롤레타리아'의 기대에 보답하겠다."는 것을 다짐하였다.[19]

---

18) ≪朝日新聞≫, 1950. 1. 20 참조.
   野坂의 '자기비판'에 대한 1950년 1월 21일자 ≪朝日新聞≫의 사설은 적절한 지적이다.

   "어떻든 이 방향전환은 전해오는 일본공산당의 티토화라는 관측에 종지부를 찍은 것이고, 그 뜻은 일본공산당도 중공의 '소련一邊倒' 정책에 동조하고 있는 것으로 보아야 한다.

   일본공산당의 노선전환은 '코민포름'이 요구하는 것이 현재의 상황에서 '反帝투쟁'으로 보이기 때문에 '포츠담 선언'의 완전 실시, '전면강화'의 추진 등에 투쟁의 초점을 맞추어 '일본의 군사기지화 반대', '파시즘 반대'의 슬로건을 펴 나갈 것으로 보인다. 그렇지만 '국제적 비판'에 굴복한 모양새의 野坂 씨는 금후 어려운 입지에 설 것으로 보인다."

19) 野坂는 '北京'이나 '모스크바'로부터 南侵과 관련된 소련 정부의 '구상'을 전해들은 것 같으며, 그리하여 그는 '코민포름'에 '항복'한 것으로 보인다. 그는 오래전부터 일본의 방위를 위한 韓半島의 중요성을 인식하고 있으며, 따라서 한국전쟁의 필요성에 대해서도 잘 알고 있었던 것으로 보인다. 1949년 중공軍의 승리 후에 쓴 한 논문에서 그는 이렇게 말한 적이 있다.

   "만약 韓半島의 운명이 중국의 例에 따른다면 일본에 대한 영향은 지극히 클 것이다. 일본 열도가 오늘날과 같이 3面이 자본주의와 반동분자에 의해 둘러싸여 있지 않고, 인민 민주주의와 사회주의 국가에 의하여 둘러싸이게 되는 것이다. 上海, 釜山 그리고 블라디보스토크의 부두를 말끔히 씻은 물결은 그대로 일본 해안에 닿게 되는 것이다. 그때에는 이 물결의 파도를 막을 어떤 장벽도 있을 수 없게 될 것이다."(野坂參三, 『新シィ中國ト日本』(東京: 日本共産黨, 1949), p.10).

   野坂은 2월 6일 제2차 '자기비판'을 통해서 中・蘇 양국의 黨이 자신에게 그리하여 새해 연초부터 표면화된 '코민포름' 비판의 '회오리바람'은 마침내 진정의 기미를 보이기 시작하였다. 이로써 일본공산당은 획기적으로 새로운 '전술'과 '전략'으로 무장된 이른바 '모스크바'·'北京'의 '전위적'인 역할을 수행할 수 있는 전투적인 '혁명의 黨'으로 변모하게 되었다. 이러한 黨의 처사를 지켜본 東京의 한 유력한 일간지(≪朝日新聞≫, 1950년 1월 25일자)는 그 사설(社說)에서 "금일의 '黨 확대 중앙위'의 결의는 '내전적(內戰的) 동족상쟁'의 비극이 막 시작되는 서막과 같다."[20]는 의미심장한 논평을 해, 미구에 무슨 '큰일'이 일본 열도에서 터질 것만 같은 불길(不吉)한 예감을 갖게 하였다.

제18차 '黨 확대 중앙위원회'의 '성공적'인 개최와 野坂의 '자기비판' 이후 黨은 그 조직을 '합법'에서 '비합법'으로 은밀히 전환하기 시작하였다. '모스크바·北京' 노선에 상응하는 '지하당(地下黨)' 구축작업에 박차를 가하였다. 이와 때를 맞추어 전국적인 학생조직을 동원한 대규모 시위와 조총련(朝總聯)이 연계된 '소요사태'는 전국 도처에서 발생하였다. 또한 직장노조를 통한 극렬한 파업이 전국적으로 확대되어 갔다.

한편 중·소 양국과 국제적인 유대를 강화하기 위해 의회에서는 공산당 소속 의원들이 일제히 '포츠담 선언'을 들고 나와 연합국과 '전면강화'를 체결하라고 강력히 요구하는 한편,[21] 전례 없이 '미·일 단독강

가진 의혹을 말끔히 씻고, 나아가 '국제공산주의 운동'의 '선봉'에 설 것을 맹세했다(≪赤旗≫, 1950. 2. 6).

"나의 過誤의 근원은 결국 특수성을 강조해 마르크스·레닌주의의 원칙을 경시한 점에 있다. 또 나의 생각에는 공산주의와 사회주의를 절충한 성질도 있다. 요컨대 나의 '이론'은 右翼 日和親主義的인 경향을 가진 것이고, 당원에 대한 나의 책임은 올바른 방침에 따라서 행해지는 금후의 전 활동으로 수행할 결심이다."

20) ≪朝日新聞≫, 1950. 1. 25 참조.

화'를 추진하고 있는 吉田(요시다) 수상을 가리켜 '매국노'라는 등 극단적
인 언사를 서슴지 않고 쓰고 있었다. 알 수 없는 그 무엇이 상황을 크
게 변질시키고 있다는 것을 실감하게 하였다.[22]

이와 같이 급변하는 공산당의 모습을 지켜본 당국이나 언론[23]은 당
혹과 우려의 빛을 감추지 못했다. 吉田 수상도 '중·소 동맹'의 성립을
논평하는 자리에서, "최근 그들은(일본공산당) 극동정세의 진전에 따라

---

21) 당시 소련과 중공은 미국 행정부가 중화 인민공화국의 출현을 계기로 은밀
   히 그리고 급진적으로 추진하고 있는 소련을 제외한 早期對日 강화에 대해
   깊은 우려와 위기감을 공감하고 있었다. 왜냐하면 이 '조기강화'는 일본을
   군사적으로 방위할 수 있는 '방위조약'의 체결을 전제로 하는 것이기 때문에
   '중·소 동맹'에 대한 위협은 이만저만한 것이 아니다. 미국 행정부의 입장
   은 1950년 내에 對日 강화 회의를 성사시키기 위해 1950년 1월에는 국무성
   의 재섭(P. Jessup) 박사를 派日했으며, 2월에는 브레들리(Omar Bradley) 합참
   의장을 派日하는 등 퍽 긴장된 모습을 보이고 있었다(《朝日新聞》, 1950.
   1. 1, 1. 4, 1. 5 참조).
22) '유엔' 사무총장 트리그부 리(Trygve Lei)는 '6·25 전쟁' 직전에 '모스크바'를
   방문해 스탈린 수상과 단독회담을 가진 바 있는데, 전쟁 발발 직후 그는
   1950년 8월 초 총회에 보낸 한 보고에서 한국전쟁의 직접적인 원인은 '소련
   의 對日 및 對獨 강화조약이 체결되지 않은 상태에서 온 것'이라는 중대한
   견해를 피력해 눈길을 끌었다(《New York Times》, 1950. 8. 7, 《朝日新聞》,
   1950. 8. 7).
   사실 '국제공산주의자'들은 韓半島에서 승리하면 이는 對日 강화에 긍정적인
   영향을 줄 것이라고 믿고 있었던 것 같다. 더욱이 가을이나 겨울로 예정한
   중공軍의 '대만 해방'이 실현된다고 하면 이는 對日 강화를 위한 총반격의
   시점이 될 것으로 본 것 같다.
   따라서 소련은 '유엔' 총회가 개막되는 9월에 이른바 '포츠담 선언'에 입각한
   '對日全面講和會議'의 개최를 위한 초대장을 유관국에 공동 발송하고 회의
   장소는 北京으로 정했다고 한다(《朝日新聞》, 1950. 6. 17 참조).
23) 《朝日新聞》, 1950년 2월 24일자 社說은 "코민포름이 일본공산당의 행동에
   대해 획기적인 지시를 내린 것으로 보아, 極東을 흐르는 기류에 무엇인지
   심상치 않은 점이 감지된다."는 점을 경고한 바 있다.

서서히 활발해지고 있다."는 사실을 지적하고, 지금 시중에서는 "'중·소 동맹조약'의 성립과 때를 같이해 '전쟁'이 임박해졌다는 說이 유포" 되고 있다고 하였다. 그러나 웬일인지 그는 이 사실을 그리 크게 문제 삼으려고 하지 않고 오히려 '낙관적'인 입장을 취하고 있어 그가 사태의 심각성을 제대로 인식했는지 의문시 된다.[24]

3. '중·소 동맹'의 성립과 對日 공동공략

1) '중·소 30년 우호동맹과 상호원조조약'의 체결

毛澤東 주석은 정권 수립 후 소련과 새로운 세력구조의 '조정'과 기존의 관계 '타결'을 위해 陳伯達(진박달·첸포다) 교수(중국공산당 조직부 부부장) 등 소수의 수행원만을 대동하고 1949년 12월 16일 스탈린 수상의 제70회 생일(12월 21일)에 즈음해 모스크바行의 여정에 올랐다.[25] 駐北京 소련 대사 로신(N. V. Roshin)의 안내를 받은 毛 주석 일행은 모스크바驛에 도착해 제1副수상 마렌코프, 副수상 몰로토프와 국방相 불가닌 등 소련 정부와 黨의 고위 人士들의 환영을 받았다. 일행은 그날 저녁 스탈린 수상이 베푼 만찬대접을 받는 등 소련 정부의 예우는 가히 '파격적'인 면이 엿보였다.

毛澤東 주석의 금차 소련 방문은 중공 정권 수립 후 처음 있는 일이

---

24) ≪朝日新聞≫, 1950. 2. 18과 2. 21 참조.

25) 金學俊 교수는 毛 주석의 모스크바 방문 동기를 '美·日 동향에 不安을 느껴' 가게 된 것이라고 한다. 이것은 사실로서 이 시점에서 中·蘇 간의 최대 '현안문제'는 '일본문제'로서 여기에는 북한군의 '南侵'도 포함되어 있다.

156

없었고 자신의 생애에 처음의 외국 여행이기 때문에 西方 측 관측자들은
이 방문의 목적에 대해 무척이나 궁금해 하였다. 이에 대해 毛 주석은
1950년 1월 2일 타스(Tass) 통신과의 첫 회견에서 자신의 방문은 단순한
스탈린 동지의 70회 생일만을 축하하기 위한 것은 아니며, 양국 간의
'현안문제'들을 타개하기 위한 것으로서 자신은 앞으로 '수주일'을 더
머무르게 될 것이라는 말을 함으로써 장기체류의 가능성을 비쳤다.[26]

그러므로 西方 측 관측들은 성급하게 중·소 양국의 '관계악화'나 毛
주석의 '티토化' 등을 점치기도 했으나, 그러한 전망은 모두 빗나간 것
이었다. 毛 주석의 장기체류계획은 그럴 만한 충분한 이유가 있기 때문
이었다. 중·소 양국 간의 불화설이 오류인 이유는 현재 중·소 간에는
일본공산당의 개조(改造)문제와 같은 중요한 현안문제가 있으며, 또한 북
한 당국이 추진하고 있는 '조국통일과업'에 대한 양국 간의 역할 분담
등 몇 가지 중요한 문제를 처리하기 위해서는 앞으로도 더 많은 시간이
소요될 것이라는 계산 때문이다.[27]

---

26) 기자는 毛 주석에게 체류기간을 물었는데, 이에 대해 그는,

"나의 모스크바 체류기간은 중화 인민공화국에 관계된 문제들을 해결하는
데 얼마나 많은 시간이 걸리느냐에 달려 있다."

라고 대답했다. 그리고 중국 측이 제기하고 싶은 의제가 무엇이냐는 질문에
대해 그는,

① '중·소우호동맹조약'의 체결
② 중국에 대한 소련의 차관
③ 中·蘇 무역협정의 체결
④ 기타 문제의 토의

등을 원했다고 한다("歷史는 흐른다", ≪朝鮮日報≫, 1987. 1. 14).
27) 金學俊 교수는 毛가 1949년 12월 16일 모스크바에 도착해 1950년 2월 14일까
지 체류하였는데, 스탈린과 毛 사이에는 깊은 不信으로 말미암아 대화가 없었
으며, 오랫동안 '상대방에 대한 탐색전'만이 계속되었다고 주장한다(≪朝鮮日

그동안 양국 간에는 원칙적인 문제에 대한 합의가 이루어진 것 같았
다. 다만 구체적인 사무적 절충을 위해 추가로 수상 周恩來 등 실무진
이 1월 21일 모스크바에 도착했다.[28] 월여에 걸친 긴 회의의 결과 양국
은 1950년 2월 14일 '크레믈린'宮에서 "일본 또는 일본과 협력하는 어
떤 국가(미국을 지칭)도 공동의 敵으로 간주하겠다."는 매우 위협적인
'중·소 30년 우호동맹과 상호원조조약'과 다른 몇 개의 부수 협정(행
정 및 재정협정)도 동시에 체결하였다.

本 조약의 체결에 즈음해 소련 정부를 대표한 소련 외상 비신스키는
조약의 체결은 "중국의 민족적 권익을 존중한 것이고, 의심할 여지없이
全 세계의 평화와 민주화를 위한 가장 중대한 공헌"이라고 논평했다.
한편 중국 외상 周恩來(주은래)도 중국 정부를 대표해 "중국은 결코 외롭
지 않다."라고 말하면서 이 조약은 "양국 인민의 호혜에 의해서 이루어
졌으며 양국 간의 영구적인 우호와 불변의 협력을 뜻하는 것"이라고 회
답하였다. 이러한 답사로 미루어 볼 때 양국 간에는 조약의 체결을 대
체로 환영하는 인상인 것 같았다.[29]

報≫, 1994. 9. 19). 후르시쵸프도 이와 비슷한 주장을 한 바 있다(*Khrushchev
Remembers*, pp.461 - 466 참조).

28) 조약 및 기타 협정에 관한 원칙문제는 毛 주석의 모스크바 도착 이전에 이
미 양해되었다고 한다. 王稼祥 초대 대사는 1949년 11월 1일 모스크바에서
신임장을 재정하였는데, 그때 이미 소련 당국과 '3억 불 借款' 문제에 관해
양해가 되었다고 한다.

29) Foregin Ministry of PRC, *The Sino -Soviet Treaty and Agreements*(Bejing: FLP,
1950), p.24.
그러나 毛 주석은 1962년 10월 중국공산당 제10차 대회에서

"스탈린은 동맹조약에 서명하고 싶지 않았다. 스탈린은 조약에 서명하려고
하지 않았다. 2개월의 협상이 지나고서야 스탈린은 마침내 조약에 서명했다."

라고 스탈린에 대한 불만을 토로했다고 金學俊 교수는 말한다.

  이 같은 '우호 동맹조약'의 특징은 무엇보다도 '중·소 동맹'의 '대항
범위'를 크게 확대하고 있다는 점이다. 따라서 아시아 지역에서의 공산
화 투쟁에 가장 큰 위협적인 존재라고 할 수 있는 일본과 미국을 '공동
의 敵'으로 간주하고 나아가 유사시에는 '중·소 공동'으로 대처하겠다
고 하는 굳은 결의의 표명으로 이것은 일본의 장래를 우려하고 있는 미
국 행정부에는 가장 큰 위협적인 존재이다.

'중·소 우호 동맹조약'의 성립을 보는
스탈린 수상과 毛澤東 주석(가운데는 불가닌 元帥)

  또한 조약 제2조에는 제2차 대전 때의 동맹국들과 같이 될 수 있다
면 빠른 시일 내에 '전면강화'의 실현을 희망하고 있었다. 이것은 현재
급속도로 진행되고 있는 '미·일 단독강화'는 어떤 대가를 치르더라도

─────────────

  또한 '재정협약'에 대해서도 소련은 '폴란드에는 4억 5천만 달러를 무이자
로 꾸어 주면서' 중국에는 3억 달러 차관을 연 1%의 이자를 지불하는 조건
으로 했기 때문에 이에 대한 중공의 불만 또한 컸다고 한다("歷史는 흐른
다", ≪朝鮮日報≫. 1987. 1. 14).

이를 저지할 것이라고 하는 굳은 결의의 표시이며 늦어도 1952년[30])까지는 '전면강화'를 실현하겠다고 하는 중·소 양국의 결연한 자세이다.

사실 對日강화 문제가 어떠한 방식으로 귀결 지어지느냐 하는 것은 '중·소 동맹'의 향후 사활문제와도 직결되는 중대한 문제이다. 그들은 '전면강화'의 실현을 위해 모든 수단과 방법을 동원할 것이라는 점을 다짐하였다. 이와 관련해 일본공산당 서기장 德田球一도 "'중·소 동맹'의 성립으로 '전면강화'를 즉시 성립시킬 수 있는 강력한 조건"이 형성되었다고 논평하였다. 이러한 논평으로 미루어 보아 앞으로 일본공산당의 최우선 투쟁목표는 '전면강화'의 실현에 있다는 것이 확실해졌다.[31])

---

30) 소련 정부가 현재 사용 중에 있는 旅順, 大連의 반환과 長春鐵道의 관리권 이양을 '對일강화의 체결과 동시 또는 늦어도 1952년까지'라고 명시한 것으로 보아, '중·소 동맹' 당사국들은 對日講和의 성립 시한을 1952년으로 잡은 것 같은데, 그때에는 강화 문제가 어떤 형태로든 귀결이 날 것으로 본 것 같다(이것은 人民軍의 南侵 성공을 전제로 한 것으로 보인다).

31) 吉田 수상의 논평(≪朝日新聞≫, 1950. 2. 16),

"'중·소 조약'을 둘러싼 제 정세, 특히 공산당의 금후의 의도와 전술에 대해, 黨이 적극적으로 조사를 하고 국민에 대해서 견해를 밝힐 필요가 있다. '중·소 조약'의 발표와 때를 같이해 전쟁의 위기가 임박한다는 설이 유포되고 있으나, 이것은 악질적인 선전이고 나로서는 향후 수년간은 전쟁이 없을 것으로 확신한다."

吉田 수상의 반응(≪朝日新聞≫, 1950. 2. 23);

"'중·소 조약'은 중·소 간의 것이고 정부로서는 비평할 입장은 아니다. 그러나 '중·소 조약'에 의해 東亞 정세가 긴박해졌다고는 하나 긴박하지 않다는 說도 성립할 수 있을 것이다. 중국에 공산주의 정권이 들어선 이상 이 '중·소 조약'을 유리하게 이용하려고 할 것이나 일본에 별 영향을 주지는 못할 것이다."

애치슨 장관의 논평(≪朝日新聞≫, 1950. 3. 17),

"極東에 손을 뻗치는 소련의 공산주의는 '나치즘'이나 일본 제국주의 등 모든 형태의 침략과 같은 것으로서 '중·소 조약'은 그 견본이다. ……미국은

160

새로운 조약과 협정을 바라보는 시각은 입장과 나라에 따라 다양하겠
지만 이는 분명 중·소 관계를 밀착시키는 계기가 되었을 것이다. 나아
가 아시아 지역의 '제국주의자'들을 축출하고 '조국통일'과 '민족해방'을
쟁취하겠다고 하는 많은 공산주의자들에게 '용기'와 '희망'을 주었을 것
이다.

북한 정권의 민족보위相 崔庸健(최용건)도 중·소 양국 간의 협력관계
의 중요성을 강조하고, '중·소 동맹'의 성립으로 '조국통일과업'은 한
층 더 견고해질 것으로 전망했다.

> 조국의 통일과 독립을 위해서 싸우고 있는 조선인민은 소련과 중화
> 인민공화국 두 나라 사이에 이루어진 위대한 우호에 의해서 용기를 얻
> 었고, 더욱 李承晩 도당의 섬멸과 朝鮮으로부터 美帝 침략 세력을 국외
> 로 추방하는 데 승리할 자신을 얻었다.[32]

2) 중·소 수뇌회담과 한국전쟁

중·소 간의 첫 영수급 수뇌회담인 이번의 '모스크바'회담에서 양국
의 공동 관심사인 韓半島 문제와 일본의 장래에 관한 문제를 포함한 東
北亞 제반의 문제[33]가 논의되었을 것이라는 것은 전혀 무리한 추측이

> 종래와 같이 금후에도 친구로 남을 것이다. 그러나 새로운 중국의 지배자들
> 에 의한 國境을 넘는 일은 결코 허용되지 않을 것이다."

32) New China News Agency, 1950. 2. 20, p.109.
33) 영국 정부의 정통한 소식통에 의하면, 소련 정부는 중공 당국이 인도지나와
티벳(Tibet) 등 비교적 중공과 근접한 나라에서의 세력 확장을 보장했으며 또
한 권장했다고 한다. 소련 정부는 毛澤東 주석에게 인도지나에서 '게릴라'
활동을 전개하고 있는 胡志明(호치밍)을 돕기 위해 廣西省 접경에 강력한 '기
지'를 건설할 것을 요청하였다고 한다(그 결과 중공은 '민주월남공화국'(The

아니다. 물론 이 점에 대한 당사자들 간의 공식적인 발표는 거의 없는
실정이다.

그러나 韓半島 문제와 관련해 중·소 양국은 人民軍의 남침계획을 확
인하고 나아가 군사행동에 대한 '잠정일정'을 논의한 것으로 보인다.[34]
다시 말해 중공 당국은 '대만해방'에 앞서 人民軍의 '선제타격작전'(초여
름에 감행 예정)을 양해하였으며, 이 작전의 종료 후 중공軍은 대만 침
공을 감행한다는 전략(가을이나 겨울에 침공)을 세운 것으로 보인다.[35]

<hr>

Democratic Republic of Viet-Nam)의 수립을 소련의 승인보다 앞서 1950년
1월 16일 승인했다). ≪Facts on File≫, Weekly World News Digest, Feb. 17~
23, 1950, p.57, ≪極東通信≫, 1950. 7. 1 참조. ≪US News & World Report≫,
April 7, 1950, p.26.

34) 1949년 12월 중순 毛澤東이 모스크바를 방문 중 같은 시기에 北韓에서는
延安派인 金枓奉 '최고인민회의' 상임위 의장, 金達鉉 '祖統' 의장, 李承燁
법무相 겸 黨 제2書記 등이 모스크바에 도착했다. 이들은 모스크바 체재 중
毛澤東과도 면담한 것으로 보이는데, 金枓奉은 1950년 1월 18일 그의 귀국
보고에서 "소련은 조속한 朝鮮의 통일을 원했다."라고 했다(≪極東通信≫,
1950. 2. 1).
최근 알려진 바에 의하면 이들 북한 대표단(단장: 金枓奉) 일행은 모스크바
방문 중 스탈린 수상을 비롯한 소련 지도부는 물론이고, 중국의 毛澤東 주
석과도 한국전쟁에 관하여 깊이 있는 논의를 하였다고 한다.

35) 그 이유는 대만 침공을 위해서는 사전에 막대한 해군과 공군력의 구축이 긴
요한데 이를 위해서는 상당한 준비기간이 필요하며, 또한 東支那 海上의 기
상사정은 봄이나 여름보다는 오히려 늦가을이나 겨울철에 작전을 수행하는
편이 보다 유리하기 때문이다.
1950년의 新年辭에서 중공軍 총사령관 朱德은 '人民解放軍'은 대만을 해방
하고, 중국 영토에서 "美帝의 자취를 몰아내자."라고 호소했다. 그러나 대만
의 國府軍은 약 300대의 비행기와 10여 척의 군함 그리고 보병 6개 사단이
있어 뒤떨어진 장비와 특히 해군과 공군이 없는 중공軍으로서는 대만 침공
은 하나의 구호에 불과한 것이다. 그러나 '만약 소련이 중공軍에게 군함과
비행기를 준다면 그것은 전혀 다른 이야기'가 될 것이라고 하는 國民정부 蔣
대표의 '유엔' 안보이사회에서의 경고에도 불구하고 소련 정부는 極東전략의

이 점에 대해 학계의 다수는 중공 정권은 사전에 소련으로부터 북한의 남침에 대한 예고를 받은 바가 없으며, 따라서 중공 당국으로서는 '6·25 전쟁'의 기원을 잘 모르는 일이라고 주장하나 그러한 주장은 전혀 설득력이 없는 것이다.[36] 왜냐하면 전술한 1950년 1월에 있었던 일본공산당에 대한 스탈린의 중대한 '비판'은 毛澤東(모택동)이 모스크바에 체류 중 그가 스탈린과 함께 합세해서 이루어진 것이다. 이것은 다름 아닌 인민군의 남침 성공을 전제로 한 '중·소 동맹'의 對日전략의 일환인 것이다.

또한 중·소 회담이 끝난 1950년 2월 하순에 중공 당국은 중국 최남단에서 작전 수행 중인 일명 '李紅光(이홍광) 사단'으로 알려진 '조선인 의용군' 산하의 최강부대(제4야전군 제15독립사단)를 서둘러 북상시켜,[37]

一還으로서 毛 주석을 지원해 대만을 '국제공산주의자'들의 手中에 넣어 오키나와를 위협하기로 한 것 같다.

'중·소 동맹' 성립 후 소련의 원조는 눈에 띄게 증가하고 '대만 해방'도 점칠 수 있게 되었다. 한 國民 정부의 소식에 의하면 "3월 초 소련으로부터 약 200개 이상의 큰 나무상자가 上海 지방에 도착했는데, 그 속에는 상당수의 분해된 비행기가 들어 있었다. ……3월 14일 현재 16대가 조립작업을 끝내고 上海 상공을 시험 비행했다."고 한다(台北放送, 1950. 2. 11, ≪極東通信≫, 1950. 1. 16, 4. 11, ≪Intelligence Digest≫, April, 1950, p.10, May, p.31).

36) 지금까지 학계의 다수는 스탈린과 毛澤東은 모스크바 회담 시 韓國戰爭에 관해 사전협의가 없었을 것으로 보고 있다(김학준, 전게서, pp.81-87 참조). 그러나 소련의 저명한 군사연구가인 코로토코프 박사는,

"스탈린과 毛澤東은 모스크바 근교에 있는 스탈린의 별장(블리주니아)에서 極東의 군사·정치적인 상황을 면밀하게 검토하였다. 이 두 지도자는 1950년 초여름이 대만과 韓半島 문제를 완전히 결정짓는 절호의 시기가 될 것이라는 데 의견이 일치했다."

라고 주장한다(가브릴 코로토코프, 전게서, p.126).

37) 최근 공개된 旧소련 '정부문서'에 의하면 1950년 1월 8일 중국인민해방군의 林彪 제4 야전군 사령관은 毛澤東 주석의 명의로 모스크바 당국에 현재 중

4월 초 入北하였다. 그러나 그들은 곧 '人民軍 제7사단'으로 개편되어
'선제타격작전'의 중추적 역할을 수행하도록 하였다.38) 그리고 제4야전
군 산하의 제35군과 제40군도 중국 남단에서 급거 북상해, 人民軍의 남

국에 16,000명의 '조선인 의용군'이 있다는 사실을 공식 보고했다. 그리고
그는 "중국군이 양자강 남안으로 도하한 후에 조선인 병사들은 동요의 빛이
보였으며 이들 중 일부는 고국으로 돌아가기를 원했다."라고 한다. 따라서
이들의 요청을 들어줄 것을 제의하였다(후술 p.158 참조).

이 문제로 말미암아 슈티코프 대사는 1월 9일 金日成과 면담하여 이들의
이관 문제를 협의하였다. 북한 지도부는 북한 대표 3인을 急派하여 이들 兵
士들로 1개 보병사단과 2개 보병연대의 창설계획을 밝혔다. 그리고 현재 이
들의 北韓內 배치는 어려운 형편이므로 1950년 4월까지 중국에 잔류시키도
록 중국 측에 요청할 생각이라고 함(舊소련 '정부문서', 1950. 1. 11).

38) 人民軍 제7사단은 '조선인 의용군' 출신으로 최후에 入北한 부대이다. 이들
의 귀환에는 전술과 같이 北韓 측과 중공 간에 상당한 마찰이 있었던 것으
로 보인다. 이들은 1950년 2월 하순 滿洲를 경유하여 入北하였는데 1950년
2월 27일 제4야전군 사령관 林彪는 다음과 같은 '메시지'를 보내면서 이들
의 '국제주의 정신'을 찬양했다.

"朝鮮의 장병들은 중국의 인민해방 전쟁에 참가하면서 고도의 '국제주의 정
신'을 발휘했다. 또 어려움을 이겨 용감하게 규율을 엄수하고 학습을 실행하
는 등 우수한 자질을 보여주었다. 우리는 朝鮮 동지들의 중국 혁명에 대한 공
헌을 깊이 감사한다. 조선 해방의 성공을 진심으로 희망한다."

또한 1950년 2월 24일 中國人 先任 장교 黃主任은 이들을 환송하는 자리에
서 아래와 같은 사항을 지시했다.
① 중국인민해방전쟁에 참가하면서 얻은 풍부한 경험으로 南朝鮮에서 李承
晩을 두목으로 하는 반동파 세력을 없애라!
② 모든 동지는 자체적인 전술기술의 능력, 투쟁경험을 한층 높여 금후의
실제 투쟁 속에서 활용을 하라.
③ 장차 조선의 인민해방전쟁은 피할 수 없다. 중국은 군사·정치적으로 원
조하지 않으면 안 된다.
④ 앞으로의 朝鮮 인민해방전쟁에는 많은 어려움이 있다. 동지들은 잘 준비
를 해 이 고난을 극복해야 할 것이다.
(萩原 遼, 전게서, pp.149-151.)

164

침 시에는 한·만 국경에 이미 집결한 제42군과 합류해 人民軍 침공의
배수진(背水陣)을 친 사실만 보더라도, 스탈린과 毛澤東 두 수뇌 간에는
韓半島에서 머지않아 야기될 '사태'에 대한 충분한 논의와 상호 협력관
계를 설정한 것으로 보아도 무방할 것이다.[39]

또한 이 점에 대하여 미국의 저명한 소련문제 전문가인 달린(David Dallin)
교수는,

'北京'과 '모스크바'는 北韓이 전쟁을 시작하는 데 합의했다. 그들은
人民軍이 외부의 원조 없이도 승리한다고 믿었다. 오직 미군의 介入이
있을 때만 중공군은 소련의 공군 지원 하에 무력 介入을 한다.[40]

---

[39] 이 점에 대해, 중국 주재 소련 대사 요딘(Jodin)은 1956년 毛澤東의 말을 인
용, "당시 스탈린과의 회담 시 南朝鮮 점령문제(金의 甕津半島 점령 구상)
는 논의되지 않았다."고 하고, "단지 中國의 군사력 강화문제에 대해서만
토의하였다."고 한다.
그런데 1950년 7월 2일 周恩來 수상은 로신 대사와의 면담에서 중국은 "牧
丹 지구에 12만 명에 이르는 3개 군단 병력을 이미 집결하였다."라고 언급
해 양국 간에 사전의 협의 사실을 시인했다(旧소련 '정부문서', 1950년 7월
2일자 로신 대사 보고).
毛의 생각은 한국전쟁은 중공이 대만을 '해방'한 후에 하는 것이 좋다는 지
론이다. 왜냐하면 경우에 따라서는 중국이 北韓을 도와야 하는데 그것은
'대만 해방' 후가 훨씬 유리하기 때문이라는 것이다(旧소련 '정부문서', 1956.
3. 31 참조).

[40] Dallin, David Jr., *The Changing World of Soviet Russia*(New Haven: Yale
University Press, 1956), p.87, ≪極東通信≫ 1951. 4. 21 참조.
달린 교수의 상기와 같은 주장은 후일 사실과 일치하는 것으로 판명되었다.
전쟁 개시 후 1주일이 되는 1950년 7월 2일 周恩來 수상은 로신 대사에게
"만일 미군이 38도선을 다시 넘어온다면 中國軍은 人民軍으로 가장하여 미
군에 대항하여 전투에 참가할 것이다."라고 밝혔으며, "소련 공군은 이들 병
력을 엄호해 줄 수 있는지?"에 대해 문의하였다. 그리고 그는 毛 주석은 "이
미 1949년 5월과 1950년 5월에 미군의 전쟁介入 가능성에 대해 경고하였는

는 것에 대해 상호간에 합의하였다고 주장해 한때 비상한 관심을 끌기도 했다.[41]

데, 北朝鮮 측이 동 가능성을 과소평가했다."고 金에 대해 불평을 토로했다(旧소련 '정부문서', 1950. 7. 2 참조).

이에 대해 1950년 7월 5일 필립뽀프(스탈린의 별명)는 北京 駐在 로신 대사에게 전화로 "周恩來 수상에게 敵軍이 38도선을 넘을 때 義勇軍이 北朝鮮에서 활동할 수 있도록 朝·中 國境에 中國軍 9개 사단을 즉시 집결시키는 대책은 적절하다."고 하고 '소련 정부는 이를 항공대로 엄호할 것'을 약속했다(旧소련 '정부문서' 1950. 7. 5 참조).

41) 中國 사정에 밝은 國民정부의 한 소식통에 의하면 中·蘇 간에는 앞으로의 분쟁(제3차 대전과 같은 것) 발생 시 이에 대한 '책임분담'을 약속한 '비밀조항'까지 있다고 주장한다. 그리고 中·蘇 간에 약속된 '군사조항'으로서 아래와 같은 내용을 보도했다(≪朝日新聞≫, 1950. 4. 11).

   "소련은 중국의 영토를 자유로이 통과할 수 있으며, 또한 駐在할 수 있다. 필요시 華北의 해공군 기지는 소련군에 의해 자유로이 사용되고, 大連, 旅順은 공식으로 중국에 반환되나, 소련은 계속 '客人'으로 양 기지에 주둔한다. 이상의 교환조건으로 中國軍은 소련의 해·공군 기지를 사용할 수 있다. 소련은 중국 공군을 훈련하기 위해 군사지도부를 공급한다.

   또한 중국과 소련은 세계대전이 일어날 때 각각 다음과 같이 역할을 분담한다. 중국은 東南아시아 작전을 책임지고, 소련은 중국의 북부와 동북해를 방위한다. 동 협정은 또 中國軍의 국제 공산군에 통합을 규정한다."

제7장

人民軍의 남침 준비 본격화

— 스탈린: 5월까지는 침공준비를 완료 —

중·소 간의 당면문제인 양국 간의 협력문제도 '중·소 우호동맹'의 성립에 따라 원만히 타결된 것 같다. 이러한 협력관계로 인해 두 나라와 아시아의 많은 공산주의자들에게는 크나큰 힘이 되었을 것이다. 더욱이 그동안 큰 난제(難題)의 하나로 여겨 왔던 일본공산당의 노선전환문제도 막상 스탈린 자신의 '직접적인 介入'과 毛澤東의 '조력'으로 쉽게 해결의 기미가 보이기 시작했다. 따라서 이제 남은 과제는 조속한 시일 내에 '조국통일과업'에 대한 준비 작업을 본격적인 궤도에 올려놓는 일이다.

그동안 중·소 간에는 '대만 해방' 작전을 둘러싸고 그 '시기'와 '방법'에 대한 논란이 있었던 것으로 보이나 중·소 수뇌들은 이 문제에 대한 '원만한' 합의를 이룬 것 같다. 다시 말해 그동안 북한 당국이 추진해 온 '조국통일과업'은 중공군의 '대만 해방' 작전보다 먼저 이루어져야 한다는 점에 대한 양해가 이루어짐으로써 스탈린은 金日成 등 북한 정권의 수뇌들을 불러들여 "단시일 내(1950년 5월 시한)에 남침을 위한 만반의 준비를 갖추라."는 구체적인 지시를 내리게 된다.

1. 人民軍의 남침 준비작업 본격화

1) 1950년 2월, 金日成이 급거 '모스크바'를 방문

일본공산당의 노선전환[1]과 '중·소 동맹'의 성립은 무엇보다도 '모스

---

1) 최근 일본공산당 사회과학연구소의 宇野三郎 所長는 한국전쟁과 '코민포름'의 일본공산당 간부비판은 상관관계가 있다고 말한다(饗庭孝典, 전게서, p.222).

  "말하자면 스탈린의 당시 極東전략으로서는 韓半島와 일본을 떼어서 생각할

크바' 당국자들을 감명시킨 고무적인 일이라고 하지 않을 수 없다. 왜냐하면 스탈린이 '구상'해 온 對 동북아 전략의 중추는 일본공산당과 중국공산당의 적극적인 협조와 협력이 요청되는 것이기 때문이다. 그러므로 이제 그들에게 남은 유일한 문제점은 다소 불투명하긴 하지만 과연 한국 정부는 '5·30 선거'를 예정한 대로 실시할 것인지에 있는 것이다. 그러나 현재로서는 이 문제도 그리 우려할 만한 상황은 아닌 것 같다.

毛澤東(모택동) 주석은 장장 2개월간에 걸친 '모스크바' 체류를 끝내고 2월 15일 모스크바를 떠나 귀국길에 올랐다. 그런데 정통한 소식통에 의하면 이때 '모스크바' 당국자들은 서둘러서 북한 수상 金日成을 불러들여 긴박해진 침공문제를 협의하였다고 한다.

金日成(김일성)은 1950년 2월 중순경(?) 급거 '모스크바'로 스탈린 수상을 방문하고 지난해 3월 이래 근 1년 만(?)에 그를 다시 만나는 '영광'을 갖게 되었다.[2] 이들의 면담에는 몰로토프 副수상과 통역만이 배석한

수는 없는 것이다. 일본공산당 비판을 韓半島에서 무력 남침과 관련지어 생각하는 것은 타당하다고 개인적으로 생각한다."

2) 1950년 1월 19일 슈티코프 대사는 외상 朴憲永의 관저에서 수상 金日成과 만나 대담하였다고 하는데, 이때 金은,

"중국 해방이 이루어지자 현재 남은 것은 남조선 해방의 차례가 되었다. '빨치산'이 이 사태를 해결하지는 못한다. 나는 해방문제를 생각하면서 밤잠을 못 이루고 있다. 毛澤東 동지는 南쪽으로 진격할 필요가 없다고 말하고 李承晩이 공격해 오면 반격하는 형식을 취하는 것이 좋겠다고 말했다. 그러나 李承晩은 공격해 오지 않는다. 스탈린 동지를 방문하여 남조선 해방을 위한 공격의 허가를 요청할 필요가 있다. 나는 스탈린 동지가 우리를 지원해 주기 바라며, 구체적인 계획을 설명하기 위해 나를 만나 줄 것을 요청한다."

라고 말했다고 한다(KA 45/1/346/7).
그러나 최근 발간된 김영훈 저, 『分斷과 戰爭』(서울: 다나, 1994), p.201에 의하면 슈티코프와 金日成의 대담내용은 상기 보고와는 다르다.

슈티코프: 이제 중국의 해방은 종결됐고(1949. 9.) 남은 것은 '朝鮮의 해방'이다.

가운데 약 2시간 반 동안 계속되었다고 한다. 그러나 공식기록으로는
단지 "양국 관계에 관하여 협의하였다."고만 적혀 있을 뿐 자세한 내용
을 알 수는 없다. 다만 아주 '중요한 내용'의 대화가 있었던 것만은 사
실이라고 볼코크노프 장군은 주장한다.3)

　그러나 러시아의 저명한 한국전쟁 연구가인 코로토코프 박사는, 이 회
담의 내용을 잘 알고 있다는 로모프(Nikolai Lamov) 장군(당시 육군 '총참
모부' 극동국장)의 말을 인용해 金을 본 스탈린은 "벌써 침공준비가 되
었어야 한다. 더 이상 시간을 끌 수가 없다."는 말을 했다고 한다. 이에
대해 金은 "침공준비는 아직도 미흡하다. 그 이유는 毛澤東 동지가 이미
약속한 바 있는 北朝鮮이 필요로 하고 있는 나머지 1개 사단('조선인 의
용군' 부대)의 병력을 '대만 해방' 작전을 위해 아직껏 돌려보내 주지 않

　　金日成: 내가 하고 싶은 말이다.
　　슈티코프: '빨치산'은 이 문제를 해결할 수가 없다.
　　金日成: 그렇다.

　볼코크노프 장군에 의하면, '스탈린은 이 보고서를 받고서 1주일 이상 생각'
을 했고, 1950년 1월 30일 다음과 같은 전문을 슈티코프 대사에게 보냈다고
한다(KA 45/1/346/8).

　　"1950년 1월 19일자 전문을 받았다. 그러한 大事는 준비가 필요하다. 큰 위
　　험 부담이 없도록 조직되어야 한다. 金日成을 접견하고 이 문제를 논의할
　　준비가 되어 있으며 그를 지원할 용의가 있다."

3) 소련 정부는 金日成의 모스크바 방문과 관련된 '공식문서'를 파기한 것으로
　　보인다. 따라서 그가 언제 스탈린 수상을 방문했는지 그리고 그 대담내용이
　　무엇인지를 잘 알 수는 없다. 이에 대해 볼코크노프 장군은 "毛는 金이 모스
　　크바에 오기 전에 모스크바를 떠났다."라고 한 것으로 보아 金의 방문을 2월
　　15일 이후로 보는 것 같다(볼코크노프 『스탈린』, pp.369-371 참조). 그러나
　　코로토코프 박사에 의하면 金은 2월 27일 모스크바에 도착했고, 3월 1일에
　　출발하였다고 주장한다. 그리고 金의 일행은 7명이었다고 한다(≪朝鮮日報≫,
　　1992. 8. 30).

아서 그렇다."⁴⁾라는 내용의 답을 했다고 한다.

이로 인해 그는 스탈린으로부터 큰 '질책'을 받았다고 한다.⁵⁾ 결국 이 두 사람의 이야기는 스탈린이 "5월까지는 모든 준비를 끝내야 한다. 늦으면 안 된다."는 경고와 "그때까지 만반의 준비를 다 하겠다."는 金의 약속으로 대화는 끝났으며 金은 이때 남침에 대한 '모스크바' 당국의 일정은 아주 촉박하다는 사실을 잘 알았을 것이다.⁶⁾

---

4) "Secrets of the Korean War", ≪US News & World Report≫, 1993. 8. 9, p.46 참조.

이 시기에 北韓과 중공 간에는 14,000명이나 되는 이른바 '李紅光 부대'의 조기 귀국문제와 관련해 심각한 의견대립이 있었던 것으로 보인다. 전쟁 중 중국인민해방군 총참모장 대리인 聶榮榛에 의하면 1950년 1월 金日成은 金光俠 少將을 중국 남단의 '조선인 의용군'이 있는 곳에 보냈다고 하는데 거기서 그는 聶榮榛 장군과 회담을 가졌다고 한다.

두 사람의 협의결과 중공 측은 '朝鮮籍 병사 전원을 朝鮮 人民軍에 이양하는 데 동의'하고 '14,000명의 병기와 장비를 같이해서 보냈다.'고 聶 장군은 술회한다(聶榮臻, 『回憶錄』(下)(北京: 解放軍出版社, 1984), pp.743 – 744 참조).

5) 스탈린은 毛澤東이 '약속'을 지키지 않고 있는 점에 대해 '분개'하고 있는 것 같으며 그렇게 되게 한 金에게 화를 낸 것 같다. 이때 스탈린은 金에게 "응접실에 나가 이 문제를 더 생각해 보라."는 질책을 했다고 한다(≪US News & World Report≫, Aug. 9, 1993, p.46 참조).

그러나 前 人民軍 작전국장 兪成哲 少將은 1951년 文日을 통해서 들은 말이라고 하면서,

"金日成이 스탈린을 만나 남침계획을 설명하자 스탈린은 '나 혼자는 결정할 수 없으니 黨 정치위원회에 당신의 전쟁계획과 군사협조 요청을 회부해 결정하겠다.'라고 말했다고 털어놓았다. 때문에 金日成은 그냥 돌아왔고 그가 귀국한 얼마 후 소련에서 남침 승인 통보가 내려왔다."

라고 한다(兪成哲, "나의 證言", ≪한국일보≫, 1990. 11. 9).

6) ≪US News & World Report≫, 1993. 8. 9, p.46 참조.

그러나 前 소련 수상 후루시쵸프는 1960년대 중반에 작성한 한 구술 자서전에서 한국전쟁의 기원에 관해 "내가 강조할 것은 전쟁은 스탈린의 '구상'이

2) '모스크바' 당국, 바실리예프 장군을 急派

'6·25 전쟁'에 대한 본격적인 준비는 이렇게 진행되었다. 金日成의 평양 귀환과 때를 같이하여, 소련 정부는 제2차 대전(독·소전) 시 혁혁한 무훈을 세워 '영웅' 칭호를 받은 바 있는 바실리예프 중장과 뛰어난 전술가로 이름난 포스토니코프 소장 등을 북한으로 파견하여 스미르로프 소장('총고문') 등과 교체하도록 하였다.[7] 이들의 교체는 '선제타격 작전'이 그 준비과정을 지나 이미 실행단계에 도달했다는 신호와도 같은 것이다.

북한 당국은 그동안 후방 병력의 강화를 위해 힘써 왔는데 1950년 초 37,000명에 달하는 新兵들이 훈련을 마치고 신설된 3개의 예비사단에 배속되었으며(新義州의 제13사단, 숙천(肅川)의 제10사단과 회령(會寧)

아니고 金日成의 것이다. 그가 바로 '주동자'이다. 물론 스탈린은 그를 말리지는 않았다."라고 주장하고 있는데, 이 주장은 곧 우리 학계의 '통설'로 채택되었다.
그런데 최근 공개된 많은 '공식문서'의 내용은 후루시쵸프의 그러한 주장과는 상치되고 있어 주목된다. 그가 말하는 두 사람의 회담은 그 시기로 보아 1950년 2월에 있었던 스-金 회담으로 보이는데, 전술과 같이 러시아 정부가 공개한 '문서'에는 유독 이 부분의 것만이 삭제되어 있어 '문서'를 통한 고증은 어렵게 되었다.
왜 이 부분의 '문서'가 삭제되었는지 그 이유를 잘 알 수는 없지만, 그것은 그 내용이 세상에 알려지게 되면 소련 정부나 스탈린 자신에게 '결정적'으로 불리한 내용이 담겨 있기 때문에 삭제한 것이 아닌가 생각된다. 만약 그 내용이 후루시쵸프의 주장과 같이 스탈린의 '소극적'인 태도였다고 한다면 이 '문서'를 구태여 삭제할 하등의 이유가 없는 것이다(Edward Crankshaw, *Khrushchev Remembers*(Boston: Little, Brown Co., 1970), p.368 참조).
7) ≪朝鮮日報≫, 1990. 11. 6 참조.
1950년 2월 24일자 슈티코프 대사의 보고에 의하면 "바실리예프 中將은 平壤에 도착해 인민군사령관의 고문직을 수행하기 시작했다."고 한다.

의 제15사단 등), 人民軍 제4독립 여단은 확장 편성되면서 제4사단으로
명명되는 등 人民軍의 지상 병력 규모는 이미 '모스크바계획'으로 책정
한 숫자에 육박하였다.

그리하여 全軍은 신임 소련 군사고문단 '총고문' 바실리예프(Vassyliev)
중장과 그의 휘하 각급 고문관들8)의 진두지휘 아래 대규모 군사훈련을
감행하였고, 다른 한편으로는 17세 이상 50세까지의 주민(남자)들을 매
일 동원하여 북한 전역에서 강제부역에 종사하도록 하였다.9)

---

8) 前 人民軍 中佐 朱榮福에 의하면,
   신·구 고문관의 교체는 극비리에 이루어졌는데 총고문(수석고문) 스미르노
   프 少將과 교체된 바실리예프 中將을 비롯해 총참모장 고문 포스토니코프
   少將, 정치고문 말젠꼬 少將 그리고 공병고문 돌긴 大佐 등 20여 명에 달했
   으며, 이들은 前任者들보다 한 계급씩 상위계급자라는 것이 그 특색이다(前
   任 고문들은 '훈련고문'인 데 반해 新任 고문들은 '작전고문'으로 통했다).
   '총고문'은 몸집이 작고 얼굴도 작으며, 어딘가 '귀공자'처럼 생긴 사람이다.
   '10월 혁명' 당시에 '붉은 군대'의 일개 士兵이었으며, 국내의 전쟁 때 많은
   공훈을 세웠고, 제2차 대전 때에는 공로가 커 소련의 '英雄'훈장을 받은 역
   전의 용사이다. 또한 총참모장 고문은 키가 후리후리했고, 나이는 많지 않았
   음에도 불구하고 얼굴에는 깊은 주름살이 패여 있었다. 모름지기 그 주름살
   하나하나는 나무의 연륜처럼 전투에서 생긴 상처였을지도 모를 일이다(주영
   복,『내가 겪은 조선전쟁』(서울: 고려원, 1990), pp.188 – 190.)고 한다.
9) 당시 韓國에 조직이 있는 한 미군의 정보기관(KLO)이 입수한 정보는 1950년
   3월 10~15일에 '내무성 경비국'에서 '국경수비사령부'의 각급 지휘관 360명
   이 모인 회의가 있었다고 한다. 회의 최종일인 3월 15일 金日成은 이 자리에
   서 아래와 같은 훈시를 통해 남침의 필요성을 力說하였다고 한다(萩原 遼, 전
   게서, pp.267 – 268, 그리고 "歷史는 흐른다", ≪朝鮮日報≫, 1987. 3. 4 참조).
   "南朝鮮軍의 사기는 얕고, 공격형이라기보다는 방어형으로 공격해 오면 간
   단하게 격퇴할 수 있다. 1949년 우리는 北朝鮮의 방위에 전념해 왔는데 금
   년에는 분단된 조국을 통일하는 영웅적 투쟁을 전개할 것이다. 그리고 빛나
   는 완전독립을 달성할 것이다. 목적 달성을 위해서는 38도선에서 여러 가지
   사건을 일으켜, 南朝鮮軍의 관심을 이 지역에 끌어올려 우리의 유격대가 후
   방에서 敵을 공격한다. 이것만이 분단된 조국을 통일하는 유일한 길이다."

또한 노동당 중앙위는 '6월 공세'를 예견하고 강동(江東) 정치학교와 회령(會寧) 정치학교에서 '유격훈련'을 받은 바 있는 남한 출신 노동당 당원 약 6,000명을 南派해 이미 활동하고 있는 '인민유격대'를 보강·강화하기로 하였다.[10]

1950년 4월 초 북한의 동북부 항구(元山·淸津·咸興·羅南 등지)에는 많은 군수물자들이 철도와 선편으로 반입되어 산적해 있었다고 한다. 이 물자들은 모두 소련 당국이 서둘러 블라디보스토크를 경유하여 수송한 것으로서, 100여 台의 탱크 및 기갑차와 중·경화기 그리고 셀 수 없이 많은 각종 군수물자들이었다. 이 兵器들은 대체로 1946~1948년에 제조된 것으로 보이나 그중에는 1949년에 제조된 것도 있었다고 한다. 그리하여 1950년 4월 현재 人民軍 각급 부대의 병력과 장비는 이미 '모스크바' 당국이 '18개월' 전에 계획한 수준에 도달하게 되었다.

'탱크여단'과 '항공여단'은 각각 '제105탱크사단'과 '공군사단'으로 확장 개편되어 '6월 침공'의 초석을 이루게 되었다. 전술한 바와 같이 중공軍 제4야전군에서 가장 용맹을 떨쳤다고 하는 '조선인 의용군' 제15독립사단(일명 李紅光(이홍광) 사단)도 중국 남단에서 북상해 만주를 경유하여 入北해 원산(元山)에서 人民軍 제7사단으로 개편되었다. 이 시점에 와서 人民軍의 총병력은 10개 사단 규모로 약 15만 명의 정규 병력을 보유하는 막강한 軍으로 확대되었다. 그리하여 人民軍은 남한의 國軍과는 서로 비교할 수 없는 상태로 변모한 것이다.[11]

---

10) ≪New York Times≫, 1950. 4. 2 참조.

11) 10개 사단 중 6개 사단은 5월 말부터 6월 초에 걸쳐 38도선 부근에 배치되었는데, 특기할 점은 이미 入北한 중공군 휘하의 '조선인 의용군' 3개 사단이 인민군 제5사단, 제6사단 그리고 제7사단으로 개편되어 전원 전방에 포진되어 있다는 사실이다. 위의 6개 전방사단 외에도 1950년 초에 편성된 3개의 '후방사단'(제10사단, 제13사단, 제15사단)과 제4독립사단이 있다.

3) '세계평화회의'와 긴급 소개령

1950년 3월 중순 스웨덴(Sweden)의 수도 스톡홀름(Stockholm)에서는 소련 공산당이 배후에서 주도하는 '세계평화회의'가 개회되었다.

이 회의는 1949년 3월에 발족한 '세계평화옹호운동'과 맥을 같이하는 것으로, 이 회의에 참석한 대표들은 원자 무기의 사용의 금지와 이것을 먼저 사용한 나라(미국을 지칭)를 '전쟁범죄자'로 규정할 것을 결의하고 이에 대한 세계적인 찬성 '서명운동'을 전개하기로 하였다.[12]

북한 당국은 다른 공산권 국가보다 빠르게 제1착으로 이 '서명운동'에 착수하였다. 그들이 그렇게 빠르게 '서명운동'을 전개하게 된 이유는 말할 것도 없이 '평화옹호투쟁'을 미구에 전개될 '조국통일'과 '민족해방'에 연계하기 위한 것이며, 그렇게 하는 것이 제3차 '코민포름' 연차 총회의 결의내용과 부합되기 때문이다. 그리하여 '조선평화옹호투쟁위원회'는 이 '투쟁'을 전국적인 규모로 확대하기 위해 '스톡홀름 결의'(실질적으로는 소련 정부의 의사나 다름없는 것)를 '최고인민회의'에 호소하고 '최고인민회의'의 이름으로 대대적인 '서명운동'을 전개하도록 하였다.[13]

그리고 24,000명에 달하는 '국경경비대' 3개 여단(제1, 제3, 제7경비여단), 200台의 전·폭격기와 1,800명 규모의 공군사단, 만여 명의 탱크兵과 약 250台의 탱크를 보유하는 제105탱크 사단과 15,000명이나 되는 해군이 있어, 인민군의 위력은 문자 그대로 막강한 것이며, 육·해·공군에 의한 근대전을 수행할 수 있는 '능력'과 '의지'를 가지고 있었다.

12) New Times(Moscow), March 22, 1950.
금차회의 결의사항: 원자 무기는 침략의 무기이며 대량적 人民 학살의 무기이므로 이의 사용을 무조건 금지할 것과 이 결정의 집행을 위한 국제적 관리를 실행할 것, 원자 무기를 먼저 사용하는 정부를 전쟁 범죄자로 인정할 것 등이다(韓國弘報協會, 『韓國動亂』, 1973, p.284).

1950년 4월 1일 정식으로 발족된 각 지방 '평화옹호위원회'는 북한 곳곳에서 서명작업에 들어갔다.[14) 이 '서명운동'은 1년 전(1949년 6월 28일) '조국통일전선'이 채택한 '남·북평화통일안'에 대한 사실상의 지지운동과 같은 것이었다. "당신은 평화를 사랑합니까?" 그리고 "당신은 평화적인 조국통일을 원합니까?"라는 요지의 질의서를 배포하고 이에 대한 주민들의 답을 구하는 것이었다.

북한 당국의 발표에 의하면, 근 2개월간에 걸친 '서명운동'을 통해서 5월 말 현재 북한 주민 약 570만 명이 이 운동에 참여했으며 참가자 전원이 '남·북 평화통일안'에 찬성했다고 한다.[15) 이것은 분명 기만적인 것이며 또한 강압적인 서명이긴 하지만 북한 주민 대다수를 이 서명에 참여시킴으로써 북한 당국은 불원 전개될 人民軍의 군사행동에 대한 '정당성'을 확보하고 나아가 한국 측에는 일종의 심리적인 '압력'의 수단으로 이용하기 위한 속셈에서 한 것이다.[16)

---

13) For a Lasting Peace······, June 3, 1950, p.1.

14) 상계신문, p.3.

15) 상계신문.

16) 1950년 7월 14일 서울에서는 '평화옹호 서울시위원회'가 조직되고 동 위원회 명의로 격문을 발표하여 '평화옹호 세계위원회의' 호소문을 지지하는 서명운동을 대대적으로 전개하였다. 이 서명운동은 7월 7일부터 시작되었는데 첫날 2,000명 이상의 서명을 받았다고 한다. 그 후 7월과 8월에 걸쳐 실시한 서명운동을 통한 南韓의 점령 지역에서 총 790만 명이 서명하였다고 하니 이는 날조된 것이 분명하다.
'祖統'이 발표한 성명서의 내용은 첫째, 미국의 무력간섭을 즉시 중지할 것을 유엔에 요구하며, 둘째, 李承晩, 李範奭, 金性洙, 申性模, 趙炳玉, 白性郁, 尹致暎, 申興雨, 申翼熙, 張勉 등을 '민족반역자'로 규정하고 재판에 회부할 것 등이었다.
'서명' 운동은 8월 15일부터 8월 27일까지 진행되었다. 이 운동은 南·北韓에서 동시에 전개되었는데 공장, 제조소, 기업소, 농촌학교, 직장, 가두 등에 한편, 북한 당국은 상기와 같은 방법으로 주민들에게 일종의 심리전을 강화하였고, 3월 초부터는 '6월 공세'를 위해 38도선 일대 5㎞ 이내에 거주하는 주민들에게 '남조선軍의 공격이 예상된다.'는 것을 구실 삼아 후방으로 강제 소개시키는 작업을 개시했다. 이는 앞으로의 병력과 군장비 및 군수품의 이동 등 '6월 공세'의 준비작업을 은폐하기 위한 것이었다.[17]

서 집회를 72,000회 개최하고 이들로부터 서명을 받았다. 16세 이상의 남녀 1,331만 9,102명이 서명했는데 그중 南韓의 점령 지역에서만 791만 9,761명이 서명했다고 한다.

이러한 숫자는 어디까지나 날조된 것으로서 16세 이상 전체 주민의 98%에 해당하는 숫자였다. 이는 마치 '祖統' 성명서를 모두 지지하고 있는 것처럼 보이기 위한 정치적인 '연극'에 불과하였다.

'祖統' 중앙위원회는 이 결과를 '유엔' 안보리 의장(마리크 소련 대표)과 '유엔' 사무총장에게 보고했는데 당시 의장단 金枓奉, 許憲, 金達鉉, 李英, 李克魯, 鄭魯湜, 劉英俊 등의 명의로 8월 29일 발송했다(韓國弘報協會, 전게서, 1973, pp.284-285).

17) Pawel Monat, *Russians in Korea*, Life, 1963. 6, p.86 참조.
38선 일대 주민의 소개에 관한 KMAG의 보고("歷史는 흐른다", ≪朝鮮日報≫, 1987. 3. 4).

"38도선 북방 12㎞ 이내의 주민들은 전원 강제 소개의 대상으로 지목됐다. 이 소개령은 平壤의 내무省으로부터 1950년 2월 18일에 내려졌다. 소개 완료일은 1950년 3월 31일이었다.

소개령을 받은 주민들은 몹시 당황하기도 하고 불안해하기도 했다. 그들은 전쟁준비 때문에 소개령이 내린 것으로 이해했고, 그리하여 이들을 통해 북한 전역에는 전쟁이 임박했다는 소문이 차츰차츰 퍼져 나갔다.

소개는 순조롭지 않았다. 강원도 鐵原의 경우 3월 25일 현재 30% 정도가 소개되었을 뿐이고, 역시 강원도 종탄(?)의 경우 3월 20일 현재 약 40%가 소개됨에 그쳤다."

4) 일본공산당 · 조총련의 합동 게릴라戰 준비

1949년 11월의 '北京'회의와 1950년 1월의 '코민포름'비판은 韓半島
와 마찬가지로 일본에서도 중국식 '무력항쟁'을 통한 '인민민주주의 혁
명'의 수행을 다짐하였다. 그리고 이 원칙은 中·蘇 수뇌회담에서도 충
분한 검토와 이에 대한 협의를 거친 것으로 보인다.

그러나 미군 점령下의 일본에서 공산계열에 의한 '무력항쟁'은 그리
쉬운 일은 아닐 것이다. 왜냐하면 일본에는 아직도 10만 명이 넘는 미
군이 北海道에서 오키나와에 이르는 전역에 걸쳐 주둔하고 있으며, 또
한 잘 훈련되고 조직된 일본 자위대(自衛隊)와 공안 요원들이 전국에 배
치되어 있기 때문에 산발적이고 소규모의 '무력항쟁'으로써는 소기의
성과를 거두지 못할 것이라는 것이 군사전문가들의 공통된 견해이다.

그러나 '모스크바'·'北京' 당국자들은 그러한 문제들을 충분히 검토
한 것으로 보인다. 그들은 일본공산당 지도부로 하여금 서둘러 '지하당'
구축과 黨의 '정예화'를 꾀하도록 하는 한편 유사시에 대비한 '일본인
특수부대'의 조직을 서둘러 온 것으로 보인다.[18] 前 관동군(關東軍) 출신
병사들을 주축으로 한 이 '일본인 특수부대'는 蘇領 시베리아와 만주(滿
洲)에서 조직되었다고 하는데, 이들은 이미 화태(樺太)지구에 이동·배치
되어 앞으로 일본 열도의 北方지역을 위협할 것이라고 이에 정통한 소
식통은 주장했다.[19]

---

18) 《News Week》, 1950. 9. 4 참조.
　　1949년 12월 대만의 自由中國 언론보도는 '중공軍 내에 일본人 兵團'이 있
　　다고 주장했다. 소련은 10여 만의 前 일본군 포로들을 新장비 부대로 편성
　　하고, 滿洲의 중공軍 작전에 참가하고 있으며, 이들은 지금 중공軍 총사령부
　　에서 고급 참모로 일하고 있는 齊藤 前 中將의 지휘하에 있다고 한다(《朝
　　日新聞》, 1949. 12. 7 참조).

그러나 공산당이 북해도(北海道)와 같은 북방 지역에서 보다 효과적이
고도 안전한 작전을 수행하려면 전략적으로 일본 열도의 중·남부 지방
에서도 '독립된 무력거점'을 확보해야 한다는 문제가 제기된다. 그런데
일본의 중·남부 지방에는 공산당의 세력이 큰데다가 조총련(朝總聯)系의
세력 또한 만만치 않았다. 따라서 이들을 주축으로 한 '무장봉기'를 생

---

19) 1950년 4월 22일 소련 정부는 일본 정부에 '미송환 전쟁포로'에 관한 최종통
고를 발송하였다. 이에 대해 일본 정부는 그 '반박성명'에서 전례 없이 강경
한 어조로 '日本人 特殊部隊'의 존재를 공식적으로 거론하고 이에 대한 해명
을 요구하였다. 일본정부 당국의 발표에 의하면, 소련 정부는 "이들 미귀환
자 중 약 30만 명을 전투 병력으로 무장해 현재 시베리아와 千島 열도('북방
4개 섬') 및 樺太地區에 분산 배치하고 있다."는 놀라운 사실이다(≪朝日新
聞≫, 1950. 4. 27 참조).
이에 대한 소련 정부의 반응은 보이지 않았다. 그러나 北海道 地方에 '日本
人 特殊部隊'에 의한 무력침공의 가능성이 크다는 것은 公安 당국이나 군사
전문가들의 일치된 견해이다. 그것은 北海道의 지리적 특성이 本州로부터 멀
리 떨어져 있으며 樺太와 千島 열도에 접하고 있어 사실상 소련의 의사 여
하에 따라 언제라도 이 지역에서 게릴라戰과 같은 군사행동은 가능하다는
것이다.
이 점에 대해 일본의 저명한 정치가인 前 수상 芦田 均(아시다 히토시)는
그가 쓴 한 논문 "일본共産主義者들의 유혹"에서 그러한 '일본人 特殊부대'
의 존재를 인정하고, 이들에 의한 '군사행동'의 가능성을 지적해 큰 관심을
끌기도 했다. 芦田 前수상은,

"만약 그들이 (樺太에 본부를 둔 약 4만 명의 前 포로 출신 특수부대) 北海
道 지방에 상륙하여 '게릴라' 활동을 개시한다면, 이 지방에는 오래전부터
일본공산당의 세포조직이 잘되어 있어 약 4천5백 명의 지방세포가 합류하게
되고 또한 약 2만 5천 명의 공산당 同調者('씬파')들이 그들의 활동을 지원
할 태세를 갖추고 있다. 그래서 오래전부터 北海道지역에는 '人民共和國'의
수립이 가능하다고 점치는 사람도 있었다."

라고 北海道에서는 '국제공산주의자'들에 의한 '게릴라戰'의 가능성이 크다고
했다(Ashida, Hitoshi, "Japan: Communist's Temptation", *Contemporary Japan,
a Review of Far Eastern Affairs*, Vol. XX, Nos 1~3, Jan−March 1951, p.18).

각할 수가 있다. 특히 韓半島 남단을 人民軍이 장악했다고 가정할 경우 그곳으로부터의 장비 보급은 물론 요원들의 밀파(密派) 등 다양한 침투가 가능하므로 이 지역에서의 조총련系에 의한 '무력항쟁'은 현실적인 문제로 부각된다.20)

이 점에 대해 동경의 한 저명한 반공계 소식통(≪極東通信≫)은 6·25 전쟁 발발 이전에 보도한 한 기사에서, "지난 4월 중순 조총련은 지바 갠(千葉縣)에서 조선민주청년동맹과 연석회의를 가졌는데" 여기서는 앞으로 있을 게릴라戰에 대한 구체적인 계획이 논의되었다고 한다. 1950년 6월 21일자 ≪極東通信(극동통신)≫의 기사에 의하면,

현 정세로 보아 吉田 정권과 李承晩 정권의 타도를 위한 강력한 투쟁은 불가피해졌다. 이 투쟁은 조선인 동지들과 일본공산당의 '게릴라' 활동으로 공동 수행된다.

북조선 人民軍은 우기(雨期)에 접어들면, '조국통일'의 목적을 위한 對南 작전을 전개할 것이다. 이 작전은 중공군 병사들이 도울 것이다. 이

20) ≪News Week≫(1950. 9. 4.)의 기사 "Red Design in Japan"도 '조국의 해방'을 위해 현재 시베리아에 있는 '일본人 特殊부대'의 일본에 대한 침공과 일본공산당 '지하당'에 의한 무력항쟁의 가능성을 상기하고, 이미 北京으로 탈출한 일본공산당 간부들을 中心으로 해서 '망명정권'을 수립한다는 것이 소련 정부의 '구상'이라고 주장해 주목을 끌었다(≪News Week≫, 1950. 8. 14 참조. 또한 ≪US News & World Report≫, 1950. 8. 4 참조).
한편, 미국무성 정책심의관(Counsellor) 캐난(George Kennan)도 1950년 8월 8일 국무성에 제출한 한 '각서'(Memorandum)에서 그러한 '일본人 特殊부대'의 존재를 인정하고 있다(FRUS, 1950, Vol.Ⅳ, p.1226).

"우리는 어느 순간이나 北韓에 일본공산당의 망명정권의 출현을 생각해야 하며, 그들의 일본에 대규모 침투와 파괴행위를 감행할 가능성을 생각해야 한다. 지금 소련에는 아직도 많은 포로들이 남아 있는데, 이들은 그러한 人力의 공급에 충분한 것이다."

목적(吉田 정권의 타도)을 위해 우리는 제국주의자들의 공장시설을 파괴하고 게릴라戰을 전개할 것이다. 식량, 피복, 자금 등은 일본공산당이 지원할 것이다. 우리의 행동일정(吉田 정권의 타도를 위한 것)은 앞으로 별도의 통고가 있을 때까지 8월로 예정한다.[21]

고 해 비교적 구체적인 작전계획과 차기 집회의 일정에도 언급하고 있다. 이와 같은 조총련系의 '8월 집회'의 약속은 장차 예견되는 일본공산당의 '군사행동'과 관련된 기초적인 협의일정으로 보인다. 그간 일본공산당의 행보와 관련해서 볼 때 이것은 '우기(雨期)'에 개시된다고 하는 人民軍의 '선제타격작전'은 늦어도 8월 이전에 종료된다고 하는 '모스크바'·'北京'의 '타임테이블'(time·table)에서 마친 치밀한 계획인 것이다.[22]

2. 북한 수뇌들의 '모스크바' 및 '北京' 연쇄방문[23]

1) 金·朴의 모스크바 비밀방문과 스탈린의 남침 '동의'

1950년 봄 東北아시아의 제 정세는 소련 진영에 매우 유리하게 작용

---

21) ≪極東通信≫(東京), 1950. 6. 21.

22) 브루스 커밍스는 스탈린과 毛澤東의 일본공산당에 대한 介入 사건을 그저 '스트라이크'(strike)를 통해 일본의 부흥을 지연시키려고 하는 작전에 불과한 것이라고 주장한다. 그는 "스탈린이나 毛澤東은 일본에서 '인민무장혁명'에 대해 기대했다고는 생각하지 않는다."라고 '코민포름'의 일본공산당 비판을 축소 해석한다(饗庭孝典, 전게서, p.224 참조).

23) 金日成의 1950년 2월과 4월의 모스크바 및 北京 방문과 관련해 부루스 커밍스는 金日成은 1949년 봄 이후 소련을 방문하지 않았다고 주장하고 있는데

하고 있었다. 특히 일본공산당의 노선전환 문제 등 여러 가지 어려운 문제들이 '중·소 동맹'의 뜻한 대로 순조롭게 마무리 지어졌다. 한편, 韓半島의 내부 사정도 크게 호전되어 人民軍의 '6월 공세'를 예견할 수 있게 되었다. 그동안 추진되어 온 人民軍의 전력 보강문제도 예정한 목표에 도달했으며 한때 한국 정부의 석연치 않은 태도로 말미암아 다소 '우려'가 되었던 '제2代 총선거'도 예정한 대로 5월 말에 실시한다는 방침이 확정되었다.24)

특히 한국 정부가 '제2代 총선거'를 예정대로 5월 30일에 실시할 것이라는 것을 발표한 이상 소련 정부로서는 1950년 6월로 예정한 人民軍의 남침 일정을 변경할 하등의 이유가 없는 것이다. 따라서 '모스크바' 당국은 서둘러 '선제타격작전'을 집행하기 위해 북한 당국과 접촉을 서둘렀다.

최근 러시아 정부가 공개한 旧소련 '정부문서'에 의하면, 1950년 3월 20일 슈티코프 대사는 金日成과 朴憲永의 모스크바 방문과 관련해 다음과 같은 내용의 전문을 본국 정부에 송부했다.

이는 전혀 사실을 모르고 한 말이다(J. 하리데이, B. 커밍스, 차성수, 양동주 옮김, 『한국전쟁의 전개과정』(서울: 태암, 1989), pp.62-63).

"장문의 후르시쵸프 회고록은 金日成이 1949년 3월과 1950년 6월 사이에 다시 한 번 그 문제를 논의하기 위해 모스크바에 갔다고 밝히고 있으나 그것이 사실이라는 증거는 없다."

24) 韓國의 '제2대 총선거'의 법정일정은 1950년 5월 30일이다. 그런데 李承晚 대통령은 1950년 3월 31일 돌연히 선거를 11월로 연기할 것을 고려하겠다고 발표했다. 그러나 에치슨 국무장관은 즉시 이에 반대하고 앞으로 미국의 對韓 원조에 영향이 있을 것이라는 경고를 하였는데, 한국 정부는 4월 12일 선거를 예정대로 5월 30일에 실시할 것을 다시 약속하였다.

　　金日成과 朴憲永에게 3월 17일자 스탈린 동지의 메시지를 전달함. 면담 중 金日成은 4월 초에 자신과 朴憲永이 스탈린 동지와 만나고자 한다는 것을 스탈린 동지에게 전해 줄 것을 요청함. 金日成은 금번의 방문을 1946년도 방문처럼 비공식(비밀)방문으로 할 것을 제의함.

　　金日成은 자신이 이미 스탈린 동지와의 회담자료를 모두 준비했다고 하면서 다음 사항에 관해 협의하기를 원하고 있음.

　　① 北 · 南 통일의 방안
　　② 北朝鮮의 경제개발의 전망
　　③ 여타 공산당 내 문제

　　이 요청에 따라 3월 23일 소련 정부는 金日成 · 朴憲永 양인과의 회담에 동의하고 그들의 4월 중 모스크바 방문을 승인했다. 金日成은 朴憲永과 같이(文日 · 문일[25])과 서천두는 수행) 3월 30일 平壤을 극비리에 출발하여 모스크바로 향했다. 그런데 이들이 모스크바에 도착한 후 언제 스탈린 수상과 회담을 가졌는지에 대해서는 기록이 없어 자세히 알 수 없는 실정이다. 그러나 정황으로 볼 때 이들의 면담은 4월 하순경에나 성사된 것으로 보인다.[26]

―――――――――――――

25) 前 人民軍 작전국장 兪成哲 少將에 의하면, 文日은 떠날 때 그저 "온천에 갔다 온다."라고 하고 떠났다고 하며, 자신은 金 · 朴이 모스크바로 떠났다는 사실을 잘 모르고 있었다고 한다(≪한국일보≫, 1990. 11. 9 참조).
26) 그간 공개된 舊소련 '정부문서' 중 유일하게 이 부문(스탈린이 이제는 남침을 해도 좋다고 한 문서)에만 면담날짜가 누락되어 있는데, 그것은 누군가가 고의로 작성일자를 삭제한 것으로 보인다. 무슨 이유로 그랬는지는 알 수 없으나 날짜의 노출을 꺼렸기 때문에 그리한 것으로 보인다. 3월 하순 이들이 예정한 회담일정은 '4월 초순'이나 실제로 회담이 이루어진 것은 金

당시의 '공식문서'에 의하면, 스탈린은 이들 북한 대표단을 만난 자리에서,

이제는 국제환경이(공산진영에) 유리하게 변하고 있다.[27] '통일과업'을 개시하는 데 '동의'한다. 그러나 이 문제의 최종적인 결정은 중국과 북조선에 의해서 공동으로 이루어져야 하며, 만일 中國 측의 의견이 '부정적'이라면, 새로운 협의가 이루어질 때까지 이 문제의 결정은 연기된다.

日成이 平壤에 돌아왔다고 하는 4월 25일 직전에 있었던 것으로 보인다. 따라서 金日成 일행은 모스크바에서 근 한 달 동안 면담을 대기했던 것으로 보이는데, 이 무렵 미국의 저명한 뉴스 평론가 피어슨(Pearson)은 "1950년 4월 2일 스탈린 수상은 두 번째의 심장병의 발작을 일으켜 의사로부터 주의를 받고 크리미아에서 요양 중이다."라는 보도를 한 바 있는데, 이러한 이유 때문에 金日成 일행의 모스크바 체재는 장기화된 것이 아닌가 생각된다(1950년 3월 스탈린은 새로 구성된 '소연방 최고회의' 개회식에도 불참하여 세계의 이목을 끌기도 했다).

27) 스탈린·毛澤東 두 공산지도자는 이 시점에 와서 한결같이 국제환경이 자신들에게 유리하게 작용하고 있다고 보는데, 과연 그렇게 말할 수 있는 근거가 무엇인지 검토해 볼 필요가 있다.
1950년 1월 美 國務長官 애치슨은 미국의 신방위선에는 대만과 南韓이 포함되지 않을 것이라고 천명했는데, 이는 오래된 미 행정부의 입장을 확인한 것에 불과하다. 그러므로 1950년 봄에 西方 측 외교정책에 중대한 변화가 있었다고는 볼 수 없는 것이다.
그러나 공산 측에는 '중·소 동맹'의 성립과 일본공산당의 노선전환 등 큼직한 정세변화가 있었던 것으로 보아, 결국 이러한 일들이 잘 풀리고 있다는 신호로 받아들여진다.
'6·25 전쟁' 개전일정은 상기 스탈린 수상의 '제가' 이전에 확정된 것으로 보인다. 1950년 4월 중순 朝總聯의 간부들은 일본 千葉縣에서 모임을 가졌는데, 여기서는 "北朝鮮 人民軍은 雨期(6월 하순을 지칭)에 접어들면 '조국통일'의 목적을 위한 對南작전을 전개할 것이다."라는 말이 나왔다고 한다(전술, p.168 참조).

라는 말을 했다고 한다. 이것은 사실상 소련 정부가 한국전쟁을 당초 예정한 대로(6월의 군사행동) 강행하겠다고 하는 강한 의지의 표현으로 보아야 할 것이다.[28]

2) 金·朴의 北京 비밀방문과 毛澤東의 남침 '동의'

스탈린 수상에 의하면, 한국전쟁의 개전과 관련된 최종적인 결정은 어디까지나 毛澤東(모택동) 주석의 '동의'를 전제로 하는 것이었기 때문에,[29] 平壤에 귀환한 金日成은 毛澤東과의 별도 면담을 갖기 위해 부산

---

28) 前 유고 부통령 미로반지라스는 그의 경험을 통해 본 스탈린 수상의 '인간성'을 다음과 같이 말한다(饗庭孝典, 전게서, p.79).

> "末年의 스탈린은 자신에 동의하지 않은 사람을 몹시 혐오하게 되었으며, 외국의 공산당 지도자도 자신의 생각을 솔직히 말할 수 있는 분위기는 아니었다. 자신의 말 한 마디가 자기 民族에게 어떠한 불행을 가져올지 모르는 상황에서 책임 있는 지도자는 그저 스탈린의 의중만 타진해 어떻게 하면 자국의 이익을 스탈린이 반감을 사지 않게 이해시킬 수 있는 방안을 찾기에 급급한 모습은 자신의 경험이다."

전술과 같이 스탈린은 1950년 1월 6일자 '코민포름' 기관지를 통해 일본공산당의 野坂를 비판했는데, 후일 그는 野坂에게 그 '비판'은 '그럴 만한 충분한 이유가 있어서 한 것'이라고 말하고, 당시 자신은 하나의 '구상'을 가지고 있었다고 말한 것으로 보아, 그는 '6·25 전쟁'에 대한 확실한 일정을 가지고 있었던 것으로 보인다.

29) 毛澤東·金日成 회담과 관련하여 駐北韓 소련 대사 代理 이그나체프(Ignachev)가 본국 정부에 한 보고 요지는 다음과 같다(旧소련 '정부문서', 1950. 4. 10).

① 李斗淵 北京 駐在 대사는 3월 말 毛澤東 주석과 면담하고 毛-金 회담을 협의함.

② 毛澤東 주석은 회담에 긍정적이며, 4월 말이나 5월 초에 면담을 제의함.

③ 毛澤東은 金日成이 '한국통일'에 관한 '구체적'인 계획을 가지고 있으면 면담을 비공개로 할 것이나, 그러한 계획이 없으면 면담은 공개적으로

한 나날을 보내게 되었다.30) 이들의 회담은 5월 13일 金日成·朴憲永이

할 것이라고 함. 또한 그는 제3차 대전이 발발한다면 北朝鮮의 참전도 불가피한 것이며, 따라서 北朝鮮도 人民軍을 이에 대비시켜야 한다고 언급함.

30) 1950년 5월 12일자 旧소련 '정부문서'에 의하면, 슈티코프 대사는 金日成의 北京 방문과 관련 자국 정부에 아래와 같은 전문을 보냈다.

① 金日成은 毛 주석과 면담하기 위해 5월 13일 北京으로 출발할 것이다.

② 毛澤東 주석은 가까운 시일 안에 金日成과 면담하되, 金日成이 對南 군사행동을 시작할 생각이라면 비공식으로 만나겠다고 했다(旧소련 '정부문서', 1950. 5. 12 참조).

③ 毛澤東 주석은 李斗淵 대사에게 "'한국통일'은 무력에 의해서만 가능하며, 미국이 南韓과 같은 작은 나라 때문에 '제3차 대전'을 시작하지는 않을 것임으로 미국의 介入을 두려워할 필요는 없다."라고 하였다.

④ 北京 회담 시 金日成은 다음 사항을 협의하고자 한다.
  ㉮ 北朝鮮은 무력으로 통일을 이룩할 의향임을 전달하고, 모스크바에서 있었던 스탈린 동지와의 회담결과를 설명,
  ㉯ 가까운 장래에 중국과 北朝鮮 간에 '통상조약'을 서명하는 문제를 토의(단, '우호조약'은 통일 후에 체결 예정),
  ㉰ 모스크바에서 논의되었던 여타 문제들에 관해 그 결과를 毛澤東 동지에게 설명하고 조선노동당과 중국공산당의 보다 긴밀한 접촉 문제를 논의.

⑤ 金日成은 毛澤東 주석에게 北朝鮮으로 이양되는 中國軍 소속의 '조선의용군'을 위해, 중국이 노획한 일본 및 미국제 무기를 제공해 줄 것을 요청할 계획임을 언급한 후, 필수불가결한 원조는 이미 모스크바에서 제공받았기 때문에 毛澤東 동지에게 부탁할 일은 없다고 함.

한편, 北京 駐在 소련 대사 로신은 毛-金 회담 전 毛澤東 주석과 접촉하였는바, 毛 주석은,

① 南·北韓의 정세에 '平壤' 및 '平壤'과 '서울'의 군사력 비교 평가에 대해 北朝鮮 지도부와 의견을 같이한다고 함.

② 중국 지도부는, "'중·소동맹 조약'을 모델로 한 '중·조 우호동맹 및 상호원조조약'을 통일 후에 체결할 것을 제의하고, 현안에 대한 최종결정은 필립뽀프(Philipov) 동지(스탈린의 별명)의 의견을 접수한 후에 하게 될 것이다."

극비리에 北京을 방문하여 그날 저녁 늦은 시각에 이루어졌다고 한다.
이 자리에서 양인은 지난 4월에 있었던 스탈린 수상과의 회담결과를 보
고하고, 스탈린 수상은 "현 국제환경이 과거와 다름으로 北朝鮮이 행동
을 개시할 수는 있으나 최종적인 결정은 毛澤東 동지와의 협의를 통해
이루어져야 한다."는 입장이므로 중국 측의 동의를 요청하는 것이라고
말했다.

그러나 이와 관련해, 毛澤東 주석의 태도는 다소 '의연'하게 보였다.
그는 북한 측 요청에 대해 즉시 '동의'할 것을 유보하고 일단 이 발언
에 대한 스탈린 수상의 진의를 타진하기로 하였다. 5월 14일 毛澤東은
스탈린 수상이 자신에게 보낸 한 통의 '친전(親展)'을 받아 보고 그 내용
이 金日成 일행의 보고내용과 일치하므로31) 양측의 회담은 진행되었다.

회담에서는 金日成과 朴憲永이 먼저 北韓의 이른바 '3단계 계획'을
보고했다. 이 '계획'의 내용은 대체로 다음과 같다.

제1단계-군사력을 준비하고 이를 증강한다.

라고 언급하였다고 한다(舊소련 '정부문서', 1950. 5. 14 참조). 필립뽀프(스
탈린의 별명)는 5월 16일자 전문으로 "통일 후에 중국과 北朝鮮 간에 '우호
동맹 및 상호원조조약'을 체결한다는 계획에 동의"했음.
31) 1950년 5월 14일자로 스탈린 수상이 毛澤東 주석에게 보낸 회신내용(KA
45/1/334/55):

"毛澤東 동지! 朝鮮人 동지들과의 면담 시 필립뽀프(스탈린)와 그의 동료들
은 변화된 국제상황으로 인해 '통일과업'에 착수해야 한다는 그들의 제안에
동의한다는 의견을 개진하였다. 이와 관련해 이 문제는 中國 동지들과 北朝
鮮 동지들의 공동합의에 의하여 최종결정이 되어야 할 것이며, 만약 중국의
동지들이 동의하지 않는다면, 새로운 협의 시까지 이 문제의 결정은 연기되
어야 한다는 것을 명백히 하였다. 자세한 사항은 北朝鮮 동지들이 귀하에게
설명할 것임."

제2단계 - 평화적 통일에 관한 對南 제의를 한다.
제3단계 - 南朝鮮 측의 평화통일 제의 거부 후 전투 행위를 개시한다.

이에 대해 중국 측은 대체로 찬성의 뜻을 표시하였다. 그러나 毛 주석은 개인적으로,

① '계획'되어 있는 작전을 위해 치밀한 준비가 필수 불가결하다.
② 각개 병사와 사령관들에게 구체적인 '행동지침'을 시달하는 것이 중요하다.
③ 人民軍은 신속히 행동해야 하며, 주요 도시를 포위하면 지체하지 말고 敵軍을 섬멸하기 위해 군사력을 집중해야 한다.

는 것 등 몇 가지 '작전상의 주의'를 환기시키기도 했다.
그리고 그는 "일본군이 전쟁에 介入할 가능성이 있는지?"에 대해서도 물었다. 이에 대해 金日成은,

일본군의 참전 가능성은 별로 없는 것으로 보나, 미국이 2~3만 명의 일본군을 派兵할 가능성을 배제할 수는 없다. 그러나 일본군의 참전은 상황을 결정적으로 변화시키지는 못할 것이며, 이 경우 북조선軍은 더욱 맹렬히 전투에 임하게 될 것이다.

라는 요지의 답변을 했다. '외세'의 전쟁 介入에 대해서 金은 다소의 '자신감'을 가지고 있었던 것으로 보였다.[32]

---

32) 1950년 7월 12일자 舊소련 '정부문서'에 의하면, 北京 駐在 소련 대사 로신은 1950년 7월 2일에 周恩來 수상을 만났는데, 동 수상은 '毛 주석이 5월에 金日成을 만났을 때, 한국전쟁에 대한 미군의 직접 參戰 가능성을 경계해야 한다

190

미·日 양군이 한국전쟁에 介入할 가능성에 대해 毛澤東은 '2~3만 명의 일본군이 참전하는 경우 전쟁이 장기화될 가능성은 별로' 없으나, '만일 미군이 참전한다면 중국은 병력을 파견해서 북조선을 돕겠다.'는 것을 그 자리에서 확언했다.33) 다만 그는 '중국이 대만을 점령한 후에 南쪽에 대한 작전을 개시한다면, 중국은 北朝鮮을 충분히 도울 수 있을 것'이라는 점을 밝힌 것으로 보아 한국전쟁 개전에 대한 자신의 생각은 좀 달랐던 것으로 보인다.

끝으로, 그는 "北朝鮮 측이 현시점에서 작전을 개시하기를 결정함으로써, 동 작전('선제타격작전')은 양국 간(조선과 중국)의 '공동의 과제'가 되었으므로 이에 동의하고 필요한 협력을 제공하겠다."는 의향을 밝혔다.34) 또한 毛澤東은 "조·중국경에 中國軍의 추가 배치나35) 또는 人

고 했으나 金日成은 그럴 가능성은 거의 없다.'는 말을 했다고 金을 비난했다.

33) 毛澤東이 시사한 미군의 介入 시 中國軍이 북한을 원조할 수 있는 근거로, "소련은 미국과 같이 38도선 분할에 참여한 당사자이기 때문에 전투행위에 참가하기는 어렵지만 중국은 여사한 의무가 없으므로 北朝鮮을 도와줄 수가 있다."는 것이다(이 점은 스탈린의 발언과 비슷한 점이 있다).
'전쟁' 발생 시 중공軍은 북한군을 도와야 한다는 논리는 오래전부터 北韓 내부에 있었다. 1949년 9월 15일자로 슈티코프 대사가 스탈린 수상에 제출한 보고서에 의하면, "그들은(북한 당국) 많은 조선인들이 國民黨 군대와의 전투에 참가했으므로 중국인도 朝鮮을 도와주는 것이 당연하다고 생각하고 있다."고 한다(旧소련 '정부문서', 1949. 9. 15 참조).

34) '전쟁' 발생 시 중공軍이 북한군을 도와야 한다는 논리는 오래전부터 北韓 내부에 있었던 것 같다. 그러나 金學俊 교수는 원래 중공은 한국전쟁의 준비과정에는 '전혀 관여하지 않았다.'는 견해이나, 그 후 "중공은 한국전쟁의 계획에 대해서는 알고 있었으며, 북한의 승리를 희망하고 있었으나 한국전쟁의 준비과정에는 '적극적'으로 介入하지는 않았다."라고 주장한다.
여기서 보는 바와 같이 당시 중공 당국은 한국전쟁을 가지고 그것은 '朝鮮과 中國의 공동의 과제'라고 표현하고 있는 것으로 보아 그의 주장은 설득력이 없어 보인다. 사실 중공 당국은 1949년 초(중공軍의 北京 입성 후)부

民軍에게 무기나 탄약의 공급이 필요"하다면 이를 돕겠다고 제의하였다. 이에 대해 金日成은 "현재 기본적인 장비의 보급은 소련 측으로부터 충분히 받고 있기 때문에" 이를 사양한다고 했다.

金日成 일행은 상기 회담을 '성공적'으로 마치고 毛 주석이 친히 베푼 만찬(5월 15일)에 참석하는 '영광'을 가진 후36) 다음 날 아침 일찍이 北京을 출발하여 급거 平壤으로 귀환하였다. 대표단의 北京 체재 시 '조·중 우호동맹 및 상호원조조약'에 대한 깊은 논의는 없었던 것으로 보인다. 그러나 중국 측은 이미 동 조약을 '조선통일' 이후에 체결하기로 합의했으며 이에 대해 스탈린은 5월 16일자로 이 '계획'을 승인하였다.37)

터 '적극적'인 한국전쟁의 추진세력으로 등장한 것으로 보인다(金學俊, 전게서, pp.79-80 참조, Jin C. Soh, 미발간 논문, pp.117-126 참조).

한국전쟁을 '朝鮮과 中國의 공동의 과제'라고 표명한 毛 주석의 의중을 정확히 알기는 어려우나, 중국 측의 '동의'로 말미암아 전쟁은 '중·소 동맹'의 전쟁으로 격상된 것으로 보인다. 그러므로 중국은 전쟁에 대한 '책임'과 '의무'를 지게 되는 것이다.

35) 周恩來 수상은 1950년 7월 2일 로신 대사와의 면담에서 "중국 지도부는 이미 牧丹地區에 12만 명에 이르는 3개 군단 병력을 집결시켜 놓았다."라고 말해, 중국 당국은 유사시에 대비해 충분한 병력을 배치하고 있었다(旧소련 '정부문서', 1950. 7. 2 참조).

36) 로신 대사에 의하면 자신은 만찬 전 金日成을 만났는데(그 자리에는 毛澤東도 있었다) 金은 "회담기간 중 모든 문제에 관해 완전한 합의에 도달했다."라고 말해 극히 만족한 표정이었다고 한다(旧소련 '정부문서', 1950. 5. 15 참조).

37) 그동안 중국과 北韓 사이에는 1949년 11월 25일 北京에서 서명한 '朝·중 우편 및 통신협정'(Sino-N. Korea Postal and Communication Agreement)이 있을 뿐이다. 北韓 내각은 이를 1950년 1월 21일에 비준했고, 2월 1일에는 발효했다.

제**8**장

'선제타격작전'의 시동과
국제공조체제의 확립

1950년 4월 어느 날 北韓 수뇌 金·朴 양인은 스탈린 '대원수'로부터 '전쟁' 개전에 관한 확실한 '언약'을 받고 모스크바를 떠나 귀국길에 올랐다. 이때 스탈린 수상의 말은 '국제환경이 유리하게 변하고' 있으니 '통일과업을 개시하는 데 동의한다.'는 것으로 이것은 분명 '전쟁' 돌입을 '명령'하는 말이나 다를 바 없는 것이다.

그러므로 '모스크바' 당국으로서는 더 이상 시간을 지체할 하등의 이유가 없는 것이다. 南韓의 '5·30 선거'도 이제 가시권에 들어 있으며, 일본공산당의 대내문제도 해결의 기미가 보이는 등 東北아시아의 제 정세는 대체로 '중·소 동맹'이 예견한 범위를 크게 벗어나지 않았다. 바야흐로 바실리예프 장군의 '선제타격작전'은 그 가동의 순간이 도래한 것이다.

1. 바실리예프 장군, '선제타격작전'을 제시

金日成과 朴憲永이 모스크바에서 소련 수상 스탈린으로부터 '국제환경이 유리하게 변화'하고 있으니 자신은 '통일과업을 개시하는 데 동의한다.'는 말을 듣고 급거 平壤에 귀환한 것은 4월 25일의 일이다. 스탈린 수상의 말은 분명 人民軍에 '선제공격'을 명령하는 말과 다름없는 것으로서 北韓 수뇌들은 이 말이 있기를 학수고대했던 것이다.

소련 정부는 이 모든 상황을 예견이나 한 듯이 1950년 2월 하순에는 제2차 대전 시 독·蘇戰에서 혁혁한 '무공'을 세운 것으로 이름난 육군 중장 바실리예프 장군과 그의 막료들을 급거 派北해 그동안 人民軍의 비약적인 발전의 초석을 닦은 것으로 알려진 스미르노프 소장(소련군 군사고문단 총고문)과 교체하도록 했다.

소련 정부가 이 시기에 바실리예프 장군을 北韓에 파견하였다는 사실
은 人民軍의 이른바 '조국통일과업'은 바야흐로 결정적인 국면에 돌입
하였다는 신호이다. 사실 바실리예프 장군은 人民軍의 '선제타격작전'
(또는 '반타격작전'으로 호칭)을 총지휘할 '야전군 총사령관'과 같은 임
무를 띠고 부임한 것이다.[1]

前 人民軍 작전국장 유성철(兪成哲) 소장(한국전쟁의 준비 및 집행과정
에 제일 깊이 관여한 인물)에 의하면, 新任 바실리예프 '총고문'은 자신
들이 손수 작성한 '선제타격작전계획'(소련어)을[2] 방금 모스크바에서 스

[1] 금번 새로 派北된 '고문단'은 1949년 3월 북한 대표단이 모스크바를 방문하
여 스탈린 수상과 면담하였을 때, 스탈린 수상이 개인적으로 약속한 사항 중
의 하나이다(전술 p.46 참조).
당시 소련 군사고문단 '총고문'인 바실리예프 장군이 대동한 '선제타격작전'
은 제2차 대전 시 소련군이 채택한 기본 교리로서, 그것은

"전종섬을 제압하여 기동전에 의한 포위격멸을 실시하는 것이며, 포위를 성
공적으로 실시하기 위해서는 적의 일익 또는 양익을 포위하여 적의 배면 및
측면을 공격하는 것"

이라고 한다(교육사,『공산권의 용병술: 이론과 실제』(육군인쇄공장, 1987), pp.21
-48 참조).

[2] 모나프(Paul Monat) 大佐에 의하면 남침계획('선제타격작전')은 소련군 '총참
모부'의 육군 大將 안토노프(Alexei Antonov)가 주동이 되어 작성한 것이라
고 한다(Life, 1963. 7 참조). 그러나 볼코크노프 장군에 의하면 바실리예프
총고문, 플로트니코프 中將, 파스틱쇼프 少將 등이 한국전쟁의 작전구도를
작성했다고 주장한다(볼코크노프, 전게서, p.25).
또한 前 작전국장 兪成哲 少將도 "초대 군사고문단장은 바실리예프 中將(실
은 총고문임)이며 참모장은 포스토니코프 少將이나 이들이 6·25 '선제타격
작전계획'을 수립한 장본인"이라고 주장한다(≪한국일보≫, 1990. 12. 1 참조).
그런데 슈티코프 대사는 1950년 6월 26일 '총참모부' 제1차장(자하이로프)에
게 개전결과를 보고했는데, 이때 그는 '총참모부의 계획대로' 개전준비가 진
행되었다고 한 것으로 보아 '선제타격작전'은 '총참모부'의 '작품'임이 분명
하다.

탈린과 회담을 마치고 귀환한 북한 수상 金日成(人民軍 총사령관)에게 수교하였으며, 金은 이 '계획'의 원본을 곧바로 人民軍 총참모장 姜健(강건) 중장에게 넘겨주었다고 한다.3)

1950년 5월 초 어느 날 姜健 총참모장은 이 원본을 당시 작전국 부국장이었던 자신(Soviet-Korean)에게 넘겨주면서 "당신이 이것을 우리말로 번역하여 계획을 수립하시오."라는 지시를 하므로 그는 이를 포병사령관 金鳳律(김봉율) 소장(Soviet-Korean)과 포병 사령부 참모장 鄭學俊(정학준) 소장(Soviet-Korean) 그리고 공병국장 朴吉南(박길남) 대좌(Soviet-Korean) 등과 같이 민족보위省 내의 한 '별실'에서 '극비리'에 번역하였다고 한다.4)

작전 부국장 兪成哲 소장이 손수 번역하고 정리한 이 바실리예프 총고문의 '선제타격작전계획'은 5월 하순에 완성되었다. 이때 '人民軍 총사령관' 金日成은 이를 보고 그 자리에서 승인('동의'로 표기)함으로써 '작전계획'은 확정되었다.5) 兪 소장 등에 의해 번역된 이 '계획'의 주요

---

3) ≪한국일보≫, 1990. 11. 9 참조.
 슈티코프 대사는 1950년 5월 12일자 전문에서 이 사실을 아래와 같이 보고했다.

 "金은 1950년 6월경으로 예정하고 있는 남침계획을 구체적으로 수립하라는 지시를 人民軍 총참모장에게 시달했다고 언급함. 金은 작전을 6월에 개시할 것이나 그때까지 준비가 완료될지는 자신이 없다고 함."

4) ≪한국일보≫, 1990. 11. 9 참조, 또한 ≪東亞日報≫, 1992. 7. 27 참조.
 兪 少將에 의하면 이 번역작업은 "일본式 건물인 민족보위省 청사 내의 '별실'에서 총참모장에게 보안서약을 한 뒤 1개월여에 걸친 작업 끝에 '작전계획'을 수립했으며 내가 이를 최종 종합했다."고 한다.
 그리고 "여기에 참석한 人物들은 모두 소련 출신이며, 군 요직에 많이 진출해 있던 延安派 출신들은 '작전계획서'를 해독할 수 없고, 또한 비밀을 유지해야 하기 때문에 제외했다."고 한다.

5) 슈티코프 대사는 5월 29일 스탈린 수상에게 이 사실을 보고했다(KA45/1/346/94).

 "金日成은 그의 총참모장(姜健)이 소련 고문관 바실리예프 장군과 공동으로

198

내용은,

① 전투명령서
② 육·해·공군과 각 부대의 이동계획
③ 병참보급계획
④ 남침(南侵) 준비를 '군사훈련'으로 위장하는 계획

등 4개 항목으로 구성되어 있었는데, 그중 핵심은 말할 것도 없이 '전투명령서'이다.

그것은 "國軍이 북침(北侵)을 자행하고 있으므로 이를 저지하기 위해 38선 全 전선에서 '전면(全面)반격'을 감행해 72시간(3일) 이내에 서울을 점령하는 것"이다.6)

공격작전에 관한 기본 계획을 완성했다고 통보해 왔다. 그리고 金日成은 그 계획을 승인했다. 모든 편성과 준비는 6월 1일경에 완료된다. 10개 사단 중 7개 사단이 공격작전을 실시할 준비가 되어 있다. 7월에는 雨期가 시작된다. 바실리예프 장군과 파스틱쇼프 장군은 7월에는 병력 집결에 훨씬 더 많은 시간이 소요된다고 보고해 왔다. 따라서 '총참모부'는 6월 말에 공격을 개시할 것을 건의하였다.

본인의 의견(건의사항): 이 시기에 동의 가능함. 北朝鮮은 휘발유와 의약품을 요망하고 있음. 조속지시 요망함."
이에 대해 스탈린은 즉시 그로미코 副외상의 명의로 '이곳에서는 당신의 건의를 승인함. 의약품과 원유는 곧 받게 될 것'이라는 사실을 슈티코프 대사에게 통보했다.

6) ≪한국일보≫, 1990. 11. 9 참조.
前 人民軍 작전국장 兪成哲 少將에 의하면, 자신들은 개전 당시 '3일 작전'이 전부이고 그것으로써 전쟁은 승리할 것으로 믿었다고 한다. '3일 작전'의 기본은, 主攻·助攻부대가 일체가 되어 예정된 시간 내(72시간)에 '서울'을 완전 포위하여 '國軍 주력의 퇴로를 차단하고 동시에 國軍의 전후방을 분리해 漢江 이북의 國軍 주력을 섬멸'하는 것이다(그리고 '5. 30 선거'로 당선된

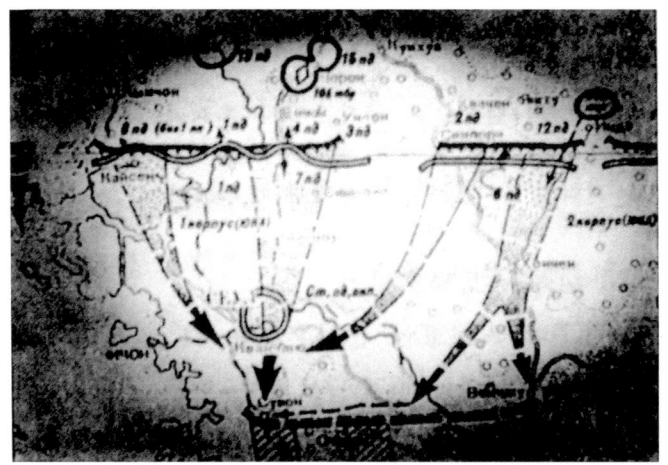

소련군 '총참모부'가 작성한 '3일 작전'의 원본
(자료: ≪US News & World Report≫, 1993. 8. 9.)

한편, 1950년 4월 28일 민족보위省은 金日成과 朴憲永의 모스크바로
부터의 귀환과 때를 맞추어 '하계전투문화훈련'(6월 1일~10월 31일)을
확정 발표하고 이를 '명령 제0285호'로 全軍에 시달하였다. 이는 지난
수개월 동안 지속되어 온 '비상태세'의 유지를 촉구하기 위한 것이다.
민족보위相 崔庸健(최용건)은 이 명령을 발표하면서,

국회의원들의 서울 탈출을 봉쇄해 적어도 국회의원 100명 이상을 서울지구에
잔류하도록 하는 것이다).
한편 러시아의 군사전문가인 코로토코프 박사는 '3일 작전'에 대해 다음과 같이
말하고 있다(≪朝鮮日報≫, 1992. 8. 30과 ≪News Week≫, 1993. 8. 9, p.45 참조).

"북한군은 38도선 부근에 집중적으로 전진 배치한 후 일정한 시점에 전력전
을 개시해 개전 후 3일 안에 서울은 물론, 水原, 原州, 三陟으로 이어지는
지역을 일거에 점령하는 것을 제1단계 목표로 삼고 있다. 이 목표가 완료되
면 전쟁은 승리할 것으로 보고, 제2단계 작전에 들어가 釜山, 光州, 麗水 등
3개 方面으로 진격하도록 짜여 있다."

200

    全軍은 애국적 열성으로 군사·정치훈련에 매진함으로써 공화국의
민주기지를 굳게 지키고 조국과 인민이 부를 때는 언제나 반동세력을
격파할 수 있는 준비태세를 갖추어야 할 것이다.

라는 경고도 함께 시달하였다.[7]

    1950년 5월부터 人民軍의 군사훈련은 그 내용과 질에 있어서 크게
변하였다. 군관(軍官)이나 병사들에게는 모두 집중적인 사상교육이 강화
되었다. 그들은 연일 각급 부대의 '문화부'가 주관하는 '정치학습'에서
'美帝의 완전한 식민지로 전락한 南朝鮮', '자본가와 지주의 착취에 허
덕이는 남조선 인민의 참상' 그리고 '南朝鮮을 해방하고 조국을 통일하
는 것은 민족의 최대 과업'이라는 등 이른바 '적개심'을 고취시키는 정
치학습에 열을 올리고 있었다.

    또한 군사훈련에 있어서도 병사들은 그 전과는 달리 실탄사격을 위주
로 하는 훈련을 실시하는 등 실전에 임하는 준비를 하였다. 특히 軍官
들에게는 남한의 지형학습에 중점을 두어 38도선 이남의 지리를 숙지케
하였다. 특히 중대장들에게는 5만분의 1로 축소된 38도선 이남의 지도
를 6월 초에 분배했다. 이런 것들은 모두 조만간 전개될 人民軍의 '선
제타격작전'을 위한 치밀한 준비작업의 일환으로서 새로 부임한 소련군
고문관들의 새로운 훈련법에 의거한 것이다.

    슈티코프 대사는 5월 29일자 본국 정부에 보낸 한 보고서에서 "軍조
직 문제(제1군단과 제2군단의 '창설' 및 '전방 사령부'의 설치 등)는 6월
1일까지 완료"될 것이라고 말했다. 또한 "人民軍은 6월까지 완전한 '전투

---

7) 萩原 遼, 전게서, pp.162-163, 165.
  이러한 '명령'에 따라 포병사령관 武亭은 1950년 5월 10일 "1950년도 하기
  전투훈련에 대한 조선인민軍 포병부대와 구분대(區分隊)의 임무에 관하여"라
  는 훈령을 각 사단에 시달했다.

준비태세'를 갖추게 된다."고도 했다. 따라서 "6월 8일부터 10일 사이에
전투 병력은 지정된 前方의 집결지로 이동을 개시할 것"이라고 말했다.[8]

2. 瀋陽 '3국 고위 黨·政회담'과 국제공조 확립

한국의 저명한 북한문제 연구가인 金昌順(김창순)에 의하면, 北京에서
용무를 마치고 귀국한 金日成은 서둘러 黨 및 정부의 고위 人士들을
한자리에 모아 놓고 '전쟁'이 임박했다는 사실을 간접적으로 시사했다
고 한다. 그에 의하면, 5월 17일 평양의 모란봉극장(牧丹峰劇場)에서 고위

---

8) 상황이 이러함에도 불구하고, 맥아더 장군은 1950년 5월 27일 ≪New York
Times≫의 살쓰버가(Saulzberger) 기자와의 단독회담에서, 尙今 아시아지역에
는 전쟁의 위험성이 적다는 견해를 표명하였다(≪New York Times≫, 1950.
5. 27, ≪朝日新聞≫, 1950. 5. 28).

> "근대전의 파괴력은 극히 크기 때문에 금후의 전쟁에는 승자가 없을 것이
> 다. 나는 가까운 장래에 전쟁이 일어나리라고는 생각하지 않는다. ……미국
> 도 물론 '침략전쟁'을 할 의도가 없지만 소련이 '침략전쟁'을 할 것이라고
> 생각하는 것은 어리석은 일이다. 소련은 현재의 체제로 잘하고 있는데 당연
> 히 현재의 제도를 유지하기를 원할 것으로 생각한다."

맥아더 장군의 이러한 '낙관론'은 당시 보편적인 견해로서 韓國軍 수뇌들(申
性模 국방장관도)도 같은 생각을 가지고 있었다. 특히 蔡秉德 육군 참모총장
은 부하들이 남침 위험의 징후를 보고할 때마다, 그는

> "'자네들이 뭘 안다고 그래?' 38도선은 美·蘇가 그어 놓은 것인데 北韓이
> 어떻게 감히 그 선을 깨뜨리고 침공한단 말인가? 정말 金日成이 공격해 올
> 것인지 오지 않을 것인지는 국제적으로 관련이 깊은 문제인데 지금의 국제
> 정세를 고려하면 공격해 올 가능성은 거의 없다."

는 식으로 면박을 준 일까지 있다고 한다("歷史는 흐른다", ≪朝鮮日報≫, 1987.
5. 8 참조).

202

'당·정·군 연석회의'가 열렸는데, 이 자리에서 金日成은 고조된 목소리로 "동지들! 머지않은 장래에 전개될 '조국통일과업'의 쟁취과정에서 우리는 '무력사용'의 가능성을 배제하지 않는다."는 점을 강조했다고 한다. 그 결과 이 회의에 참석한 대다수 人士들은 바야흐로 '전쟁'이 임박해 졌다는 느낌을 갖게 되었다고 한다.9)

금번 회의는 한국 정부가 실시하는 '5·30 선거'의 직후에는 침공부대의 前方 이동배치가 예상되므로 軍 지휘관들에게 경고의 목적으로 金의 그와 같은 발언이 있었던 것으로 보인다.

한편, 이 무렵 만주의 심양(瀋陽)에서는 또 다른 국제회의가 열렸다고 한다. 이 회의는 다가오는 '전쟁'에서의 궁극적인 성공을 보장하기 위한 조·중·소 3국 간의 '국제공조체제'를 발족한 것이라고 한다. 1966년 3월 金日成은 平壤을 방문한 일본공산당 서기장 宮本顯治(미야모도겐지)와 공식회담을 가진 바 있는데, 이 자리에서 金은,

　　1950년 5월 만주의 瀋陽(심양·옛 奉天·센양)에서 '朝·中·蘇 3국 고위회담'이 열렸는데, 여기서는 人民軍의 南朝鮮에 대한 '선제방안'이 논의되었다. 이때 人民軍의 진격에 대해 미군의 도발행위가 있을 경우, 人民軍은 즉시 반격으로 나와 계속 南進한다는 방침을 세웠으며, (만약 '사태'가 여의치 않을 때) 중국은 직접 군대를 파견하여 원조하고, 소련

---

9) 金昌順, "六·二五와 朴憲永", ≪韓國日報≫, 1967. 6. 25. 참조, 陸軍士官學校, 『韓國戰爭史』(서울: 日新社, 1994), p.208 참조.
한편, 이 회의에 참가했던 柳京洙 少將(제105탱크여단장)의 말을 前 105탱크여단의 吳基完 大尉는 다음과 같이 전언한다. 이 회의에 참석한 사단장들이 "1주일 내지 10일이면 南朝鮮을 해방시킬 수 있다."라고 말하자, 崔庸健 보위상은 "그렇게 빨리 될 수 있겠느냐?"라고 반문했다고 한다. 이때 金日成은 "1개월을 잡아도 좋으니 너무 조급히 서두르지 말라. 문제는 확실한 승리"라고 말했다고 한다(서울신문, 1973. 6. 25 참조).

은 무기를 보내 원조한다는 점도 결정되었다.[10]고 말했다.

3국 간의 고위 실무진이 瀋陽에서 '전쟁' 개시 직전에 최종적인 회합을 통해 '전쟁' 수행에 대한 '안전책'을 심도 있게 논의한 것으로 보아[11] '6·25 전쟁'을 향한 조·중·소 3국의 행보는 무척이나 빠른 속도로 움직이고 있다는 사실을 알 수가 있다. 오직 그들은 5월 30일로 예정된 한국의 '제2대 총선거'가 예정된 대로 그리고 조용히 끝날 그날만을 기다리고 있을 뿐이다.[12]

---

10) 思想運動硏究所編, 『일본공산당事典』(東京: 全貌社, 1978), p.1020.
　　이때 金日成은 소련의 원조로 들어온 무기는 모두 有償의 것이었으며, 또한 비싼 대가를 치렀다고 소련을 비난했으며, 또한 전쟁을 통해 北韓과 중공의 희생은 컸으며 소련은 그 덕분에 별 피해를 입지 않았다고 불만을 토로하였다.

11) 일본의 陸戰史硏究普及會가 편집한 『朝鮮戰爭』은 '美公刊史'를 인용해 "1950년 1월 초에 소련·중국·북한의 3국 수뇌가 北京에서 회합해 南韓에 대한 무력침공을 결정한 것 같다."고 하나 공식적으로 확인할 수는 없다고 한다 (陸戰史硏究普及會 編, 전게서, p.6).

12) 이 기구가 그 후에도 계속 존속하였는지 여부는 확인할 수 없으나 1950년 7월 31일자 ≪New York Times≫의 한 기사는 이 기구의 존재 가능성을 시사한다. ≪New York Times≫에 의하면, 소련과 중공은 1950년 7월 1일에 설치한 것으로 보이는 '최고군사위원회'(Supreme Mititary Commission)에서 '작전'과 '보급'을 총괄 지휘하고 있다고 주장했다. 이 기관은 서울에 있는 旧미국 대사관에 자리 잡고 있으며, 거기에는 소련 측에서 40명과 중공 20명 그리고 北韓 측에서는 50명 등 도합 110명의 요원들이 활동하고 있었다고 주장했다 (≪New York Times≫, 1950. 7. 30 참조. 그리고 중공 측 요원의 파견에 대해서는 饗庭孝典, 전게서, p.146 참조).

3. 일본공산당의 '地下黨(지하당)' 구축

새로운 국제 정세에 상응하는 黨의 개조작업은 계속되었다. 4월 28일 黨은 '코민포름'의 비판을 수락한 이후 처음으로 제19차 黨 '확대 중앙 위원회'를 열었다. 이 자리에서 德田(도구다) 서기장은 오는 '메이 데 이'(The May Day)를 기해 黨은 '1950년 테제'(초안) ― 다가오는 혁명에 있어서 일본공산당의 기본 임무 ― 를 채택할 것이라고[13] 선언했다. 이로써 전후 수년간 野坂(노사카)와 黨 지도부가 강조해 온 이른바 '사랑받는 공산당'은 완전히 사라지고, 그 대신 '전투적 공산당'이 등장하게 되었다.

'1950년 테제'는 黨의 기본 강령이다. 거기에는 다가올 혁명(革命)의 성질을 '인민민주주의의 혁명'으로 규정했으며 '국제 독점자본의 지배로부터 민족을 해방'하는 것을 黨의 지상과제로 삼았다. 그리고 '인민민주 정부'의 수립을 궁극적인 투쟁목표로 설정하였다.[14] 이로써 일본공산당은 '모스크바'·'北京'의 지시와 지령에 따라 언제나 '무력항쟁'을 전개할 수 있는 굳건한 태세를 갖추게 된 것이다.

이러한 공산당의 무분별한 '장난'을 지켜본 일본 정부나 미군 당국은 일본의 앞날을 걱정하게 되었다. 맥아더 장군도 같은 생각으로 앞으로

---

13) 德田 서기장은 이 '초안'은 올가을에 있을 黨 대회(8~10월 사이)에서 채택될 예정이라고 발표하였는데, 이것이 黨의 기본강령이 되기 위해서는 앞으로 '모스크바'·'北京'의 추인을 받아야 하고, 그 후에 黨 대회에서 채택하면 되는 것이다. 이로 미루어 보아 일본공산당의 실지 행동(게릴라戰과 같은 무력투쟁)은 黨 대회 이후에나 가능한 것이다(『일본공산당事典』, p.433). (한국전쟁이 그들의 '예상'과는 전혀 다르게 진행된 관계로 일본공산당은 예정보다 1년이나 늦게 1951년 10월에 비밀 黨 대회를 열고 黨의 기본강령을 채택했다. 스탈린은 이 강령(綱領)을 직접 작성했다고 한다.)

14) ≪朝日新聞≫, 1950. 5. 2.

는 '힘에는 힘'으로 대처할 수밖에 없다는 굳은 결의를 다짐하게 되었
다. 그는 다음과 같이 그간의 일본공산당의 처사에 대해 이를 신랄하게
비난하였다.

> 일본공산당은 그들의 지반이 좀 굳어지자 다른 공산주의자들이 하는
> 것과 같은 길을 따라 정치·사회 각 분야에서 차차 격화되어 국민의 반발
> 을 사고 있다. 특히 최근에는 합법의 가면을 벗어버리고 공공연하게 국제
> 적인 침략 세력의 앞잡이가 되어 외국의 권력 정책과 제국주의적 목적을
> 위해 파괴행위와 선동의 임무를 담당하고 있다.[15]

1950년 5월 韓半島 일각에서는 소련군 고문관들의 직접적인 관여로
이른바 '조국통일과업'을 수행할 人民軍의 침공준비는 극히 '평온한' 가
운데 아주 은밀하게 진행되고 있었다. 그러나 일본 열도에서는 이와는
대조적으로 날이 갈수록 심각한 양상만이 되풀이되고 있어, 누구나 일
본공산당의 투쟁목표가 무엇인지를 용이하게 감지할 수 있게 되었다.

1950년 5월 27일 소련 정부의 '駐日 총책(總責)'과 같은 데레부양코
(Derevyanko) 중장[16]은 대표부 직원 수십 명을 거느리고 본국으로 떠났다.
그가 떠난 지 3일 만에(5월 30일) 東京(동경·도쿄)의 궁성(宮城)앞 '인민광
장'에서는 2만이 넘는 많은 人波가 운집한 가운데 '공산당 방위, 평화옹
호, 요구관철, 조국(朝鮮)통일전선 인민궐기대회'가 열렸다.

이 대회는 일본공산당이 조직한 것이다. 그러나 여기에는 조총련(朝總
聯)의 행동대, 학생 및 조직노조들이 연대하여 참가함으로써 대성황을 이
루었다. 조총련이 이처럼 많이 조직적으로 참가하기는 이번이 처음이었

---

15) ≪朝日新聞≫, 1950. 5. 2.
16) 그는 '4대국 同盟評議會'의 소련 측 수석대표이다(후술 pp.188-191 참조).

206

다. 이제 조총련도 무언가 크게 변화하고 있다는 것을 실감케 하였다.[17]

이 대회에 참석한 野坂參三(노사카산조)은 대중을 향해 "우리는 인민의 손으로 정부를 장악해야 한다. 그리고 일본의 완전한 독립을 쟁취하고 '전면강화'에 의한 점령군의 철퇴"를 요구한다고 다음과 같이 외쳤다.

> 대회를 보고 나는 작년 橋本君(하시모토군)이 흘린 피가 헛되지 않았다는 것을 확신하였다. 작년 우리는 역부족으로 1步 후퇴하였는데 그것은 2步 전진을 위한 것이었다. ……오늘 이 대회는 여러분의 승리이다. 이것은 '민주주의 민족전선'의 제1회 집회에 걸맞은 승리이다.

이처럼 그의 연설은 선동적인 발언으로 일관하였다.[18] 집회종료 후 데모隊는 도심지에 진출하여 시위를 벌이는 도중에 갑자기 일단의 청년들이 미군 헌병 4명에게 투석과 폭행을 가해 큰 부상을 입게 하는 불상사가 빚어졌다(일본에서는 이를 '5·30 사건'이라고 함).[19]

과거 수년간, 미군 점령하에 있는 일본에서 일본공산당이 미군에게 그것도 대낮에 노상에서 이와 같은 '도발행위'를 한 것은 이번이 처음 있는 일이다. 공산당의 이와 같은 처사는 미군에 대한 단순한 '폭행'은 아니며, 그것은 일본공산당에 대한 상부로부터의 지령(指令) 등의 수용능력을 시험한 것으로 黨은 어떠한 지령도 수용할 수 있다는 것을 행동

---

17) ≪朝日新聞≫, 1950. 5. 30.
18) 野坂參三 資料編纂委員會, 『野坂參三』, pp.146－147 참조.
19) AP 東京支局長 부라이안스(Braians)는 사건 당일 현장에서 이 광경을 목격한 소감을 다음과 같이 말한다(≪朝日新聞≫, 1950. 5. 31).

> "이것은 모스크바의 指令－점령 정책의 무시에 따라 행하여진 중요한 일이며, 이것은 단지 그 시발이다. 그리고 이 方針을 달성하는 유일한 수단은 미점령군의 권위에 대해 공공연하고 직접적인 반대를 하는 것이다."

으로 보여준 것이다.[20] 또한 이것은 1950년 '테제'의 채택 후 급속도로 추진되고 있는 黨의 '지하당' 구축[21]과도 관련이 있는 것으로서 黨의 '지하당' 구축작업이 완료되었다는 신호이기도 했다.[22]

---

20) 이 사건에 대한 ≪People's China≫(1950. 6. 16.)의 논평은 아주 고무적인 것이다.

"중국 인민은 美帝와 용감히 싸우는 일본인민을 환영하며, 그들이 凡太平洋 침략자와 투쟁하는 전체 아시아人民의 통일전선에 참가함을 높이 평가한 다."(≪新華社通信≫, 1950. 6. 17.)

21) 후일 판명된 바에 의하면 '地下黨'의 조직은 '특수임무'를 수행하는 데 적절하게 되어 있으며, 中央 '뷰로'(Bureau: 局)와 地方 '뷰로'로 二元化되었다. 그중 中央 '뷰로'는 말하자면 당무를 총괄하는 '地下黨'의 총본부이며, 최고 군사위원회가 여기에 속해 있다. 그리고 地方군사위원회가 있는 地方 '뷰로'는 都, 道, 府, 縣에 지부를 두고 있으며, 세포조직으로 편성되어 있는 것이 그 특색이다. 특히 이 地方군사위원회는 유사시에 실제 행동에 돌입할 수 있는 행동대를 보유하고 있는데, 여기에는 '中核自衛隊'와 '抵抗自衛隊'가 있어 실질적으로 '일본 人民軍'의 역할을 하게 된다.
이러한 일본공산당의 '地下黨' 조직 및 군사교육은 중국공산당의 지도하에 진행되고 있으며, 北京에는 '日本人 學校'가 있는데, 한국전쟁 중 이 학교에는 약 2,000명의 일본공산당 당원들이 일시에 교육을 받은 일도 있었다고 한다(袴田里見, 전게기사, 1978. 5. 26, p.166).

22) 전후 처음 있는 이와 같은 불상사로 말미암아, 점령軍 당국이나 吉田 정부는 큰 충격을 받았으며, 차제에 공산당을 탄압하여 보복하기로 방침을 굳혔다.
그리하여 맥아더 장군은 먼저 공산당의 합법성을 검토하고, 德田 서기장과 野坂 정치국원 등 7명의 정치국원 전원과 17명의 중앙위員 등 도합 24명의 黨 지도부 人士들을, 전부 '공직'(議員직과 黨직)에서 추방하기로 결심하고 이를 6월 6일 吉田 수상에게 요청하였다. 수상은 이를 즉시 받아들여 이들을 '공직'에서 추방하였다.
그리고 6월 7일에는 전일의 黨 간부들의 추방에 이어, 黨 기관지인 赤旗의 간부 17명도 추가해 추방할 것을 점령 당국에 요청하였다. 이로서 일본공산당의 지도부는 표면상으로는 완전히 와해된 셈이다. 그러나 공안 당국이 '5·30 事件'과 관련해 이들을 체포하려 하였으나, 이들은 6월 4일 이후 잠적해 체포는 면하게 되었다.

4. 소련 외교진(極東담당)의 본국 철수

1950년 4월과 5월에 이르러 人民軍의 '무력침공' 계획은 예정대로 최종적인 순간을 맞이하게 되었다. 또한 일본공산당의 개편작업도 '중·소 동맹'의 기대 수준에 이르게 되었다. 이 무렵에 '平壤'·'東京'·'워싱턴'을 잇는 소련의 외교 전선에서는 고위급 외교관들이 속속 자태를 감추고 본국으로 귀환하기 시작한 것이다. 이들이 왜 거의 같은 시기에 자신들의 임지(任地)를 떠나 본국으로 귀국하게 되었는지 그 이유를 자세히 알 수는 없다. 다만 그간의 소련의 외교 관례에 비추어 볼 때 이들의 '동시소환'은 아주 이례적인 것만은 아니다.

이들의 '동시소환'은 다분 머지않은 장래에 韓半島에서 야기될 새로운 '사태'에 대한 최종적인 점검과 앞으로 전개될 '사태' 발전의 추이 등을 논의하기 위한 것이 아니었나 생각된다. 그리고 다른 한편으로는 人民軍의 '무력침공'이 개시될 때 소련 정부는 이들 주요 공관장들이 그대로 주재지(駐在地)인 '東京'이나 '워싱턴'에 남아 있는 것은 바람직한 일이 아니라고 판단한 것 같다.

북한 駐在 소련 대사 슈티코프는 한국 정부가 '제2대 총선거'를 예정한 대로 5월 30일에 실시할 것이라는 것을 발표한 1950년 4월 초에 모스크바로 소환되었다고 '서울'의 한 유력한 일간지(≪東亞日報(동아일보)≫)는 추정하였다.[23] 최근 러시아 정부가 공개한 旧소련 '정부문서'에서도 이 내용을 확인할 수가 있었다.

슈티코프 대사는 전술한 바와 같이 3월 하순 북한 수뇌들(金·朴)을 대동하고 모스크바를 향해 출발하였다. 그의 방문목적은 스탈린 수상으

---

23) 1950년 6월 10일자 ≪東亞日報≫는 蔡秉德 육군참모총장의 기자회견을 보도했다.

로부터 한국전쟁의 개전에 대한 그의 최종적인 '동의'(이것은 '허가'나 '재가'와 같은 것)를 받아내기 위해서였다. 결국 여러 날을 모스크바에서 보낸 일행은 4월 하순의 어느 날 스탈린 수상으로부터 이제는 '전쟁'을 해도 좋다는 '재가'를 받은 후 平壤으로 귀환했다. 그는 이보다 2개월 전인 1950년 2월에도 金日成(朴憲永이 동행했는지는 확실치 않음)을 대동하고 '모스크바'에서 스탈린 수상과 면담을 한 것으로 보인다.24)

이 무렵 ≪New York Times≫의 보도에 의하면 東京과 워싱턴에 상주하고 있는 소련의 두 극동문제 전문가들은 5월 중순을 기해 차례로 모스크바로 소환되었다고 한다.

駐미 소련 대사이며 동시에 '13개국 극동위원회'의 소련 측 수석대표인 파뉴쉬킨(Alexander S. Panyshkin)은 5월 12일 국무성으로 웨브(James F. Webb) 차관을 방문하고 자신은 5월 16일에 귀국할 것이라는 사실을 보고했다. 그는 16일 출발에 앞서 뉴욕(New York)에서 가진 한 기자회견에서 이번 여행의 중요성을 은폐하기 위해 그저 '주치의(主治醫)의 권고로 약 2개월간 본국에 다녀오는 것'이라고만 말함으로써 그의 귀국은 정무와 무관한 '사적인 여행'이라는 인상을 강하게 풍겼다.25)

그러나 그가 약 2개월간이나 워싱턴을 떠나겠다고 한 것으로 미루어 보아 '모스크바' 당국은 人民軍의 남침 시 그가 그대로 워싱턴에 남아

---

24) 한편, 슈티코프 대사는 전술과 같이(pp.55-57.) 중공 정권의 출현 직전인 1949년 8~9월 40여 일 동안 모스크바에 체류하면서 스탈린 수상에게 직접 '韓半島 정세'를 보고한 바 있다. 그런데 슈티코프 대사는 이때 자신과 같이 平壤에 간 쿠바노프, 카투코프 장군 등 '특별군사사절단'의 고위 장성들과 같이 간 것으로 보이는데, 이들은 예정된 임무(10개월 근무)를 수행하고 귀국하는 것이다. 여하튼 그는 아주 바쁜 일정으로 '모스크바'와 '平壤'을 오가면서 한국전쟁의 추진을 위해서 '맹활약'을 하고 있는 것으로 보인다.

25) 파뉴쉬킨 대사는 2개월 이상의 휴가를 한 후 8월 24일 워싱턴으로 귀환했다(≪朝日新聞≫, 1950. 8. 27 참조).

있는 것은 바람직하지 못하며 또한 對日강화 문제와 人民軍의 남침 시 야기될 미국 정부의 입장 등 제반 관련 문제들을 협의하는 것이 그의 일시 귀국의 주요 목적이 아니었나 생각된다.[26]

그리고 東京에 상주하고 있는 소련의 유일한 공관(公館)인 '4대국 동맹평의회'의 소련 측 수석대표인 데레부양코(Kuzma N. Derevyanko) 중장은 평소 말없이 조용한 생활을 해 온 인물이었다. 그러한 그가 1950년 5월 27일 갑자기 그의 부인과 수석보좌관인 기스렌코(Kislenko) 소장을 포함한 대표부(代表部) 고위 참모 약 50여 명을 대동하고 일본을 떠났다. 그는 웬일인지 미군 당국에도 귀국한다는 人事 말 한 마디 없이 橫浜(요고하마)에 정박 중인 자국 선편을 이용해 블라디보스토크로 출항하였다.[27]

전후 일본문제를 실질적으로 처리해 온 것으로 보이는 그가 평소에 본국 출장을 자주한 편도 아닌데 가족과 많은 참모들을 대동하고 갑자

---

26) 그러나 유엔 駐在 말리크 대사의 경우는 사정이 좀 다른 것 같다. 그는 파뉴쉬킨 대사의 경우와 같이 전쟁 발발 전에 모스크바로 귀환하는 것이 아니라, 그대로 뉴욕에 잔류하면서 한국전쟁의 개막을 지켜본 후에 귀국하는 것으로 되어 있는 것 같다(소련 정부는 장시일 유엔을 '보이콧'(boycott)하면서 한국전쟁 개전 시 그를 그대로 뉴욕에 잔류시킨 이유를 잘 알 수는 없으나, 그는 필요시에는 安保理에서 활동을 할 수 있도록 조치된 것 같다).
   그는 유엔 당국이 6월 25일 韓半島 사태에 介入하고 나아가 6월 27일에는 북한군과의 군사적 대결을 결정하는 등 일련의 결의사항을 지켜본 후 6월 27일 그로스 미국 副대표에게 자신은 '7월 초에 뉴욕을 떠날 것'이라는 말을 했다고 한다(그러나 그는 떠나지 않고 뉴욕에 그대로 남아 있었다).

27) 《朝日新聞》, 1950. 5. 28 참조.
   데레부양코 中將은 제2차 대전 중 소련이 對日戰에 參戰하기 이전인 1945년 5월 마닐라(Manila)의 미군 총사령부 정보부(위로비(Charles A. Willoughby) 부장)에 배속되었는데, 1945년 9월 2일 일본이 전함 '미조리'(Missouri) 함상에서 연합국에 항복할 때 그는 소련 정부를 대표해 이에 서명한 바 있다. 그는 연합국이 東京에 '4대국 동맹평의회'를 설치할 때부터 소련 측 수석대표로 東京에 상주하고 있었다.

기 출국하였다고 하는 사실은 그저 예사로운 일로 보기에는 너무나 큰
일이다. 그래서 市中에서는 곧 이상한 '소문'이 나돌기 시작하였다.[28)
이에 당황한 대표부 공보비서는 서둘러 기자회견을 자청한 자리에서,

> 장군은 휴가차 본국에 귀환한 것이다. 아마 2~3개월 후에는 다시 東
> 京에 귀임할 것이다. 왜냐하면 장군의 駐日 사명은 일본과 강화조약을
> 체결하는 데 있기 때문에 장군은 곧 돌아올 것으로 믿는다.[29)

라는 짤막한 말로써 장군의 출국은 단순한 '휴가'에 불과한 것이라고
주장하였다.

그러나 미군 당국과 언론들은 그의 이러한 '휴가'차 귀국이라는 사실
을 전혀 믿으려 하지 않았다. 왜냐하면 연초부터 심상치 않았던 일본공
산당의 동태는 마침내 '1950년 테제'의 발표로 '새로운 국면'을 맞이하
게 되었으며, 이러한 시기에 데레부양코 장군 일행의 '돌연'한 출국은
그저 예사로운 일로 보기에는 너무도 큰일이기 때문이다.

그러므로 맥아더 사령부의 외교부(국무성) 측 반응은 "소련의 對日정
책에 큰 변화가 있을 징조와 같다."는 등 그의 출국을 극히 중요시하였
다. 또한 다른 軍部 측의 견해도 "소련이 東南아시아지역에 압력의 강
화를 예상하고 있어, 이를 위해 '모스크바' 당국은 데레부양코 중장의
'고문(advice)'을 필요로 했다."[30)는 등 중대한 사태와 관련지어 이를 관

---

28) ≪朝日新聞≫, 1950. 5. 29, 5. 30, 6. 9 등 참조.

29) サンデイ 毎日, 1950. 6. 18 참조.

30) ≪朝日新聞≫, 1950. 5. 30, 6. 9 참조.
　　데레부양코 장군의 출국에 대한 駐蘇 미국 대사의 국무성에 낸 보고는 잘
　　못된 것이다.
　　　"데레부양코 장군의 귀국은 데레부양코 장군이 재임 중 美·英 당국과 아주

찰하였다.

사실 그와 같은 당국의 '예측'과 '관찰'은 적중한 것이었다. 데레부양코 장군의 출국은 그가 오래전에 소련 극동군 사령부로 전출명령을 받고 있던 차 떠난 것이지 결코 '휴가'차 귀국한 것은 아니다.[31] 그가 새 임지에서 어떤 임무를 수행할 것인지에 대해서는 잘 알 수 없으나 일본문제 전문가인 그는 북한군의 남침 종료 후에 전개될 '중·소 동맹'의 對日공략, 즉 '일본의 해방'과 '일본 인민공화국'의 수립을 '추진'하는 중추적인 임무를 띠고 있는 것만은 분명한 것 같다.

한편, 일본공산당의 前 정치국원이며 조총련(朝總聯)의 실질적인 지도자로 알려진 金天海(김천해)도[32] 이 무렵 일본을 은밀히 탈출해 平壤으

친밀해졌기 때문이다. 즉 동 장군은 치코프 駐獨 최고사령관의 경우와 같이 좌천된 것이다."

1950년 5월 29일자 ≪朝日新聞≫의 논평:

"소련 정부는 데레부양코 장군으로부터 對日 講和회담에 대한 반대 토의의 의견을 들으려고 한다. 그리고 소련 정부는 데레부양코 장군으로부터 가까운 시일 안에 東南亞 方面에 대한 맥아더 장군의 의향에 관해 정보를 얻으려 할 것이다."

1950년 5월 29일자 ≪朝日新聞≫의 다른 논평:

"데레부양코 中將 일행의 귀환은 일본이 冷戰의 초점이 될 것이라는 것을 소련이 예기했기 때문이다."

31) ≪改造≫, 1953. 4(增刊), p.157 참조.
   데레부양코 장군이 떠날 때 벌써 駐日 代表部의 활동은 '축소'되는 것으로 계획되어 있었다. 데레부양코 장군의 후임자인 기스렌코(Kislenko) 少將의 임명에 대한 공식발표는 1950년 8월 초에 있었다.
   기스렌코 少將은 8월 31일 11명의 수행원만을 대동하고 선편으로 東京에 귀환했다.

32) 金天海는 일본공산당의 창당요원이며, 전후에는 黨의 政治局員으로 활동하였다. 종전 후 朝總聯이 결성될 때 이 조직을 일본공산당의 지도하에 두게

로 잠입했다고 한다. 그의 일본 탈출도 데레부양코의 귀국과 관련해서
볼 때 결코 우연한 것은 아닌 것 같다. 1949년 1월 재일(在日) 조총련이
불법화된 후에도 그는 계속 지하에서 조총련을 지도해 왔으며, 1950년
6월 15일 그는 鎌倉(가마구라)에서 결성된 '在日 조선 민주·민족 전선'
의 준비위원회의 성립을 지켜본 후 은밀히 일본을 탈출해 入北하였다고
공안 당국은 보고 있다.[33]

공안 당국에 의하면, 그는 6월 15일 동해(東海)의 항구 舞鶴(마이쓰루)에
서 밀항선을 이용해 元山(원산)방면으로 탈출했다고 한다.[34] 그의 入北도
사전에 치밀하게 계획된 일정에 따른 것으로 보인다. 이러한 점으로 미
루어 볼 때, 그도 데레부양코 장군의 경우와 같이 韓半島에서 전개될
'군사행동'의 종료 후에 개시될 것으로 보이는 在日 조총련系의 활동
('게릴라' 활동)을 平壤에서 원격지원하고 조정하는 임무를 띠고 있는

된 것은 金天海의 작용이 컸다고 하며, 1948년 北韓 정권의 출현 후에는
朝總聯이 일본공산당의 방어부대로서 점령軍과 일본 정부에 대해 투쟁했다.
1949년 朝總聯이 불법화될 때 그는 일본공산당을 떠났으나, 그 후에는 地下
에서 활동하고 있었다.

33) 이 모임에서는 1950. 7. 1~8. 15를 '조국통일 戰取 운동' 기간으로 결의했다.

34) 公安調査廳, 『日共ヲ中心トシタ內外動向年表』, p.40 참조.
   다른 소식통은 그가 6월 20일에 출발해 6월 23일에는 元山을 통과했다고
   한다. 그런데 前 남로당 간부 朴甲東은 "일본공산당 정치국원이며 최고 간
   부인 金天海는 1950년 5월 東京에서 平壤으로 갔다."라고 주장한다(朴甲東,
   『서울·평양·北京·東京』(기린원, 1988), pp.37-38 참조).
   한편 '5·30 事件'의 결과 공직에서 추방된 일본공산당 간부 德田와 野坂
   등은 공안 당국이 이 사건의 책임을 추궁하기 위해 체포를 시도했으나, 이
   들은 이미 6월 4일경 地下로 잠입해 체포는 모면했다.
   그런데 이들 일본공산당 간부들이 언제 그리고 어떻게 해서 일본을 탈출했
   는지 잘 알 수는 없으나 한국전쟁 초기에 이 두 사람은 벌써 北京에서 활
   동하고 있었다. 德田는 1953년 北京에서 사망했으며, 野坂는 1955년에 귀국
   했다(サンデイ每日, 1950. 8. 13, ≪赤旗≫, 1955. 1. 1).

것으로 보아야 할 것이다.[35]

여기서 우리의 관심사는 이러한 요직에 있는 소련 정부의 극동문제 담당자들이 '6·25 전쟁' 개전 이전에 소련에서 자리를 같이하고 있었다는 사실이다. 그러므로 이들의 귀국은 결코 우연한 것은 아닌 것이다. 데레부양코 중장이나 파뉴쉬킨 대사는 모두 2개월 이상 자리를 비울 것이라는 여운을 남기고 떠난 것으로 미루어 보아 '모스크바' 당국이 계획하고 있는 중요한 '구상'과 관계가 깊은 것으로 보아야 할 것이다.

이 점에 대해 미 국무성의 한 보고서(한국전쟁 발발 직후에 작성한 '정세평가서')는 "소련은 6월 초순 모스크바에서 이들 극동 지역을 대표하고 있는 고위 人士들을 통해 극동 정책을 숙의"했으며 또한 이들을 통해 "극동의 제반 문제들을 점검하고 나아가 한국전쟁의 개전에 대한 최종적인 결정을 했을 것"이라고 분석하였다. 이처럼 그들의 귀국은 극히 주목되는 일이다.[36]

---

35) 1949년 6월 7일 平壤에서 '조국통일 민주주의, 민족전선'(祖統)이 결성될 때 金天海는 金枓奉, 金達鉉과 같이 공동의장으로 선출되었다. 그는 入北과 동시에 '조국통일전선'에 복귀하여 '6·25 전쟁' 중에는 '조국통일전선의장'직에 있으면서 일본공산당과 조총련의 활동을 원격 지원했다.

36) 미 국무성의 정세평가서는 후술 p.309의 참고자료(8-2) 참조.

제9장

'6·25 전쟁'의 開幕

소련 정부는 1948년 9월 '조선민주주의 인민공화국'을 세우고 민족의 숙원인 조국통일은 바로 이들 '공화국'과 '공화국 군대'인 人民軍을 주축으로 해 성취한다는 '통일 대원칙'을 천명한 지도 어언 2년의 세월이 지났다. 그동안 '조국통일과업'의 추진은 비교적 순조롭게 진행되고 있었다. 어쩌면 '모스크바' 당국자들에게는 믿기기 어려울 정도의 순항의 뱃길과도 같았을 것이다.

이처럼 南韓의 '총선거' 후에 감행될 예정인 북한군의 남침(일명 '조국통일과업'으로 통함)을 위한 대내 및 대외적인 여건(與件)은 성숙했으며 人民軍은 침공 일정을 지체할 하등의 이유도 발견되지 않았다.

1950년 4월 어느 날 스탈린 수상은 北韓 수뇌들을 모스크바로 초치해 '국제환경이 유리하게 변화'하고 있으니 더 이상 지체 말고 예정된 일정(1950년 초여름)대로 '무력침공'을 감행한다는 통고를 한 바 있다. '국제공산주의자'들이 확정한 '6·25 전쟁'의 일정은 그들이 선택한 최선의 것이었다. 그리하여 북한 당국은 '8·15 광복'의 감격을 통일된 조국의 수도 서울에서 맞이할 수 있는 '대영광'을 갖게 될 것이라는 기대감에 부풀어 있었다.

1. 정치협상 제의: 8월 15일에 '통일정부' 수립
─ 군사행동 개시의 전제조건(제2단계 계획)[1]─

'모스크바' 당국이 이미 오래전에 설정한 한국전쟁의 일정은 별 차질 없이 추진되어 왔다. 또한 한국의 '5·30 선거'도 예상보다 순조롭게 끝났다. 그 결과 한국의 여당(與黨)은 선거에서 패배하고 그 대신 중도파와 무소속 후보들이 대거 국회에 진출하였다.

이때 북한 당국은 '6·25 공세'를 예견하고 이른바 그들의 '3단계 계획' 중의 하나인 '제2단계 계획', 즉 '평화적 통일에 관한 對南 제의'를 한국 측에 제의했다. 북한 당국은 이것이('제안'과 '호소') 한국 정부에 의해 수락되느냐는 것보다, 오히려 이것을 통해 무력남침의 '당위성'을 확보하려고 하는 데 더 큰 의의를 둔 의도적인 정치공세였다.

6월 3일 '조국통일전선' 산하의 '전국평화옹호위원회'는 예기치 않은 성명을 발표하였다. 이미 550만 명의 북한 주민이 "평화적 방법에 의한 조국의 통일 쟁취운동에 호응하였으며 조국통일 쟁취운동은 마침내 새로운 국면에 돌입하게 되었다."고 선언하였다. 같은 날 남조선 근로인민당 중앙위 위원장 李英(이영)2)은 '조국통일전선'이 지난해(1949년 6월 28일)에 발표한 '조국의 평화적인 통일방안'을 조속히 실천에 옮겨야 한다고 '호소'함으로써 한동안 잠잠했던 이른바 '평화통일' 공세는 다시 그 포문을 열기 시작하였다.

이러한 움직임은 용의주도하게 꾸며진 '각본'에 따른 것이다. '조국통일전선' 중앙위 의장 金達鉉(김달현)은 6월 5일 중도파(中道派)가 압승한 韓國의 '5·30 선거'를 가리켜 이는 '불법적'인 것이라고 비난하고3) 나

---

1) 이 제의는 이미 金日成·朴憲永이 1950년 5월 15일 北京에서 毛澤東 주석과 면담 시 설명한 것처럼 '3단계 계획' 중의 '제2단계 계획'으로 이것은 전쟁 돌입의 전제조건인 것이다. 북한 당국은 이 제의(제2단계 계획)가 韓國 측에 의해 당연히 거부될 것으로 전망했다(전술 p.175 참조).
   1950년 6월 10일 육군 참모총장 蔡秉德 少將은 기자회견에서 "이 공세는 北韓 駐在 소련 대사 슈티코프 大將이 이미 4월 7일 金日成에게 직접 명령한 것이다."라고 주장했다(≪東亞日報≫, 1950. 6. 10).

2) 李英은 戰前부터 공산주의자이며, 전후에는 鄭栢, 崔容達, 李承燁, 趙一明 등과 같이 서울에서 '長安黨' 또는 '長安派 공산당'을 조직한 인물이다.

3) '5·30 선거'의 결과는 의외로 與黨의 참패와 중도파 및 무소속의 대승리로 끝난 것이다. 정원 209명 중 民主國民黨(23), 大韓國民黨(23), 大韓國民會(11)

아가 '조국통일전선'은 '근로인민당(勤勞人民黨) 중앙위 위원장 李英의 호소'를 받아들일 것이라고 말함으로써 南·北 간의 긴장은 다시 고조되기 시작했다.

6월 7일자 '조국통일전선' 중앙위 확대회의 명의의 이른바 '호소문'에 의하면(1년 전의 것과 비슷함), 1950년 8월 15일을 기해 서울에서 '통일입법기관'을 구성하기 위한 '南·北 총선거'를 8월 5일부터 8일 사이에 실시하자는 것이다. 그런데 이 선거의 절차를 논의하기 위해 6월 15~17일에 海州(해주)나 開城(개성) 부근에서 南·北의 '협의회'를 개최할 것을 제의하였다.4)

그러나 이 '협의회'에 한국의 여당(與黨)인 대한국민당과 민주국민당의 참여를 배제하고 있어, 이러한 제의는 한국 정부와 협상을 할 의도가 있는 것이 아니라 한국의 '항복'을 강요하는 것과 같은 것이다. 우리 정부로서는 도저히 이를 받아들일 수 없는 제안인 것이었다. 그러므로 정부는 이 제안을 6월 10일 거부하였다.5)

'조국통일전선'은 이미 예상이나 했다는 듯 이번에는 이 '호소문'을

등 與黨系 당선자는 불과 50여 명에 불과하나, 무소속 당선자는 무려 127명이나 돼 李承晩 정부의 앞날은 암담하기만 했다. 그러므로 금번의 선거를 '불법적'이라고 하는 '祖統'의 주장은 사리에 맞지 않는 것으로서, 이 '호소문'은 다분히 '5·30 선거' 이전에 그 '각본'이 만들어진 것으로 보인다.

4) 같은 날 在日 朝總聯은 '조국통일전선' 중앙위의 이 제안을 수락할 것을 통고하고 6월 15일과 16일에 대표를 平壤에 파견할 것이라고 하였다(≪極東通信≫, 1950. 6. 21).
人民軍 '총참모부'는 이 날짜로(6월 7일) 각급 부대에 이른바 '번개' 작전을 실시, '전투비상소집명령'을 내려 軍의 이동을 개시했다("歷史는 흐른다", ≪朝鮮日報≫, 1987. 3. 18).

5) 슈티코프 대사는 6월 11일 본국 정부에 '조국통일전선'의 제안을 南韓 측이 거부했다고 보고했다.

남한에 있다는 그들의 '대표'들에게 직접 수교하기 위해서 이른바 '조국
통일전선'의 특파원 3인을 6월 11일 '서울'에 파견할 것이라고 발표하
였다. 그들의 말대로 이들 '특파원'들은 6월 11일 육로로 월경(越境)을
시도했으나 대기하고 있던 우리 측 관헌(官憲)에 의해 체포되어 서울로
압송되었다.

그러나 북한 당국은 마치 이러한 상황을 기다렸다는 듯이 한국 측 관
헌이 이들 '특파원'을 체포했으니, 그들을 구출하기 위한 '무력' 사용이
불가피해졌다는 점을 강조했다. '조국통일전선'은 6월 13일자 성명에서,

> 동족상잔의 전쟁을 일으키기 위해 갖은 凶計(흉계)를 꾸미고 있는 美
> 帝의 앞잡이 李承晩 도당의 야만적인 음모에 대해 분노를 금할 길 없
> 다. 전체 조선인민은 이번 체포된 특사의 석방을 위해 보다 강력한 투
> 쟁을 전개할 것이다.[6]

라는 위협적인 언사를 사용하였다. 이것은 북한 주민들을 선동하고 나
아가 한국 측에 대한 압력을 가하려는 의도인 것이다.[7]

---

6) "Korean People Express Indignation at Barbarous Deeds of Syngman Rhee's
Treacherous Clique", ≪Pravda≫, June 14, 1950, *Ibid*,.
북한문제 전문가인 金南植 씨에 의하면, 북한 당국은 이 무렵 南韓 점령 후
점령 통치를 할 요인들을 밀파했다고 한다("歷史는 흐른다", ≪朝鮮日報≫,
1987. 3. 26).

   "우선 서울에는 6월 10일 李重業과 安永達을 밀파했다. ……北韓은 이 두
   사람을 南韓으로 밀파하면서 李重業을 서울 지도부 책임자격으로 임명했다.
   忠南에는 6월 초순 이주상(前 남로당 중앙당 간부), 여운철(前 남로당 충남
   도당 책임자), 곽해봉(前 남로당 논산군당 책임자) 등 5~6명을 밀파했다.
   全南에는 역시 6월 초순 김백동이 도 인민위원장 자격으로 밀파됐다. 또한
   조형포와 金泰奎 등도 '정치공작'의 임무를 띠고 6월 초 밀파됐다."

7) 그러나 이들 '祖統 특파원' 3인(李寅奎, 金泰弘, 金在昌)은 서울에 압송되어

이와 때를 맞추어 북한 전역에서는 연일 이들 3人의 '특파원'을 석방
하라고 외쳐대는 구호와 규탄의 시위가 끊이지를 않았다. 그리하여 사
정은 마치 '전쟁'이 지금 당장이라도 터질 것 같은 험악한 분위기로 급
변하였다.

약 2주간에 걸친 이러한 '사태'의 추이를 지켜본 '조국통일전선'은 마
침내 北韓의 최고 권력기관인 '최고인민회의' 상임위원회에 이러한 '사
태'를 '호소'하였다. 이것은 상임위원회가 이 문제에 직접 介入하여 南
·北 간의 '국가권력'의 차원에서 이 문제(평화적 통일문제)를 해결할
수 있도록 대한민국 국회와 협의해 줄 것을 요청한 것이다.

상임위원회는 이 '호소'에 따라 6월 19일 이른바 '조국의 평화적인
통일을 촉진'하기 위한 '최고인민회의 상임위원회 강령'을 채택하고 이
를 개원한 지 하루밖에 되지 않은 대한민국 국회에 통고하였다. 6월 20
일 상임위원회 서기 康良煜(강양욱)이 대한민국 국회에 발송했다는 이른
바 '최고인민회의 상임위원회 강령'의 내용은 다음과 같다.

1. 조국의 통일을 성취하기 위한 조선민주주의 인민공화국 최고인민
회의와 대한민국 국회는 무조건 합동하여 단일 의회를 구성한다.
2. 민족 반역자 李承晚·李範奭(이범석)·金性洙(김성수)·申性模(신성모)·
趙炳玉(조병옥)·尹致英(윤치영)·張澤相(장택상)·白性郁(백성욱)을 체포하고 모
든 정치범을 석방할 것.
3. 입법기관에 의해 구성된 정부는 민주주의의 제 원칙을 준수하며,
현재 南과 北에 존재하는 군대와 경찰을 단일화한다.

오자마자 정부에 '전향'의 뜻을 비치고 北韓을 '지옥'과 같은 곳이라고 비난
했다. 그러나 이들은 北韓의 전쟁준비 완료 상황에 대해서는 전혀 언급을 하
지 않았다(≪東亞日報≫, 1950. 6. 17 참조).

4. UNCOK는 朝鮮에서 즉시 철수할 것이며, 그리하여 朝鮮人은 외세의 간섭 없이 평화적인 조국의 통일을 결정한다.

5. 조국의 평화적인 통일은 늦어도 1950년 8월 15일까지 이루어져야 한다.

이 제안은 문자 그대로 북한 당국의 한국에 대한 '최후통첩'이나 다름없는 것이다. 상임위원회는 한국 정부가 이를 받아들일 용의가 있으면 6월 21일부터 南·北 협상에 임할 것이나, 만약 이를 거부할 경우 '조국의 평화적 통일의 실현을 방해하는 행위'로 간주하고 人民軍은 부득이 '무력'을 사용해 늦어도 8월 15일에는 '조국통일과업'을 완수한다는 것이다.

개원한 지 불과 이틀밖에 안 된 대한민국 국회는 6월 20일 이 제안을 접수하고 논의했으나 이를 거부하기로 공식결론을 내렸다.[8] 그리하여 北韓 전역에서는 1주일 이상 계속된 '데모'와 '집회'의 열기와 노기가 한층 가열되어 "조선인민은 '상임위원회' 제안을 지지한다." 그리고 "민족 반역자 李承晩을 즉각 체포하라."는 등의 요란한 구호로 주민들은 날을 지새우게 되었다.[9] 이때 '人民軍 총사령부'는 '작전명령 제1호'

---

8) 미 국무성 고문 델레스(J. F. Dulles)는 6월 10일 對日講和 문제의 협의차 일본을 방문하였는데, 그는 6월 17일에 韓國을 방문하여 약 1주일 동안 체류한 바 있다. 그는 國會가 개원된 6월 21일 國會에 참석하여 다음과 같은 연설을 하였는데, 이것은 공산군의 침략위협 속에서 미군의 철수로 말미암아 사기가 저하된 한국 국민을 격려하기 위한 것이다.

"……만약에 共産軍이 韓國 정부를 공격한다면, 韓國은 유엔으로부터 지원을 기대할 수 있을 것으로 본다. 왜냐하면 '유엔' 헌장은 모든 나라에 韓國의 영토적 보전과 정치적 독립을 무력으로 위협해서는 안 된다는 것을 요구하고 있기 때문이다."

9) 饗庭孝典, 전게서, p.145.

를 하달하여 각급 人民軍 부대는 6월 23일 정오까지 만반의 전투태세를 갖출 것을 명하였다.[10] 이제 남은 일은 6월 25일(일요일)의 새벽이 오기만을 기다리는 것 뿐이었다.[11]

한편, '최고인민회의' 상임위원장 金枓奉도 평화공세를 사실상 종결지으면서 '무력 남침'의 불가피성을 암시하였다. 1950년 6월 23일 北韓의 국가원수 격인 金枓奉은 기자회견에서 "李承晩은 평화통일을 한사코 반대하고 있다."고 평화통일이 되지 않는 이유를 한국 측에 있는 것처럼 비난하였다. 그는 또한 '北에 설정된 민주제도'를 '남조선지역에까지 설정'하기 위한 투쟁의 중요성을 강조하고, 그러한 투쟁을 위해 南北의 모든 人民들은 총궐기해야 한다고 주장했다(≪朝鮮日報≫, 1987. 3. 27).

그러나 韓國軍 총사령부는 北韓의 정치협상 제의에 대비해 6월 11일에 발령한 '비상경계령'을 6월 23일에는 北韓의 정치공세가 끝났다는 것을 이유로 이를 해제해 버렸다. 또한 6월 6일부터 23일까지 약 2주일 동안 前方의 군사상황을 감지하기 위해 파견된 '유엔' 한국위원단은 6월 23일 기자단에게 그 동안의 관찰 결과 前線에는 양측 군 간에 아무 이상이 없다고 보고했다.

10) '6·25 전쟁'으로 돌입하는 북한 당국의 정치공세가 한참일 때 '모스크바'와 '北京'도 때를 같이해 심상치 않은 움직임을 보이고 있었다.
   1950년 3월에 새로 선출된 '소연방 最高會議'의 대의원들은 6월 12~19일에 회의를 열고
   ① 17명의 상임위원을 선출
   ② 내각의 업무수행을 승인
   ③ 지난 예산과 앞으로(1951년도)의 예산 승인을 했다. 그리고 상임위원회가 제안한 1950년 3월 '스톡호름 平和會議'의 호소를 접수하고 1950년 7월을 '평화를 위한 투쟁'(Campaign for Peace)의 달로 확정했다.
   한편 제2차 중국인민 政治協商會議도 1950년 6월 14~23일에 北京에서 全國委員會를 열고
   ① 토지개혁-농촌에서 지방정권 수립
   ② 국민경제의 회복
   ③ 國民黨 蔣介石 軍 장병의 숙청, 티벳, 대만 등의 해방을 결의하고, '세계 平和擁護 防衛週間'의 서명운동을 1950년 7월 1~7일에 열기로 결의했다.
11) 人民軍 제6사단 文藝部는 1950년 6월 13일 자료 '戰時政治文藝事業'을 작

2. '선제타격' D-데이: 6월 25일, 04:00

1) 공격부대의 전방배치(6월 23일 집결 완료)

1950년 6월에 접어들면서부터 平壤의 민족보위省과 소련군 군사고문
관실은 개전을 앞두고 전투준비에 분망하였다. 당시 북한군 고급군관의
한 사람이었던 한 목격자의 말에 의하면, 민족보위省에서는 매일같이
고위 군수뇌회의가 개최되었으며, 민족보위相 崔庸健과 人民軍 총참모
장 姜健 등의 사무실과 중요 부서 및 소련군 고문관들의 사무실에는 예
외 없이 '외인 출입금지'라는 표지판이 붙어 있어 삼엄한 분위기를 감
지할 수가 있었다고 한다.

'6·25 공세'를 위한 북한군의 '공격부대'는 이미 5월 하순부터 前方
으로 이동을 개시하였다.[12] 대규모 이동은 6월 7일 '조국통일전선(祖國統

성·배포했는데 그중 제3단계 사업은 '전투명령을 받고 공격 개시까지'의
행동요령을 기재하고 있다(萩原 遼, 전게서, p.187).

"(각 단위 부대는) 동원 대회를 열고, 부대기 앞에서 승리를 결의하는 선서
를 한다. 참호 속에서는 적개심을 높이는 이야기를 한다. 대대나 중대 단위
의 당원 총회나 民青同盟 총회를 열어 사상동원을 한다.

공격 개시 1시간 전에 군무회의를 중대, 소대 단위로 소집한다. 중심 슬로
건을 걸고 상급에서 하달하는 격려문에 의해 고도의 애국적 사상과 혁명적
영웅주의와 三猛戰斗作風으로 고무 격발시킨다(三猛은 猛打擊, 猛突擊, 猛
追擊이라는 중공軍의 군사용어)."
한편 슈티코프 대사는 1959년 6월 26일에 소련군 '총참모부' 제1차장(자하
이로프 장군)에게 한 보고에서, "24일에는 군비활동이 완료되어 사단사령관에
게 개전 일시(25일 상호 4시 40분)가 전달되었다."라고 하였다(≪한국일보≫,
1995. 8. 28).

12) 1950년 5월 30일 노동당 중앙위는 南韓의 '5·30 선거'와 때를 맞추어 南派

一戰線)'의 '평화회담' 제의 후인 6월 8일부터 일제히 시작되었다. 슈티코
프 대사는 이미 지난 5월 하순 人民軍의 '전방배치'는 6월 8일 이후에
개시한다는 점을 모스크바 당국에 보고한 바 있다.[13] 이들이 최종 집결
지점에까지 가려면 여러 날이 소요되므로 북한 당국은 이들의 이동일정
을 '평화회담' 제의의 진척상황에 따라 때를 맞추어 서서히 南下시켜 6
월 23일 정오에 전원을 38도선 부근에 집결한다는 계획이다.[14]

'게릴라'들에게 활동을 강화할 것을 명하였다(≪極東通信≫, 1950. 6. 11).

"그대들은 활동 영역을 확장하여 1950년을 승리의 해로 만들어야 한다. ……
지난 3월 黨 중앙위는 그대들에게 초여름까지의 목표로 활동 영역을 확장할
것을 요구하였다. 이 요청을 즉시 수행해야 한다."

13) 이날을 기해 '모스크바'·'北京'은 일본공산당 지도부에 대해 '地下黨' 활동
으로 돌입할 것을 명령했다. '맥아더' 사령부는 일본공산당의 관여로 발생한
'5·30 사건'의 책임을 추궁하기 위해 德田 서기장과 野坂 정치국원 등 黨
지도부 人士 다수를 긴급 체포하려 했으나 이들은 6월 4일 이후 地下로 잠
복해 체포는 면했다.
이 점에 대해 미국의 스웨린젠(Rodger Sweariner) 교수는 일본공산당은 적어도
10주 전에 '6·25 전쟁'의 일정을 알고 있었다고 주장한 바 있다(Swearingen
and Langer, Ibid., p.204).
한편, 1950년 6월 9일 미 CIA 국장 히렌괴타(H. Hillenkoetter)는 국무성에
"북한군은 38선 전역에서 주민들을 후방으로 철수시키고 있는데, 이는 모종
의 군사행동이 임박한 신호로 보인다."라고 보고했다(≪New York Times≫,
1950. 6. 26, 27, 28, ≪US News & World Report≫, 1950. 8. 4 참조).

14) 당시 固城에 거주한 한 주민의 말에 의하면,

"6월 8일을 기해 북한 全域의 철도는 비상태세에 들어갔다. 특수 공무원을 제
외하고는 주민들의 여행은 금지되고 '外金剛 노동자 휴양소'와 같은 군인 휴
게소는 모두 폐쇄되었다. 또한 6월 8일부터 38도선을 향하여 남하하는 열차는
줄을 지었으며 열차에는 군인·전차·포·차량·마차 등이 가득 실려 있었다.
그리고 자동차 부대의 이동은 도로를 메워 이동하였다. 부대 이동은 대부분 철
도편에 의하여 온종일 수송되었는데, 워낙 큰 병력의 이동이어서 주민들은 '침공
계획'을 알 수 있었다."

한국 정부가 6월 8일 '조국통일전선'의 제의를 거부한 지 2일 후인 6월 10일 '人民軍 총사령부'는 前方 사단장과 여단장 그리고 중요 참모들을 한자리에 모아 놓고 '비밀 군사지휘관회의'를 열었다.

이 회의의 주제는 표면상 人民軍의 '대 기동 작전훈련'에 관한 것이었다. 그러나 실질적으로는 무력 남침을 감행하기 위한 '비상태세'를 촉구하기 위한 것이다. 이날 회의에서 작전국장 金光俠(김광협) 소장은 소집된 軍 지휘관들에게,

> 우리 人民군대는 지금까지 사단 단위까지의 전투연습을 하였으나, 이번에는 전투사단을 총동원하여 '기동연습'을 하게 되었다. 이 연습에는 모든 기본부대는 물론, 보유하고 있는 전체 병기가 동원된다. 종래의 연습에는 왕왕 지휘관들의 결함이 보였으나 이번에는 그런 일이 있어서는 안 되며, 모두 있는 힘을 다 발휘하여 연습을 성공적으로 종료하기 바란다.

> 이 '기동연습'은 다소 시간이 걸릴지 모르나 2주일이면 충분할 것이다. 각자는 무거운 짐을 휴대할 필요가 없으며, 연습기간 중 필요한 지도나 서류를 넣는 백(bag)만 준비하면 된다. 특히 본 연습은 極秘에 붙여져 있는 만큼 누구나 친하다 해서 이야기를 함부로 해서는 안 되며, 가족은 물론 妻에게도 이야기하는 것을 금지하니 꼭 '비밀'을 지키도록 부탁한다.15)

라는 말을 했다.

그리고 이 말이 끝나자 총참모副장 方虎山(방호산) 소장은 새로 편성된 제1군단(제1사단, 제3사단, 제4사단, 제6사단, 105탱크여단)과 제2군단

고 한다.("歷史는 흐른다", ≪朝鮮日報≫, 1987. 3. 18 참조).

15) 주영복, 전게서, pp.227-228.

(제2사단, 제5사단, 제7사단, 자동포대대)의 편성내용을 보고하였다. 새로 일선(人選)된 군단장에는 훈련국장 金雄(김웅) 소장이 제1군단장으로 그리고 작전국장 金光俠 소장이 제2군단장으로 임명되었으며, 유능한 지휘관들이 대거 군단 요직에 발탁되었다.[16]

전방 통수부: 사령관 金策 중장, 총참모장 姜健 중장
　　　　　　문화副사령관 金一 중장, 작전국장 兪成哲 소장
　　　　　　안전국장 石山 소장, 검찰국장 金學仁 소장
　　　　　　후방국장 金英秀 소장
제1군단(서부전선): 군단장 金雄 소장, 참모장 柳新 소장
　　　　　　문화副군단장 金在郁 소장, 작전부장
제2군단(동부전선): 군단장 金光俠 소장, 참모장 崔麟 소장,
　　　　　　문화副군단장 林海 소장, 작전부장 李學九 대좌

---

16) 2개 군단의 신설은 '총고문'의 '작전계획'을 효과적으로 수행하기 위해 '赤軍'의 편제에 따른 것인데, 이 무렵 韓國軍 지휘부는 사단장의 전면 교체를 단행해 내부적인 혼란이 가중되었다. 1950년 4월 10일 육군 참모총장에 재취임한 蔡秉德 少將은 6월 10일자로 다음과 같은 군수뇌 인사를 단행했다.
　李亨根 准將 제2사단장(제8사단장에서)
　劉載興 准將 제7사단장(제2사단장에서)
　金鐘五 大領 제6사단장(제1연대장에서)
　李成佳 大領 제8사단장(제16연대장에서)
　李鐘贊 大領 수도경비 사령관(제1국장에서)
　張昌國 大領 작전국장(참모학교 부교장에서)
한편 육군은 北韓 측의 '위장평화공세'(정치협상제의)가 강화되자 수일 전에 해제한 '비상경계태세'를 다시 내리기로 했다. 그렇게 하여 육군 참모총장 蔡秉德 少將은 6월 11일(16시)을 기해 全軍에 '비상경계령'을 내렸으나 이 경계는 敵의 이동배치와 무관한 것이기 때문에 23일 24시에 해제했다(韓國弘報協會, 전게서 참조).

한편 민족보위省은 신임이 두텁고 유능하다는 평을 받고 있는 韓人 2세들 중 재정省 부상 金燦(김찬), 교육省 부상 南日(남일), 黨조직부장 金烈(김열)을 소장으로 임관시켰다. 金燦은 신편 제2군단 정치위원으로, 南日[17]과 金烈은 후방에서 軍과 民을 조정하는 중요 직책에 보임되었다.

새로 제2군단장에 취임한 金光俠 소장은 6월 11일 前方으로의 출발에 앞서 군단 예하 부대장들을 한자리에 모아 놓고 다음과 같은 훈시를 하였다.

> 연습기간 중 늘 前方에 나가 있게 될 것이다. 각 부·처장은 군단장과 함께 있을 것이나, 각 부처의 부지휘관은 지휘소 내에서 참모장과 밀접한 연락을 취해야 할 것이다. 출발은 명 12일 15시이고 집결지는 민족보위부 앞이다.

제1 및 제2군단 지휘부는 다음 날(6월 12일) 아침 평양을 출발하였다. 20여 대의 트럭에 분승한 군단 지휘부는 각각 군단 지휘소가 있는 화천(華川)과 김천(金川) 방면으로 떠났다. 그리하여 6월 13일에는 金川과 華川에 제1군단과 제2군단의 지휘부(군에서는 제1 및 제2보조 지휘소로 호칭함)가 각각 설치되었다.

한편 공격부대의 前方 배치계획은 '대 기동작전 훈련'이라는 명목으로 6월 23일까지 38도선 一帶에 걸쳐 이동을 완료할 계획이었다.[18] 한

---

17) 南日은 전쟁 중 大將으로 진급했으며 육군 총참모장을 역임했다.

18) 人民軍 주력 부대의 前方 이동 배치상황은 다음과 같다.

東部지역:

<제5사단> 6월 22일 기차 편으로 羅南을 출발, 元山을 거쳐 揚壤으로 이동하고 38선 우단인 동해안 일대에 배치되었다(제5사단은 중공軍 출신 韓人으로 편성된 부대).

<제7사단> 6월 18일 元山에서 동부 산악지대인 楊口로 이동(중공軍 제20사

국 측은 6월 11일 '조국통일전선'이 제안한 '조국의 평화적 통일안'을 공식으로 거부하였다. 이와 때를 같이해 人民軍은 6월 12일 이후 38도선 이북 10~15㎞ 地點으로 이동 재배치를 서둘렀다. 그리고 6월 15일 이후에 침공 부대의 병력은 38도선 근처의 예정된 재배치 地點으로 속속 집결하기 시작하였다.19)

단과 중공軍 부대에 있던 '朝鮮人 義勇軍' 1만 명으로 1950년 4월에 편성).

<제2사단> 6월 10일 咸興을 출발하여 12일 元山을 경유, 鐵原, 金華를 거쳐 13일 華川으로 이동.

<제766부대> 6월 초(3~7일)에 元山을 경유, 동해안 束草로 이동. 그 후속 부대는 6월 12일 會寧을 출발(이 부대는 남로당員 및 江東政治學院 출신자로 편성된 유격대로 주 임무는 江陵 부근에 상륙하여 무장폭동을 일으키는 한편, 國軍의 퇴로를 차단하는 것이었음).

<제549군부대(陸戰隊)> 束草에서 대기.

이상 동부지구에는 38경비대 제1여단, 육전대, 1개 유격부대 등 도합 3개 사단이 증강 배치되었다.

中部지역:

<제3사단> 6월 23일 平康을 출발하여 雲川里로 이동.

<제4사단> 6월 22일 鎭南浦를 출발, 南川을 거쳐 漣川으로 이동. <제105전차여단> 이미 제109전차연대가 平壤에서 南川으로, 제203전차연대가 鐵原으로 이동하여 6월 22일에는 38선 깊숙이 진출.

이로써 중심지역과 議政府 前面을 주공방향으로 계획한 人民軍은 전투훈련과 장비가 충분한 제3, 제4사단과 제105여단 내에서 최강 부대인 제203전차연대를 이 方面에 배치 완료하였다.

西部지역:

<제1사단> 6월 23일 南川에서 高粱浦 남방의 구화里로 이동.

<제6사단> 6월 23일 沙里院에서 開城 前面 계정 方面으로 이동. 甕津 方面에서는 38선 경비대 1개 여단과 1개 연대를 6월 23일 배치 완료(韓國弘報協會, 전게서, pp.199-200).

19) 한편 在日 朝總聯은 지난 4월부터 조직재건과 '조국통일전선'의 조직에 박

230

1950년 6월 18일 前線을 시찰하는 델레스 미 국무성 고문
(그동안 공산권에서는 이 사진을 한국군의 '北侵'의 증거로 사용)

北韓의 '최고인민회의'가 '평화통일' 방안을 국회에 제의한 6월 16일 슈티코프 대사는 북한군 참모부가 작성했다고 하는 人民軍의 '침공계획'(6·25 남침 기습공격)의 집행상황을 '모스크바' 당국에 보고했다. 이로써 '6·25 전쟁'의 막은 열린 것이다.[20]

人民軍 총참모부는 6월 18일과 6월 22일에 '정찰명령 제1호'(Reconnaissance Order No.1)와 '작전명령 제1호'(Operation Order No.1)를 예하 각 사단에 시달하고 '6·25 침공' 작전의 확실한 성공을 다짐하였다.[21] 人民軍 제

차를 가하더니 6월 15일을 기해 '在日 朝鮮民主·民族戰線'과 '祖國防衛委員會'의 결성준비를 완료했다고 발표하고, 朝總聯 지도자인 金天海는 은밀히 일본을 떠나 平壤行 길에 올랐다.

20) '작전명령 제1호'가 발표되는 6월 22일을 기해 '모스크바' 당국은 슈티코프 대사에게 '암호 전문의 해독은 바람직하지 못하니 향후 일체의 암호 전문을 발송하지 말 것'을 指示했다(따라서 1950년 말까지 平壤과 모스크바 간에는 전보 교신이 중단된 상태이다).

4사단(사단장: 李建武(이건무) 소장)은 '6·25 침공' 작전의 주공(主攻)부
대였다. 이 부대는 人民軍의 최강 부대의 하나로 알려져 있었다. 총참
모부는 6월 18일 그들에게 '정찰명령 제1호'를 하달하였다.

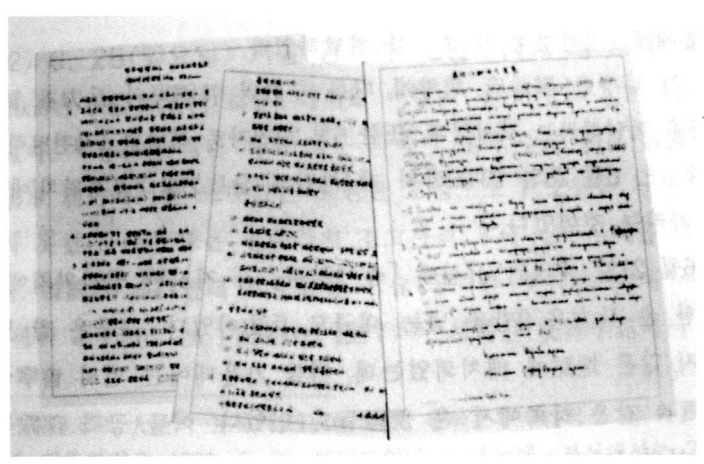

人民軍 제4사단에 하달된 '작전명령 제1호'(6. 22.)
(소련 고문관의 원본은 6월 15일 작성)

그 내용은 의정부(議政府) 회랑에 따른 주변의 韓國軍의 병력과 장비
등을 확인하라는 것이었다. 또한 6월 22일자로 시달된 '작전명령 제1호'

---

21) 슈티코프 대사는 1950년 6월 26일 '총참모부' 제1차장(자하이로프 장군)에게
그간의 지시사항의 집행결과를 보고했다(≪한국일보≫, 1995. 8. 28).

　　"'총참모부'의 계획대로 人民軍의 38도선 지대 집결은 6월 12일에 시작해
집결은 23일에 완료되었다. 軍 부대의 이동은 사고 없이 조직적으로 수행되
었으며 敵의 '스파이'는 이동을 발견한 것 같지만 '계획'과 '행동 개시' 시
기의 비밀은 유지되었다. 각 사단의 상세한 작전계획과 정찰은 소련 고문관
의 참가로 실시되었다. 24일에는 준비활동이 완료되어 사단 사령관에게 개
전 일시가 전달되었다."

는 6월 23일 12:00까지 제4사단의 全병력을 '공격위치'에 집결시키라는 것이었다.[22]

6월 23일 예정된 시간에 '총사령부'가 지시한 공격위치에 집결한 총병력은 9만을 넘는 대규모의 병력이었다. 그들은 잘 탐지되지 않는 地點에 배치되었는데, 이들 가운데에는 멀리 회령(會寧)이나 라남(羅南)과 같은 북쪽에서 온 부대들도 있었다. 이들 공격 부대는 7개 보병사단으로 편성되었으며 그중 보병의 반 이상과 탱크 부대의 대부분은 '서울'을 집중공격할 수 있도록 서부의 개성(開城)지구 로부터 동부의 철원(鐵原)에 이르는 40마일 전선의 궁형 지역에 배치되었다. 주요 공격로는 곧장 南下하여 서울에 이르는 침입로인 의정부 남방의 통로를 따르게 될 것이었다.[23]

---

22) '작전명령 제1호'의 全文은 The Conflict in Korea, pp.28－32 참조.

23) 前 人民軍 군관인 下記人들은 1950년 6월 23일의 상황을 다음과 같이 증언한다(서울신문, 1973. 6. 25).

① 전 북한군 38경비대 소속 崔天五 中尉에 의하면, 6월 23일 14:00경 '38선 경계경비 임무를 人民軍과 인수인계'하라는 임무교대령이 하달됐다. 그리고 6월 24일 05:00에는 '38선상에 매설해 놓은 지뢰를 제거하라.'는 여단 정 참모의 명령이 있었다.

② 전 105탱크여단 소속 吳基完 大尉에 의하면, 1950년 6월 23일 09:00경 전 군관회의에서 하기 사항이 결정되었다.
　　㉠ 士兵들을 현 위치에서 이탈하지 않도록 할 것
　　㉡ 실탄장전 및 비상식량의 점검
　　㉢ 사물은 버릴 것

③ 해군 元山기지 제1정대 조타수인 李弼殷 上尉에 의하면, "元山기지 소속 함정 8척(50～200t 급)은 23일 새벽부터 작전 개시를 했다."고 한다. 이들의 '임무는 유격부대인 제766부대와 제549부대의 주력 1개 연대 병력을 江陵과 三陟 사이에 있는 正東津에 상륙시키는 일이다.'
슈티코프 대사의 보고(1950년 6월 26일자 총참모부 제1차장 앞)에 의하면 전투명령은 1950년 6월 24일에 하달되었다고 하는데, 전선에서는 24일 정오

2) 6·25(일요일) 기습공격과 ‘3일 작전’의 개시

1950년 6월 25일(일요일), 아직도 어둠이 짙게 깔려 있는 새벽이었다. 자정부터 내린 비로 땅은 축축이 젖어 있는 서부 전선의 韓國軍 전방에서는 느닷없는 요란한 포성으로 兵士들은 잠을 이루지 못했다. 人民軍은 얼마간의 경고사격 후에 실탄사격을 가하였다. 韓國軍 제17연대 병사들을 기습공격한 것이다. 이때 시간은 새벽 4시경(6월 24일 pm 3:00 EST),[24] 서해안 甕津(옹진)반도에서 이렇게 시작된 敵軍의 포격은 간간

를 기해 부대방송을 통해 “南朝鮮軍이 불시에 38선을 넘어 1∼3㎞나 공격해 왔으나 용감한 우리 군대가 이를 격퇴 남하 중이다.”라는 보도를 해 이를 대신한 것 같다(《東亞日報》, 1973. 6. 25).

각 공격 부대는 공격 전에 공병대의 정찰활동을 6월 24일 pm 9:00에 시작해 6월 25일 am 2:00∼3:00에 끝내고 이를 지휘부에 am 3:30∼4:00까지 보고하게 되어 있다. 따라서 人民軍의 공격 개시는 보통 6월 25일 am 4:00라고 하는데, 엄밀히 말하면 6월 24일 저녁부터 시작된 것이라고 萩原는 주장한다 (萩原 遼, 전게서, pp.226−227 참조).

前 조선 중앙 방송위원장인 南鳳植에 의하면, “6월 22일 黨 선전부장 朴昌玉이 불러 갔더니 3일 후면 중요한 보도가 있으니 대기하라고 지시했다.”고 한다. 그리하여 그는 “그날 이후 24시간 대기하며 집에도 못 가고 잠도 못 잤다.”고 한다. 그리고 金策의 부관인 김단이 와서 “곧 전쟁이 시작된다.”는 말을 했으며 그는 “1주일 내에 승산이 없으면 北이 먹힌다.”는 이야기까지 했다고 한다(“6·25 남침을 말한다”, 《朝鮮日報》, 1992. 6. 24).

24) 북한 내각은 이날 새벽 3시경 閣議를 열고 ‘남침’을 결의했다. 당일 새벽 이 내각 회의에 참석한 전 내무省 副相 姜尚昊(Soviet−Korean)는 아래와 같이 증언한다(《朝鮮日報》, 1990. 6. 6 참조).

“6월 25일 새벽 2시에 黨 중앙위 제1비서 許哥而는 나를 찾았다. 지금 곧 내각 수상실로 오라는 것이다. 새벽 3시 수상실로 들어가니 金日成이 중앙에 앉아 있고 黨 중앙위 정치위원들이 모여 있다. 이것이 내각 회의이다.

여기서 金日成은 ‘지난 밤 1시경(회의시작부터 2시간 전)에 南朝鮮軍이 38도선 전역을 통과하여 北朝鮮에 침공을 개시했다.’고 말한 뒤 ‘자기가 최고사

이 날아오는 신호탄의 신호와 함께 포성은 서서히 西에서 東으로 이동
하였다. 새벽 5시경에는 동해안(東海岸)쪽 적군도 포격을 시작, 결국 38
도선 全域에 걸친 대규모 침공이 감행되었다.

人民軍은 西方 지도자들의 '예측'을 뒤엎고 불의의 남침을 감행한 것
이다. 이른바 '선제타격작전'으로 알려진 이 대규모 무력 남침('군사훈
련'으로 통함)은 지난봄 平壤에 急派된 소련 군사고문단 총고문 바실리
예프 중장과 그의 막료들이 작성한 '작품'인 것이다. 지금 막 이 소련제
'작품'은 그 가동의 순간을 맞고 있는 것이다. 당시 이 '작전'에 참가한
한 목격자의 증언에 의하면, 바실리예프 장군을 비롯한 그의 막료들은
이른 아침인데도 불구하고 이 순간을 지켜보기 위해 前方에 위치한 '보
위성 전방통수부'25)와 '군단 지휘부'26)에 나와 그들이 손수 작성한 '작

령관으로서 我軍에게 반격명령을 내렸다.'고 한다. 그리고 '본 내각 회의는
南朝鮮軍의 불법에 대한 人民軍의 반격전을 승인하는 결정을 채택해야 한
다.'는 것을 제의하였다. 내각 회의는 全數 가결로 그 제의를 채택하였다."
한편 下記 두 군관은 당일 새벽의 긴박한 상황을 다음과 같이 증언한다.
① 吳基完 大尉(제105탱크여단 소속)
"깊은 밤 1시가 좀 넘어 비상소집명령, 즉 남침 명령이 곧 떨어질 것이
예고됐다. 새벽 3시에 비상소집명령이 내려졌다. 여기서 남침을 시작하
는 작전명령 제1호가 낭독됐다."
② 韓有郁 大尉(제1사단 소속)
"6월 25일 새벽 0시 장교들만 집합시킨 후 사단장의 지시,
㉠ 04:00에 비상출동 준비
㉡ 士兵들의 외출금지
㉢ 장교가족의 출동동반 금지"
25) 볼코크노프 장군에 의하면 슈티코프 大將은 본국 정부의 요청으로 개전 당
일(6월 25일)에는 국외에 나가 있었다고 한다. 그가 어디에 있었는지 그리고
언제 본 위치에 복귀하였는지는 잘 알 수가 없다(볼코크노프, 전게서, p.7).
26) 前 人民軍 제2군단 소속 참모 朱榮福 中佐에 의하면, 그는 새벽 참모장의
명으로 군단본부에 출두했는데,

전계획'의 진전 추이를 지켜보고 있었다고 한다.

全 전선에 걸친 人民軍의 포격은 약 30분간 계속되었다. 포격 후 각 단위 병력들은 총 출동하여 공격을 개시했다. 그러나 國軍의 저항은 별로 없어 쉽사리 38도선을 돌파한 그들은 예정된 진로에 따라 南進을 계속하였다.

이 '선제타격작전'에 동원된 人民軍의 총 병력은 약 9만이었다. '선제타격작전'에 참가한 7개의 보병사단은 약 600문의 야포와 1,000문의 박격포를 보유하였으며, 150台의 T-34 탱크를 동원한 1개 기갑사단으로 구성되었다. 이들의 火力(화력)은 막강한 것이다. 그러나 이들과 정면 대처하고 있는 國軍의 병력은 불과 4개 보병사단과 1개 연대 및 독립 연대가 전부였다. 國軍은 T-34와 같은 탱크도 보유하고 있지 않았다(다만 약간의 '장갑차'를 보유하고 있었을 뿐이다).[27]

火力과 人力 면에서 敵의 공격을 저지할 형세는 아니었다. 더욱이 6월 25일 당일은 일요일이었다. 오랜만의 휴일을 맞은 수많은 장교와 사병들은 외출 중이었다. 그리하여 '막사'와 '초소'는 거의 비어 있는 상

"中央에는 崔麟 참모장이 正座에 위치하고 있었으며, 그 옆에는 2人의 소련군 中佐(전에 한 번도 본 일이 없는 자)가 의자에 걸터앉아 있었다."

고 한다. 이때 참모장은 그에게,

"朱 참모! 이 고문 선생들에게 지금부터 들어오는 뉴스를 통역하시오."

라고 명하였다고 한다(朱榮福, 전게서, pp.262-263).

27) 韓國軍에 탱크가 배치되지 않은 것은 주로 駐韓 美 군사고문단장 로버트 (William Robert) 准將의 정책 오판의 결과이다. 그는 '평소에 韓半島에서는 탱크전이 불가능하다고 믿고 있었다. 도로는 협소하고, 여기저기에 있는 논 때문에 지반은 약하고, 또한 산이 많아 북한군은 도저히 탱크전을 시도하지 못할 것'으로 믿고 있었다고 한다("歷史는 흐른다", 《朝鮮日報》, 1987. 5. 20 참조).

태였기 때문에 敵의 공격이 시작되었을 때 각 사단의 실제 병력은 대략
1개 연대에 불과했으며 또한 독립연대의 경우는 1개 대대에 불과한 형
편이었다.

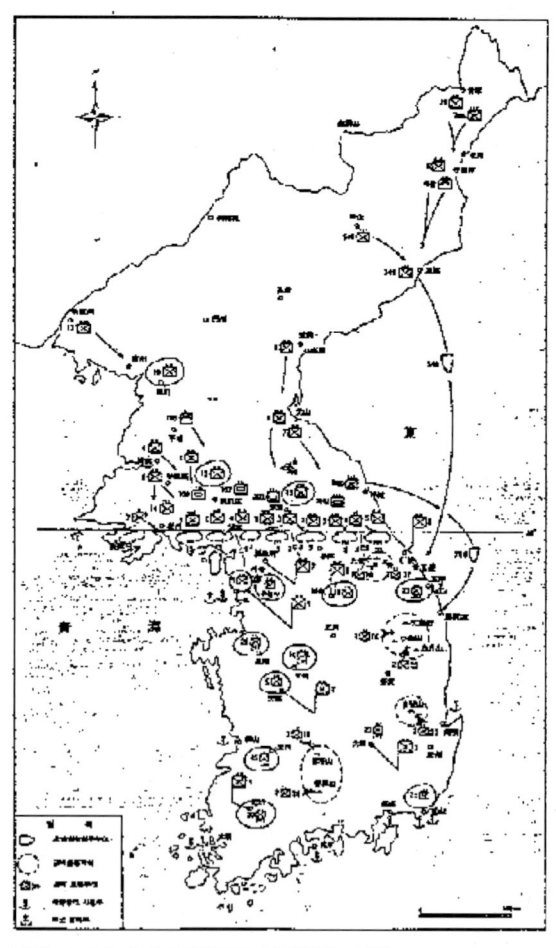

1950. 6. 25 현재 북한군의 전방배치 상황

　결국, 韓國軍은 人民軍과의 싸움의 '적수'가 되기는 어려운 형세였다.[28] 人民軍의 총 공세는 소련 군사고문단이 미리 작성한 '예정표'에 따라 진행되었다. 공격 개시 후 각 '돌격부대'들은 敵의 큰 저항을 받지 않았고 38도선을 돌파해 쉽게 '목표지점'에 도달하는 '성과'를 올리기도 했다. 그리하여 각급 지휘부에는 도처에서 들어오는 '승전보'가 연이었다.[29]

---

28) 오늘의 공격은 바실리예프 장군이 작성한 전투계획('선제타격작전')에 따른 것으로 이 계획은 이미 5월에 확정된 것이다. 이 계획서에 포함된 人民軍의 침공계획은 대체로 이러하다.
　제1군단의 최정예인 제3사단(제395부대)과 제4사단(제485부대)을 主攻부대로 하며, 제203전차 연대의 지원 아래 議政府－서울 선으로 南進한다. 한편 제1사단(제115부대)과 제6사단(제655부대)을 서부 助攻부대로 하여 開城－汶山－서울 선으로 南進한다. 제2군단 주력인 제2사단(제235부대)과 제7사단(제825부대)을 동부 助攻부대로 해 華川－春川－洪川의 축선으로 각각 南進하게 하고, 제5사단(제615부대)과 유격부대인 제766부대와 육전대인 제549군 부대로 하여 동해안의 國軍전선 돌파와 후방 상륙으로 해안선을 장악하도록 한다.
　이리하여 제2군단 주력(제2, 제7사단)이 서부전선의 제1군단을 도와 春川 전면을 돌파한 다음 서울 동남방으로 迂回하여 水原－利川線에서 서울 부근의 國軍의 퇴로를 차단함과 동시에 國軍의 전후방을 차단하고, 제1군단으로 하여금 서울地區에서 國軍 주력을 섬멸하도록 하는 것이다. 이 모든 작전은 공격 개시 후 72시간 이내에 끝내야 한다는 것이 '선제타격작전'의 기본이다(韓國弘報協會, 전게서, 1973, pp.208－209. 陸戰史硏究普及會(일본), 『朝鮮戰爭』(1권), 1969년, pp.33－34).

29) 이를 지켜보고 있던 人民軍 고급 지휘관들이나 소련군 고문관들은 모두 안도의 숨을 쉬게 되었다. 그중 한 고문관은 이것은 제2차 대전 시 "스탈린그라드(Stalingrad)로부터 독일군을 추격한 소련군의 속도보다도 빠르다. 잘될 것 같다!"라고 아주 흐뭇한 표정이었다고 한다(朱榮福, 전게서, pp.265－266 참조).
　슈티코프 대사도 1950년 6월 26일에 소련군 총참모부 제1차장 자하이로프 장군에게 한 전세 보고에서
　　"포격은 계속되고 보병은 진격하고 있으며 어떤 부대는 30분 만에 3～5㎞나

238

그러나 이와는 대조적으로 韓國軍의 前方에서 날아오는 소식들은 모두가 불리한 전투 상황을 호소하는 것뿐이었다. 國軍의 총 지휘부(육군본부)에는 '긴박감'과 '위기감'이 깊게 깔려 있었다. 그리고 비관적인 전세의 추이만을 걱정할 뿐이었다.

甕津반도의 韓國軍 제17연대는 새벽 5시에 人民軍 제3경비여단과 제6사단 제14연대의 공격을 받고 압도적인 敵과 불리한 싸움을 하고 있다는 최초의 보고를 보내왔다. 그로부터 30분 후인 5시 30분에는 國軍 제3사단과 제4사단이 人民軍 제3사단(사단장 李英鎬(이영호) 소장)과 제4사단의 공격을 받고 현재 포천(抱川)과 동두천(東豆川)으로 퇴각 중이라는 보고가 들어왔다.

또한 6시 30분에는 韓國軍 제1사단이 人民軍 제1사단의 탱크 공격을 받고 속수무책으로 후퇴 중이라는 비보도 들어와 人民軍의 공세는 어느 한 지역에 局限된 현상이 아니라, 38도선 全域에 걸친 '전면적 공세'로 판명되었다. 한편, 東海岸 전선의 人民軍은 대대적인 함포사격과 동시에 뒤따른 육전대(陸戰隊)의 상륙으로 이번 공세가 '전면적 공격'이라는 사실이 더욱 확실해졌다.[30]

전진하였다. 人民軍의 공격은 敵에게 있어서는 불의의 기습이었다."

고 지적했다(≪한국일보≫, 1995. 8. 28).

30) 소련 당국은 上陸 作戰用 함정을 서둘러 북한군에 供與한 것으로 보인다. 1950년 6월 20일 슈티코프 대사는 스탈린 수상에게 金日成의 요청사항이라고 전제하고, 金은 방금 인수한 上陸 作戰用 함정에 승선하고 있는 소련 水兵 10명을 계속 근무하도록 해 줄 것을 요청했다고 하면서, 이 요청을 받아줄 것을 '건의'했다(KA 45/1/346/109).
그러나 스탈린은 이 '건의'를 직하에 拒否하면서(6월 21일) "귀하의 건의를 拒否한다. 그것은 미국으로부터의 간섭의 빌미를 제공할 수 있기 때문이다."라고 슈티코프 대사를 질책했다(스탈린의 답신은 그로미코 副외상의 이름으로 되어 있다).

이후 全 戰線(전선)에 걸친 人民軍의 포격과 南進이 계속되었다. 韓國軍은 무기력한 '반전자포'로 탱크를 앞세운 敵의 공격에 대항했어야만 했다. 그러나 그나마도 그 성능이 약해 T-34형 탱크를 격파하기 위해 준비된 이 '반전차포'(57㎜ 포장치)는 사실상 무용지물이 되고 말았다.

소련제 T-34 탱크로 남하하는 북한군

敵은 개전 후 얼마 되지 않아 38도선 이남의 최대 도시인 開城을 공격하였다. 그리고 오전 9시경 人民軍은 이 도시를 완전히 제압하는 큰 전과를 올렸다. 이 무렵(am 9:30) 북한 당국은 평양방송을 통해 수상 金日成의 '국민에게 告하는 소리'를 처음으로 보도했다. 여기서 그는,

---

1950년 6월 27일자 ≪東亞日報≫에 의하면 국방부 정훈국은 "江陵에서 들어온 확실한 정보에 의하면 소련 잠수함 1정과 순양함 1척이 북한군의 南韓 上陸을 지원하고 있다."고 주장해 소련 해군의 참전 가능성을 시사했다.

> 南朝鮮 괴뢰 도당은 조선민주주의 인민공화국이 제안한 모든 평화적인 통일방안을 거부하고, 38도선 북방인 海州(해주)지구에 대한 무력 침공을 감행하였기 때문에 이를 격퇴하기 위해 조선민주주의 인민공화국은 반격을 명하였다. 이로부터 생기는 모든 결과에 대하여 南朝鮮 괴뢰 도당은 책임을 져야 할 것이다[31]

라는 억지 주장을 해 한국 측을 비난하고 현재 일어나고 있는 '사태'에 대한 책임이 전적으로 한국 측에 있다는 것을 분명히 하였다. 그러니까 人民軍의 '반격'은 어디까지나 법적으로 허용된 범위 내의 '정당방위'이며 '합법적'인 것이라는 주장이었다.

全 전선의 전황은 계속 악화되어 갔다. 오전 10시경(6월 24일 ㏘ 9:00 EST) 주한 미국 대사 무쵸(J. J. Muccio)는 자국 정부에 제1차 정세보고[32]

---

31) Message of Kim Ilsung to Korean People, ≪Pravda≫, June 27, *Ibid*., p.13.
이보다 앞서 '내무省 성명'은 이른 아침부터(6시경) 平壤放送을 통해 韓國軍이 38도선 이북을 먼저 침범했다고 주장하고, 이를 격퇴하기 위해 '결정적인 조치'를 취할 것이라고 하여 '남침'의 책임을 韓國 측에 전가했다.

> "朝鮮民主主義 人民共和國 정부는 共和國 내무성 保安隊에 명하여 만약 南朝鮮 傀儡정부가 38선 근방에서 취하고 있는 군사적 모험을 즉시 中止하지 않으면 敵을 처부수기 위한 결정적인 조치를 취할 것이며, 南朝鮮 당국은 이 군사적 모험에서 생기는 모든 결과에 대한 전적인 책임을 질 것이다."

한편 前 조선중앙방송위원장 南鳳植에 의하면, 평소에는 "6시부터 방송을 시작하는데 그날(6월 25일)은 朴昌玉이 비밀방송 원고를 가져왔다."고 한다. 그리고 그때부터 "우리에게는 방송의 권한은 없었고, 모든 보도내용은 中央黨에서 왔다."고 한다. "金日成의 방송 원고는 종이쪽지에다 남이 알아보지 못할 만큼 엉터리로 쓴 것이었다. 도저히 그걸 그냥 방송할 수가 없어 우리 직원이 다시 작성했다."고 한다("6·25 남침을 말한다", ≪朝鮮日報≫, 1992. 6. 24).

32) 무쵸 대사의 보고는 국무성의 딘 러스크(Dean Rusk) 차관보의 요청에 의한 것인데, 무쵸 대사의 제1차 전세 보고는 후술 p.237을 참조할 것.

를 띄웠다. 그는 전선의 정세와 韓國軍의 보고를 토대로 현재 진행 중
인 북한군의 침공은 예사로운 일이 아닌 '전면적 공세'로서 '전면전쟁'
의 위험성이 있다는 점을 지적했다. 미국 시각으로 6월 24일(토) 9:26
p.m. EST 미 국무성에서 접수된 대사의 보고는 매우 신속한 것이었다.
또한 전세판단에 있어서도 적절한 것이었다(이 보고는 미국 정부가 북
한군의 침략에 '조기 대처'하는 데 결정적인 역할을 했다).33)

 그러나 이 시각까지도 한국군의 지휘계통은 체계적으로 확립되지 못

 무쵸 대사는 이날 아침 8시경 KMAG의 드럼 라이트로부터 "대사님 쇼크받
 지 마십시오. 공산주의자들이 모든 전선에서 공격해 오고 있습니다."라는 짤
 막한 보고를 처음 받았다고 한다(이 무렵 UP 통신의 잭 제임스 기자도 대
 사館에서 이 보고를 들었다고 한다)("歷史는 흐른다", ≪朝鮮日報≫, 1987.
 5. 20).

33) FRUS, 1950, Vol.Ⅶ, p.125.
 국무성 관리들이 이렇게 '신속'하고 '민첩'하게 움직이고 있는 것과는 대조적
 으로 '東京'의 맥아더 장군은 한국 정세의 파악에 있어 큰 문제가 있었던 것
 으로 보인다. 그는 25일 새벽의 북한군의 기습에 대한 보고를 오전 8시경 그
 의 침실에서 받았다고 하며(부관은 장군을 일찍 깨우기가 어려웠다고 함), 戰
 勢 판단에 있어서도 개전 후 48시간이나 북한군의 공세를 '全面戰'이 아닌
 '局地戰'으로 보았다.
 따라서 그는 人民軍의 배후에 반드시 소련이 있다고 보지 않았으며, 韓國軍이
 궁극적으로는 승리할 것으로 믿고 있었다(FRUS, 1950, Vol.Ⅶ, p.140 참조).
 그러나 맥아더 장군 자신은 6월 25일 새벽의 일을 이렇게 회상한다(≪朝日新
 聞≫에 연재된 맥아더 장군의 회고록, 『朝鮮戰爭Ⅰ』, pp.80-81 참조).

  "1950년 6월 25일 일요일 이른 아침 나의 침실 벨은 울렸다. ……당직 장교
  가 '장군님 오늘 새벽 4시에 북한군이 대거 38도선을 넘어 남침해 왔습니
  다.'라고 말했다.

 나는 악몽을 보고 있는 기묘한 심정이다. ……그럴 일이 없을 것이라고 내
 자신이 중얼거렸다. 나는 꿈을 꾸고 있는 것이 분명하다. 이렇게 같은 일이
 두 번 일어날 리가 없을 것이다. 그러나 그때 아몬드 참모장의 깐깐한 목소
 리가 들려왔다. '장군, 무언지 명령을 주셔야지요?'"

한 상태였다.[34] 국방부는 후방 병력을 前方으로 이동 배치하는 일을 서둘렀다. 휴가 중인 전방부대의 병력을 귀대시키느라 법석을 떨었다. 서울지구에서는 오전 10시경 "국군장병은 곧 원대에 복귀하라."는 군보도 차량의 가두방송이 요란하였다. 그리고 완전무장한 兵士들이 황급히 트럭들에 실려 전방으로 이동하는 행렬이 목격되었다.

오전 11시경 정부는 '긴급국무회의'를 소집해 지금까지 보고된 38선 주변의 '사태'에 대해 논의하였다. 그리고 '사태'의 심각성을 미국 정부에 알리는 한편 '호외(號外)'를 통해 이 사실을 국민에게도 알리기로 했다. 이날 아침 제일 먼저 거리에 나온 경향신문(京鄕新聞)의 '號外'는 공보처 발표를 알리는 내용이었다.

"북한군은 금일 새벽 38도선 전역에 걸쳐 남침을 개시했다. 我軍은 즉시 敵과 교전해 이를 격퇴 중이다."

그러나 같은 시각에 들려오는 평양방송(平壤放送)의 보도는 예전 같지 않았다. 그것은 매우 강도 높은 어조였다.

반역자(反逆者) 李承晩의 명령으로 괴뢰군(傀儡軍)이 침략해오므로 人民軍은 자위(自衛)의 목적으로 이를 격퇴해 정당한 진입(進入)을 개시했다. 李承晩 一黨은 체포되고 처형될 것이다.

---

34) 全 戰線에서 人民軍의 공격이 가해지고 있는데 육군 本部의 명령체계는 오전 10시경에나 이루어졌다고 한다. 蔡秉德 육군참모총장(少將)은 전야에 있었던 '댄스파티'로 술에 취해 있어 새벽에 있었던 제6사단의 전황보고를 받을 수 없었으며, 申性模 국방장관은 "일요일을 방해받지 않는다."는 이유로 전화기를 내려놓고 있어 연락이 되지 않았다. 또한 軍 작전의 실무책임을 맡고 있는 작전국장 張昌國 大領은 며칠 전 이사를 해 전화도 주소도 알 수 없는 상태였다.

평양방송은 이 같은 주장을 계속 되풀이하고 있는 것으로 보아 이미 북한 당국은 '전쟁'에 대한 승리를 '확신'하고 있는 것 같았다.[35]

개전 첫날을 맞이한 人民軍 주공부대(主攻部隊)-제4사단: 사단장 李建武(이건무) 소장-가 올린 '전과'는 중부 전선에서 國軍 제7사단의 완강한 저항을 돌파하고 東豆川을 점령한 후 오후 늦게 그 남방 8㎞ 지점까지 진출해 의정부 전면에 육박하였다. 또한 제3사단은 하루 종일 진격을 계속해 포천(抱川) 남방 10㎞의 지점까지 진출하여 韓國軍의 수도 방위 거점인 의정부를 위협하였다. 그리하여 '3일 작전'의 수행상 가장 중요한 거점인 의정부의 점령이 목전에 이르렀다.

한편 서부 전선의 人民軍 조공(助攻) 부대도 예정보다 빠른 속도로 南進을 계속하였다. 오전 9시경에 開城을 점령한 人民軍 제6사단(사단장 方虎山(방호산) 소장)의 주력은, 그 후 韓國軍의 저항을 별로 받지 않고 南下해 옹진반도 남단의 한강(漢江) 어구(金浦전면)에 이르러 다음 날의 임진강 도하작전에 대비했다.[36] 그러나 작전상 주공 부대를 동쪽에서

---

35) 西方 측에서는 金日成의 이 연설을 포함해 11시경에 있었다고 하는 연설을 가지고 北韓 측의 '선전포고'로 간주하는 견해도 있는 것 같은데, 北韓 당국은 처음부터 '선전포고'를 하지 않는 것으로 방침을 세운 것 같다.

人民軍 中佐로 제6사단에 소속되었던 崔泰煥는 1950년 6월 23일 金枓奉 '최고인민회의' 상임위원장이 제6사단을 방문해 고급 장교들을 모아 놓고 이야기하는 자리에서, "다가오는 해방 전쟁에는 '전쟁포로'도 없으며 또한 '선전포고'도 없다."라고 말했다고 한다(최태환, 박혜강, 『젊은 혁명가의 초상』(서울: 공동체, 1989), pp.112-113 참조).

36) 人民軍 제6사단 소속참모 崔泰煥 中佐는 그날의 진군을 다음과 같이 말한다.

"9시가 채 못 되어서 開城은 완전히 점령되고 말았다. 國軍 잔류 병력은 河閒洞 부근에서 최후의 저항을 하다가 臨津江 쪽으로 퇴각하였다. ……우리들은 南下를 계속했다. 그리고 그날 밤에는 永正浦에서 일박하고 26일에는 金浦半島로 진군할 계획이며 일부 병력들은 江華島를 접수할 예정이다."(최태환, 상게서, pp.125-127 참조.)

지원하는 조공 부대인 人民軍 제2사단(사단장 李靑松(이청송) 소장)의 진군은 별로 기록할 만한 것이 되지 못했다.

군단 지휘부가 人民軍 제2사단에게 부여한 개전 초의 임무는, 당일 오전 중에 서울 동북부 거점인 춘천(春川)을 점령하라는 것이었다. 그리고 제7사단에 내린 임무는 당일에 홍천(洪川)을 점령하여 國軍 제6사단(사단장 金鐘五(김종오) 대령)의 퇴로를 차단하는 것이었다. 이날 아침 양 사단의 초기 작전은 순조로웠으며, 다른 지역의 공격부대의 행군과 다를 바 없이 韓國軍의 저항을 거의 받지 않고 예정된 목표지점에 도달하였다.

그리하여 군단(軍團) 지휘부가 부여한 임무를 수행하는 데 큰 문제가 없을 것으로 보였다. 그러나 뜻밖에도 春川 외곽에까지 진출한 제2사단의 주력은 國軍 제6사단 주력(제7연대)의 완강한 저항에 부딪혀 결국 군단 지휘부가 시달한 제1차 목표지점(春川)에 진출하는 데 실패하였다. 이것이 '3일 작전' 수행과정 중 빚어진 중대한 차질의 시작이었다.

이날 새벽 화천(華川) 방면에서 진격을 개시한 제2사단은 38도선 남방 500m 지점에 위치한 모진교(母津橋)를 무사히 지나 다른 전선의 부대와 같이 오전 내내 빠른 속도로 계속 南下하여 소양강(昭陽江) 북쪽(春川 근교)에 진출했다. 그런데 이때 이들은 옥산포(玉山浦)−천전리(泉田里)를 수비하고 있는 國軍 제7연대(연대장 林富澤(임부택) 중령)의 완강한 저항에 부딪혀 더 이상의 진격이 불가능해졌다. 이로 인해 군단 지휘부는 오후에도 재차 '추상'과 같은 돌격명령을 내렸으나 제2차 공격도 실패로 돌아가 결국 人民軍 총 지휘부로서는 전혀 예기치 않던 '이변'이 발생한 것이다. 양차에 걸친 '총공격'의 실패로 人民軍 제2사단은 큰 피해를 입고 많은 병력을 상실하였다고 한다.[37]

---

37) 제2군단 공병참모로 이날의 침공 작전에 참가한 朱榮福 中佐는 당일 오후

25일 개전 당일의 공격부대 중 제일 깊숙이 南進한 부대는 제7사단 (사단장 全宇(전우) 소장)이었다. 이들은 洪川(홍천) 전방까지 진출하였다. 그리하여 26일 새벽에는 제1차 목표인 洪川에 진출해, 國軍 제6사단의 퇴로를 차단할 계획이었다. 그러나 제2군단장 金光俠 소장은 작전상 春

의 군단 지휘부의 표정을 다음과 같이 술회한다.

"전황이 신통치 않아 점심시간이 훨씬 지났는데도 아무것도 먹지 못했다. 정오부터 不吉했던 전황이 더욱 악화되어 전체 요원은 신경을 집중했다. 무엇이 잘못되어 가는지 모두의 안색이 좋지 않았다. 특히 군단장 金光俠 少將과 참모장 崔麟 少將의 안색은 '흙색'이 되었다.

제2사단 관하의 모든 부대는 38선을 무너뜨리고 牛頭 平野까지는 거센 파도와 같이 밀고 내려갔으나, 昭陽江 북쪽에서 제1차 총공격에 실패하고 玉山浦·泉田里線에서 國軍 제7연대(제6사단)의 완강한 저항에 부딪혀 더 이상의 전진이 저지된 것이다."
(주영복, 『내가 겪은 조선전쟁』(서울: 고려원, 1990), p.269).
또한 파우엘 모나트(Pawel Monat) 大佐에 의하면 제2군단 참모장 崔麟 少將은 이날의 전투 상황을 다음과 같이 말했다고 한다.

"우리 군단(제2군단)은 春川과 洪川을 돌파한 후 서울의 동남부지역(水原, 利川 같음)을 점령하라는 명령을 받고 48시간 내에 그 지역에 진출하라는 것이다. 공격 초기에는 모든 것이 순조로웠다. 그러나 얼마 되지 않아 문제가 생기기 시작했다. 진군도로가 험악하고 敵(韓國軍)의 반격이 거세 우리가 예상했던 것보다 훨씬 강력한 것이었다. 나는 작전을 세우는 것은 이를 실행하는 것보다는 훨씬 쉽다는 것을 알았다.
그러나 상부(총사령부)에서는 이러한 어려움을 모르는 채, 시계를 들여다보아 가며 시간마다 나를 불러 독전하고, 왜 예정시간에 맞추지 못하는지 꾸짖었다. 후일 미군은 대규모로 介入하게 되고 미군 비행기는 우리를 도처에서 폭격해 꼼짝 못하게 만들었는데 이때쯤 상부는 나를 더 이상 괴롭히지 않았다. 그들은 당초의 작전계획을 수립할 때 너무 무리하게 된 것이라는 사실을 알게 되었다."
한편 모나트 大佐는 '3일 작전'의 실패 원인을 소련군 '총참모부'가 작전일정을 수립할 때 韓國軍의 능력을 너무 '경시'한 반면 북한군의 능력은 '과대평가'한 데 있는 것 같다고 주장한다(Pawel Monat, "Russians in Korea", Life, 1963. 6, p.86 참조).

川 점령을 우선시 하였다. 만일 春川을 점령하지 못한다면 '최고사령부'
가 부여한 "서울 동남방에 진출해 韓國軍의 主力을 포위하라."는 임무
를 수행하지 못할 것으로 판단한 듯하다.

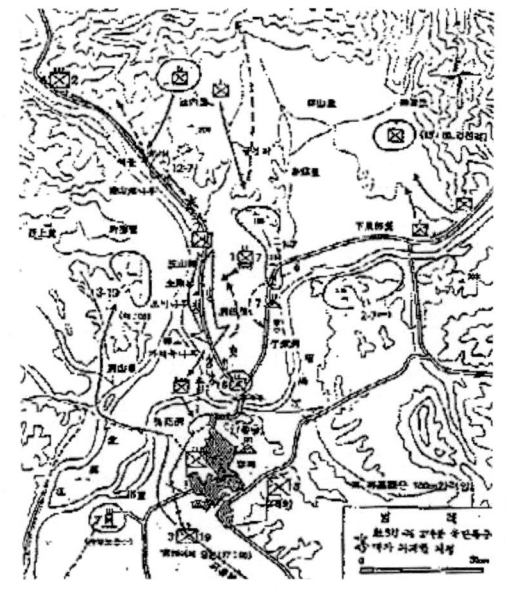

상황도: 玉山浦의 혈전상황
(1950. 6. 25. 09:00 ~ 18:00)
자료: 국방부, 38도선 초기
전쟁(중·동부 전선편)

그러므로 제7사단은 면전의 敵을 격파하기 보다는 오히려 제2사단과
합세해, 春川지역의 敵을 격퇴하기로 작전을 변경하였다.38) 그리하여

---

38) 陸戰史研究普及會編, 『朝鮮戰爭Ⅰ』(東京: 原書房, 1976년), pp.49-53 참조.
   양차에 걸친 총공격의 실패 원인의 하나는 제2사단에는 당초에 탱크부대가
   배치되지 않아 화력이 약한 데에도 그 원인이 있는데, '최고사령부'는 의도
   적으로 제2사단에 탱크부대를 배치하지 않은 것으로 보인다. 그 이유로는
   다음 두 경우를 생각할 수 있다.
   ① 母津橋을 國軍이 퇴각 시 파괴할 것으로 보고, 그럴 경우 탱크의 도하작

군단장은 저녁 늦게 그 주력(主力)이 洪川 근교까지 진출한 제7사단의 주력을 "인제(麟蹄)로 돌아와 春川 동방으로 진출하여 春川을 제2사단과 협동하여 공격하라."는 명령을 내렸다. 제7사단은 약 30台의 탱크를 보유하고 있는 데 반해 제2사단은 탱크를 전혀 보유하고 있지 않아 군단장은 탱크공격을 시도했던 것이다.

人民軍 제7사단은 일부 병력을 삼가리(三街里)에 남겨 두고 그 主力은 山間의 외길로 반전하여 26일 오후 春川 동방에 진출했다. 그리고 곧 春川 공격에 참가해 탱크 부대는 종대(縱隊)로 도로상에 그리고 보병은 昭陽江 주변의 높은 고지를 공격하였다. 그러나 잠시 후 해가 저물었음에도 불구하고 공격은 별다른 성과 없이 끝났다.

한편 제2사단도 종일 國軍 제6사단의 방어진지를 돌파하려 시도했으나 병력을 보충한 韓國軍의 완강한 수비에 밀려 전날과 같이 피해만 속출했을 뿐 별다른 진전 없이, 그대로 날을 드새게 되었다.[39]

전은 진격에 부담이 될 것으로 보았을 것이며(사실은 다리를 파괴하지 않았다고 함),

② 또한 國軍 제6사단의 戰力을 과소평가한 것으로 보인다(1년 전 姜·表 두 대대장의 越北 사건으로 지휘부는 제6사단의 戰力을 누구보다도 잘 알고 있는 것이다).

39) 國軍 제6사단이 여타 지역의 我軍 수비 병력보다 善戰할 수 있었던 것은 사전에 敵의 공세를 예측하고 상응한 준비를 한 것이 그 한 원인인 것으로 보인다. '6·25' 1주일 전인 6월 19일 하오 3시경 人民軍 兵士 1명(성명: 미상의 제2사단 포병연대 소속 SU-76자주포 승무원)이 泉田里(샘밭)의 제7연대 수색대에 귀순한 일이 있었다. 그런데 이 귀순병은,

"우리 부대는 지난 6월 12일부터 1주일간 야간 행군을 강행하여 新浦里 부근 모래밭에 집결했다. 거기서 春川을 목표로 공격준비 중인데 나는 전쟁이 두려워서 귀순해 왔다."

라고 말해, 이 정보는 그동안 심상치 않은 敵情에 신경을 곤두세우고 있던 연대장(林富澤 中領)에게는 충격적인 것이었으며 그는 즉시 연대 수색대에

248

다만 25일에 이어, 26일에도 예정된 행군 코스에 따라 진군한 주공
(主攻) 부대인 人民軍 제4사단은, 國軍의 완강한 저항에도 불구하고 26
일 하오 늦은 시각에 서울 방어의 요충지인 의정부를 장악하는 데 성공
함으로써 韓國軍의 서울 방어선을 분쇄했다. 한편, 서부 전선의 조공(助
攻) 부대인 人民軍 제6사단도 하루 종일 진군을 계속해 서울 외곽(金浦

귀순병의 진술내용을 확인하도록 하였다. 그 결과 6월 20일 새벽 4시 수색
대가 龍華山에서 탐지한 敵情은 귀순자의 진술과 일치하는 것으로 華川-新
浦里 일대의 5번 도로상에는 약 400台의 차량이 줄지어 서 있었고, 新浦里
부근 모래밭에는 1개 연대 규모의 병력이 집결하고 있다. (그리고) 九萬里-
華川 간에는 수십 門의 야포가 포구를 남쪽으로 하여 병렬되어 있었다.
그리하여 연대장은 이 사실을 신임 사단장에게 보고하고 주말에 실시할 외
출·외박은 春川지역을 벗어나지 못하게 통제하고 이 사실을 陸本에 보고했
으나 陸本의 반응은 없었다. 그러나 사단은 자체의 정보를 토대로 '참호'를
파고, '토치가'를 설치하는 등 敵의 공세에 대비한 충분한 준비를 했기 때문
에 敵의 공격을 꺾을 수 있었던 것 같다(國防部, 『38도선 初期戰爭』(中東部
戰線篇), 國防部戰史編纂委員會, 1982, pp.31-35 참조).
슈티코프 대사는 1950년 6월 26일에 소련군 '총참모부' 제1차장(자하이로프
장군)에게 한 '상황보고'에서,

    "軍 부대의 이동은 사고 없이 조직적으로 수행되었으며 敵의 '스파이'는 이
    동을 발견한 것 같지만 '계획'과 '행동 개시' 시기의 비밀은 유지되었다."

고 간접적으로 상기 사실을 시인했다(≪한국일보≫, 1995. 8. 28).
사실 이 무렵 東豆川 전면의 제1연대(제7사단)로 북한군 兵士 1명이 귀순해
"나는 공병인데 지뢰매설을 명령받았기에 무서워서 탈출했다."라고 진술했
다. 그는 南韓에서 밀고 올라올 것을 두려워하여 북한군은 38도선 연변 이
북에 지뢰를 묻고 있다는 듯이 설명했다(그러나 제7사단에서는 이 문제를
심각하게 생각하지 않을 것 같다). 또한 東海岸 제10연대 정면에서도 北韓
軍兵士 1명이 귀순했다. 그는 "1주일 뒤에 남침이 시작될 예정이다."라고
진술했다. 그 전에 이곳에서 잡힌 북한군 게릴라 兵士들도 남침이 가까워
지고 있다는 인상을 주는 진술을 했는데, '1주일 뒤'라는 구체적인 정보를
제공하기는 이번이 처음이라고 한다("歷史는 흐른다", ≪朝鮮日報≫, 1987.
5. 8).

지역)에 육박하는 등 '서울' 공략에 박차를 가했다. 오직 동부의 조공 부대만 작전 실패로 人民軍의 침공 작전이 더 이상 체계적으로 수행되기는 어렵게 되었다.[40]

　27일에도 제2군단은 양 사단 사이의 공격을 서로 조정해 가면서 총 공격을 시도했다.[41] 그러나 그 사이 國軍(제6사단)의 방어력이 강화된 반면 험준한 산세(山勢) 때문에 人民軍의 공격은 여전히 부진한 편이었다. 人民軍의 전력 소모는 큰 것으로 보이며 그 결과 그들은 공격력을 상실하고 人民軍 제2군단은 마침내 自力으로서는 春川을 점령할 수 없게 되었다. 그러나 國軍 제6사단은 27일 오후 陸本의 명령에 따라 그날 저녁에 질서정연하게 '작전상 후퇴'를 감행하였다.[42] 그 결과 人民軍은

---

40) 人民軍 主攻부대는 6월 26일 하오 늦게 의정부를 점령하고 그 후 약 24시간 진군을 멈추었으며, 또한 6월 28일 서울 '입성' 후에도 3일간의 '휴식'을 취한 것으로 알려지고 있는데, 그 이유를 잘 알 수는 없으나 필자의 생각으로는 助攻부대인 제2군단의 작전 실패가 그 주원인이 아닌가 생각한다.

　이 점에 대한 兪成哲 少將의 견해는 다음과 같다(《韓國日報》, 1990. 11. 6).

　① 春川方面으로 공격해 간 人民군대 제2, 제7사단과 예하 기갑부대가 水原 지역을 점령해 國軍의 작전을 차단하기로 되어 있었는데, 春川戰鬪가 치열해 水原 도착이 늦어졌다.

　② 또한 초기 공격에서 서울을 너무 급히 점령하려던 작전계획으로 예비대 편성을 못 했으며, 따라서 人民軍 제1, 제3 및 제105사단이 서울을 점령했을 때는 병력이 몹시 지쳐 있어 계속 진군이 불가능했다.

　③ 漢江을 재빨리 손에 넣지 못해 교량이 폭파된 것도 그 한 원인이다.

41) 前 人民軍 中佐 朱榮福(제2군단 소속 참모)은 제2사단과 제7사단의 합동작전 중 큰 '불상사'가 있었다고 한다(朱榮福, 전게서, p.283).

　"이날(26일) 군단 지휘부에는 이상한 소문이 돌기 시작했다. 한때 제2사단의 左翼분계선과 제7사단의 右翼분계선이 서로 엉켜 문란해졌는데, 이때 蘇製 병기로 장비한 제2사단의 한 연대가 美製장비로 무장한 제7사단의 연대를 國軍으로 오인해 공격한 결과 제7사단은 큰 피해를 입었다고 한다."

42) 陸戰史普及會의 평가를 인용하였음.

28일 새벽 탱크 9台를 앞세우고 뒤늦게 春川에 들어오게 되었다.[43)]

주공(主攻) 부대는 28일 새벽 韓國軍의 '미아리 방어선'을 격파하고 서울에 '입성'하는 전과를 올리게 되어 人民軍은 공격 개시 후 3일 이내에 서울을 점령한다는 '3일 작전'이 외견상으로는 성공한 것처럼 보였다. 그러나 그것은 어디까지나 양 조공 부대가 미리 서울 남방과 동남방에 포진해 서울을 全面 포위한다는 전략인 것을 감안해 볼 때 人民軍 제2군단의 초기 작전 실패는 결과적으로는 '3일 작전' 전체의 '실패'를 초래한 것이다.[44)]

---

43) 陸戰史硏究普及會編, 『朝鮮戰爭1』(東京: 原書房, 1979), p.51 참조.)
   한때 유엔軍의 포로가 된 제2군단 작전부장 李學九 總佐도 "개전 직후 春川 攻略이 뜻대로 되지 않았다."라고 작전상의 실패를 인정했다(그는 이로 인해 제2군단 작전부장에서 해임되고 후일 제13사단 참모장으로 강등되기도 했다).

44) 제2군단 참모장 崔麟 少將은 한때 駐北韓 폴란드 武官인 파우엘 모나트 大佐에게 "우리 군단은 서울 동남쪽을 점령하라는 명령을 받고 있었는데, 48시간 이내에 임무를 완수하라."는 것이라고 했다(Life, 1963. 6).
   서부 助攻부대인 人民軍 제6사단은 48시간 내에 金浦 평야에 진출하여 임무를 완수했는 데 반해 제2군단은 48시간은 고사하고 72시간 후에나 제1차 목표지점인 春川에 도달해 결국 '3일 작전'은 실패된 것이다.
   前 작전국장 兪成哲 少將도 人民軍 제2軍團의 작전 실패를 인정했다(≪韓國日報≫, 1990. 11. 13).

   "당초 작전계획에는 제2보조 지휘소 부대가 28일까지 春川·洪川·利川을 거쳐 水原에 도착해 서울을 포위 공격할 예정이었으나 이때 제2보조 지휘소는 國防軍의 강력한 저항에 직면, 洪川 부근에서 맴돌고 있었다.

   '3일작전'의 실패와 관련해 1950.7.1. 스탈린은 평양주제 소련대사에게,

   "동무는 조선군사당국의 계획이 무엇인지에 관하여 전혀 보고하지 않고 있다. 조선 군사 당국은 전진하려는 생각을 갖고 있는가? 또는 진격을 멈추기로 결정하였는가? 우리의 견해에 의하면 진격은 의심할 나위없이 계속되어야 한다."

3) 유엔軍의 전쟁 介入과 '3일 작전'의 실패

현지 시간으로 6월 25일 오전 10시(6월 24일 pm 9:00 EST) 주한 미국 대사 무쵸(J. J. Muccio)는 자국 정부에 대한 제1차 보고[45]에서 전선(戰線)의 정세와 韓國軍의 보고를 근거로 해서 볼 때 금번의 북한군의 침공은 예사로운 일이 아니며 또한 이는 敵의 '전면공세'로서 '전면전쟁'의 위험성이 크다는 것을 지적했다. 미국 시각으로 6월 24일(토), pm 9:26(EST) 미 국무성이 입수한 무쵸 대사의 보고는 아주 신속하고 전세판단에 있어서도 적절한 것이었다.

라고 강한 질책을 하였다. (소련군 총참모부 제8국, 암호전문 제34691/sh호, 1950.7.1). 이에 대해 1950.7.3 슈티코프 대사는 스탈린에게 자신의 김일성과 박헌영의 면담 내용을 보고함.(소련군 총참모부 제8국 전문 제405840호, 1950. 7.4)

"김일성은 군대의 진격이, 특히 중부방면(춘천지구를 말함)에서 매우 느리게 이루어지고 있다고 불평을 하였음."

이는 김일성이 "3일작전"의 실패를 말하는 것이다.

45) 무쵸 대사의 보고는 국무성 러스크 次官補의 요청에 의한 것인데, 러스크 次官補도 방금 UP 서울 특파원이 自社에 보낸 한국 전세에 관한 보도를 확인하고 한 것이다. UP 서울 특파원 잭 제임스(Jack James) 기자가 서울 시간 1950년 6월 25일, 9:50 am(6월 24일, 8:50 pm EST)에 보낸 전문은 아래와 같다.

"38선에서 들어온 단편적인 여러 보도는 北韓이 일요일 아침 38도선 全域에서 공격을 시작했음을 시사했다. 韓國 시간으로 9:30(am)에 들어온 보고는 國軍 제1사단 사령부가 있는 開城이 오전 9시에 함락되었음을 시사했다. 甕津半島에서는 敵軍이 38도선 이남 3~4km까지 내려온 것으로 전해졌다. 서울 동북방 80km의 春川에 전차가 투입된 것으로 추측된다. 東海岸의 江陵 남쪽에서는 20척의 소선박에서 출발한 북한군의 상륙이 있는 것으로 전해졌으며 그곳에서는 국토가 절단되었다고 보도되었다."(韓國弘報協會, 전게서, pp.557-558.)

252

북한군은 오늘 아침 여러 지역에서 韓國 領土를 침범했다. 침범행위는 아침 4시경에 개시되었다. 옹진이 북한군의 포격을 받았다. 아침 6시경 북한군은 옹진, 개성 및 춘천지역에서 38도선을 넘기 시작했으며 동해안 강릉 남방에 北韓 육·해군이 상륙했다고 보도되었다.

開城은 오전 9시에 점령되었으며, 약 10台의 북한군 탱크가 전쟁에 참가하고 있다고 보도되었다. 탱크를 앞세운 북한군은 春川을 포위하고 있는 것으로 보도되었다. 江陵지역에서의 전투 상황의 보고는 불분명하나 북한군은 국토를 차단한 것으로 보인다. 나는 오늘 아침 KMAG 보좌관 및 한국 관리들과 협의하였다. 침공의 성격이나 침공이 개시된 방식으로 보아 이 침공은 韓國에 대한 전면적인 공세인 것으로 보인다.46)

서울發 무쵸 대사의 제1信이 국무성에 도착한 것은, 미국 시간으로는 토요일 저녁 늦은 시각이었다(6월 24일 pm 10:45 EST). 보고를 접한 국무성 실무자인 러스크(Dean Rusk) 차관보와 히커슨(John D. Hickerson) 차관보는 '재치 있는 판단'과 '민첩한 행동'으로 그날 밤이 새기도 전에 이

46) FRUS, 1950, Vol.Ⅶ, p.125.
　평양주재 소련대사 슈티코프는 6월26일 자료 총참모부 8국장 자하이로프(Zakharov)장군에게 "극비친전"으로 "25일 새벽 강릉과 울진지역 상륙작전은 성공했다고 보고한다. 그런데 여타지역에 대해서는 아무 언급이 없다.
　사실 人民軍측은 이날 부산과 인천지역에서도 같은 상륙을 계획한 것 같은데, 아군의 반격으로 무산되었다. 1950.6.27자 ≪동아일보≫는 "동해안의 아해군은 작야(6.25 밤 11:40경), 부산 앞바다 20해리 해상에서 적선박(600톤급, 약 600명의 빨치산이 승선 중)한척을 격침했다"고 국방부 발표를 인용했다. 이것을 실제로 있었던 작전으로 우리 해군 PC701호(백두산호)는 부산 앞바다에서 적선(약 1,000톤급)을 포착(25일 하오 8시경)하고, 이를 추격 끝에 26일 새벽 배를 격침하였다. 금번의 이 전과는 人民軍의 "3일작전"을 무력화하는데 크게 기여 했으며, 이 사실을 미국 해군전사(History of US Naval Operation Korea, 1962)는 기록하고 있다.

'문제'(한국 사태)를 '유엔' 안보이사회(安保理事會)의 긴급 토의안건으로
준비되게 하였다.[47]

---

47) 韓國의 '사태'가 이처럼 신속하게 유엔의 관심사로 된 데에는 국무성의 러
스크 次官補의 '재치 있는 판단'이 작용한 것으로 보인다. 서울發 무쵸 대
사의 제1信이 국무성에 도착한 것은 6월 24일, am 10:45 EST인데 이때 히
커슨 國務次官補(유엔담당)는 러스크 次官補 및 페이스(Frank Pace) 陸軍
長官과 합류했다.
히커슨 次官補는 애치슨 국무장관과 통화했다. 이때 애치슨은 "어떻게 하면
좋다고 생각하지?"라고 물었는데, 히커슨 次官補는 "일반적 방침으로 미국
이 유엔을 통해 이 공격에 대응해야 할 것으로 그와 러스크 次官補는 생각
하고 있다."라는 답을 하였으며, 이에 대해 국무장관도 '양해'하였다.
그리하여 두 次官補는 미국이 이 문제를 '유엔' 안보이사회의 긴급회의에
제기하자고 제의했다(히커슨 次官補는 pm 11:30 EST(서울 시간 6월 25일,
12:30)뉴욕의 그로스(Ernest A. Gross) '유엔' 駐在 미국대표부 차석대표에게
전화 했다. 그러나 접촉이 되지 못했다. 그리하여 히커슨 차관보는 자정이
가까운데도 불구하고 리(Trygve Lei) '유엔' 사무총장에게 전화를 걸어 즉각
긴급회의를 소집할 수 있도록 대비해 줄 것을 건의했다).
이때 '리' 사무총장은 "그건 '유엔' 헌장 위반이야."라는 즉각적인 반응으로
'유엔' 헌장 제99조에 따라 北韓 측의 불법공격을 安保理에 제기할 것을 고
려하겠다고 했다(리 총장은 히커슨 次官補의 요청을 받고, 곧 서울의 '유엔'
한국위원단에 '사태'의 추의를 보고하도록 요청해 '유엔' 한국위원단의 제1
차 보고가 작성된 것이다).
'유엔' 한국위원단은 서울시간 6월 25일, 3~4시(pm)(6월 25일 am EST)에 다
음과 같은 제1차 보고를 발송하였다.

  "韓國 정부는 6월 25일 새벽 4시경 북한군이 38도선 全域에서 대거 공격을
  개시했다고 말하고 있다. 공격의 주요 지역은 甕津半島 ……江陵 북방과 남
  방에서 해안으로 북한군이 상륙했다고 보도되었다. 韓國 대통령의 사태에
  대한 '브리핑'에는 36台의 탱크와 기갑차량들이 북한군에 의한 4개 지역의
  공격에 가담하고 있다는 성명도 들어왔다.

위원단은 사무총장이 사태가 심각하게 발전하고 있고 '전면전'의 성격을 띠고
있을 뿐 아니라 국제평화와 안보유지를 위태롭게 할지도 모른다는 데 주목해
주기를 바란다. 위원단은 사무총장이 문제를 안보이사회에 통고해야 할 가능성

북한군의 남침을 규탄하는 안보이사회 표결(1950. 6. 25. EST)

리(Trygve Lei) '유엔' 사무총장은 미국 측 요청(국무성 히커슨 차관보의 전화요청)과 자신의 '판단'에 의거해 북한군의 '군사도발'을 유엔의 '권위'로 대처하기로 하였다. 이러한 움직임은 '군사도발'의 행동 개시 후 24시간이 채 경과하기 전에 '국제공산주의자'들이 처음 맞는 '위기'였다.48) 6월 25일(EST), ㎩ 2:00(한국 시간 6월 26일 ㎂ 4:00) 안보이사회 긴급회의에서 駐 '유엔' 미국 副대표 그로스 대사는 안보이사회가

을 검토하도록 권고한다. 위원단은 보다 충분히 검토된 권고를 후에 보내겠다."

48) '국제공산주의자'들이 북한군의 '군사도발' 시점을 1950년 6월 25일로 잡은 데에는 그럴 만한 충분한 이유가 있는 것 같다. 6월 25일은 일요일로서 '선제공격'의 전략적 효과가 보장될 뿐 아니라, 미국 시간으로는 토요일이기 때문에 미국의 朝·野 人士 대부분이 긴 주말여가에 들어가게 되어 적어도 48시간 이내에 행정부의 조직적인 대처가 어려울 것으로 판단한 것 같다. 그러나 '3일 작전'은 그야말로 시간을 다투는 작전으로 人民軍 제2군단의 초기 작전의 실패와 신속한 유엔의 介入은 그야말로 '3일 작전'의 허를 찌른 쾌거라고 하지 않을 수가 없다.

북한군의 '침략'에 대해 '적절한 조치'를 취해 줄 것을 요청하면서 다음
과 같은 제안을 하였다.

> 한국 시간 6월 25일(일요일), 4:00 am 북한군이 한국 영토에 부당한
> 공격을 가했다. 북한군의 불법적이고 부당한 공격은 평화의 침해이며
> 침략행위이다. 이는 또한 명백한 국제평화와 안보에 대한 위협이다.
>   Ⅰ. (그러므로) 북한 당국에
>   a. 전투행위를 中止하고,
>   b. 그들의 군대를 북위 38도선으로 철수시킬 것을 촉구한다.
>   Ⅱ. '유엔' 한국위원단에게
>   a. 북한군의 38도선으로의 철수를 감시하고,
>   b. '유엔' 안보이사회에 동 결의안의 이행상황을 계속 통보할 것을
>   요구한다.
>   Ⅲ. 모든 '유엔' 회원국들에 이 결의안을 이행하는 데 있어 유엔에
> 모든 원조를 제공할 것과 북한 당국에 대한 원조제공을 삼가 할 것을
> 촉구한다.[49]

미국 측 제안에 대한 설명을 청취한 '유엔' 안보이사회는 북한군의
즉시 '停戰'(정전, cease‒fire)과 38도선 이북으로의 '철수'(withdrawal)를 요구
하는 미국 측 결의안을 표결에 부쳤다. 이 결의안은 9대 0, 기권 1(유
고), 결석 1(소련)로 채택되었다.

> 안보이사회는……대한민국 정부가……韓半島의 합법(合法)정부라는 것
> 을 상기하면서, ……북한군의 韓國에 대한 무력공격은 심각한 우려를 유
> 의하면서, ……
>   ① 적대행위의 즉각 中止를 요구하고 북한 당국이 그들의 군대를 즉

---

49) UN doc. s/pv. 473.

각 38도선으로 철수시킬 것을 촉구하고,

② '유엔' 한국위원단이

    a. 충분히 검토된 사태에 대한 보고를 가능한 한 지체 없이 보낼
      것과

    b. 북한군의 38도선으로의 철수를 감시할 것이며,

    c. '유엔' 안보이사회에 이 결의안의 집행에 대해 계속 보고할 것
      을 요청하고

③ 모든 회원국들은 유엔이 이 결의안을 집행하는 데 지원을 아끼지

말 것이며, 북한 당국을 지원하는 것을 삼가도록 촉구한다.[50]

6월 25일자(한국 시간 6월 26일 AM) 안보이사회의 즉시 '停戰'에 관한 결의내용은, 곧 全 회원국과 韓國 및 北韓 당국에도 통보되었다. 많은 회원국들은 이 결의안을 지지한다는 반응을 보였으며 우리 정부도 이 결의안을 즉시 준수하겠다는 뜻을 유엔에 통보하였다.[51] 그러나 북

---

50) UN doc. s/1501.

한편 상기 긴급 安保理가 소집되자 韓國 정부는 6월 25일 駐美 대사 張勉을 동 이사회에 파견하여 우리 정부의 입장을 밝히게 하였다. 張 대사는 이 사회에서의 연설에서 북한군의 침공이 곧 침략행위를 구성하고 있으며, 이는 국제평화와 안전을 파괴하고 있음으로 안보이사회는 그 권능으로써 共産軍에 대한 즉각적인 정전(停戰)과 38도선 이북으로 철수할 것을 명령하도록 역설하였다.

51) 美 國務省은 동 결의안의 상정 전 駐蘇 미국 대사를 통해 한국 사태에 관련하여 안보이사회의 긴급회의가 소집되어 있다는 사실을 그로미코 副외상이나 소볼예프(Sobolev) 미국국장에 전달하려고 했으나 소련 측은 고의로 이의 접수를 회피해 결국 전달되지 못했다. 그로미코와 소볼예프는 다 '외출 중'이라는 회신이다(USFR, 1950, Vol.Ⅶ, p.141).

한편, 동 결의안 통과 후 국무성은 駐蘇 미국 대사를 통해 비신스키 외상에게 다음과 같은 사항을 전하도록 지시하였다(FRUS, 1950, Vol.Ⅶ, p.148).

    "북한군은 38도선을 넘어 여러 지역에서 韓國 領土를 침범했다. 평화에 대한 명확한 위협과 헌장과 안보이사회 회원으로서의 의무를 져버리고 금일

한 당국은 동 결의안의 '법적' 타당성을 이유로 이를 거부하기로 하였
다. 그들은,

> 안보이사회가 조선문제를 토의하고 채택할 때 조선민주주의 인민공화
> 국의 대표가 참석하지 않았으며, 소련 대표는 결석하였고 중국 대표는
> 안보이사회에서 제외되었다. 이상의 이유로써 조선민주주의 인민공화국
> 정부는 안보이사회가 채택한 결의안을 不法인 것으로 간주하겠다.

는 것이다.[52]

다시 말해 북한 당국의 저의는 안보이사회 결의사항의 구속력을 부정
하고 '침략행위'를 계속하겠다는 것이다. 그들은 단시간 내에 대한민국
의 수도(首都) 서울을 점령하고 나아가 '사실상의 통일정부'를 선포해 이
것을 하나의 '기정사실'(de facto)로 밀고 나가려는 심산인 것이었다.[53] 바
로 이 점이 '선제타격'의 핵심이며 소련 대표 말리크 대사가 1950년 1
월 '유엔' 안보이사회에서 '퇴장'한 이유도 여기에 있는 것이다.

> 오후의 안보이사회 회의에 출석할 것을 거부한 소련의 처사는 미국으로 하
> 여금 이 사실을 소련 정부에 경고하는 바이다. 세상이 다 알고 있는 바와
> 같이 소련 정부는 北韓 당국에 영향력을 미치고 있음으로 미국 정부는 소련
> 이 금번의 도발과 야만적인 공격에 대한 책임을 피할 수 없으며, 또한 北韓
> 당국이 그들의 침략 군대를 즉시 38도선 이북으로 철수하도록 영향력을 행
> 사해 줄 것을 요청하는 바이다."

52) *"Declaration of Government of KPDR"*, ≪Pravda≫, June 28, 1950, The Current Digest of the Soviet Press, July 22, 1950, p.10.

53) 사실 '3일 작전'의 핵심은 전술한 바와 같이 공격 개시 후 72시간 이내에 서울을 점령해 새로 선출된 제2대 국회의원의 과반수를 확보하는 데 있는 것 같다. 만약 이때 국회의원 과반수가 잔류했다고 하면 이들은 즉시 강압에 의한 '최고인민회의 상임위원회 綱領'을 채택하게 될 것인데, 이렇게 되면 유엔의 介入도 문제가 될 것이다. 그렇기 때문에 '모스크바'의 전략가들은 '48시간 작전'의 수행을 위해 안간힘을 쓴 것으로 보인다.

6월 26일(한국시간 6월 27일) 전선의 상황은 급변하였다. 그리고 북한 당국이 안보이사회의 '停戰' 결정을 거부하고 있는 상황에서 '유엔' 한국위원단은 공산군의 '침략'은 비밀리에 준비되고 또한 개시된 '계획적'인 것이며 조직적인 공격이었다는 것을 '유엔' 사무총장에게 재차 보고하여 왔다. 또한 동 위원단은 이미 이루어진 '사태'의 진전으로 미루어 볼 때 공산군의 공격은 불과 수일 안에 성공적으로 끝날 것이며 안보이사회의 '停戰' 및 북한군의 38도선 이북으로의 '철수' 결의는 사실상 공론화(空論化)될 것이라는 점도 경고하였다.54)

한편, 대한민국 국회도 이와 같은 세계평화의 파괴행위를 방지하기 위하여 유효하고 시기에 적절한 원조를 하여 줄 것을 미국 정부에 요구하는 호소문을 발송하였으며, '유엔' 한국위원단을 통해서 평화와 안전을 보전하기 위하여 즉각적이고 효과적인 조치를 취해 줄 것을 유엔에 호소하였다.

안보이사회는 6월 27일 오후(한국시간 6월 28일 AM)에 다시 회의를 개최하였다. 동 이사회는 '유엔' 한국위원단의 보고에 의하여 북한군의 침략행위에 관한 결정적인 증거를 가지고 있었다. 북한군은 6월 25일(EST)의 이사회 결의를 무시하고 '침략'행위를 계속하고 있음에 유의하였다. 미국 대표 워렌(Austin Warren) 대사는 북한군의 계속적인 '침략'은 '유엔 자체에 대한 공격'이므로 국제평화의 회복을 위해 이에 강력히 대처하는 것이 안보이사회의 임무임을 알리는 새로운 결의안을 제출하였다.

그러나 이때 유고슬라비아 대표는 안보이사회가 쌍방에 즉시 '停戰'

---

54) 첫째, 현재의 작전상황에 의하면 북한군은 면밀히 계획된 통합적이고 전면적인 韓國 침략을 감행하고 있으며, 둘째, 韓國軍은 38도선 全域에 걸쳐 전적으로 방위목적을 위하여 배치되었으며, 셋째, 韓國軍은 완전히 기습을 당하였다.

을 재권고하고 양 당사자의 중재를 위한 절차를 정하여 北韓 대표를 유
엔에 초청하자는 내용의 다른 하나의 결의안을 제출해 눈길을 끌었다.

결국 안보이사회는 이 두 결의안을 심의한 결과 미국 측 제안인 "유
엔은 무력공격을 격퇴하고 그 지역의 국제평화와 안전을 회복하기 위하
여 필요한 원조를 한국 정부에 제공할 것을 유엔의 제 회원국에 건의한
다."는 내용의 결의안을 7대 1, 기권 2, 결석 1로 채택하였다. 한국전쟁
에서 '국제공산주의자'들의 운명을 바꿔 놓은 것으로 보이는 이 결의안
의 내용은 다음과 같다.

> 안보이사회는 북한군의 대한민국에 대한 무력공격을 평화의 파괴행위
> 로 규정했으며, '유엔' 한국위원단으로부터 북한 당국이 전투를 中止하
> 지 않고 있다는 사실과 국제평화와 안전을 회복시키기 위해 군사적 조
> 치가 시급히 요망되고 있다는 사실을 보고받고, 대한민국이 평화와 안
> 전을 보장할 효과적인 조치를 즉각 취해 줄 것을 유엔에 호소했음을 감
> 안하여, 대한민국이 무력침략을 격퇴하고 그 지역에서 국제평화와 안전
> 을 회복하는 데 필요한 원조를 제공해 줄 것을 '유엔' 회원국에 권고하
> 는 바이다.[55]

이것은 세계 역사상 처음 있는 일로서 제2차 대전 후 웅지(雄志)를 품

---

55) UN doc. S/ISII.
미국 행정부는 安保理가 상기 결의안을 심의하고 있을 때 미국의 무력 介
入 원칙을 발표해 주목을 끌었다. 이날 트루먼 대통령은 미리 준비된 성명
을 통해 북한군은 '정전'과 군대 '철수'를 요구하고 있는 안보이사회의 6월
25일(한국시간 6월 26일)자 결의안에 응하지 않고 있음을 상기하고, 동 결
의안은 모든 회원국이 안보이사회 결의를 실천함에 있어서, 유엔에 대하여
'모든 원조를 제공해 줄 것을' 요구하고 있기 때문에 미국 정부는 우선 해
군과 공군으로 韓國軍을 지원하도록 맥아더 장군에게 명령하였다는 사실을
발표하였다.

고 탄생한 유엔의 운명을 점치게 하는 새로운 이정표가 된 것이다. 과연 유엔은 유엔의 존립과 권위를 부정하는 여하한 세력의 도전도 물리치고 국제평화와 안전을 회복할 수 있는 능력과 의지를 가지고 있느냐는 시험 앞에 서서 스스로를 검증해야 할 순간이 도래한 것이다.

상기 결의안에 대해 인도 등 다수의 나라들은 이 결의안을 지지하고 협력할 뜻을 유엔 사무총장에게 표시하고 있는 데 반하여, 소련 정부는 6월 29일 그로미코 副외상의 명의로 된 성명에서,

> "안보이사회 결의안은…… 5개 상임이사국을 포함하는 7개국의 찬성표에 의해 채택되어야 한다. ……상기 결의안은 안보이사회의 2개 상임국인 소련과 중국이 불참한 가운데 통과된 것으로 ……'유엔' 헌장에 반한 것이다. ……상기 조선문제에 관한 안보이사회 결의안은 구속력이 없다."

유엔으로부터 '작전권'을 위임받는 맥아더 장군

는 것을 이유로 안보이사회 결의의 합법성에 도전하고, 북한군의 '군사
행동'은 계획한 대로 밀고 나갈 의도임을 분명히 하였다.56)

---

56) 그동안 학계의 다수는 소련 정부가 6월 25일에 이어 6월 27일(EST)에도 안
  보이사회에 결석해 안보이사회의 결의안이 통과된 데 대해 이것은 소련 정
  부의 '실수'라고 한다. 그러나 그러한 견해는 잘못된 것이다. 소련 정부는
  의도적으로 회의 참석을 기피한 것이다.
   뉴욕에 있는 말리크 대사는 안보이사회 회의 하루 전 자신이 안보이사회에
  참석할 것인지에 대해 자국 정부에 문의하였다고 하는데, 이에 대해 그로미
  코는 외무성의 입장을 정리해서 스탈린 수상의 재가를 요청한 바 있다고 한
  다. 당시 副외상이었던 그로미코는 최근에 나온 한 '자서전'에서, 소련 대표
  의 불참은 스탈린 자신이 마지막 순간에 "내 생각으로는 소련 대표는 안보
  이사회에 참석하지 않는 것이 좋겠다."는 의견을 표명한 바 있어 그리한 것
  이라고, 스탈린의 생각은 당초부터 소련이 안보이사회 결의에 참가하지 않
  는 것이었다고 한다(Andrei Gromyko, *Memoirs*(New York: Doubleday, 1989),
  p.103 참조).

결 어

前 소련 수상 후루시쵸프는 어느 날 한 구술 자서전을 통해서 한국전쟁의 기원을 이렇게 말했다. "전쟁은 스탈린의 구상이 아니고 金日成의 것이며 '주동자'는 바로 金이다." 이 말은 金日成을 한국전쟁의 '주모자'로 지목하는 것이다. 그리고 그는 그동안 世上이 '전쟁'을 주도한 人物로 알고 있었던 스탈린을 단순 '방조자'로 취급하였다. 또한 毛澤東의 역할에 대해서도 그저 관심 있는 '참관인' 정도로 격을 낮추었다.

그의 이러한 주장은 從前의 우리의 인식을 크게 수정하였으며, 이는 곧바로 우리 사회의 일반적인 '통념'으로 받아들여지게 되었다. 그리하여 한국전쟁은 "소련이 지원한 북한 주도의 남침이다."라는 것으로 정의되었다.

그런데 최근에 공개된 旧소련 '전쟁문서'를 토대로 한국전쟁을 재조명해 보면 전쟁을 주도한 것은 北韓 외에도 소련이나 중공도 같은 입장이었던 것으로 보아야 할 것 같다. 결국 한국전쟁은 이들 3者가 '혼연일체'가 되어 수행한 결과라고 보아야 할 것이다.

소련 수상 스탈린은 오래전부터 '전쟁'을 '구상'해 왔다. 그리고 北韓의 金日成(朴憲永도 합세)은 이를 충실히 '실행'에 옮겼으며 중국의 毛주석은 전기 양자와 같은 입장에서 '전쟁'의 성공을 '연대보증'함으로써, 이들은 한국전쟁을 '共謀(공모)'한 것이다. 이들의 이러한 행위를 외견상으로 볼 때, 이는 마치 법률상의 '공동정범(共同正犯)'과 같은 개념으로 이해되어야 할 것이다.

그런데 최근 러시아의 저명한 군사연구가들 중에는 한국전쟁의 기원을 가리켜 그것은 '스탈린의 전쟁' 또는 '소연방의 전쟁'이라고 극히 단순화하고 있는데, 그러한 견해도 '전쟁'의 배후를 깊이 분석해 볼 것 같으면 그리 잘못된 '시각'은 아닌 것 같다. 왜냐하면 한국전쟁은 스탈린 자신이 '국제공산주의' 운동의 정점(頂点)에서 이를 시종 '주도'했으며,

그의 '전쟁'목표는 최근 당면문제로 등장한 미국정부의 새로운 對日정책('전면 국제강화'에서 '미·일단독강화'로)의 추진을 저지하고 나아가 이를 분쇄하는 것이나, 최종적으로는 일본에서 '美帝'를 축출하고 일본을 '해방'하는 데 있는 것이다.

▷ 미국의 '전쟁' 介入을 어떻게 볼 것인가?

오늘날 미국 학계의 일부 人士들 중에는 미국 행정부의 한국전쟁 介入을 가지고, 이를 마치 미국 행정부가 '최악의 시기'에 아무 명분이 없는 '최악의 전쟁'에 介入한 것처럼 비난하는가 하면, 다른 한편에서는 한국전쟁을 한국인 상호간의 '내부갈등'의 표출로 보고 마치 미국의 介入은 南·北 간의 '민족적 분규'('內戰'의 개념으로 인식)에 외세가 介入한 것처럼 명분 없는 행위로 미국의 역할을 축소하는 경향도 있는 것 같다. 그러나 미국 행정부의 '전쟁' 介入은 아주 '적절'한 것이었으며, 또한 '適時(적시)'에 이루어진 것이라고 할 수 있을 것이다.

만일 이때 미국 행정부의 '전쟁' 介入이 없었다고 가정한다면 공산군의 '전쟁' 승리는 불을 보듯 분명한 것이다. 그렇게 되었을 때 그것은 덜레스(J. F. Dulles) 당시 국무성 고문의 말과 같이 미국은 일본 열도에서 미국의 '국익'을 수호하기가 무척 어려워졌을 것이다. 그런데 만약 일본에서 미국의 '국익'이 '불안정'하거나 또는 결정적으로 '위협'을 받게 될 경우, 그것은 미국의 다른 지역(西유럽과 발칸 등지)에서의 '국익' 수호에도 심각한 '위험'을 받게 될 것이라고 보아야 할 것이다.

결국 미국 정부의 介入 때문에 한국의 안전은 계속 유지되었다고 할 수 있을 것이다. 그러나 이것은 일본 열도에 있어서의 미국의 '국익 수호'에도 기여한 바가 클 뿐 아니라 '국제공산주의자'들의 아시아 및 유럽에서 획책하려는 무모한 '팽창정책'을 분쇄하는 二重의 효과를 가져왔다고 보아야 할 것이다.

▷ '중국인민 의용군'의 '전쟁' 介入을 어떻게 볼 것인가?

학계의 다수는 중공 당국은 북한 공산군의 남침계획 '자체를 몰랐거나 아니면 마지막 순간에 가서 알게 되었을 것'이라는 이른바 한국전쟁의 '소극적 인지설'을 주장하고 있다. 그리고 이러한 주장이 우리 학계의 '통설'로 인식되어 왔다. 그러나 이러한 주장은 최근 러시아 정부가 공개한 舊소련 '전쟁문서'에 따르는 한 전혀 설득력이 없는 주장인 것이다.

중공軍은 1950년 10월 19일 처음으로 '전쟁'에 介入하였다. 그런데 그동안 중국 측에서 나온 공·사 간의 견해는 한결같이 중국 군대('중국인민 의용군')의 '6·25 전쟁' 介入은 오직 "유엔軍이 38도선을 침범하고, 한·만 국경을 위협했기 때문에 발생한 것으로 그것은 중국의 안전을 위한 介入으로 일종의 '자위행위'나 '정당방위'와 같은 것"이라고 주장하고 있다.

그러나 조·중·소 3자 사이에는 '전쟁' 개전 전에 일종의 '밀약'이 있었으며 이 약속은 '필요시' 中國軍은 '전쟁'에 介入한다는 것이다. 따라서 中國軍의 介入은 '충분한 이유'가 있는 介入으로 보아야 할 것이다.

1950년 5월 14일 한국전쟁 개전에 임박하여 중국공산당 주석 毛澤東은 金日成·朴憲永과의 대담을 통해 '이제부터 전쟁은 공동(중국과 조선의)의 과제'로 되었다는 중대한 발언을 한 바가 있다. 이것은 중국공산당이 단순한 '방관자'나 '방조자'가 아닌 실질적인 '전쟁 당사자'로 등장하는 것을 뜻하는 것이나 다름없는 것이다.

그런데 꼭 1년 전(1949. 5. 14.) 毛 주석은 그해 3월 모스크바에서 '조·소회담'에 참석한 북한 대표단의 한 사람인 金一 소장(人民軍 정치국장)을 만난 자리에서, "金日成 동지는 어느 순간에도 기습이든 지구전(持久戰)이든 이를(전쟁을 말함) 수행할 수 있는 준비를 갖추어야 한다."라고 말하면서—"필요시에는 북조선을 돕기 위해 중공軍을 파견할 수 있다."라는 이른바 '필요시 派兵' 용의를 개진한 것으로 미루어 보아 중국軍('인민의용군')의 한국전쟁에 介入은 전혀 우연한 결과가 아닌 것만은 분명하다.

▷ 스탈린의 野坂(노사카) 비판은 그의 '구상'의 하나

소련 수상 스탈린은 1950년 1월 6일자 '코민포름'기관지를 통해 갑자기 일본공산당의 野坂參三 정치국원(政治局員)을 정면(正面)으로 공격해 세상을 깜짝 놀라게 하였다. 그런데 이러한 무서운 '비판'을 받은 일본공산당 지도부는 제대로 대응조차 못하고 이에 쉽게 '굴복'하였다. 이때 野坂는 자신에 대한 '자기비판'에서 "지금 중대한 사명(使命)이 일본공산당에 부여되어 있다."고 말하고 黨을 개조하였다. 그리고 이 과정에서 그는 스스로 黨의 '합법성'을 포기하고 '비합법'적인 불법단체로 전락시켰다.

그런데 학계 일부에서는 스탈린의 野坂 '비판'을 단순한 對일 '전면강화'용이거나 또는 '전쟁' 발발 후의 '후방 교란용'이라는 등 그 의미를 축소 해석하고 있다. 그러나 그것은 전혀 설득력이 없는 주장이다.

왜냐하면 만약 '비판'의 목적이 단순한 '미·일 단독강화'의 저지에 있다고 한다면 소련은 일본공산당을 '비합법화'하고 그들을 지하(地下)로 잠입시킬 필요가 없는 것이다. '미·일 단독강화'의 저지는 人民軍의 韓半島 제압만으로도 충분히 가능했던 것으로 보인다. 한편, '비판'을 단순한 '후방 교란용'이라고 한다면, 그것은 人民軍의 '선제타격작전계획'은 단 3일로 '전쟁'을 끝내는 이른바 '3일 전쟁'이라는 사실을 전혀 모르고 하는 말이다.

소련 지도부가 일본공산당을 혁명적인 黨으로 개조(改造)하고 조총련

(朝總聯)을 총동원하려는 계획은 북한군의 韓半島 제압 이후에 전개될 '중·소 동맹'의 對日 전략에 대한 布石(포석)이며, 그것은 제2전선(한국 전쟁과 같은 것)을 일본 열도에서도 준비하였다는 증거인 것이다.

한국전쟁 발발 후 얼마 되지 않은 시점에 일본공산당 지도부 人士들은 대거 국외로 탈출하였고, 그들은 주로 '北京' 등지에 체류하면서 '平壤'과 '모스크바'를 오가면서 활동하였으며, 국외에 '망명정권'을 세워 후일에 대비하려고 한 사실은 널리 알려진 사실이다.

▷ '국제공산주의자'들은 왜 '6월 25일'을 택일했는가?

학계 일부에서는 '조·중·소 3국 사이에 합의된 남침 예정일은 8월'이라고 한다. 그런데 이것을 '金日成이 6월로 바꾼 것 같다.'고 해 논쟁을 불러일으킨 일이 있다. 그러나 최근에 공개된 旧소련 '정부문서' 어느 것을 보아도 '선제타격작전'의 개전일정을 1950년 8월로 예정했다고 하는 흔적은 찾을 길이 없다. 소련 정부는 1950년 6월 하순이나 7월 초로 '예정'한 작전일정이 혹 지연되나 하고 '초조'한 심경으로 지켜본 흔적은 여기저기서 찾아볼 수가 있다.

1950년 초여름(6월과 7월 초)에 人民軍은 '군사행동'을 개시할 것이라는 일정은 이미 1948년 12월 소련군이 北韓에서 '서둘러' 철수할 때 세워진 것이다. 이 일정을 채택하게 된 동기는 첫째, '전쟁'은 중공 정권의 수립 후 적어도 半년 정도의 시간적 경과를 요하며 둘째, 南韓의 '제2대 총선거' 후 가장 빠른 시간을 택해야 했으며 셋째, 한민족의 최대 명절인 '8·15 광복' 5주년 기념을 수도 서울에서 거행해야 하며 넷째, '유엔' 총회 개막 전에 '통일정부'를 선포한다는 점 등을 감안한 최적의 택일인 것이다.

▷ 휴전 후 중·소 양국이 북한 당국에 제공한 '전후복구비'의 문제점

3년여에 걸친 처절한 '전쟁'으로 南·北은 초토화되었으며 헤아릴 수 없이 많은 人命(인명)의 피해를 가져왔다. 그 결과 南과 北 모두는 외부로부터의 막대한 원조가 없이는 하루도 정상적인 사회의 유지가 불가능해졌다. 휴전 후 한국의 우방들은 공산군의 불의의 남침으로 국토가 파괴되고 경제가 마비되어 파탄에 빠진 민생을 해결하기 위한 원조를 아끼지 않았다. 물론 이 원조의 대부분은 미국 정부가 제공한 무상(無償) 원조라는 사실을 알아야 한다.

그런데 여기서 우리는 북한 당국에 제공했다고 하는 그들의 友邦(우방)인 중국과 소련 정부의 원조를 지적하지 않을 수가 없다. 1950년 9월 19일 소련 정부는 북한에 전후복구를 위한다는 명목으로 10억 루블($ 2억 5천만 상당)을 3년에 걸쳐(그중 약 半은 무상이고 半은 유상임) 분할·지원할 것을 발표하였다. 중국 정부도 그해 11월 23일 北韓과 협정을 체결하고 8억 元($ 3억 6천3백만 상당)을 대부분 무상으로 4년에 걸쳐 분할·지원한다는 약정에 서명하였다.

그런데 여기서 한 가지 유념해야 할 사항은 당시의 중·소 양국의 경제사정은 매우 허약하여 이렇게 많은 '복구비'를 그것도 중국의 경우는 전액을 무상으로 지원하겠다고 하는 것은 예사로운 일로 볼 수는 없다. 이들 두 나라의 형편으로는 도저히 이렇게 많은 액수의 지원금을 그저 단순히 전후 '복구비'라는 명분으로 北韓에 제공할 수 있는 형편은 아닌 것이다.

더욱이 중국 정부가 약속한 액수는 소련 정부의 그것을 능가할 뿐 아니라 대부분이 무상 원조로 구성되어 있다는 사실은 도저히 '합리적'인 사고방식으로는 이해될 수 없는 일이다. 이들 두 나라가 제공하기로 한 지원금은 일종의 '피해보상비'나 '손해배상'과 같은 성질의 것으로서

'전쟁'의 결과로 인해 지급된 것이라고 보아야 할 것이다.

▷ 소련 정부의 '유엔' 안보이사회 '퇴장'의 진의(眞意)

駐 '유엔' 소련 대사 말리크는 1950년 1월 12일 '유엔' 안보이사회(安保理事會)에서 국민정부(國民政府)가 '불법'으로 자리를 차지하고 있는 것에 항의하고 회의장에서 '퇴장'하였다. 이때 그는 국민정부가 자리를 차지하고 있는 한 안보이사회에는 부귀하지 않을 것이며, 또한 자국이 참여하지 않은 여하한 안보이사회의 결의에도 구속받지 않을 것이라는 점을 분명히 하였다. 그 후 이러한 '퇴장'은 계속되었으며, 결국 소련은 모든 유엔기구에서 '퇴장'하였다.

소련 대표가 '유엔' 안보이사회를 '보이콧'(boycott)하고 있는 상황에서 1950년 6월 25일 북한군의 '기습공격'으로 韓半島에 전운이 감돌 때, '유엔' 안보이사회는 북한군의 무력 남침을 명백한 '침략행위'로 단정하고 무력적 대처를 결의하였다. 결국 소련 대표의 안보이사회 '결석'은 유엔軍의 '전쟁' 介入을 가능하게 하는 데 일조가 되었다. 그러므로 학계 일부에서는 이를 보고 소련 정부의 對유엔 정책의 '실패'라고 비난하는 경우를 볼 수가 있다.

그러나 그것은 전혀 사실과 다른 것이다. 소련 대표의 상기 결의안에 대한 표결 불참은 스탈린 자신의 '구상'이라고 前 소련 외상 그로미코는 주장했다. 다시 말해 소련 지도부의 對유엔 전략(안보이사회 '퇴장')은 만일 북한군의 침공에 대한 안보이사회의 介入이 있을 경우 소련 정부는 안보이사회에서 西方 측 결의안을 '비토'하는 것보다는 오히려 '퇴장'하는 것이 더 유리할 것으로 판단한 것 같다. 북한 당국과 소련 정부는 '유엔' 안보이사회의 결의에 대해 이 결의에는 상임이사국인 소련과 중국의 참여가 없었다는 것을 이유로 이 결의안의 '법적 구속력'을 부정하고, '3일 작전'을 강행하여 '전쟁'을 승리로 이끌고 나아가 조기에 '통일정부'를 선포한다는 전략인 것 같다.

참고자료

1945년 9월 7일자 맥아더 장군이 발표한
韓國民에 대한 포고문

(1-1) 미 태평양 군총사령부 포고 제1호

韓國民에게

태평양지구 미합중국 육군 최고사령관으로서 本人은 차에 아래와 같이 선포한다.

일본 천황 및 일본 정부의 명에 의하여 또한 이를 대표하여, 일본제국 대본영(大本營)의 명에 의하여 또한 이를 대표하여 조인된 항복 문서의 조건에 의거하여 本官의 마하에 있는 戰勝國은 금일 북위 38도선 이남의 영토를 점령할 것이다.

韓國 국민의 장시간의 노예 상태와 적당한 시기에 韓國은 자유 독립하여야 한다는 결정에 유의하여, 韓國 국민은 점령의 목적이 항복 문서를 이행하고 또한 韓國 국민의 개인적 종교적 권리를 보호하는 데 있음을 보장받고 있는 것이다.

이러한 목적을 유효히 하기 위하여 여러분의 적극적인 원조와 이해가 요구되는 바이다. 태평양지구 미합중국 육군 사령관으로서 本人에게 부여된 권한에 의거하여 本人은 차에 북위 38도선 이남의 韓國과 그 국민들에 대하여 군사적 관할권을 설정하여 다음과 같은 점령의 조건을 공포한다.

제1조, 북위 38도선 이남의 韓國 영토와 그 국민에 대한 정부의 모든 기능은 당분간 本人의 권한하에 행사될 것이다.

276

제2조, 금후 다른 명령이 있을 때까지 공공복지, 공중위생을 포함하는 전 공익사업의 유급·무급의 간부를 비롯하여 종업원, 국가공무원, 지방공무원, 명예직원 및 기타의 중요한 임무에 종사하고 있는 자는 모두 통상의 기능과 임무를 계속 수행하고 모든 문서와 재산을 지키지 않으면 안 된다.

제3조, 모든 사람은 나의 명령과 나의 권한하에 발해지는 명령에 따라야 한다. 점령軍에 대한 반항행위 및 공공치안과 안전을 혼란케 하는 모든 행위는 엄벌에 처한다.

제4조, 제군의 재산권은 존중된다. 별도의 명령이 있을 경우를 제외하고 제군은 평상의 직업을 영위한다.

제5조, 군사지배 중 영어(英語)를 공용어(公用語)로 한다. 영어와 한국어 그리고 일본어 간에 해석 또는 정의가 다르거나 애매할 때는 영어가 우선한다.

제6조, 금후 새로운 포고, 법령, 규칙, 지시, 법규가 本人 또는 本人의 권한하에 발하여져 제군에 대한 명령을 명기할 것이다.

'橫濱'에서 기함
1945년 9월 7일
미합중국 대장
'더글라스 맥아더'
태평양지역 미합중국 육군 최고사령관

참고자료 277

(1-2) 미국 戰爭省 作戰局 전략기획단이 기안한 韓半島 분할점령 및 관리안

(미국 戰爭省 OPD/WDGS, 1945. 1. 10~20 작성)

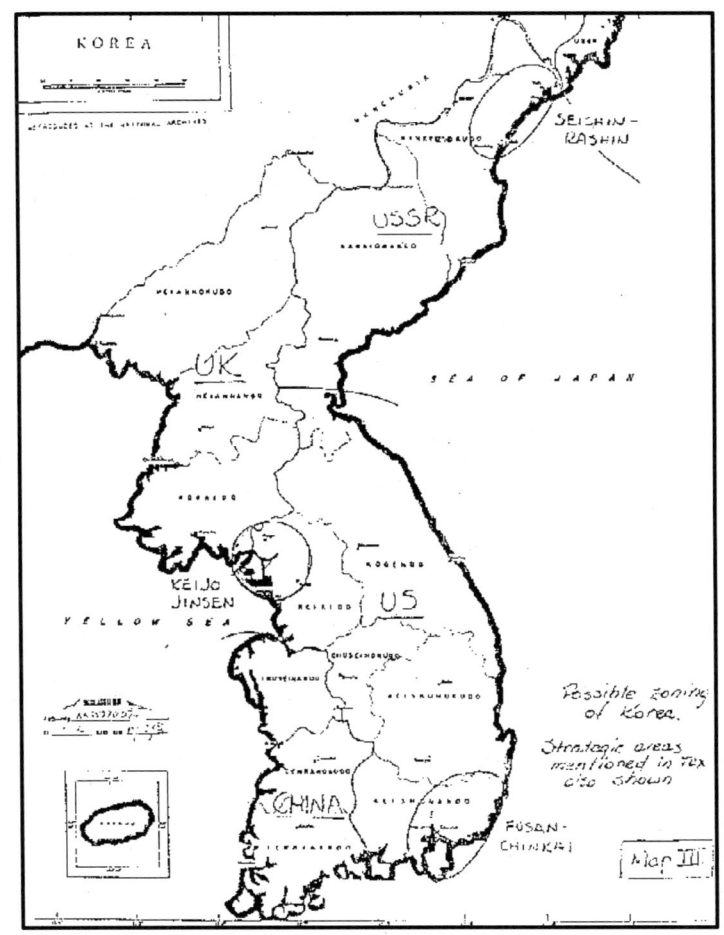

(1-3) 미군이 점령할 전략요충(要衝)지역

(미국 合同戰爭企劃委員會(JWPC) 초안, 1945. 6. 22 작성)

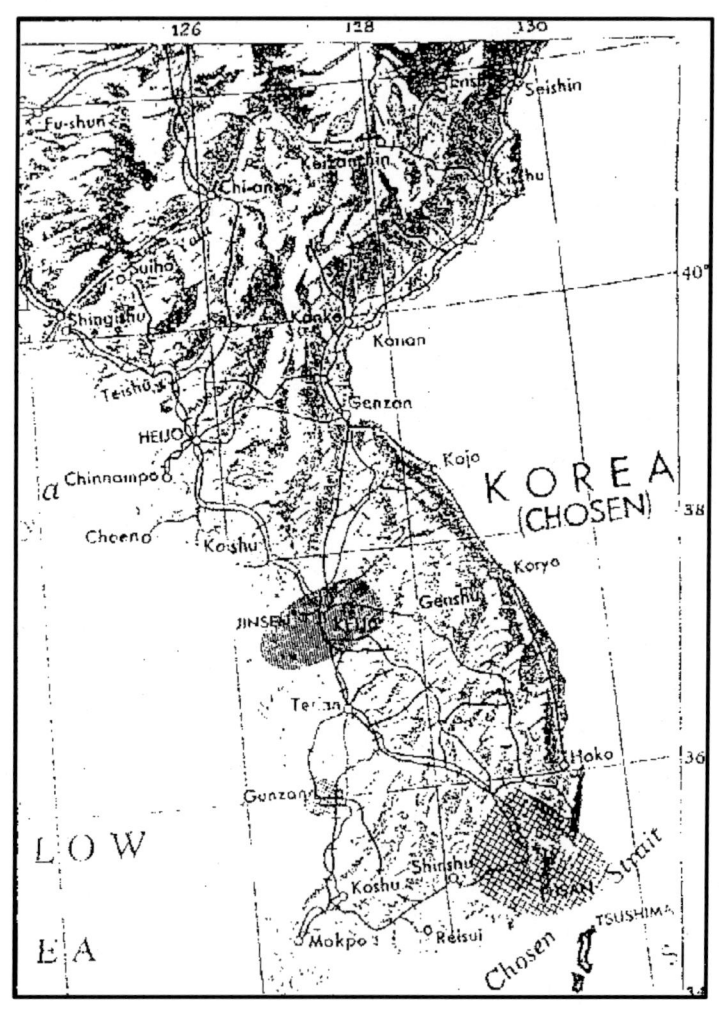

[자료 2]

1949년 3월 5일, 20:00, '크레믈린'에서
스탈린 수상과 北韓 대표단(단장: 수상 金日成) 회담

소련 측 배석자: 비신스키 외상, 슈티코프 대사, 金(통역)

北朝鮮 측 배석자: 부수상 겸 외상 朴憲永

　　　　　　　　부수상 洪命憙, 국가계획위원회 위원장 鄭準澤

　　　　　　　　상공상 張時禹, 교육상 白南雲, 체신상 金廷柱

　　　　　　　　주소 대사 朱寧河, 文一(통역)

인사교환

스탈린: (사절단에게) 어떻게 여행했으며 여행 중 힘들지 않았느냐?

金日成: 소련 정부가 관심을 가져준 데 감사하고 잘 도착했습니다.

스탈린: 어떻게 왔느냐? 철도로 아니면 항공편으로

金日成: 철도편으로 도착했습니다.

스탈린: 여행 중 아프지는 않았냐?

金日成: 모두들 건강합니다.

경제·문화 분야

스탈린: (협의에 착수할 것을 제안하며) 무슨 문제가 있느냐?

金日成: 소련군에 의한 朝鮮 解放 후, 소련 정부와 소련 군대는 北朝鮮의 경제
　　　　발전과 민주화를 지원했으며, 北朝鮮 정부는 앞으로도 소련의 경제 및
　　　　문화지원이 없이는 민족경제와 문화를 부흥·발전시키기 힘들 것입니
　　　　다. 향후 北朝鮮 경제·문화의 발전에 소련의 원조가 필요합니다.

280

스탈린: 어떤 도움이 필요한가?

金日成: 경제와 문화의 도움이 필요합니다.

스탈린: 구체적으로 무엇이냐?

金日成: 경제부흥·발전의 2년 계획을 확정했습니다. 이 계획의 수행과 경제기반을 강화시키기 위해 경제원조가 필요합니다. 자동차, 시설, 산업, 통신, 교통에 대한 원조 및 그 밖의 다른 산업 분야에 대한 부품 등도 필요합니다. 기술지원 또한 필요합니다. 소련 전문가들을 北朝鮮에 파견, 새로운 시설(공장) 건설안 작성, 지질-탐색작업의 시행이 필요합니다.

스탈린: 어떤 시설들인가?

金日成: 예를 들면 安州의 관개시설, 그 건설에 이미 착수했지만 전문가들이 부족하고, 淸津 製鐵工場의 재건과 증축, 水豊水力發電所 수리 등등입니다.

스탈린: 北朝鮮에 鐵鑛石이 있는지?

金日成: 北朝鮮에 鐵鑛石이 매우 많이 있습니다.

스탈린: 지원을 할 수 있고 전문가들도 파견할 수 있다.

金日成: 지금까지 두 나라 간의 교역은 성공적으로 진행되어 왔고, 향후 2개년 계획의 수행을 위해 소련으로부터의 시설물, 기관차, 전기기관차, 방직산업을 위한 시설 등이 필요합니다.

스탈린: '알겠음', 借款은 얼마나 필요한지?

金日成: 4천만에서 5천만 달러입니다.

스탈린: '알겠음', 그리고 더 무엇이 있는지?

金日成: 두 나라 간의 경제관계 강화와 수송확대를 위해 아오지에서 크라스키노까지 철도를 건설해야겠는데.

스탈린: 이 철도는 몇 ㎞나 될 것인가?

슈티코프: 이 철도는 크라스키노(소련영토)역부터 시작하여 아오지역(北韓영토)까지 건설되며 길이는 58㎞인바, 이 중 10㎞는 北朝鮮 영토에 48㎞는 소련영토에 건설될 것이다.

스탈린: 생각해 볼 것이다. 다른 문제가 더 있는지?

金日成: 朝·蘇 간의 항공노선 구축의 필요성을 지적하며 北朝鮮은 아직 항공기나 비행기가 없으나 항공노선이 필요합니다.

스탈린: 北朝鮮에 소련 항공기가 있느냐?

金日成: 소련군의 철수 이후 소련 항공분대, 항공기는 남아 있지 않습니다. 北朝鮮은 자체적으로 비행사 양성을 시작했습니다.

스탈린: 항공기가 있느냐?

슈티코프: 北朝鮮에는 자체 공군학교가 있으며 훈련용, 전투용 항공기가 있지만 수송기는 없습니다.

스탈린: 몇 대의 항공기가 있는지?

슈티코프: 전투용 48대, 훈련용 19대가 있습니다.

스탈린: 소련은 지금 각급 항공연대에 항공기가 제대로 배치되어 있지 못하며, 각 연대에 배치된 항공기 수가 감소하고 있다고 지적함. 다른 질문이 더 있는지?

문화 교류 분야

金日成: 소련과의 문화교류의 필요성을 지적함. 예를 들면 北朝鮮 학생들을 유학시키는 것. 생산·기술 실습을 위해 소련에 北朝鮮 전문가를 파견하는 것이 고등교육기관과 직업학교를 위해 北朝鮮에 학습, 계획안과 자료를 보내는 것, 문화·예술 활동가들을 교환하는 것 등입니다.

스탈린: 이 문제들에 대한 소련과의 협의서가 있는지?

金日成: 전에는 있었습니다. 그러나 정부 구성 이후 공식협의서는 없었습니다.

스탈린: 이 일은 진행될 수 있지만 전문가와 학생들이 서로의 언어를 모르는 만큼 힘들 것이다.

金日成: 현재 北朝鮮에는 전 학교와 고등교육기관에서 露語學習이 시행되어 있습니다. 소련으로부터의 교원 파견이 필수적입니다.

스탈린: 朝鮮語를 모르기 때문에 그들이 힘들 것임.

金日成: 北朝鮮에는 능력을 갖춘 선생들의 수가 상당히 부족함. 지금 이미 北朝鮮에서 소련 학자들이 일을 하고 있고, 그들에게 통역들이 있으니 그 통역들을 통해 교습을 하는 것이 가능합니다.

스탈린: 교원 파견은 가능하다.

金日成: 앞서 제시된 모든 문제에 관한 협의서 체결이 필요합니다. 즉 경제협력 및 무역확대에 관한 협정, 소련의 기술지원 협정, 문화관계에 대한 협정 등입니다.

재정借款 문제

스탈린: (金日成에게) 借款에 대해 생각해 봤냐?

金日成: 생각해 봤고 借款을 받기를 원합니다.

스탈린: 가능하다. 어떤 기한으로 받기를 원하는지?

金日成: 만약 5천만 달러를 받게 된다면 1951년부터 시작해 1954년까지 갚게 될 것입니다.

스탈린: 언제 借款이 상환되는지?

金日成: 1951년부터 1954년까지는 상환하겠습니다.

스탈린: 借款을 한 번에 아니면 1949, 1950, 1951년에 나누어 받기를 원하는지?

金日成: 1949년에 받기를 원합니다. 만약 어떤 이유로 이것이 불가능하다면 1949년과 1950년 상반기에 받기를 원합니다.

스탈린: 그렇게 할 수는 없다. 당신들은 차가 필요하고, 자동차는 주문하여 생산해야 한다. 이에 따르는 시간이 필요하다.

金日成: 자동차, 기관차, 방직산업시설, 석유가 필요하고 가능하다면 올해 받고 싶습니다.

스탈린: 1년 내에 준비하는 것은 불가능하다. 무슨 돈으로 받기를 원하는지?

金日成: 미국 달러입니다.

스탈린: 현재 우리는 달러로 계산하지 않고 루블로 계산한다. 1달러는 1루블이 될 것이라고 지적함. 자동차 시설은 3년간 똑같은 양으로 나누어 北韓에 제공하고 이 3년간은 이에 대한 상환할 필요가 없으며, 그 뒤따르는 3년간에 앞서와 같이 똑같이 나누어 상환해야 한다. 예로 借款을 1949, 1950, 1951년에 준다면 이에 대한 제공은 49년부터 동일한 금액으로 시작된다. 이렇게 借款은 6년간 제공한다. 이와 같은 원칙에서 우리는

인민 민주국가들을 지원하고 있다. 제공된 借款에 대해서는 이자를 받
는다. 만약 국가가 송금했다면 연 2%, 만약 국가가 송금하지 않았다면
연 1%가 될 것이다. 이 외에도 국가 간에 상품교역이 계속될 것임. 이
에 대한 것은 협의서에 의해 결정될 것이다. 이 협의서를 작성할 수 있
는 능력이 있는 사람이 있는지?

金日成: 있습니다.

스탈린: 우리는 2억 루블－즉 4천만 달러를 借款으로 제공할 수 있다. 더 줄 수
도 있지만 당분간은 안 될 것이다.

金日成: 동의하겠습니다.

스탈린: 자동차가 있는지?

金日成: 없습니다. 소련에서 자동차를 구입했으면 좋겠습니다.

스탈린: 자동차를 줄 수 있다. 그리고 항공기도 줄 수 있다.

슈티코프: 北朝鮮 정부는 항공기를 받는 것뿐만 아니라 합작 항공회사와 철도를
건설하기를 원합니다.

스탈린: 가능하다. 철도건설에 관해 검토해 보자면, 소련에는 철도건설을 위한
인력이 부족한데 北朝鮮에는 노동력이 있겠지?

金日成: 있습니다.

韓半島 군사사정

金日成: 南朝鮮에는 아직도 미국軍이 있으며, 北朝鮮에 대한 警察이 강화되고
있습니다. 우리는 육군이 있으나 해군은 거의 없습니다. 이 점에서 소
련의 도움이 필요합니다.

스탈린: 南朝鮮에 미군이 얼마나 있는지?

金日成: 2만 명 이하입니다.

슈티코프: 약 만 오천에서 2만 명 사이입니다.

스탈린: 南쪽에는 韓國 군대가 있는지?

金日成: 있습니다. 약 6만 명 정도입니다.

스탈린: 거기에 正規軍이나 警察이 포함되는지?

284

金日成: 正規軍人입니다.
스탈린: (농담하며) 그들을 두려워하는가?
金日成: 아닙니다. 그러나 해군을 갖고 싶습니다.
스탈린: 어느 쪽 군대가 강한지? －南 혹은 北
朴憲永: 北쪽이 더 강합니다.
스탈린: 北朝鮮에는 일본人이 남기고 간 造船所가 있는가? 예를 들면 淸津이나
　　　　다른 지역에……
金日成: 없습니다.
슈티코프: 造船所는 있습니다. 그러나 크지 않습니다.
스탈린: 이에 대해 도움을 줄 수 있을 것이다. 北朝鮮은 전투(군사) 항공기가 필
　　　　요할 것이다.
스탈린: 北朝鮮은 南朝鮮 군대에 침투해 들었는지? 南朝鮮 군대 내에 친북인사
　　　　들이 있는지?
朴憲永: 침투해 들고 있으나 아직 자신을 드러내지는 않고 있습니다.
스탈린: 옳음. 지금 자기를 드러낼 필요는 없다. 南쪽도 北쪽 군대에 자기 사람들
　　　　을 숨기고 있을 것이 틀림없으며, 이에 대해 조심스럽게 대처해야 한다.
스탈린: 38선이 있는데, 南韓 사람들이 침투해서 몇몇 지점을 점령했다가 다시
　　　　되돌아갔다는 것이 사실이지?
金日成: 南쪽은 北쪽 군대에 자기 사람들을 침투시킬 수 있으며, 그렇게 해서
　　　　필요한 것들을 얻어 가고 있습니다. 江原道의 38선에서 南쪽과의 접전
　　　　이 발생했습니다. 그때 北쪽의 경찰들은 무장이 소홀했는데 정규부대가
　　　　도착하자 그들은 퇴각했습니다.
스탈린: 南朝鮮人들을 몰아냈는지? 그들이 스스로 퇴각했는지?
金日成: 전투결과 그들을 몰아냈으며, 국경 밖으로 쫓아 버렸습니다.

군사교육
스탈린: 군사학교가 있는지?
金日成: 있습니다.

스탈린: 항공학교가 있는지?

슈티코프: 항공학교가 있습니다.

스탈린: (지난 번 '모스크바'에 왔었던 2명을 기억하면서) 朴憲永에게 2번째 온 것이냐고 물음.

朴憲永: 그렇습니다.

스탈린: 金日成, 朴憲永 둘 다 살이 쪄서 알아보기가 힘든데.

金日成: 北朝鮮에 군사학교가 있으나 사관학교가 없어서 北朝鮮 군대의 지휘부에는 단 한 명의 사관학교 졸업자도 없습니다. 소련의 사관학교에서의 훈련을 위해 北朝鮮 장교들을 파견하는 것을 허락해 주기 바랍니다.

스탈린: 그동안 어떤 허락도 없었느냐?

金日成: 없었습니다.

스탈린: 허락할 수가 있다.

金日成: 더 이상의 질문은 없습니다.

기술자 교류

鄭準澤: 소련 전문가들을 北朝鮮에, 소련의 생산·기술 실무 현장에 北朝鮮 전문가들을 파견할 수 있겠습니까?

스탈린: 이 문제에 대해서 이미 이야기했다. 소련 전문가들을 北朝鮮에 보낼 수 있으며 또한 소련은 北朝鮮 전문가들을 접수할 수 있을 것이다.

통상무역 문제

스탈린: 北朝鮮人들은 綿絲를 어디서 얻느냐?

金日成: 소련에서 綿絲를 얻기를 원하며, 작년에 北朝鮮은 이미 3천 톤을 받았습니다.

스탈린: (농담조로) 우리들은 北朝鮮에서 綿絲를 받기를 원했는데.

스탈린: 다른 나라들과 ― 일본, 中國, 필리핀 ― 무역관계가 있는지?

金日成: 中國과 무역관계가 있습니다. 그런데 中國은 전쟁 중이고 그 때문에 그들은 정규무역을 할 수가 없습니다.

스탈린: 다른 나라들과는?

金日成: 다른 나라들과는 무역이 없습니다. 香港과는 무역을 하지만 비공식적으로 경우에 따라서 하고 있습니다.

스탈린: 무역회사가 있는지?

金日成: 있습니다. 이 무역회사는 주로 香港, 中國과의 무역을 진행하고 있습니다.

스탈린: 그러한 회사를 가져야 한다. 전혀 나쁠 것이 없다. 민족적 부르주아지가 있으며, 부르주아지 중에는 좋은 사람도 있을 것이다. 이들을 도와줘야 한다. 무역하도록 내버려 두어도 된다. 나는 질문이 없다.

스탈린: 비신스키에게 질문이 없는지 물음.

비신스키: 없습니다.

洪命憙: 스탈린 동지의 환대에 감사한다.

스탈린: 방문과 회담에 관해 사절단에 인사를 전함.

회담은 1시간 15분간 진행되었음.

기록자: 슈티코프

번역자: 金

[자료 3]

1949년 9월 15일자 슈티코프 대사가 스탈린 수상에게
제출한 南·北韓의 제 정세에 관한 보고

....

스탈린 동지,

1. 南朝鮮의 정치·군사적 상황(특히 남로당의 활동에 대하여)

일본으로부터의 해방 이후 지난 1년간의 南朝鮮(남조선)의 정치적 상황은 좌·
우 진영 사이의 격렬한 투쟁으로 점철되어 있다. 조선문제(1945년)에 관한 '모
스크바' 3상의 결정과 더불어 양 진영 간의 투쟁이 격렬한 양상을 띠고 있다.
모스크바의 결정과 더불어 격화된 정치적 분쟁은 미국 측이 南朝鮮에 대한 모
스크바의 결정을 결렬시킬 가능성을 야기하고 있다. 미국 측과 南朝鮮의 반동
정치는 韓國(한국)에서 그들의 반민주 정부 설립이 불가능하다는 것을 확신하면
서, 좌익이 일반 대중 속에 크게 확산되었다는 것을 인식하면서, 모든 좌익 정
당과 조직의 대표 격으로 인식되고 있는 노동당을 분쇄시키기 위한 적극적인
투쟁활동을 벌이고 있다.

1947년 미국 측의 지령에 따라 南朝鮮의 경찰들은 모든 인쇄소를 파괴하고,
좌익신문들을 폐간시켰으며, 좌익단체와 당(黨)의 지도자들을 체포하라는 명령을
내렸다. 테러와 좌익단체 및 黨에 대한 박해의 결과 부득이 그들은 지하로 숨어
들게 되었다. 특히 1948년 좌익세력에 대한 대규모의 테러활동이 활발히 전개되
었다. 이 사건은 南朝鮮에 '단독선거'를 실시하기 위한 준비를 위해 南朝鮮을
방문하는 '유엔' 위원회의 방문과 관련되어 이루어졌음. 많은 좌익활동가들은 체
포되었음. 노동당에 소속되어 있는 농부들에게 地主들은 더 이상 땅을 소작하도
록 허용하지 않았으며, 공장 근로자들은 공장에서 해고되었다.

이러한 상황의 결과 1948년 말까지 南朝鮮 노동당은 900명에서 240명까지 감축되었음. 1949년 노동당 당원에 대한 탄압과 확고하지 못한 정치적 신념으로 인해 노동당을 탈퇴하는 사람들의 수는 증가되고 있다. 이와 유사한 상황은 다른 좌익단체에서도 벌어지고 있었다. 그러나 경찰과 헌병대의 도움으로 겨우 유지되고 있는 현 정권의 좌익단체들에 대한 테러의 억압에도 불구하고, 좌익단체들은 그들 나름대로의 자구책을 마련할 수가 있었다.

노동당과 그와 관련된 좌익단체들은 그들의 임무를 도시와 농촌 주민을 대상으로 수행할 수 있었다. 즉 미국 측의 對朝鮮정책과 그와 관련된 李承晚(이승만) 정권의 민중에 대한 배반적 행위를 설명하고, 朝鮮에 대한 '유엔'위원회의 기만적 활동을 폭로하고, 민주정부 수립을 위한 자구책과 北朝鮮에서의 대중들의 관심이 변혁활동에 얼마나 많은 영향을 미쳤는가를 많은 도시와 농촌 주민들에게 알렸다.

미국 측은 자신들의 군대 철수와 관련하여 李承晚 정부에 다음과 같은 조건을 내세우고 있다. 즉 李承晚 정부가 좌익활동단체 진압에 대해 강력한 조치를 취할 경우, 그리고 南朝鮮에서 '빨치산' 활동을 박멸하고자 할 경우에만 미국 측은 무기를 공급할 수 있다는 것이다. 이와 같은 조치는 정부에 의해 받아들여졌다.

1949년 3월에서 4월에 걸쳐 행해진 '빨치산' 게릴라 박멸 작전은 오직 경찰들에 의해서만 이루어진 것은 아니다. 엄선된 정규군에 의해서도 이루어졌다. '빨치산' 게릴라 활동 억압을 지시하기 위하여 제주도(濟州道)에 직접 내려온 사람은 국방부장관, 내무부장관, 국무총리뿐이 아니었으며 경찰과 군 활동의 성과를 확인하기 위하여 李承晚이 직접 濟州道에 왔다. 그러나 실제로 그곳에서 시행된 '빨치산' 게릴라 박멸 작전은 미국 측 장교의 지시에 의해서였음. 이러한 투쟁의 결과 남·북 양측은 많은 사상자를 낸 것이다.

南朝鮮 정부 측의 공식적 발표에 의하면 이러한 봉기의 진압과정에서 '빨치산' 대원 15,000명이 사살됐다고 함. 우리 측 소식통에 의하면 '빨치산' 대원 및 평화롭게 살던 주민들을 포함하여 사살된 인원은 약 30,000명이라고 한다.

그러나 이러한 李承晚 정부의 조치에도 불구하고 본토에서는 별다른 성과가 없었다. 그들은 濟州道에서의 봉기 진압에 성공하였으나, 본토에서는 '빨치산' 게릴라 활동이 시간이 지남에 따라 더욱더 활기를 띠게 되었다. 우리 측 소식통에 의하면 최근 '빨치산' 게릴라 활동에 참가하고 있는 사람은 약 2,000명 정도 된다고 함. 1949년 동안에 '빨치산' 활동 대원이 수행한 작전은 2,000건이 넘었다. '빨치산' 활동이 수행되고 있는 지역의 주민들은 '빨치산' 대원들에게 식료품 및 의복을 지원하는 등의 도움을 주는 것은 물론이고 경찰과 군부대가 '빨치산' 대원들과 전투를 위하여 어느 곳에 집결되어 있는지를 알려 왔다. 李承晩 괴뢰 정부 측도 '빨치산' 대원들과의 전투 시 군부대와 경찰들이 많은 사상자를 내고 있음을 시인하였다.

'빨치산' 게릴라 활동에 있어서 가장 어려운 난점은 많은 인원들의 전투경험 부족과 군장비 및 탄약의 부족을 들 수가 있다. 노동당 중앙위는 이러한 난제를 해결하기 위하여 다음과 같은 조치를 강구하고 있다. 전투교육을 위하여 간부급 인력의 교관들을 준비하고, 일본제와 미국제 탄약과 군장비를 사들이는 것이다. 노동당 중앙위는 그들의 전권 대표들을 통하여 '빨치산' 활동의 지도방침을 수행하였다. 우리 측 정보에 의하면 장기적인 안목의 '빨치산' 활동을 위한 모든 조건과 준비는 '빨치산' 활동의 증대를 위해서는 필수 불가결한 것이라고 한다. 南朝鮮 정부의 정치적 상황은 몹시 긴장되어 있다. 좌익 黨과 단체들과의 투쟁을 이끌어 가면서, 또한 '빨치산' 게릴라 활동과의 투쟁을 통하여 민중들 사이에 커다란 불만을 야기하고 있다. 李承晩은 단 韓半島 정부를 통합시키는 데 성공한 적이 없었음. 특히 우익 측끼리도 당과 그 당원들 사이에 권력과 정부에 자신들의 당의 영향력을 넓히기 위한 투쟁이 계속되었다.

李承晩은 民主黨(부르주아와 地主들을 위한 黨)과 民主黨의 권력 장악을 공공연히 반대하는 우익 黨의 조직을 民主黨에 통합함으로써 자신의 정치 노선의 기초를 세웠다. 이러한 李承晩의 정치적 기본 노선에 따른 우익 黨들의 통합작업과 이른바 민족진영이라 불리는 군대의 창설작업은 결과적으로 성공을 거두지는 못하였음. 노동당 및 노동당과 연합하고 있는 좌익단체들은 우익진영의 불화 및 '미제'의 비위를 맞추기 위하여 노력하고 있는 李承晩과 그의 공모자들이 추구하고 있는 반민족주의적 정책을 역이용함과 동시에 현 정부의 정책에 강한 불만을 품고 있는 우익 黨 및 단체들을 자신의 편으로 끌어들이는 데 전력을 다하고 있다.

노동당은 南朝鮮의 국회의원들을 자신들의 편으로 끌어 모으기 위해 노력하고 있으며, 노동당의 지령에 따라 이들 국회의원들이 議會에서 朝鮮에서 시행되는 미국정책 및 南朝鮮 정부 당국의 붕괴를 목적으로 활동하도록 하고 있다. 朝鮮에서의 미군철수를 내용으로 하는 62명의 의원들이 작성한 청원서, 정부 불신임 표결 건의서, 모든 長官들의 사임요구 등이 바로 위와 같은 목적에 따라 실행된 예이다. 이러한 사항들이 國會의 협의내용의 대부분을 차지하고 있다. 또한 법률안 심의 시에는 이들은 법률안의 반민족적 성격을 폭로하고 이러한 법률안 수정을 위하여 노력하였다. 좌익당 및 단체들은 이러한 반민족적 정부로서의 李承晩 정부를 붕괴시키는 데 대단히 큰 성과를 거두었다. 李承晩 정부의 설립 이후 1년간의 성과에 대하여 그들은 민중들의 이익에 관련되는 문제에 대해서는 단 한 문제도 제대로 해결한 것이 없다는 것과 정부 수립 이래 이제까지 南韓 민중들이 염원하고 있는 가장 근본적인 정치·경제적인 문제들은 전혀 해결하지 못했다는 것은 이미 명백히 밝혀진 사실이다.

土地문제가 가장 대표적인 것임. 정부 수립 이후 아직까지 토지개혁은 실시되지 않았으며 土地는 아직까지도 地主들의 소유이다. 일본의 소유에 관한 문제도 아직까지 미해결인 채로 남아 있다. 노동일수 제정과 노동법 제정에 관한 문제도 전혀 협의되지 않고 있다. 지방자치에 관한 문제 또한 여전히 그대로 남아 있다. 道·郡·邑 등의 지방행정구역에 독자적인 정부기관이 없다. 民衆들은 國會와 정부가 住民稅에 관한 법률안, 불평등 조약의 승인 등 오직 미국 측과 정부에 유리한 법률안만을 받아들이고 제정한다고 생각하고 있다.

(南朝鮮 社會의 열악한 경제상태)

대부분의 공장은 원료와 전력의 부족으로 인하여 생산이 중단되고 있다. 朝鮮의 자본가들이 사들인 많은 공장들은 문을 닫았고, 공장 내 기계 설비는 모두 매매된 상태이다. 또한 실업자의 수는 계속하여 늘어나고 있다. 농업생산율은 해마다 줄어들고 있다. 토지개혁을 두려워하는 많은 地主들은 土地를 농민들에게 팔고 있는 추세이나, 농민들은 자금부족 때문에 사지 못하고 있다. 地主들은 농민들에게 土地구입을 강요하며 농민들에게 소작을 내어 주지 않고 있다. 이러한 이유로 많은 면적의 土地들이 경작되지 않은 채로 방치되어 있고, 농민들은 굶고 있는 실정이다.

미국 회사들이 많은 量의 비료를 南朝鮮 내에 들여왔는데, 南朝鮮의 농민들은 좋지 않은 질과 비싼 가격을 이유로 이 비료를 구입하지 않고 있다. 이와 같은 결과로 해마다 파종 면적과 농산물 생산량이 줄어들고 있다. 1948년도 정부의 쌀 생산 계획안에 따르면 7백5십만 석의 쌀을 수매할 계획이었으나(쌀 1석 =150kg), 실제적으로 3백7십만 석, 즉 총 계획량의 49.4%만을 수매하였다. 이러한 곡물 생산량의 감축은 정부가 국민들에게 식량 공급을 제대로 보장해 주지 못하고 있는 상황에 이르고 있다. 農林部 長官의 성명에 따르면 정부는 3천2백만 명의 국민들에게 하루 450그램의 식량 배급을 할 예정이라고 하나 현 정부 보유량으로는 2천9백만 명에게 하루 300그램씩의 식량 배급이 가능할 뿐이다. 이러한 열악한 경제 상황은 노동자, 농민들로 하여금 전망이 없는 미래에 대한 불안과 정부에 대한 불만족을 야기하고 있다.

현 南朝鮮 정부의 정치적 기반은 매우 불안정하다. 소위 國會라 불리는 의회는 국가대표기구로서의 성격을 갖고 있지 못하다. 당선된 의원들 중에는 노동자나 농민, 진보적인 지식계급 출신의 의원들은 단 한 사람도 없다. 전반적으로 국회의원들은 地主 출신이거나 商人 혹은 반동적 성향의 지식인들이다. 정부와 내각도 권위가 없다. 현 南朝鮮 정부가 국민들 사이에 지지기반도 권위도 없이 매우 불안정한 상태라는 것을 잘 알고 있는 미국 측에서는 이 정부를 지원해 줄 조치를 강구하고 있다. 그 결과 미국 측은 자신의 위성국가들의 도움으로 '유엔' 총회에서 南朝鮮 정부를 합법적인 정부로서 인정을 받아 내는 데 성공했으며, 이후 미국 측의 도움으로 南朝鮮 정부는 18개의 국가로부터 승인을 받았고, 이러한 사실에 대하여 그들은 대규모의 선전작업을 하고 있다. 최근 몇 달 동안의 미국과 南朝鮮 간의 논의의 주요 초점은 미국 측이 南朝鮮에 15억 달러의 차관(借款)을 제공하는 문제이다. 뿐만 아니라 이러한 차관을 일반 민중들에게는 미국의 무상원조라고 인식시키고자 하는 것이다. 미국의 도움으로 일반 국민들 사이에 자신들의 위신을 높이고자 하는 李承晩의 계략은 공산주의와의 투쟁을 위하여 태평양 국가연합을 창설하도록 주장하기에 이르렀음. 그러나 南朝鮮 민중들은 이러한 李承晩의 계략에 대하여 믿지도 않을뿐더러 터무니없는 소리라는 반응을 보이고 있다.

南朝鮮에서의 미군철수 문제와 관련하여 미국 측 장교들이 주장하는 바에 의하면, 北朝鮮 측 공산주의자들의 도발에 대비한 南朝鮮 정부의 방어를 지원하기 위하여 南朝鮮 정부에 원조를 해 주는 것이 당연하다는 것이다. 이러한 미국의 對南朝鮮정책에서 알 수 있는 것은 미국 측은 南朝鮮을 경제적인 측면에서 자신들의 상품 판매 시장으로 구속시키려 하고 있다는 것이다. 미국 측의 도움으로 정권을 유지하고 있는 현 李承晩 괴뢰정부는 그의 정권에 대한 권위를 강화할 목적으로 반대세력에 대한 대규모의 탄압을 준비하고 있는 것이다.

(李承晩 정부의 치안조치)

李承晩 정부는 좌익 黨 및 활동단체를 분쇄하기 위하여 가장 강력한 조치를 취했다. 따라서 모든 좌익 黨 및 단체들은 지하활동을 하기에 이르렀다. 모든 인쇄활동은 중단되었고, 인쇄소는 폐쇄되었다. 만약 좌익활동분자들이 발견될 시에는 그들은 당연히 체포되고 감금된다. 또한 체포된 사람들은 전례 없이 지독한 고문, 학대 및 총살을 당하였음. 공식적인 보도에 의하면 麗水와 順天에서 1948년 10월 22일부터 11월 2일까지 군부에서 결정된 지시에 따라 폭동의 참가자들 1,170명이 사살당했다고 함. 그러나 실제로 그때에 사살당한 사람의 수는 1만 명이 넘는 것이다. 또한 南朝鮮 정부 측의 공식적인 보도로는 1949년 3월과 4월에 걸쳐 全羅南道 지방의 '빨치산' 게릴라 隊員이 1,742명이 죽었다고 한다. 그러나 우리 측 정보에 의하면 최근 3년간 죽은 '빨치산' 활동 대원의 수는 8만 명이 훨씬 넘는다고 함. 1948년 1월부터 10월에 걸쳐 체포된 사람은 136,000명에 이르고, 그중 재판에 회부되거나 감옥에 보내어진 사람은 40,000명이 넘는다. 그러나 이러한 탄압과 나쁜 상황에도 불구하고, 南朝鮮의 民主와 독립을 위한 南韓 민중들의 투쟁은 계속되고 있다. 사회질서 유지와 반민족적 요소 박멸이라는 명분으로 南韓 정부가 보유하고 있는 경찰과 헌병의 수는 6만

명을 훨씬 웃돌고 있으며 그들은 모두 일제 장총과 미국製 자동소총으로 무장
되어 있다.

(南朝鮮 군대 상황)

南朝鮮 군대는 7개의 보병사단과 특수 보병연대와 대대로 구성되어 있다. 총
인원은 8만 5천 명이며 약 5만 명의 병력과 5개의 여단으로 구성된 국가 守備
軍이 있다(이 국가 수비군(守備軍)은 의용군의 성격을 띠고 있음). 1949년까지는
군 결원을 보충하는 데 있어 자원을 원칙으로 하였으나, 地主, 商人과 그 밖의
반동 성향을 띤 사람들의 가족 출신인 반동 청년조직단의 단원들이 군의 핵심
인물이 되고 있다. 또한 장교 인력은 전에 일본군에 복무한 경험이 있거나, 혹
은 中國 國民黨, 미군에 복무한 경험이 있는 韓國人들로 구성되어 있다. 사격술
과 전술에 관한 교육은 불충분하며 南朝鮮 측 군인들의 전술교육이 뛰어나지
않다는 것은 38선 주위의 소규모 접전 시 잘 나타나고 있는데, 이러한 미흡한
전투교육은 전투 시에 대규모의 사상자 발생을 야기하고 있다. 우리 측의 작전
수행 결과에 의하면, 정보를 얻기 위하여 우리 측 첩보원을 파견하고, 그들에
의해 南韓 측 군대를 붕괴시키는 우리 측 작전사업은 비교적 성공적인 것으로
평가된다. 즉 北朝鮮 측에서 파견된 첩보원의 사업결과 그들은 2명의 대대장과
장교들로 변신 복무할 수 있었으며, 그 결과 1949년 9월 2개의 대대가 북으로
귀순하게 되었음.

미국 측 지령에 따라 南朝鮮 정부는 1948년과 1949년에 걸쳐 사상적으로 감
시를 요하는 사람들과 정치적으로 신념이 확고하지 못한 사람들을 제거하기 위
한 대규모의 군정화 작업을 시행하였음. 군은 일반 주민들과 격리되어 있으며,
일반 병사들과 주민들은 거의 교류가 없는 편이다. 병사들을 대상으로 하는 정
치교육은 오직 공산주의와의 투쟁, 北朝鮮軍의 분쇄, 현 北韓체제 붕괴 등으로
이루어지고 있다.

2. 北朝鮮의 정치·경제 상황

현 北朝鮮의 정치적 상황은 다음과 같이 규정지을 수 있다. 즉 北朝鮮의 부흥과 경제적 발전, 민족문화의 발전을 위한 투쟁에 대한 일반 대중들의 정치적 관심 고조와 정치권력조직들의 끊임없는 권위 상승, 현존하는 정당들과 사회조직들은 '민주조국전선'이라는 이름으로 연합되어 그들의 활동을 지지하고 있다. 900,000명이 소속되어 있는 것으로 알려진 노동당이 정치적으로 가장 중요한 위치를 차지하고 있는 것이다. 일본 제국주의 침략자들로부터 나라를 되찾은 이후 지난 4년간 대규모의 개혁 및 변혁이 수행되어 왔다. 즉 토지개혁이 실시되었으며 전 일본 소유지의 국유화가 실행되었고, 민중 계몽을 위한 개혁이 이루어졌다. 또한 노동법과 남녀평등법이 제정되었으며, 정부기관은 가장 낮은 직위부터 최고의 직위까지 노동자, 농민, 지식인, 상인, 실업가 등, 모든 계층의 국민들로 골고루 구성되어 있다. 모든 이와 같은 정치, 경제적 개혁은 1948년 '최고인민회의'에서 승인된 헌법에 의하여 확고히 되었음. 이러한 정치기관과 정부는 모든 국민들의 지지와 애정 속에서 설립되었으며 정치적으로 평가되고 있음. 예를 들어 '최고인민회의' 의원들에 대한 선거가 실시되던 1948년 8월 투표 참가율은 99.97%, 최고인민회의 후보자에 대한 지지율은 98.45%에 이르렀다.

北朝鮮의 경제 상황은 해마다 호전되고 있다. 국민경제는 이미 3년째 계획에 따라 성장하고 있으며, 1948년 국민경제의 모든 부분에서의 계획은 착실히 수행되었다. 1949년의 계획은 다소 무리하게 세워진 것 같다. 예를 들어 1949년 상반기의 공업 생산량의 목표는 1948년과 비교하여 50%나 증가되었다. 결국 1949년 상반기 계획의 90.8%가 실행되었다. 그러나 1948년 상반기와 비교하여 1949년 상반기에 달성된 공업 생산량은 36.6%에 그쳤다. 1947~1948년에 농업 현물세 부분이 계획보다 초과 달성되었기 때문에 농업 부분에 있어서 정부는 충분한 예비량을 보유할 수 있었다. 정부는 매달 주민들의 배급표에 규정된 기준량과 종류에 따라 식량을 배급한다. 더욱이 충분한 양의 식료품이 자유롭게 시장에서 매매되고 있다. 그러나 北朝鮮에서는 공업 상품의 자유로운 거래에 어려움이 따르고 있다. 왜냐하면 충분하지 못한 양의 공업 상품의 거래는 결국 가격의 상승이 초래되기 때문이다. 지난 4년 동안 北朝鮮에서는 민족문화와 예술 신장에 커다란 성과를 나타내었다. 그러나 北朝鮮에도 인민민주정부가 극복해야 할 어려움이 있다. 즉 산업, 교통, 농업에서 자격증을 가진 기술자들의 절대 부족과 국가기관 및 사회조직에 있어서 경험과 예비지식을 갖춘 인재들의 부족에서 오는 어려움이 바로 그것이다. 民主人民정부를 둘러싼 국민들의 단결과 절대적인 지지에도 불구하고, 현 정치 구조에 불만을 품고 있는 사람들도 존재하고 있다. 현 정치 구조에 불만을 갖고 있는 사람들은 누구보다도 土地改革으로 인하여 土地를 빼앗기기 이전에 地主였던 사람들, 일제 시대 적극적으로 일본에 협력했던 자들, 일본에서 교육을 받은 몇몇 분야에서의 전문가들 등 대부분 부르주아ー地主 계급 출신들이다.

따라서 北韓 정치체제에 적의를 품은 자들의 파괴활동에 대비한 정치기구조직이 요구되고 있다. 이러한 자들의 反정부활동은 현 北朝鮮체제에 커다란 영향을 미치지는 못하지만, 정부와 北朝鮮 노동당 지도자들은 이러한 反정치적 성향을 가진 자들과의 투쟁을 선포하고, 정부기관 노동자들은 물론 일반 대중들까지도 정치적 지지도를 상승시키기 위한 노력을 하고 있다. 사회 안정과 국가기관 보호를 위하여 정부는 일본식 장총으로 무장된 경찰인원을 28,000명 확보하고 있다. 中國, 소련과의 국경선 경비를 위하여 또한 38선 경비를 위하여 3개의 국경수비대와 2개의 경찰여단에 14,000명의 사람들이 소련제 무기로 무장되어 있다. 따라서 총 경찰력은 42,000명으로 추산된다.

(국가보위부)

北朝鮮 民主정부는 자신들의 군대를 갖고 있다. 이 군대는 1946년 창설되었으며, 이러한 군대를 구성하고 있는 지휘관급은 모두 과거 조선이나 滿洲에서 일본 제국주의에 대항하여 '빨치산' 활동을 하던 사람들로 이루어지고 있다. 北朝鮮 人民軍의 총 인원은 1949년 8월 1일 현재 80,000명으로 추산되며, 그 구성은 다음과 같음.

총 51,000명으로 구성된 5개의 보병사단.
총 6,000명으로 구성된 1개의 보병여단.

총 6,000명으로 구성된 1개의 기계화 여단.

여단은 아직도 탱크와 대포로 완벽히 무장되어 있지는 못한 상황이다. 탱크부대는 33대의 T-34 탱크를 보유하고 있다. 남·북 분단과 南朝鮮의 반동 정부의 설립은 北朝鮮에서 北朝鮮 정치 구조에 불만을 품은 자들의 활동에 자극제가 되었다. 1948년과 비교하여 1949년 한 해 동안 정치범의 수가 증가하였다.

예를 들어 정치보위부에서 밝혀 온 바에 의하면 1948년에 1,248건에 2,734명의 사람들이 연루되었는데, 1949년에는 상반기 동안에 665건에 2,771명이 반정치활동을 벌인 것으로 밝혀졌음. 1949년 정치범의 분류는 다음과 같음.

테러-622명

간첩행위-356명

南朝鮮의 앞잡이로 北朝鮮에서 국가, 군사적 목표를 파괴, 교란-212명

민중, 사회주의에 대한 적대행위-11명

무장봉기 기도-221명

현 사회체제를 반대하는 삐라 살포 및 선전 선동 행위-1133명

반역행위-66명

기타-160명

1949년 정치적 범죄의 증가는 다음과 같이 해석될 수 있다. 한편으로는 소련군의 北朝鮮에서의 철수 이후로 정치적 불순분자들의 활동이 더욱 과감해지고, 증가되었다는 것이고, 다른 한편으로는 南朝鮮 정부가 '스파이'와 北朝鮮에서의 국가, 군사적 목표를 교란, 파괴하고 폭동, 반란을 야기할 목적으로 요원들의 北朝鮮으로의 파견을 더욱 강화하였다는 것이다.

(포병 부문)

1. 군 포병연대는 3개의 대대로 구성되어 있는데, 그중 2개의 대대는 76m/m의 대포로, 1개의 대대는 122m/m 12개의 대포로 무장되어 있음.

2. 군 고사 포병연대는 3개의 대대로 구성되어 있는데, 1개의 대대는 85m/m 고사포로 무장되어 있으며, 2개의 대대는 37m/m 고사포로 무장되어 있음.

(항공)

공군에는 2개의 연대로 구성된 항 사단이 있다. 현재 24기의 전투기를 보유하고 있으며, 24기의 지상 공격기, 18기의 교육, 전투 겸용 비행기와 8기의 교육용 전투기를 보유하고 있다. 전투기 조종 교육을 받은 26명의 비행사가 준비되어 있다. 150명의 비행사가 현재 전투 시를 대비하여 교육을 받고 있으며, 10월이면 전투기 조종이 가능한 비행사 50명이 교육을 마칠 것이다.

(군사교육기관)

보병장교, 참모장교, 포병장교 등을 배출하는 장교학교가 있다. 또한 北朝鮮 人民軍의 모든 정치부 요원을 육성해 내는 '정치장교학교'도 있다. 전차병, 포병, 무선기사 등을 배출해 내는 탱크 교육 연대가 있다. 3개의 보병사단과 보병여단, 기계화 여단, 포병 부문은 소련군 장비로 무장되어 있고, 인원도 소련군 편제에 준하여 구성되어 있다. 구성원들은 모두 사격술과 전술에 있어 뛰어난 사람들로 선발되어 있다. 교육은 소련 장교의 지도에 따라 소련의 전투 규정에 따라 행하여지고 있다. 장교들은 교육과 전투력에 따라 구성되지만, 참모부는 모든 형태의 협동작전에 대하여 아직 완벽하지는 않다고 함. 그러나 海州지역의 전투에 참가했던 1개 대대의 활동은 전시에 긍정적인 결과를 얻을 수 있다는 예상을 증명하였다. 금년 6월 중국인민解放軍에서 北朝鮮 人民軍으로 배치된 총 20,000명으로 구성된 2개 사단이 증가하였다. 사단의 구성원들은 전투경험이 많은 사람들이며, 그 2개의 사단은 中國製, 美製, 일본製 군장비로 무장되어 있다. 또한 지휘관들도 풍부한 전투경험의 소지자들이나 전술과 작전계획, 능력의 측면에서는 충분히 훈련되지 못하였다.

298

(함대)

北朝鮮 人民民主共和國 측에서 보유하고 있는 전투용 군함은 실제적으로 한 척도 없음.

(北朝鮮 人民들에게 남침에 대한 문제 제기를 유발시키는 요인)

金日成과 朴憲永의 생각으로는 현 상황에 있어서의 南·北 兩陣營의 평화로 운 통일(화합)이란 불가능하다고 한다. 또한 미국 측과 南朝鮮 측에서도 그러한 평화로운 통일은 원하지 않는다고 한다. '유엔' 총회와 美·蘇 공동위원회의 朝鮮문제 해결을 위한 노력은 물거품으로 끝났다. 좌익주의자들과 중립주의자 그리고 일부 우익주의자들이 주창하였던 '祖國戰線'은 평화로운 방법의 통일을 보장해 주지 못하고 있음. 평화로운 방법으로의 통일을 내용으로 하는 '조국통일전선'의 호소문은 南韓 측의 반동적 행위로 말미암아 거부되고 있다. 따라서 우리에게는 어떻게 좌·우익진영, 즉 남·북을 하나로 합칠 것인가 하는 문제가 제기된다. 절대다수의 국민들은 38선을 없애야 한다는 것에 대해서는 의견을 같이하고 있다. 미군이 南朝鮮에 주둔하고 있을 때는 우리는 南朝鮮에 주둔하고 있는 미군이 남·북 통일의 걸림돌이라고 주장하여 왔다. 그러나 이제 미국軍은 南朝鮮에 더 이상 주둔하고 있지 않다.

따라서 우리 측 주장대로라면 더 이상 통일의 장애물은 존재하지 않는 것이다. 이제 국민들은 더 이상 그 무엇이 우리의 통일을 막고 있는가 하고 물을 것이다. 南朝鮮에서의 반동분자들은 北朝鮮 民主정부와 공산주의를 반대하는 선동 선전 작업에 열을 올리고 있다. 그들은 北朝鮮 民主정부와 공산주의가 이제 남·북 통일의 장애물이라 주장한 것이다. 金日成과 朴憲永은 현 상황을 고려하고 있으나, 남·북 통일의 지연 이유에 대하여는 대답하지 않으려 하고 있는 것처럼 보인다. 남·북 통일이 더 이상 평화로운 방법으로는 이루어지지 않을 것이라는 점을 강조하며, 그들은 무력으로써 南朝鮮 정부를 침략하는 방법만이 오직 유일한 통일에로의 길이라는 것을 누누이 강조하고 있다. 그들은 또한 이러한 방법을 행하기 위해서는 북측에서와 마찬가지로 남측 대중들에 대해서도 자신들의 지지기반이 필요하다는 것을 인정하고 있다. 그들의 의견대로라면 지금 무력으로 南朝鮮을 侵略하여 통일을 이루지 못한다면, 통일은 오랜 시간이 흐른다 할지라도 이루기 힘들 것이라는 것이다. 그러한 경우 南朝鮮 측의 반동분자들은 南韓內에서의 좌익조직을 분쇄시키고, 민주주의를 전개시키는 데 성공할 것이다. 또한 동시에 南朝鮮 정부는 보다 강한 군대를 창설하고 그동안 북에서 이룬 성공적인 모든 사업을 분쇄하기 위하여 '北侵'을 감행할 가능성도 있다. 金日成과 朴憲永의 대화에서 알 수 있는 것은 그들은 결코 무한정 남·북을 두 부분으로 나누어진 채로 내버려 두기를 원치 않는다는 것이다. 내가 주시하고 있는 점은 먼저 남침을 감행하기를 원하는 우리가 그에게 여러 방면으로 도움을 주고 있는 것처럼, 중국공산당의 지원도 고려하고 있다는 것이다. 그는 많은 朝鮮人들이 중국공산당 군대와의 전투에 참가하였으므로 中國 측도 朝鮮人들을 도와주는 것이 당연하다고 생각하고 있는 것처럼 보인다.

3. 결론 및 제안

위에서 언급한 바대로 南朝鮮과 北朝鮮 측의 국내 정치 상황은 北朝鮮 측에 유리하게 돌아가고 있다. 조국의 독립과 통일을 위하여 투쟁하고 있는 좌익 민주 세력의 대중들 사이에서의 위세는 대단히 크며, 朝鮮民衆 사이에 폭넓은 지지를 받고 있다. 그러나 人民軍 창설과 관련하여 이것이 소련을 반대하는 제국주의 국가들의 반동적인 행위에 이용될 수 있는 복잡한 국제정세도 고려해야 한다. 만일 이러한 상황이 실제로 전개될 경우 미국 측의 공작과 그들의 남측에 대한 적극적인 지원의 가능성도 결코 간과해서는 안 될 것이다. 최근 우리 측에서 분석한 人民軍의 군사력은―군 병력 및 무장 정도―南朝鮮軍을 初戰에 격멸하고, 南朝鮮지역을 점령하기엔 역부족이라고 본다. 따라서 人民軍의 승산에 대한 가능성과 합목적성을 고려하여 생각하여 볼 때, 우리는 南朝鮮에서 활동중인 '빨치산' 대원들에게 전폭적인 지지와 지원을 아끼지 말아야 한다는 결론을 내릴 수 있다. 萬若 상황이 좋다면 앞서 計劃했던 대로 甕津半島와 開城地

區에 대한 부분적인 작전의 수행(점령을 뜻하는 말)도 가능하다고 본다. 甕津半島와 開城市를 침략할 구실로는 38선 주위에서 南측 사람들이 '스파이' 행위를 했다고 할 수도 있겠고, 38선 周圍지역을 南측에서 먼저 침략한 것에 대한 '보복'이라고 하여도 무방할 것이다.

4. 부 록

1. 南朝鮮 측과 北朝鮮 측의 군사력 비교.
2. 南朝鮮 측과 北朝鮮 측의 군장비 비교.
3. 人民軍의 탄약 보유량.

(1949년 9월 15일. 슈티코프)

1) 南朝鮮 측과 北朝鮮 측의 군사력 비교

남·북 군사력 비교(1949년 8월 현재)	
국 군(총 85,000명)	인 민 군(총 80,000명)
1. 보병사단 9,000~10,000명씩 7개 사단	10,000명씩 5개 사단
2 보병여단 - 없음	6,000명씩 1개 여단
3. 기계화 부대: 2개 탱크대대,	1개 여단: 1개 기갑연대,
1개 기병대대	2개 전차대대, 1개 포병중대로 구성
	탱크가 제대로 구비되지 못했음
4. 독립적인 보병연대 및 보병대대	참모부와 무기고 경비를 위한 1개 연대
5. 포병: 12개 중대	2개 포병여단(1개의 고사포병 포함)
6 국가수비군 5개 여단(대략 50,000명)	
7. 해군함대: 44척의 군함	3척의 함정
(30척의 전투함 포함)	5척의 수뢰정
	3척의 초계함
	1척의 운송선
8. 경찰력(6월 현재) 60,000명	42,000명(38선을 경비하는 2개 여단, 철도경비를 목적으로 한 1개 여단, 정부경비를 위한 1개의 연대 포함)

2) 南朝鮮 측과 北朝鮮 측의 군장비 비교

남 · 북 군장비 비교			
	인민군		국 군
야포	45MM 대전차용 기관총	192	PTO 37MM~57MM=514
	76MM P.A	45	야포 75MM~105MM=339
	122MM D.A	119	
	122MM 유탄포	50	
	122MM 대포	18	
	37MM 고사포	46	
	85MM 고사포	12	
박격포	82MM	664	60~81MM 894
	120MM	84	
	탱크 T-34	64	탱크와 장갑차 61
	자주포 SU 76	16	
	유탄포 장갑차 67	8	
항공기	전투기 YAK-9	24	교 육 용 16
	지상공격기 IL-10	24	전 투 용 24
	YAK & YIL	18	
	YAK 18 교육용	8	

3) 人民軍의 탄약 보유량

1949년 6월부터 인민군이 소연방 각료회의의 결정에 따라 공급받은 무기			
45MM MTO	48	(항공기)	
76MM DA	13	IL-10	30
T-34	87	YAK-9	30
CY 7G	102	YAK-18	16
유탄포 장갑차 67	57	YIL & YAK	10
		PO2	4

T. T 몰로토프, 말렌코프, 베리야, 미코얀, 카가노비치, 불가닌, 비신스키에게 사본송부

1949년 9월 15일

[자료 4]

北京 '아시아·대양주 노동자대표회의'
(1949. 11. 15~31.) 관계기사

(4-1) 劉少奇 중국공산당 副주석(세계工聯 副주석)의 개회사

304

(4-2) `세계工聯 亞洲聯絡局` 설치 결의(≪人民日報≫, 1949. 12. 2.)

加强了亞洲工人階級與國際工人階級的團結

亞澳工會代表會議閉幕

決議設世界工聯亞洲聯絡局在北京

由中印蘇澳工會各派委員一人組成

[자료 5]

1950년 1월 6일 스탈린 수상은 '코민포름'
기관지를 통해 일본공산당 政治局員 野坂參三을 비판

(5-1) '코민포름' 기관지의 '논문'(1950. 1. 6.)

日本の情勢について

一九五〇年一月六日『恒久平和と人民
民主主義のために』オブザーヴァー

　アメリカ帝国主義者の、中国
と朝鮮における侵略計画が失敗してから、
アメリカ合衆国の国務省と軍部は、ソヴェ
ト同盟とアジア諸国の民主主義運動にたい
する、軍事的冒険の基本的基地としての日
本に、主として注意を集中した。まず
手はじめに、いろいろの根拠のない口実を
もうけて、かれらは対日講和条約締結をひ
きのばし、これによって日本に長いあいだ
アメリカ軍隊を駐屯させることを、合法化
しようとこころみている。

　自己の軍隊と日本反動の助けによって、
アメリカ侵略者は一切の民主主義運動を抑
圧し、共産党と労働組合を破壊し、日本の
完全な主人になろうとつとめている。現在
すでに政治的経済的ない全生活は、アメリカ
軍隊によって指図されている。日本経済は、
完全にアメリカ独占資に隷属し、アメリカ
帝国主義の侵略計画に奉仕させられてい

る。アメリカ人は日本の領域に空軍と海軍
の基地を手広く建設しており、軍事工業を
拡大し、日本西部を再武装し、国を軍事的
冒険の足場にかえている。

　一九四九年三月二日ロンドンの「デイリ
ー・メール」紙通信員との会談で、マッカ
ーサーはうこつにもつぎのように声明し
た。アメリカ合衆国は、ずっと前から日本
を新しい足場とみなし、この方面で大活動
をおこなっていると、かれは声明した。
「沖縄島には、巨大な爆撃機が一日三五〇
〇機離陸することを保証しうるところの二
五の飛行場がわたしの手で建設されるとこ
ろの……いまや太平洋はアングロ・サタソンの湖
水になった……」

　このようにして、日本の政治的経済的状
態は、アメリカの侵略政策と、それから生
じてくるアメリカ占領軍当局の行動とによ
って完全に決定されている。

　日本帝国主義復活政策と国の軍国主義化
とを実施しながら、在日アメリカ当局は、
日本反動の助けをかりて、勤労者の利益に
たいする不断の攻撃をおこない、民主主義
的組織に破壊を加え、労働組合と共産党の
組織にスパイや挑発者の送りこみを手びろ
くおこなっている。

アメリカ資本家は日本の主要な独占体を強奪することにより、日本経済の八五%までで統御している。日本の資本家もおくれはとらない。一九四九年度歳出予算の約四〇%は、大独占体の補助にあてられ、一方、日本資本体のこの一派からの税金、歳入部のわずかに三・六%で、住民からの税金は七二%であった。このようにして、日本の勤労者は二重の搾取の圧迫をうけており、アメリカ帝国主義者がどんなデマゴギーで正体をかくそうとも、かれらの日本における行動の植民地的軍事主義的性格ははっきりしている。

アメリカの雑誌「パシフィック・ニューズウィック」は、アメリカ合衆国の新計画の目的は、「日本を軍事工業的反ソ橋頭堡にかえること」であると公然と指摘している。日本の「毎日新聞」も「今や日本は共産主義との闘争の第一線にある」と満足げに確認した。

る。したがって祖国日本の再興と民主主義運動の圧迫とは、ずっと前から日本反動派とアメリカ帝国主義者のブロックの共通目的となり、基礎となっていた。

共通目的のほかに、ブロックのパートナーはおのおの自分の固有の計画をも実現しようとこころみている。日本反動は、アメリカが日本を同盟者とすることに関心をもっているのを、国内における自己の政治的影響を強めるために利用し、アメリカ帝国主義者は日本に動派を武器として利用している。その武器の助けによると、民主主義的組織を破壊し、日本における完全な政治的経済的支配を確立し、国を軍事的冒険の足場に、日本人民を肉弾に化することがいっそうたやすくなる。

このような条件のもとで日本の勤労者は明白な行動綱領をもつことが必要である。

共産党組織、労働組合、そして国のあらゆる民主勢力は、勤労者を結集し、日本における外国帝国主義者の植民地的計画と、日本反動の売国的反人民的役割を、毎日毎日暴露せねばならぬ。かれらは、日本の独立、民主主義の平和と愛好的日本の建設、公正な講和条約の即時締結、アメリカ軍の日本からのもっとも早急な撤退、諸民族間の

恒久平和の保証のために、決定的闘争をおこなわねばならない。日本の勤労者の指導者と人民愛国者とは、日本が帝国主義および帝国主義的同盟から手をきるならば、民主主義と社会主義の道にたつならば、平和的発展と諸民族間の平和強化の方針をまもるならば、その場合にのみ、たとえより、偉大な独立の強国となることができることを理解しなければならぬ。日本はこの道にたつか、――その場合は日本にとって救いとなるだろう。それともこの道にたたないか、――その時には日本は、世界帝国主義の手中にあるあわれむべき道具となり、自由と独立をうしない、しかなくらす運命をねわされるであろう。

ところが、事実が示すように、日本共産党の若干の活動家の行動は、これらのもっとも悲要な任務を斉々と遂行する方にむかっていない。かれらにこの綱領を理解せず、国内につくりだされた複雑な状態のもとで、日本の勤労者にまちがった方向をあたえている。

たとえば、日本共産党の有名な活動家野坂〔岡野〕は、日本の内外政治情勢を分析するにあたり、戦後の日本には、占領支配の条件のもとでさえ社会主義への平和的移

行を実現するために一切の条件がそなわり、それが、「マルクス・レーニン主義の日本の土地への「帰化」であるかのように証明している。〈野坂・一九四七年一月・日本共産党第二回全国協議会報告〉

占領軍についていえば、野坂の意見によると、それは日本共産党の諸目的をはたげないだけでなく自己の使命を遂行するであろう。「連合軍の駐屯は、日本の非武装化を促進するであろう。日本の民主主義勢力化すると同時に、日本人民を全体主義的政策から解放し、日本を民主化するものである。連合軍は日本を占領してもわが国を植民地化する意図をもっていない。」

野坂の意見によると、日本共産党は、占領支配の条件のもとでさえ、労働者階級を協力にみちびくことができる。野坂はこう断言する。「プロレタリア党は、国会内で多数の議席をしめ、自分たちの政府をつくり、官憲機構とその勢力を破壊して政治権力を手中におさめうる可能性がある。換言すれば、民主的な方法により国会を通じて権力をにぎる可能性がある。」一九四九年六月、野坂は、さらに、日本共産党中央委員会総会の報告で、占領支配の条件のもとで、人民民主主義政府をつく

ることが無条件的に可能であると断言的に撤退する。」

「このような政府ができきれば、占領軍は

このように、野坂は、アメリカ占領軍が存在する場合でさえも、平和的方法によって日本が直接社会主義に移行することが可能であるというような、ブルジョアの卑俗悪な意見をいうまでにもなった。野坂はこのような見解を、以前にものべていた。たとえば、かれが下ごしらえに公表した共産党の宣言草案や、その後一九四六年五月にブルジョア新聞の「毎日新聞」に発表された論文で、野坂はつぎのようにしるしていた。「…党は、人民大多数の支持に依拠し、かつ人民自身の努力によって平和かつ民主主義的方法により、資本主義制度よりもさらに高度の社会制度、すなわち…社会主義制度へ発展せしめることを期する。」

…在日アメリカ占領軍が、あたかも進歩的役割を演じ、日本を社会主義への発展にみちびく、「平和革命」を促進するかのようにいう野坂の見地は、日本人民を混乱させ、外国帝国主義者が日本を外国帝国主義者の植民地的附加物化し、東洋における新戦争の火元にかえることをたすけるものである。

野坂が、日本の条件のもとでのマルクス・レーニン主義の「帰化」と称する「新理論」、つまり、第二次世界戦争後の日本で、外国帝国主義権力の不可分の支配のもとで、日本を社会主義国へ発展させるための条件があったかのようにつくりだされたという理論を、何とかでっちあげようとするこころみは——すべてこうしたマルクス・レーニン主義の「帰化」は、反動が民主主義に帝国主義が社会主義に、平和が生と提唱化するという、ずっと以前に暴露された、労働者階級に縁のない、反マルクス主義的、反社会主義的「理論」の日本版にすぎない。

あきらかに、野坂「理論」は、マルクス・レーニン主義とは何の共通点もない。その本質上、野坂「理論」は、反民主主義的、反社会主義の理論である。それは日本の帝国主義的占領者と日本独立の敵にとってのみ、有利である。したがって野坂「理論」は、同時に反愛国的理論であり、反日本的な理論である。

(5-2) 일본공산당 중앙위원회 政治局의 '반박'(1950. 1. 12.)

「日本の情勢について」に
関する所感

一九五〇年一月十二日
日本共産党中央委員会政治局

わが党指導部は「日本の情勢について」という論文(九・恵党労働者一が)を、七日夜のモスクワ放送、ならびに翌日ソヴェート代表機関紙『恒久平和と人民民主主義のために』一九五〇年新聞露漢情報(一月七日付「ブックリ版」に転載された記事)によって受取った。

この記事は、オブザーヴァー(八別記者)の執筆によるものであることが明らかにされているが、わが党に影響するところじん大たるものであると考えるので、これに関する所見をのべる必要がある。

わが政治局は情報局の光輪をもって日本の革命のためにかちとられたことを感謝する。とくにこの論文によって日本の事態に対してじん大なる関心を寄せられたことを感謝する。今後とも、世界人民の革命のために、尊大なる指導となされることを期待する。

論文が指摘した阿部野坂の諸誤謬に、小党分ではあり、克服されなければならない諸欠点を持つことは明らかである。それらの点について、わが党は正しい態度をとり、それを克服する。そして、現在はそのものをとりのぞき、わが党は正しい態度をもちきりつづけて、しかしながら、その部分、中央委員会、その他の機械ある党員会議において、これらの偏向を明かにし、それを文献的に明確にしておかなかったこと、党活動にとって欠陥を文献的に明確にしておきたかったことに、

あること立を認める。今後こういう欠陥がおこらないように、われわれは努めるであろう。

日本における客観的なラびに主観的条件は、一定の目的を達成するにあたって、ジグザグの言動をとらなければならない状態におかれている。それ故に、昔節の表現が叔話の言動をもってあらわされなければならないこともあるし、また決疾曲折した表現を用いなければならないこともある。今次こういう表勢が存在する。

この状態において、この事項の諸同志が、わが党内におけるもっとも結束な人民、が尖たなラびに同志の言動を批判するためらいにわが党に反逆することは明かである。

この状態において、外国の諸同志が、わが党内におけるもっとも結束な人民、が尖たなラびに同志の言動を批判するならば、重大なる損害を人民なラびにわが党に反逆することは明かである。

この諸欠点を十分に克服することなくして、外国の諸同志の言動を十分に払っていないことをわかたらに行動すべきであるについて、十分な等諸を払っていないことをわかたらに行動すべきであるについて、十分な等諸を払っていないことをわかたらに行動すべきであるについて道題とする。

それ故に党国委員会は、その他二・三の指導者の言動が欠陥をもたらしたときが、その中においても克服して正しく発展している。ので、あって、この論文の評価のように四・五のように結論が拒揉しているよう記錯している。

それ故に野坂の「理論」に、日本の帝国主義美化の現論であり、アメリカ帝国主義降波の理論であり、したがってこれは日本

の人民大衆をやンマンとする理論である。野坂の「理論」が、マルクス・レーニン主義とは殆もゆがみよりられるものであることは明かであるが、本質は、野坂の理論は反民主的な反社会主義的な理論であり、それは日本の帝国主義的白低者と日本の独立の敵にとってのみ貢利であるし、したがって野坂の「理論」は、また同時に反進歩的な理論であり、反日本的な理論であるとの結論は、人民大衆の受入れ難いものである。

したがって野坂の「理論」は、また同時に反進歩的な理論であり、反日本的な理論であるとの結論は、人民大衆の受入れ難いものである。

同志寄坂は、もっと勇敢な人民の党国者として大衆の信頼をえている。

(5-3)《北京人民日報》의 '비판'(1950. 1. 17.)

日本人民解放の道

日本帝国主義は、中国人民の敵であったし、今でもそうである。けれども、日本人民は、中国人民の友である。日・中両国人民は共通の敵を持っている。すなわち、日本帝国主義と、それを支持するアメリカ帝国主義者がこれであり、両国人民は、共通の友を持っている。すなわち、社会主義ソ同盟、人民民主主義諸国および帝国主義反対闘争を行っている、全世界のプロレタリアートと被圧迫人民がそれである。中国人民は日本人民の解放に、重大な関心をもっている。

日本人民の解放闘争は、現在複雑かつ困難な諸条件のもとに、行われている。西ドイツと同じように日本は、アメリカ帝国主義者の手で、民主主義と社会主義に対抗し、新戦争を計画するための、反動のトリデに化せられつつある。この反革命的目的のもとに。アメリカ帝国主義者は、日本軍国主義の諸勢力を温存し、日本人民の基本的諸権利に対する、野ばんな政策を開始し、日本を植民地と化そうと欲している。かかる諸条件のもとにあって、日本人民は、アメリカ帝国主義者ならびに日本反動勢力に対して新顔たる革命的闘争を行わねばならない。かくすることによってのみ、日本人民は、アメリカの占領と反動の支配を早く終らせ、民主日本を建設することができるのである。

日本の革命的人民の前衛たる日本共産党は、人民を革命的精神で教育し、かれらを統一し、一歩一歩革命化しなければならない。こういう風にしてこそ、彼らはアメリカの占領と反動支配を終らせるという目的を実際成就し、民主日本を建設することができるのであ

る。これには近道はない。われわれは、日本共産党の文献をそんなに多くは読んでいない。けれども、日本共産党の指導者の一人野坂参三の書いた少数のテーゼ――一九四九年に書かれたものもふくむ――を読んでみると、そこには重大な原則的誤びゆうがあるという見解を抱かざるを得ない。野坂参三は、日本人民に向って、平和的方法で国家権力をかちとるために、ブルジョア議会を利用できると説いている。また、彼は、自分のこの判断が日本における諸条件のもとで可能であることを証明しようと懸命になっている。

かれの、この観点が全く誤りであるということは極めて明白である。こういう宣伝をしたので、かれは日本人民ならびにその前衛の間にイデオロギー上の混乱と実践における混迷をひきおこし、かつ日本共産党の革命的宣伝を弱めざるを得なかった――たとえば、日本反動勢力に反対し、労働者の諸権利を守り、社会主義を支持し、中国革命に対する同情を表明する点でそうであった。これは、必ずや日本人民の利益を損ない、その敵を利することになる。したがって、共産党ならびに労働者党情報局(以下コミンフォルムと略称)機関紙「恒久平和と人民民主主義のために」の一月六日号に発表された「日本の情勢について」と題する解説を読んで、われわれは、日本の同志諸君が誤りを真に厳格に反省し、徹底的に改めるよい機会であると信ずる。

われわれには、まだコミンフォルム機関紙の批判に対する日本共産党の反響がよくわからない。外国通信社の報道によれば、日本共産党は、問うもなくこの批判から生じた諸問題を討議するために中央委員会総会を招集するという。これは極めて必要なことである。けれども、また外国通信社は、日本共産党政治局が、一月十二日に声

310

明を落し、野坂の犯した誤謬は「すでに克服され」コミンフォルム機関紙の批判は日本共産党の立場を「十分に顧慮」しなかったと述べ、この批判的論文には同意し難い旨を表明したと伝えている。これが本當であるとすれば、日本共産党政治局の見解ならびに態度が正しくなく、かつ適當でないことは極めて明らかである。われわれはこれを甚だ遺憾に思う。われわれは、来るべき日本共産党中央委員会総会が問題を正しく理解し、このような態度を改めて野坂の誤りを訂正するための適當な手段をとることを望むものである。何れにせよ、日本共産党は、今やその歴史上危機に直面している。マルクス・レーニン主義、国際共産主義運動ならびに日本人民解放運動に忠実な深慮あり先見の明ある共産主義者は、正しい政治的立場のもとに団結し、同志野坂参三その他誤れる見解をもった同志達が自己の誤りを十分にさとり、それを改めることを助けるような適當に正しい批判ならびに自己批判の方法を採用することを求めねばばらない。これは、今後日本共産党の健全な成長の基礎を作り、敵が日本共産党を破カイし分裂しようと策動する危険を除去するものである。けれども、野坂の誤りが簡単に改められるような、単純、あるいは偶然の誤認でないことは恐れなければならない。如何なるブルジョア支配のもとにあっても、いわんや、アメリカ帝国主義者の支配下にある現在の日本において、勤労人民の国家権力獲得闘争は生やさしい革命闘争ではありえない。議会は、この闘争においては、補助的手段、すなわち、敵をバクロする須壇としてしか利用できない。このマルクス・レーニン主義的立場は、ある便宜的戦術をとって敵を欺くためといえども修正してはならぬものである。日本の共産主義者達が現在重大な情勢に置かれていることは事実

である。――正に野坂のテーゼはこの重大性を過小評価し、見落し、おおいかくしてきた。重大な四囲の状況のもとにおかれたボリシェヴィキ型の共産主義者達は、戦術的には十分柔軟性をもっているが、だからといって原則上の諸問題で基本的立場をゆるめてはならない。反対に彼等は、そういう重大状況のもとにあって確固として原則を固持し、試練を越え、かくして人民の信頼をかち得るのである。この立場を踏み誤るならば、いわゆる敵を欺く試みが実は大衆を誤るものとなるであろう。労働階級の革命的政党にしてもその中の幹部にしても誤りを犯さないと保証することはできない。誤りを犯したのちに、この政党や幹部が誤りを指摘された時、誤りを固執せず直ちに謙虚に誤りを訂正するならば、その政党ならびに幹部が人民に忠実であることを証拠だてることになり、依然人民の間で威信を保つことができる。さもないと、威信が保てたところでそんな威信は無価値である。その原則は、国際労働階級の革命運動によって幾度も証明されている。――中国革命運動をもふくらン――

日本共産党が、敵と闘う上に示した勇敢さは、日本人民のみならず中国人民の感陥をかちとった。同志的立場からわれわれは、日本共産党がコミンフォルム機関紙の批判をただす点でも同様の勇気を示すことを切望する。そしてのみ、日本の共産主義者は、日本人民と中国共産主義者の期待にそうことができるし、また帝国主義者たちのもうけたあらゆるワナに応ずることができると、われわれは信じている。われわれは、日本共産党が前進し、われわれは、革命の正しい道に続たわる障害を克服することができる。われわれは、日本人民解放運動が終局の勝利をかちとるために、革命の正道にそって進むことを望むものである。

[자료 6]

1950년 4월과 5월 北韓 수상 金日成과 외상(副수상) 朴憲永은 '모스크바'와 '北京'을 방문 스탈린 수상 및 毛澤東 주석과 회담

(6-1) 스탈린 · 金日成 회담 관련 내부보고서 요지

1950년 4월 ?일. 스탈린은 국제환경이 유리하게 변하고 있음을 언급하고 北朝鮮이 '통일과업'을 개시하는 데 동의. 이와 함께 이 문제의 최종결정은 中國과 北朝鮮에 의해 공동으로 이루어져야 하며 만일 中國 측의 의견이 부정적이면 새로운 협의가 이루어질 때까지 이 문제의 결정을 연기하기로 합의.

В апреле 1950 года во время переговоров в Москве И.В.Сталин отметил, что "в силу изменившейся международной обстановки" он согласен с предложением корейцев приступить к объединению. При этом было оговорено, что окончательно вопрос должен быть решен совместно руководителями КНР и КНДР, причем в случае негативного мнения китайцев, решение вопроса должно было быть отложено до нового обсуждения.

(6-2) 金日成·毛澤東 회담에 관한 전문

(로신 駐中 소련 대사가 스탈린에 보낸 보고(1950. 5. 13.))

금 5월 13일 23:30 周恩來가 본직을 방문, 毛澤東의 위임을 받아 하기 사항을 전달함.

1. 金日成과 朴憲永 朝鮮民主主義 人民共和國 외상이 5월 13일 北京에 도착했음.

2. 저녁에 毛澤東 동지가 그들과 만났음. 면담 중 北朝鮮 대표단 동지들은 毛澤東 동지에게 스탈린 동지의 "현재의 상황은 과거와 다르므로, 北朝鮮이 행동을 개시할 수 있다. 그러나 이 문제는 中國 측, 특히 毛澤東과의 협의를 반드시 거쳐야 한다."는 지시사항에 대해 보고하였음.

3. 北朝鮮 대표단 동지들은 北京에 2일간 체류 예정임.

이와 관련 毛澤東 동지는 스탈린 동지의 이상의 전문에 대한 명확한 의사를 가까운 시일 내에 원함. 中國 동지들은 조속한 대답을 요망함.

Для немедленного доклада товарищу Филиппову. x/

Сегодня 13 мая в 23 часа 30 минут меня посетил Чжоу Энь-лай и по поручению товарища Мао Цзе-дуна передал следующее:

1. Ким Ир Сен и министр иностранных дел Корейской народно-демократической республики ПО Сянь-юэн прибыли в Пекин 13 мая сего года.

2. Вечером товарищ Мао Цзе-дун имел встречу с ними. В беседе с товарищем Мао Цзе-дуном корейские товарищи сообщили об указаниях товарища Филиппова о том, что нынешняя обстановка отлична от обстановки в прошлом и, что Северная Корея может приступить к действиям; однако этот вопрос должен быть обсужден с Китаем и лично с товарищем Мао Цзе-дуном.

3. Корейские товарищи пробудут в Пекине 2 дня.

В связи с вышеизложенным товарищ Мао Цзе-дун хотел бы иметь личные раз"яснения товарища Филиппова по этому вопросу, которые, согласно предыдущей телеграмме товарища Филиппова, переданной послом товарищем Родиным, должны были последовать в ближайшие дни.

Китайские товарищи просят срочного ответа.

(6-3) 스탈린이 毛澤東에게 보낸 회신(1950. 5. 14.)

毛澤東 동지!

北朝鮮 동지들과의 회담 시 본인은 변화된 국제상황에 따라 北朝鮮 측이 '통일과업'을 개시하겠다는 제안에 동의하였음. 이와 관련, 이 문제는 中國 측과 北朝鮮 측의 共同合意에 의하여 최종결정되어야 할 것이라는 전제조건을 달았음.

만약 中國 측과의 의견 불일치가 발생할 경우에는 새로운 협의 시까지 이 문제의 결정은 연기되어야 한다고 하였음. 자세한 사항은 北朝鮮 동지들이 귀하에게 설명할 것임.

Для Мао-Дзе-Дуна.

"Тов. Мао-Дзе-Дун !

В беседе с корейскими товарищами Филиппов и его друзья высказали мнение, что в силу изменившейся международной обстановки они согласны с предложением корейцев приступить к об"единению. При этом было оговорено, что вопрос должен быть решен окончательно китайскими и корейскими товарищами совместно, а в случае несогласия китайских товарищей решение вопроса должно быть отложено до нового обсуждения. Подробности беседы могут рассказать Вам корейские товарищи.

Филиппов".

Исполнение телеграфьте.

ВЫШИНСКИЙ

5 экз-но
14/7-50 г.

[자료 7]

1950년 6월 18일과 6월 22일
'人民軍 총사령부'가 각 사단장에 시달한
'정찰명령 제1호'와 '전투명령 제1호'

···

(7-1) 정찰명령 제1호

제4師團長 앞
1950. 6. 18. 조선인민軍 總司令部
1949년판 1:50,000 지도 첨부

　1. 야포대를 포함한 적(國軍) 제7사단 제1연대는 臨津江으로부터 538.5m 고지에 이르는 지역에 방어진을 치고 있음. 38선 방어 전초는 동선상의 고지 북방 사면 일대에 포진하고 있다.
　적 저항의 주력선은 217고지와 411고지의 북방 측면인 색교里 및 630m 고지 서북방과 북방 측면에 걸쳐 포진하고 있음. 좌측의 적 방어진은 제1사단 제13연대에 의하여 보류되고 있음. 그 좌측면에는 제7사단 제9연대가 포진하고 있음.
　2. 공격 태세가 완벽하게 되면 공격에 앞서 다음의 항목을 필요로 한다.

　　1) 적 저항의 주력선을 파악하고 동시에 지뢰 시설과 철조망 그밖에 '바리 케이트' 및 참호 간의 통로 그리고 무보류 지대를 정확히 파악할 것.
　　2) 참호의 시설을 정확하게 결정하는 동시 다른 참호와의 연결을 긴밀히 하고 DOT('콩크리트 토오치카'). DZOT(흙과 임목으로 쌓은 보류). NP(관측소)·방어화기 보급 및 집중사격 조직을 정확하게 결정지을 것.

3) 적 주력의 위치와 매일의 작전계획을 결정지을 것.

4) 야포 공격의 위치를 결정하는 동시에 소총 사격의 위치를 정확하게 결정 지을 것.

5) 공격 개시 후 2일이면 정확한 지도상의 목표를 설정하고 적 공병대의 위 치를 지도상에 파악할 것.

공격이 시작됨에 따라서 적 부대를 뒤덮는 새로운 공격목표를 예의 탐색하여 적 저항의 중심에 강력한 타격을 가하는 동시에 분열된 적군이 어디로 후퇴하 는가를 정확히 관측할 것.

일선 부대가 적성 지역에 도달하게 될 때면 '등진'선으로 가납里와 적성 방면 의 신공격부대를 조직하고 의정부 도로연선에 따라서 적 방어진을 쫓아 후방으 로부터의 원병 도착을 꾀할 것.

楊州와 하가里에 도달한 후에는 화앙 로혹里 간과 가납里-부곡里 간, 소도 里 간에 걸친 신공격을 위하여 부대를 조성할 것. 그리하여 수도 서울에 접근하 고 있는 적의 가능한 모든 저항선에 결정적으로 타격을 가하도록 할 것.

서울에 진격함에 따라서 서울 주재 적군의 집중 상황 및 포진 상황 정보를 무슨 수단을 써서라도 이를 확보하도록 할 것.

3. 24시간 동안에 정보 개요를 기필코 매일 19시까지 전화 혹은 무전으로 정 보 본부에 발신할 것.

일반 정보서 및 적군의 서류 그리고 심문서 등을 입수할 경우에는 매일 8시 와 20시까지 정보본부로 제출해야 한다.

4. 3분지 1의 공격부대를 관측소 부근에 배치하고 나머지 3분지 2는 적의 주 력 공격을 완수하는 병력으로서 배치할 것. 각 연대는 3내지 5인으로 구성된 분 대를 편성하여 전선에서 노획한 적의 문서를 기집케 할 것.

(공 2부 작성, 1부는 사단에)

조선인민軍 最高 司令部

情報本部 司令官

(7-2) 전투명령 제1호

제4步師參謀部 玉溪里에서

1950년 6월 22일 14:00 1948년도판 1:50,000 지도 첨부

1. 아군의 공격 전면에는 적의 제7步師 제1步聯이 방어한다.

2. 본 사단은 군단의 공격 정면에서 가장 중요한 방향인 광洞(05.18) 아장洞 (23.38) 계선에서 적의 방어를 돌파하고 최종 임무로서 마지里 536.2고지 계선을 점령하고 차후로는 의정부 경성 방향에 진출한다.

공격 준비 완료는 1950년 6월 23일까지이다.

3. 우익에는 제1步師가 공격하며, 그와의 분계선은 막태洞·노공里·방징里· 피봉이며 막태洞을 제외한 기타 지점들은 제4步師에서 제외한다.

좌익에는 제3步師가 공격하며, 그와의 분계선은 부항洞 583.5고지, 534.6고지, 337.1고지들이며, 이 모든 지점들은 제4步師에서 제외한다.

철입함

정면에 적을 ……(판독 불능) 타격과 ……로서 맹렬한 공격과 추적을 가하여 계속 ……하여 ……섬멸 ……한다.

4. 주공은 좌측 대도로 방향에 지향하며, 전투대형은 2개 제대로 한다.

5. 제18步聯은 야포 1개 대대 45m/m포 1개 중대 '로케트' 1개 대대, 공병 1개 대대, 전차 1개 대대, 반전차포 2개 소대 파견, 광동 사항里 계선에서 적의 방어를 돌파하고, 최초 임무로서 東明川 계선을 점령하고 최후 임무로서 마지里 263고지 계선을 점령한 다음 차후 또는 향동방향에 공격을 지향할 것.

전술한 각항의 작전은 제13步師 제13야포 연대, 對전차포 대대에서 파견되는 對전차포 중대의 엄호 아래 수행될 것이며, 동시에 76m/m포 1개 중대, 45m/m 포 1개 중대, 또 제5보련에서 파견된 제2대대, 45m/m 포 1개 중대와 동 대대 82야포중대의 엄호 아래 수행될 것이다.

우익에 있는 제16보련은 옴내里, 새집, 사랑리, 289고지, 당내, 청패, 송감里에 연하는 전투선에 있을 것이며, 이들 좌익선에 인접한 지역에 대한 확보책임은

동 제18보 연장에게 부과된다.

6. 제16步聯은 사포련의 제2, 제3대대 사단야포대대의 1개 중대, 사단자주포대대의 2개 중대, 전차대대의 2개 중대, 45m/m포 대대, 반전차포중대의 2개 소대, 공병대대의 공병 1개 중대와 함께 사당里, 패기里 계선에서 적의 방어를 돌파하고 최초 임무로서 양원里, 패하里 계선을 점령하고 최후 임무로는 362고지, 535.6고지 계선을 점령한 다음 차후로는 의정부 방향을 공격할 것.

연대의 전투를 13步師의 포연대대 반전차포대대의 2개 중대, 76m/m포 연대포의 2개 중대, 연대 45m/m포 2개 중대, 제5연대의 76m/m 중대, 제5연대의 120m/m 중대, 제5연대의 72m/m 2개 중대가 지원한다.

좌익 분계선은 사단 분계선이며, 보장책임 16보 연장이 진다.

7. 제5步聯은(1개 대대 제외) 사단의 제2대대로서 제16步聯의 뒤를 따라 공격할 것이며, 362고지, 535.6고지 계선에서 전투 진입을 준비할 것.

제5步聯 1대대장은 반전차포 1개 소대, 반전차포 2개 분대, 보기관총 2개 분대, 공병 1개 소대를 보병 1개 소대와 함께 습격조를 조직할 것, 습격조 지휘관은 보병 소대장이다.

8. 제5步聯의 제2보대는 반전차포 중대를 받아 제18步聯의 뒤를 따라 공격할 것이며, 마지리와 동경천 계선에서 전차 진입을 준비할 것.

9. 야포부대는 나의 수하 대대로 한다.

공격 준비 사격은 30분간이며, 그중 15분은 포격, 15분은 파괴 사격으로 한다.

전반적 포병의 임무

포병 사격은 분간이며,
• 돌격 준비 시기
 ① 적의 방어 전면에 총역량을 집합할 것
 ② 적의 포병 진지를 압도하며 토목화점 영구화점을 파괴할 것
 ③ 적의 방어 정면 장애물에 도로를 개설할 것
 ④ 첨방, 우접동 및 조촌리에로의 적의 집결을 불허할 것
• 돌격 지원 시기

① 보병과 전차 자주포의 공격을 마지리, 마차산, 535.6고지 후방까지로 할 것
② 京城(서울)으로 통하는 대로 양측에 있는 적 土木火点과 永久火点을 파괴할 것
③ 적의 포병 진지에 반포 사격을 실시할 것
④ 고사용으로 통하는 도로와 호사里·의정부로 통하는 도로 방향에 대하여 가능한 적의 반돌격을 불허할 것
⑤ 東豆川의 한사里 구역에 적의 집결을 불허할 것
⑥ 적의 지휘소를 파괴할 것

• 종심전투 시기
① 퇴각하는 적의 퇴각로를 차단할 것
② 반포 사격을 계속할 것
③ 적의 후송로의 수도로를 차단할 것이며, 東豆川 옆을 파괴할 것
④ 사단 최초 임무 수행 시는 대천, 요공里, 한사里, 기촌 구역에 적의 집결을 불허할 것
⑤ 의정부 방향으로부터의 적의 반돌격부대 집결을 불허할 것
  포사격 준비 완료는 1950년 6월 23일 24시 00분까지이다.

10. 항공대의 임무
① 사단의 작전지구를 가능한 한 적의 공격으로부터 엄호한다.
② 적의 군사시설, 역전을 파괴할 것
③ 적의 집결과 예비대의 접근을 불허한다.
④ 적의 도로를 파괴하며 집결을 불허한다.

  11. 反航空 대책은 각 전력 자체의 고사 기대로써 할 것이며, 적기 내습 시는 보병 무기의 30%를 동원케 할 것
사단 항공 감시 연락 초소는
① 제18步聯
② 제16步聯
③ 제5步聯이다.
고사기관포 중대는 사단 지휘소와 야포진지를 엄호할 것.

12. 반전차 예비대는 45m/m 대대의 1개 중대와 공병 중대로서 하며, 제2대대의 뒤를 따라 공격하면서 중심으로 침입하는 적 기계화 부대의 침입을 불허할 것 각 부대에서 자체의 반전차 화력 기재로서 반전차 대책을 수립할 것.

13. 사단 군의소는 1950년 6월 20일부터 지도상에 기입한 23.30지점에 위치하며, 21일 이후에는 23.31지점에 위치한다.

14. 사단 지휘소는 협곡이며, 감시소는 03.11지점인바, 1950년 6월 23일부터 전개하며, 이동 측은 의정부로 통하는 도로 방향이다.

15. 보고는

① 공격 준비 완료 후

② 공격 개시 후

③ 최초 차후 및 1일 임무 완료 후 각각 무전 및 서류에 의해 제출할 것

④ 기타 보고는 2시간에 1차씩 할 것

⑤ 서면보고는 매일 2차씩 하되 7시와 19시 정각에 도착될 것

16. 기본 신호

번호	기 호	조 명	전 자	무 전
1	공격 개시		폭풍	224
2	제 개시		좋다	224
3	발포 개시	적색	폭풍	333
4	보충제약	백색	발화정지	222
5	화력요구	적색 및 녹색	천둥	444

17. 제1代理人 참모장 제2代理人 16보 연장(공히 9부 작성)

제4步兵 師團長 李健武

參謀長 許鳳學

(7-3) 人民軍 제4사단에 시달된 ‘전투명령 제1호’

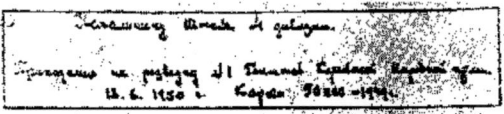

露語로 된 「戰鬪命令」 第1號

1950. 10. 4. 서울지구 전투서 유엔軍이 노획(露語 원본)

北韓「人民軍」에 下達된「戰鬪命令」第1號

1950. 7. 20. 大田지구 전투서 유엔軍이 노획(한국어 번역본)

(7-4) 人民軍 제2사단에 하달된 인민군 총참모부 정찰명령 제1호(露語原本)

Начальнику штаба 2 дивизии.

Приказание на разведку №1 Генштаба Корейской Народной армии 14.6.1950 г. Карта 50000-1949.

1. Противник, ? полк 6 дивизии с артдивизион 7 оборонял участок выс 590,2 (0676), выс 621,0 (0693). Восточнее участок 38 параллели обороняли предположительно 13 полк.

   Передний край обороны по высотам у 38 параллели. Передний край главной полосы обороны в 1-1,5 км от параллели по скатам высот 590,2, 313,0 (0672), вдоль дороги Фэнкурари (0711), Коднёрри (0686).

   В районе Содзёри (0726), Жикаймпоре (0693) подготовлена оборонительный позиция прикрытием выход к домам Сюкеми.

2. С выходом дивизии в исходное положение до начала наступления наблюдением и поисками в ночь перед атакой:
   - окончательно уточнить начертание переднего края главной полосы обороны противника, наличие минных полей, проволочных заграждений, выявить изграждение участки и проходы в заграждениях.
   - Уточнить расположение траншей, ДОТ, ДЗОТ, ИТ, насыщение обороны огневыми средствами и систему огня. Выявить где расположена основная масса живой силы.
   - Уточнить огневые позиции артиллерии, калибры и количество орудий. Установить размещение противотанковой артиллерии на выходе поля от параллели по Сюкеми.

   С исходу выброса див по выходу на исходное положение отработать уточнение наземных целей и карты инженерных сооружений противника.

   С началом наступления:
   - выяснить когда, какими силами и с какого рубежа противник подготовляет ввод в бой и ввода резервы; установить начало и направление отхода подразделений дезориентирующих в тыловому рубежу

人民軍 제2사단의 전투명령

戰 鬪 命 令

第2師團參謀部　　1950. 6.　　時 分　　2大1高地東北활동에서
地圖 1:50,000 49年版

1. 開圍의 殘敵左圍에는 105粍, 路砲, 40大砲와 增援한 敵有6步師 7步聯로 部隊가 防어하고있다.

그의 防어体系는: 586.2高地 (06.17)　613.0高地 (06.78)　647.0高地 (06.79)
無名高地 (06.80)　無名고지 (07.80)　582.5高地 (07.82)　無名고지 (07.82)
無名高地 (07.83)　無名고지 (07.86)　886.1高地 (07.85)　石莫 (06.87)　391.0
高地 (07.88)　無名고지 (07.89)　651.2고지 (07.91)　배후령 (07.93)　717.4高지
(07.95)　882.2高地 (07.97)

前沿은: 無名고지 (06.85)　866.1고지 (06.86)　品名高地 (05.88)　52了33고지
(05.89)　656.5고지 (05.91) 등 連結線을 支障物으로 하고있으며 許多한 土木火로가
構築되였다. 特히, 無名高地 (06.78) 北業경사면에 1個, 無名高地 (06.83)
北業面에 1個, 無名高地 (05.86) 北業경사면에 3個, 無名高地 (05.87) 北業
斜面에 2個, 石莫 (05.89L) 52了33고지 北業경사 (05.89), 52了33고지 山頂부근
에서 各 1個와 深火火로가 平嵩山頭부로 山頭부분 各 火로와 火로間을
業線으로 連結되였다. 馬坪峴 (04.83), 東端 石莫 (04.82) 北業경사에
石莫 (07.86L) 小連路地域, 양룡리 (05.89L) 656.5高地 (05.91L) 749.0고지
(07.95L) 에 地雷가 埋設되였다.

敵의 放線機銃火로는 舍谷리 東端小路 (02.97L) 치등과東端 通路交叉맞 (05.97L)
石莫 (07.87) 北硬樓.

敵의 迫擊砲 陣地는 181人高地 (02.86) 東業경사에 배치되고 (03.84) 에
정준껏이 豫測된다.

敵砲兵陣地 (105粍砲, 40大砲) 는 方峴 (06.89) 地못에 있음이 豫測된다.

方峴 (00.91L上) 地못에 敵代机 着陸場이 있다.

정훈리 (08.93) 앞 진눌리 (06.77) 目撃부에 송봉리 (07.84) 에 양룡리 (06.89) 에
882.고지 (04.97) 東南경우에 各 1個小敵兵力이
配置되였으며, 水맞里 (07.91) 正嵩리 (06.86) 에 780.6高地 (04.98) 에
육봉리 (85.78) 에 各 1個中敵兵力이 配置되였으며, 장봉리 (08.94)
祖봉리에 1個小敵가 있다.

(7-5) 6월 19일, 朱榮福 中佐는 '전투명령 제1호'를 번역함

(朱 中佐의 증언 요지)

金華를 지날 때쯤 어두워지기 시작하더니 마현리(馬峴里) 앞 대성산(大成山) 기슭에 이르렀을 때는 컴컴해졌다(1950년 6월 12일 월요일). 차들은 본 도로에서 벗어나 행인들이 볼 수 없는 작은 언덕에 주차시켰다. 야영 준비를 마치고 도랑물에 세수를 하러 갈 때 연락병이 와서 군단장의 호출을 받았다. 촛불 아래에서 지도를 보던 金光狹 少將은 경례하는 나를 보고 야전용 책상 위에 놓여 있는 전문을 넘겨주었다. 보위성에서 온 그 쪽지에는 '곧 귀환하라. 朴吉南'이라고 쓰여 있었다(저자보기: 공병국장 朴吉南 大佐는 지난 5월 달 '총고문' 바실리예프 中將이 金日成과 姜健에게 수교한 '선제타격작전' 원본을 韓國語로 번역한 4인 중의 한 사람). 나는 복잡한 생각으로 가득 찼다. 38선을 눈앞에 두고 돌아오라니 무슨 영문일까? ······제외인가? 취소인가?

"교대입니까?" 하고 물으니, "아닐 것이오! ······인사 관계는 출발 전에 확정 비준되었소!"

"명령대로 귀환하겠습니다." 저녁을 뜨는 둥 마는 둥 하고 야간열차에 몸을 실었다. 마음은 뭔지 모르게 다소 불안했지만 인숙이 곁으로 다시 갈 수 있다는 생각에 한편으로 기쁘기조차 하였다.

14일 늦은 오후 平壤에 도착, 그 길로 보위성으로 가서 朴吉南 국장에게 귀환 보고를 했더니, "오늘은 쉬고 내일 간리(間里)에 가서 기재 조사를 하고 오라!"는 이상한 명령이었다. 어쨌든 다음 날 혁낭을 찬 채 平壤역에 나갔다. 역사 정면에는 평화 통일, 남북 총선거라는 플랜 카드가 즐비하게 걸려 있고, 확성기에서는 계속해서 南朝鮮 정당 사회단체에 통일 최고 입법기관 선출 제안을 되풀이하고 있었다.

6월 19일 구름 한 점 없는 쾌청한 날이었다. 월요일이라 상점·학교·관청 모두가 문을 열어 거리는 제법 활기를 띠었다. 오늘은 일찍 출근했다. 전쟁을 모르는 시내와는 달리 보위성 성내에는 기이할 정도로 한산하고 국내도 텅텅

비었다. 朴 국장이 출근하자 바로 나를 호출했다.

"오늘 오후 고문 선생이 부를 테니 어데 가지 말고 대기하오. ……대기하는 동안 38선을 중심으로 지도 공부나 하고 있으시오!"

점심 식사 후 국장 호출로 다시 국장실로 가서 노크를 했다. 어찌된 셈인지 문이 잠겨 있었다. 잠시 후 문이 열리고 국장의 상기된 얼굴이 보이면서 "빨리 들어오오!"라고 재촉하였다. 방에 들자마자 다시 문 잠그는 소리가 들려 순간적으로 심상치 않은 일이 있구나 하고 직감했다. 이윽고 칸막이 문이 열리면서 돌긴(Dolgin) 大佐가 찌푸린 얼굴로 들어왔다. 그는 낮은 목소리로 국장에게 "모오즈노 도베랴아쨔?(믿을 수 있는 사람이냐?)"라고 묻자,

"다 모오즈노!(믿을 수 있습니다!)"라고 대답하니 고문은 내 앞에 다가와서 수첩을 펴 들고,

"여기에 선서문을 써라!"라고 말했다.

이때 국장도 자기 수첩을 꺼내 펼치며 같은 말을 했다.

나는 "'글랴－뜨바(선서)'라고만 쓰면 됩니까?" 하고 물으니

국장은, "'군사기밀을 생명을 바쳐 지킴!'이라고 쓰면 되오."라고 말했다.

내가 선서문을 쓰고 사인을 마치자, 국장이 서랍에서 6, 7매가량의 두툼한 서류 뭉치를 건네주었다. 일별하니 돌긴 大佐의 필적이었다. 서류를 받아 든 나는 국장 옆 책상에 마주앉아 읽기 시작했다. 순간적으로 손이 떨리고 긴장감이 고조되었다. 그것은 각 보병사단에 배속된 모든 공병대대와 독립 공병연대에 대한 공병 작전명령이었던 것이다. 이것 때문에 근 1주일 동안이나 하릴없이 대기했던 것이다.

"朱 동무, 될 수 있는 대로 빨리 번역하시오!"라고 국장의 말이 떨어지기 무섭게 나는 연필을 들고 곧 번역하기 시작했다.

〈공병 작전명령〉

－. 보병사단 배속하의 각 공병대대는 6월 23일까지 소속 사단 전면에 있는 적의 지뢰 구성지대를 해제하고 그 밖의 일체의 장애물을 철거할 것.

326

-. 공병 제 부대는 상기 임무 수행 외에 같은 23일까지 완전한 전투태세를 갖
추고 다음 명령을 기다릴 것.
-. 진공 개시 명령이 하달되면 각 공병 부대는 소속 사단 또는 연대의 진공에
유감없이 기술 보장을 할 것.
-. 영구(永久)진지에 대한 강행 돌파가 필요할 때는 공병 특수 돌파 부대를 투
입할 것.
-. 전진 방향에 하천이 있으면 신속히 도하점을 구축하고 도하 보장과 도하점
유지에 힘쓸 것.

이것은 일반 명령이고 그 아래에 각 사단별 공병대대 앞으로 하달되는 임무
와 전진 경로가 명시되어 있었다. 다음은 각 보병사단 및 전차여단의 전개선과
전진 경로에 관한 것이다.

제1사단＝고랑포·하포·파주·적성·두포리·고양……
제2사단＝서상리·용리·옥산포·춘천……
제3사단＝양문리·돈천·송우리·의정부·서울……
제4사단＝동두천·덕정·의정부·창동·서울……
제5사단＝인구리·주문진·동덕리·강릉……
제6사단＝개성·장단·문산·봉일천·김포……
제7사단＝부평리·어론리·백은리·홍천……
제105전차여단＝제3제4사단과 협동 진공, 전곡·영평·성동리……
(122m/m 중포연대는 연천 남방 전곡 일대에 포진)

번역 도중 때때로 까불까불한 노어 글자와 노어로 된 韓國 지명(地名)에 망연
해지기도 했다.
'이것이 작전명령인가?'
'이것이 우리나라 운명을 좌우하는 국가적 기밀문서일까?'
'내 민족이 함정에 빠지고 노예화되어도 나는 목숨을 걸고 이것을 지켜야 한
단 말인가?'
지금까지 몇 백 건에 달하는 교육 자료, 훈련 요령서, 고문의 지시문, 군사

잡지 등을 번역해 왔지만, 단지 직무상 의무로만 생각했을 뿐이지 별다른 감상
도 없었다. 그러나 오늘 이 순간만은 일종의 위압감·공포감·죄악감 그리고 절
망감에 사로잡히게 되었던 것이다. 긴장된 1시간 반가량이 흐르고 나는 번역을
마칠 수 있었다. 기다리던 돌긴 大佐가 국장으로부터 원문을 건네받은 다음 성
냥불을 그어 소각시켜 버렸다.

나는 날라 온 사이다로 목을 축인 뒤 먹지를 깔고 3부씩 정서하도록 국장에
게 지시를 받았다. 해가 기울어 어둑어둑 땅거미가 내릴 무렵, 국장이 미소 지
으며,

"朱 동무, 수고했소! 내일 華川군단 지휘부로 돌아가도록 하오!"

"잘 알았습니다. ……내일 아침 5시(1950. 6. 20.) 元山행 열차로 출발하겠습니다!"

"나가서 잘 싸우라 ……. 나도 곧 남하할 것이다. 그리고 자주 전투 상황을 보
고하오!"

나는 국장이 내미는 큰 손을 굳게 잡고 악수한 뒤 공병국을 빠져 나왔다.

(주영복, 『내가 겪은 조선전쟁』, 고려원, 1990년, pp.233-240에서 발췌.)

[자료 8]

북한군의 각급 부대가 공격 개시 전에 작성한
지시사항 및 보고서(그중 일부)

(8-1) 人民軍 제7사단 사단장, 참모장이 '군부대참모부'에 명령한
'군인선서실시에 대하여'(6. 3, 元山에서 작성)

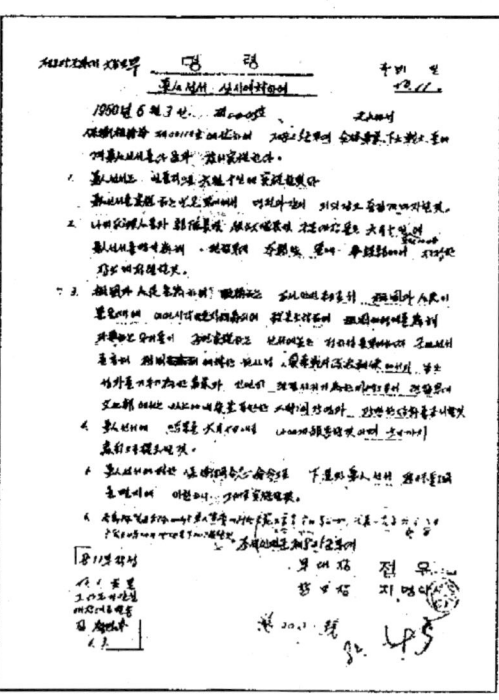

(8-2) 人民軍 제7사단 사단장, 참모장이 '군부대참모부'에 시달한
'무기공급제조정'에 관한 시달서(6. 12, 元山에서 작성)

330

(8-3) 人民軍 제6사단 참모장이 '군부대참모부'에 지령한
'집결지'에서 준수사항(6. 17, 리하치에서 작성)

(8-4) 人民軍 제3사단 연대 문화부부대장이 3사단 문화부부대장 앞 '근무자들의 사상동향'에 관한 보고(6. 22, 작성)

332

[자료 9]

북한군의 '6·25 기습공격'과 관련하여 美 행정부 내 에서 작성한 '정세 평가서'

(9-1) <u>Memorandum by the Central Intelligence Agency</u>[1]

FE Files: Lot 55D275
SECRET
[WASHINGTON] 19 June 1950.

CURRENT CAPABILITIES OF THE NORTHERN KOREAN REGIME ESTIMATE OF CURRENT CAPABILITIES

<u>The "Democratic People's Republic" of northern Korea is a firmly controlled Soviet Satellite that exercises no independent initiative and depends entirely on the support of the USSR for existence.</u> At the present time there is no serious internal threat to the regime's stability, and, barring an outbreak of general hostilities, the Communists will continue to make progress toward their ultimate domestic goals. The Communist regime in northern Korea suffers from a shortage of skilled administrative personnel and from weaknesses in its economy

---

1) *Note*: The intelligence organizations of the Departments of State, Army, Navy, and the Air Force have concurred in this report. It contains information available to CIA as of 15 May 1950(Footnote in the source text).

and its official Party organizations. There is widespread, although passive, popular discontent with the Communist government. Despite these weaknesses, however, the regime has, with Soviet assistance, clearly demonstrated an ability to continue its control and development of northern Korea along predetermined political, economic, and social lines.

The northern Korean regime is also capable, in pursuit of its major external aim of extending control over southern Korea, of continuing and increasing its support of the present program of propaganda, infiltration, sabotage, subversion, and guerrilla operations against southern Korea. This program will not be sufficient in itself, however, to cause a collapse of the southern Korean regime and the extension of Communist control over the south so long as US economic and military aid to southern Korea is not substantially reduced or seriously dissipated.

At the same time the capability of the northern Korean armed forces for both short and long-term overt military operations is being further developed. Although the northern and southern forces are nearly equal in terms of combat effectives, training, and leadership, the northern Koreans possess a superiority in armer, heavy artillery, and aircraft. Thus, northern Korea's armed forces, even as presently constituted and supported, have a capability for attaining limited objectives in short-term military operations against southern Korea, including the capture of Seoul.

Northern Korea's capability for long-term military operations is dependent upon increased logistical support from the USSR. If the foreign supporters of each faction were called upon for increased assistance, there is no reason to believe that Soviet support would be withheld and consideration of proximity and availability of such assistance would greatly favor the northern Korean regime. Soviet assistance to northern Korea, however, probably would not be in the form of direct participation of regular Soviet or Chinese Communist military units except as a last resort. The USSR would be restrained from using its troops by the fear of general war; and its suspected desire to restrict and control Chinese influence in northern Korea would militate against sanctioning the use of regular Chinese Communist units in Korea.

Despite the apparent military superiority of northern over southern Korea, it is not certain that the northern regime, lacking the active participation of Soviet and Chinese Communist military units, would be able to gain effective control over all of southern Korea. The key factors which would hinder Communist attempts to extend effective control under these circumstances are: (1) the anti — Communist attitude of the southern Koreans; (2) a continuing will to resist on the part of southern troops; (3) the Communist regime's lack of popular support; and (4) the regime's lack of trained administrators and technicians.

Annex A
SOVIET POSITION IN NORTHERN KOREA

The USSR's fundamental strategic concern with Korea is positional. Northern Korea has a short common border with Soviet territory, flanks sea and land communication lines between Vladivostok and Port Arthur, and shares a long, common frontier with Manchuria. Control of northern Korea provides the USSR with an advance fringe of secondary air and naval bases beyond the boundaries of the Soviet Far East. In addition, northern Korea provides a base for eventual extension of Soviet control over southern Korea, which, if accomplished, would give the Soviet Union a further strategic advantage in its position of the USSR vis−à−vis the US in the Far East. Of increasing importance at the present time is the area's economic potential, which, although limited, can make valuable contributions to the economy of the Soviet Far East.

To assure continued control and to protect and advance strategic and economic interests in northern Korea, the Soviet Union since 1945 has concentrated on the following objectives: (1) the establishment of a strong, effective, and obedient Communist government and society; (2) the exploitation of economic and human resources, with simultaneous development of a self−supporting, expanding economy within northern Korea; and (3) the exploitation of northern Korea as a base for the penetration and subversion of southern Korea.

Since the establishment of the "Democratic People's Republic"(September 1948) and the withdrawal of Soviet troops(December 1948), the Soviet Union has maintained the fiction of northern Korean independence and has exercised its control through the medium of the Communist−dominated Korean Government and associated political organizations. The Soviet Embassy at the "capital city" of Pyongyang is headquarters for the four−to five−thousand−man Soviet mission in northern Korea. The Soviet mission, infiltrated as advisers throughout the government, economy, and political organizations, serves as a guarantee of northern Korean subservience and a source of technical assistance.

Annex B
CURRENT POLITICAL SITUATION

1. Indigenous Leadership
2. Government Organization
3. Party Organization
4. Methods of Control
5. Effectiveness of the Political System

Annex C

CURRENT ECONOMIC SITUATION

1. Organization of the Economy
2. Production and Trade
3. Standards of Living
4. Limitations on the Economy

Annex D

CURRENT MILITARY SITUATION

Northern Korea's military forces are still being expanded. So far as the ground forces are concerned, this process involves the integration into the "People's Army" of local recruits and of Korean troops that have seen service under the Chinese Communists in Manchuria, as well as the equipping of this force with small arms, artillery, vehicles, aircraft, and armor from the USSR.

Trained and equipped units of the Communist "People's Army" are being deployed southern in the area of the 38th Parallel. "People's Army" and Border Constabulary units there equal or surpass the strength of southern Korean army units similarly deployed. Tanks and heavy artillery have also been moved close to the Parallel in recent months.

1. Army

Current estimates place the strength of the "People's Army"(PA) at 66,000 men(including 16,000 ex Manchurian troops) organized into at least three infantry divisions and an independent brigade. The PA's critical arms include: (1)

an armored unit, estimated to possess 65Soviet T−34 tanks; (2) divisional artillery units equipped with 76㎜ guns and 122㎜ howitzers; and (3) anti− aircraft units in the border regions. The 20,500−man Border Constabulary(BC), which is also being expanded with ex−Manchurian levies, is nominally a paramilitary police force and was previously armed with Japanese weapons. The BC has been trained to infantry standards, however, and has now been re− equipped with Soviet weapons.

2. Air Force

According to current accepted estimates, the "People's Army Air Force"(PAAF) consists of an air regiment of 1,500 men, including 150 pilots, equipped with 35 YAK−9 and/or IL−10 fighters, 3 twin−engine bombers, 2 twin−engine transports, and 35 Japanese of Soviet training planes. This estimate may be subject to an upward revision in the near future.

3. Navy

The northern Korean navy performs mainly as a coat guard force. Present navy strength is estimated at 5,100 men. A marine unit, whose exact functions are as yet undetermined, numbers approximately 5,400 men. Northern Korean navy shore installations and ships are of little consequence.

4. Logistics and Manpower

The northern Korean armed forces depend almost wholly on the USSR for logistic support. Recent reports have indicated, however, that limited quantities of Soviet−type small arms, munitions, and uniforms are being locally manufactured.

A large segment of the domestic economy is as yet uncommitted to the logistic support of the armed forces and could provide further manpower for expansion of the military machine. However, the Communist regime's military machine already constitutes a drain on the undermanned northern Korean economy. An additional sixty to seventy thousand Koreans who have seen service with the Chinese Communists, furthermore, are believed to be available in Manchuria if needed for integration in or loan to the "People's Army."

5. Training

6. Morale

Annex E
CURRENT OPERATIONS AGAINST SOUTHERN KOREA

The ultimate local objective of the Soviet Union and of the northern Korean regime is the elimination of the southern Republic of Korea and the unification of the Korean peninsula under Communist domination. To this end, an open invasion of the Republic by northern Korean military forces has thus far been delayed in favor of a coordinated campaign involving political pressure, and military actions by infiltration of guerrilla forces.

To date, this campaign has succeeded in damaging south Korea's economey to a serious extent. The withholding of northern Korean power, fertilizer, coal, iron, and steel from the southern Republic has boon offset only in part by large—scale US economic aid. In turn, the Communist—trained guerrillas operating in south Korea, while they have not been successful in developing large concentrations or seriously threatening the Republic's internal stability, have forced the Republic to expend large sums of money in "suppression campaigns", and thus have contributed materially to the dangerous inflationary situation in south Korea. Anti－guerrilla activity, moreover, has prevented the deployment of sone Republican Army units along the strategic corridors adjacent to the 38th Parallel.

Communist propaganda, especially that which reiterates the theme of unification, probably has little present appeal to the southern Korean people, since they are basically anti－Communist. The Republic's anti－Communist program has also materially reduced the Communists' ability to infiltrate southern Korean governmental and political organizations.

Although Communist operations against the southern Republic of Korea have not thus far produced decisive results, the Republic has been forced to make serious political and economic sucrifices in order to counter the Communists has been relatively slight, and their ability to continue the campaign far exceeds the Republic's capability to continue effective resistance without US aid.

340

(9 − 2) <u>Intelligence Estimate prepared by the Estimates Group, Office of Intelligence Research, Department of State</u>

795.00/6 − 2750
SECRET
[WASHINGTON] June 25, 1950.[2]
I. E. NO.7

KOREA

(PRELIMINARY VERSION)

Ⅰ. PROSPECTS IN KOREA

A. The North Korean objective in invading South Korea is outright control over the Korean Peninsula. North Korea presently intends to attain a decisive victory through the capture of Seoul in the next 7 − day period. In the next 72 hours, North Korea may make a "peace offer", but it can be taken for granted that this offer will be of such nature as to involve the surrender of the Rhee

---

2) The Cover sheet Source text bore the following statement: "This is an Intelligence Report; nothing in it is to be construed as a statement of US or Departmental policy or as a recommendation of any given policy."

An attached to the Secretary of State for Research and Intelligence, to William J. Sheppard, Deputy Director of the the Executive Secretariat, stated that copies of this document were delivered in the late afternoon of June 25 to Dean Rusk, George F. Kennan, Counselor of the Department of State.

Government and will not indicate modification of the original objective.

B. Without effective US aid, the South Korean forces will offer immediate resistance along the Seoul defense line, in which effort they will receive strong popular support. The Communists will not be capable of developing effective local resistance behind the lines. The South Korean forces are, however, militarily inferior to the North Korean forces and are not considered capable of offering more than limited resistance because of the lack of equal armor, heavy artillery, and aircraft. It is anticipated that the inferior equipment and their limited supply of ammunition will within a short period force a break at some point in the defense line, the eventual loss of Seoul, and the collaps of organized resistance. At the point when military defeat appears of organized resistance. At the point when military defeat appears imminent, the will to resist among the South Korean people is also likely to collaps.

US withdrawal would signify the end of organized resistance in South Korea. In view of Defense Department estimates, the delivery of limited US aid and the assumed failure of the US to make a full commitment to South Korea would have an adverse effect on Korean morale and, while limited resistance would be maintained for a period, the capture of Seoul would end organized resistance. If military assistance were received from the US immediately, in effective quantities, and including critical armaments—planes, artillery—the will to resist of the South Korean military forces and people would be strengthened

II. USSR MOTIVATIONS

A. The North Korean Government is completely under Kremlin control and there is no possibility that the North Koreans acted without prior instruction from Moscow. The move against South Korea must therefore be considered a

Soviet Move.

B. A Kremlin decision to resort to open aggression in Korea is in line with the increasing militancy that has marked Soviet policy during the this period, in fact among postwar moves generally, in that it clearly carrige with it the definite risk of involving US armed forces and hence the risk of a general war.(The Kremlin probably discounts this risk, but even allowing for a heavy discount, the Kremlin must recognize that there still remains a possibility of war breaking out.)

The Kremlin must therefore have either (1) <u>considered Korea as more important than we have assumed</u>, or (2) <u>calculated that under any circumstances an armed clash with the US is more imminent than we had estimated. It is estimated that of these two alternatives, the first is the more likely.</u>

C. There have been indications since early June that the USSR has been reviewing its Far Eastern policy with a conference in Moscow of practically all of the top Soviet Representatives in Far Eastern areas. It <u>therefore can be assumed that move in Korea was decided only after the most minute examination of all factors involved in the Far Eastern situation</u>. Ambassador Panyushkin's[3] and General Derevyanko's[4] special function in this decision might well have been to estimate probable US reaction to the invasion.

D. While overt indications were that the conference with particular local Far Eastern situations — specifically US moves on the Japanese Peace Treaty, on aid to Indo — China, and further assistance to Korea — it is not believed that the attack on South Korea was resorted to merely for the purpose of achieving or furthering local Korean aims. Considering the apparent US commitments to South Korea, is estimated that Moscow would not have taken the risks involved

---

3) Alexander Panyushkin, Soviet Ambassador in the United States.

4) Gen. Kuzma Derevyanko, Soviet representative on the Allied Council for Japan.

－even allowing for a heavy discounting of these risks－unless liquidation of the South korean Government was called for by the Kremlin's global strategy, as distinct from North Eastern Asian strategy.

E. The liquidation of the South Korean Government would fit into Soviet global strategy in the following particulars:

(1) It offers a test on ground militarily most favorable to the Soviet Union of the resolution of the US in its announced policy of "total diplomacy." Such a test would probably be considered important in connection with possible Chinese moves in support of Ho Chi Min h[5]), Burmese Communists, of Malayan Communists: possibly, a satellite attack on Yugiskavia: and possible Soviet moves in Germany or Iran.

(2) A severe blow would be dealt US prestige throughout Asia and the encouragement which has been felt in widely scattered areas in consequence of the promise of more active American support of anti－Communist forces would be reversed. Equally important the feeling would grow among South East Asian peoples that the USSR is advancing invincibly, and there would be a greatly increased impulse to "get on the bandwagon."

(3) Soviet military control of all Korea would be, from the Soviet standpoint, an important step in making secure the approaches to the USSR. During recent weeks Moscow has demonstrated increasing sensitivity over this matter－I.e., Baltic, Black Sea, and Iranian approaches. Elimination of the US "salient" in Korea would deny to the US any area where land forces could be staged for an attack on either Soviet Far Eastern territories of China.

(4) Soviet military domination of all Korea would give Moscow an important weapon for the intimidation of the Japanese in connection with Japan's future alignment with the US. The Kremlin may estimate that with

---

5) President of the Democratic Republic of Viet－Nam.

control of Korea, elements in Japan favoring a neutral course would be greatly strengthened. Moreover, Soviet military leaders may estimate that if war does actually come, possession of Korea would be of great strategic value in neutralizing the usefulness of Japan as an American base.

III. CONSEQUENCES IN THE FAR EAST

A. Japan

The consequences of the invasion will be most important in Japan. The Japanese will unhesitantly assume that the invasion in Soviet directed and forms part of an over all strategy which, at some point, includes Japan. Japanese reactions to the invasion will depend almost entirely upon the course of action pursued by the United States since they will regard the position taken by the United States as presaging US action should Japan be threatened with invasion.

Failure of the United States to take any action in Korea would strengthen existing widespread desire for neutrality. Defeat of the ROK would greatly intensify Japanese feelings of vulnerability while at the same time the failure of the US to assist the ROK would add force to the argument that alignment of Japan with the United

States would while inviting Soviet aggression, in no way ensure American protection of Japan against such aggression. Although this reaction might be counterbalanced to some degree by the commitment of significant additional US military strength to Japan and the restoration of Japanese sovereignty to the point where the Japanese could feel themselves at least partially partners in a defensive arrangement rether than the unwilling tools of American strategy, the undercurrent of doubt as to ultimate US intentions would remain sufficiently strong to reduce Japan's utility and reliability an an ally.

Rapid and unhesitating US support for the ROK, on the other and, would reassure the Japanese as to their own fate and, since Soviet aggressive intentions in the Far East will be underlined for the Japanese by the invasion, would enhance their willingness to accept US protection and its implications, though not the indefinite continuance of US direction of internal affairs.

Should US support be insufficient to prevent defeat of the ROK, the question of the value to Japan of similar support—as against the provocation support constitutes—will inevitably raised. Considerations that will enter into the formation of Japanese attitudes under such circumstances—other than the following; (1) the degree to which American opinion appears to be moving toward the conclusion that a Communist Korea renders Japan valueless as US base, or, conversely, enhance Japan's value as a base; (2) the degree to which the Japanese regard Japan's geographic, political, and economic situation as so different from that of the ROK that the defeat of the republic does not point to US inability to defend Japan; and (3) the degree to which the Japanese feel that considerations of the undesirability of precipitating World War III are valid in the case of Korea, but would not be applied to themselves.

B. Nationalist China

The remnants of the National Government of China on Formosa have long viewed the outbreak of World War III as their only real hope of survival and they doubtless therefore welcome the Communist attack on South Korea. Their reaction to a US withdrawal from Korea would be all the more severe. The tendency for flight or defection to the Communist would increase, military morale and governmental efficiency would deteriorate, and prospects for a

Communist take−over would greatly improve.

Ineffective intervention by the US in Korea would have a somewhat less abverse effect, but the encouragement derived from increased militancy of the US would be more than concelled by the fear that the US is unwilling to make the commitments necessary for success in stopping Communism in the Far East. If the US were to adopt measares that succeeded in defeating the aggressive North Korean forces, the Chinese Nationalists would gain greatly in morale, efficiency, and general will to resist.

C. Communist China

The Communist victory in Korea that would almost certainly follow US withdrawal would operate to the advantage of the Chinese Communist regime both at home and abroad, inasmuch as that regime would share in the increased prestige of the international Communist movement. This gain would, however, be over balanced by the repercussions on China of any stiffening of the US position elsewhere in the Far East as a result of the reverse suffered by the US in Korea.

If this hypothetical stiffening of the US position were to include effective measures to forestall Chinese communist capture of Formosa, the Chinese Communists might come to view the Korean adventure as a move by the USSR in disregard of Chinese Communist interests. It is possible, however that the Chinese Communists were consulted before the attack on South Korea and that, for one of two reasons, they did not oppose the launching of that attack;

> (1) The invasion of Formosa may be scheduled for the very near furure, in which case any US reaction to actual or impending defeat in Korea might not occure in time to change the military situation in China.
> (2) The invasion of Formosa may already have been called off as beyond

the capabilities of the chinese Communists. This possibility, however, is less likely of the two, in view of the sustained and intensive Chinese Communist propaganda build−up on the need to take Formosa.

If a defeat for US policy in Korea is not counteracted by a strong move elsewhere in the Far East, developments in Korea may be expected to cause Chinese Communist leaders to adopt more bold and militant tectics in their attempts to promote Communism in other part of Asia. Specifically, a major force−fear of US intervention−that now inhibits direct chinese Communist military intervention in Southeast Asia would be very much weaks ned. The consequences of ineffective intervention by US in Korea would differ from the above only insofar as the fact of US intervention−even though ineffective− would sustain, or possibly even increase, Chinese Communist fears of US intervention to check Communist expansion elsewhere in the Far East.

Effective intervention by the US in Korea would produce a marked psychological reaction in the public and in the minds of the Chinese Communist leaders. Doubts would be created, or increased, as to the ultimate success of the Soviet camp in the cold war. In view of its public commitment to that camp, the prestige of the Chinese Communist regime would suffer, both within China and in other parts of the Far East. Resistance to the regime, both passive and active, would be encouraged. Within the regime itself, the doubts would take the specific form of a questioning of the advantage for China of the Soviet alliance. The Chinese Communist leadership would be impressed not only by the relative weakness or ineptness of the USSR in its Korean adventure, but also by the threat of the newly militant posture of the US in the Far East, a threat that had all but been created by Soviet blundering. As a consequence, the strength of the Chinese Communist ties to the USSR would be significantly weakened.

D. Southeast Asia

The countries of Southeast Asia have been particularly aware of Korea and its problems. The only Personal contact that most Southeast Asians have had with Koreans occured during the war when the Japanese used Koreans as guards, informers, prostitutes, and in other similar capacities, in conjunction with their own armed forces. These Koreans were a particularly hated and feared group, considered infeior in most respects, but more ruthless than the Japanese themselves. When they are remembered, the reaction to any news from Korea would be highly unsympathetic regardless of the specific context.

If the US abandons South Korea, whether or not token military assistance had been provided, the Southeast Asian leaders will lose whatever confidence they may have had in the effectiveness of US aid to combat Communism. Although regional attitudes toward Chinese Communist imperialism may not be changed, the increased confidence of Chinese minorities in Southeast Asia in the Communist destiny will strengthen opportunities for Communist penetration. Failure of the UN to solve peacefully the Korean issue would not immediately affect the Southeast Asian countries since, with the exception of Indonesia, hope that the UN has not been an important consideration. However, hope that the UN might become an effective international organization will have been virtually destroyed.

IV. Consequences in Europe

Success of the current Soviet‐sponsored invasion of South Korea will cause significant damage the US prestige in Western Europe. The capacity of a small Soviet satellite to engage in a military adventure challenging, as many Europeans will see it, the might and will of the US, can only lead to serious questioning of that might and will. In occupied Germany, the success of the North Korean invasion forces will cause especial alarm. <u>Germans in all zones will inevitably consider the possibility of the East German paramilitary police playing in Germany the same "unifying" role the Soviet has assigned to its North Korean forces</u>. Neutralist pressures and pressures for some sort of West German security forces may be expected to increase.

Communists will make much of American inability or unwillingness to support effectively those who cast their lot with the US and will stress the line that the American imperialists are willing to fight only to the last Korean, Formosan, etc. Propaganda will be increased to poin't up Communism and Sovietism as a wave of the future.

(9 − 3) <u>The Ambassador in the Soviet Union(Kirk) to the Secretary of State</u>

795.00/6 − 2550: Telegram
TOP SECRET PRIORITY
Moscow, June 25, 1950 − 3 p.m.
[Received June 25 − 9:59 a.m.]

1726. From Barbour.[6] If estimate last paragraph Seoul's 925 June 25 to Department correct, this aggressive NK military move against ROK represents clear − cut Soviet challenge which in our considered opinion US should answer firmly and swiftly as it constitutes direct threat our leadership of free world against Soviet Communist imperialism. ROK is a creation of US policy and of US − led UN action. Its destuction would have calculably grave unfavorable repercussions for US in Japan, SEA and in other areas as well.

We feel therefore, that we are called upon to make clear to the world, and without delay, that we are prepared upon request to assist ROK maintain its independence by all means at our disposal, including military help and vigorous action in UNSC. Embassy assumes that ROK has or will shortly ask for such assistance. Public declaration our willingness to assist in any feasible way desired by ROK need not, and should not, in Embassy view, await formal ROK initiative. Delay could suggest to Soviets possibility their precipitating with impunity further immediate action against Indochina et cetera.

---

6) Walworth Barbour, Counselor of Embassy, was Charge in the absence of Ambassador Kirk.

Soviets probably calculating that we will be inclined to allow "neutralization" of Korean civil war in which numerically stronger and more heavily armed NK troops and Commie fifth columnists in ROK territory will form victorious combination and thus advance boundaries Soviet empire without actual use Soviet military forces. For reasons given Embtel 1214 April 24[25] and despatch 514 same date("Embassy estimate Soviet intentions")[7] which we believe still

valid Embassy does not think Soviets prepared now risk possibility full scale war with West.[8] Kremlin's Korean adventure thus offers us opportunity to show that we mean what we say by talking of firmness, and at same time, to unmask present important Soviet weaknesses before eyes world and particularly Asia where popular concept Soviet power grossly exaggerated as result recent Soviet political and propaganda successes that area.

---

7) Documentation on this subject is scheduled for publication in volume IV.

8) This estimate was based on the premise, according to despatch no. 514, that the Soviet Union stood to gain more by avoiding a shooting war and that the only way — according to the Soviets — in which the West could inititating a shooting war(661.00/4 − 2550).

(9-4) The Acting Political Adviser in Japan(Sebald) to the Secretary of State

795.00/6 — 2550: Telegram

TOP SECRET PRIORITY

TOKYO, June 25, 1950[— 9 p.m.][9)]

[Received June 25 — 10:35 am]

619. For Acheson and Rusk from Dulles and Allison. It is possible that South Koreans may themselves contain and repulse attack and, if so, this is best way.[10)] If, however, it appears they cannot do so

then we belive that US force should be used even though this risks Russian counter moves. To sit by while Korea is overrun by unprovoked armed attack would start disatrous chain of events leading most probably to world war. We suggest that Security Council might call for action on behalf of the organization under Article 106 by the five powers of such of them as are willing to respond.[Dulles and Allison.]

SEBALD

---

9) The time of transmission is supplied from a subsequent of Mr. Allison on events in Tokyo following the outbreak of hostilities in Korea(Korean Conflict).

10) In the same statement, Mr. Allison indicated that at 6 p.m(Tokyo time) on June 25 Messrs. Dulles, Sebald, and Allison had met with General MacArthur at which time the latter expressed his beliefs that: (a) the attack was not an all — out effort, (b) the Soviet were not necessarily behind the attack, and (c) the Republic of Korea would gain victory (ibid). See also Allison, Ambassador from the Prairie, p.129. For Mr. Dulles' views, see his notes on Korea under date of June 29, p.237.

[자료 10]

북한군의 남침(1950. 6. 25.) 후 스탈린(핀시)과
슈티코프 및 金日成과의 교신내용

....

(10 - 1)

1950년 7월1일 스탈린은 평양 주재 소련 대사에게 긴급 문서 발송(소련군 총 참모부 제8국, 암호 전문 제 34691/sh호, 1950년 7월 1일.)

"1. 동무는 조선 군사 당국의 계획이 무엇인지에 관하여 전혀 보고하지 않고 있음. 조선 군사 당국은 전진하려는 생각을 갖고 있는가? 또는 진격을 멈추기로 결정하였는가? 우리의 견해에 의하면, 진격은 의심할 나위없이 계속되어야 하며, 조선이 빨리 해방되면 될 수록 그만치 더 미국의 개입 가능성이 줄어들게 될 것임.

2. 북조선 지역에 대한 미군 항공기의 공습에 대한 북조선 지도자들의 반응도 보고할 것. 그들이 두려워하고 있지는 않은가? 혹은 의연함을 유지하고 있는가?

3. 조선 정부는 미국의 공습과 군사 개입에 대하여 공개적으로 항의할 생각을 갖고 있지는 않은가? 우리의 견해로는 항의해야 함.

4. 탄약과 여타 군사 장비를 공급해 달라는 조선 정부의 요청을 7월 10일까지 완전히 충족시켜 주기로 결정하였음. 김일성에게 이 사실을 전할 것.

다음 날(1950.7.2) 상기 전문에 대해 슈티코프 대사는 회신 함.(소련군 총참모부 제 8국, 암호 전문 제 405809호, 1950년 7월 2일)

"미국의 개입과 관련된 북측 사람들의 정치적 분위기에 대하여 보고함.

성공적인 군사 작전의 초기에, 특히 서울시를 해방시킨 후에, 주민들의 사기는 정치적 측면에서 전국적으로 매우 높이 올라갔음.

해방된 지역의 주민 대다수도 인민군을 따뜻하게 환영하였으며, 모든 방법으로 그 활동을 도와주었음. 해방된 지역 전반에 통치 기관들이 설치되고 있음. 인민 위원회, 사회 및 정치 단체, 그리고 생산과 상업 활동이 조직되고 있음. 한편 반동 분자들도 조선 민주주의 인민 공화국 정부와 인민군의 활동에 저항하는 행동을 전개하지 않고 있음.

인민군의 성공적인 진격으로 유격대 활동이 보다 적극화되었음. 현재 남조선군 후방 지역에 유격대 운동이 광범위하게 확산되고 있음.

그러나 미국이 북조선을 비방으로 라디오 방송 선전을 크게 강화하고, 미군 항공기들이 남북조선 내의 경제 및 군사 목표물들은 물론 인구 밀집 지역을 빈번하게 공격하면서 정치적 측면에서 사기가 다소 저하되었음.

조선 민주주의 인민 공화국 및 (김일성, 박헌영, 박일후, 김책, 최용건, 강건 등) 인민군 지도부는 현재의 조선 반도 군사-정치 정세에 관한 정확한 평가를 시도하고 있으며, 완전한 승리를 확신하면서 남조선에 대한 보다 큰 규모의 공격에 노력을 집중하고 있음.

김일성과 박헌영은 미군의 전쟁 개입으로 초래된 어려움을 인지하고 있으며, 전쟁 수행에 필요한 인적, 물적 자원을 안정적으로 동원하는 데 필요한 조치를 취하고 있음.

김일성은 보병, 전차, 그리고 해군 부대를 추가로 편성하는 문제와 관련하여 본직에게 의견을 구하였음. 북조선에 총동원 징집령을 선포하려 계획하고 있음.

한편 김두봉과 홍명희 등과 같은 일부 지도적 인사들이 순수히 북조선의 군사력만으로 미군을 상대로 전쟁을 수행하는 것이 어렵다고 언급하였음. 이들은 조심스럽게 김일성으로부터 소련의 입장을 알아내려고 시도하였음(이러한 정보는 김일성의 개인 비서가 대사관에 제공해 준 것임).

북조선 정부에 소속되어 있는 우파 및 중도파 인사들은 정부의 모든 활동을

지지하고 있으나 현재까지 남조선 내에 있는 자신들의 정당 조직을 동원하기
위한 아무런 행동도 취하지 않았음.

전반적 정세는 계속 유리한 상태에 있으며, 인민군은 적극적인 공세를 계속
전개해 나가고 있음.

1950.7.3 슈티코프대사 스탈린에게 김일성과 박헌영 면담 내용 보고(소련군
총참모부 제8국, 암호 전문 제405840호, 1950년 7월 4일)

"김일성은 군대의 진격이, 특히 중부 방면에서 매우 느리게 이뤄지고 있다고
불평하였음. 민족 보위상이 현장에 가 있음에도 불구하고 도강 작전이 제대로
이뤄지지 않고 있다고 함. 김일성은 자신의 일에 만족해하지 못하고 있음.

김일성은 전선 및 해방된 지역 정세의 심각성, 그리고 북조선의 주요 항구를
통한 미군 상륙 부대의 북조선군 후방 침투 또는 공수 부대 병력의 후방 침투
위험성을 강조하였음. 이러한 위험성에 대처하기 위하여 김일성은 대량의 무기
공급을 추가로 요청하에 대처하기 위하여 김일성은 대량의 무기 공급을 추가로
요청하였음. 이 무기들은 2개의 사단, 12개의 대대, 그리고 경찰 경비대들을 무
장시키는데 필요한 것임.

강계와 청진 근처 소재 철도역에 대한 미군 항공기의 공격 때문에, 김일성은
안동(安東)-신주의-평양을 경유하여 이들 무기들을 신속히 보내줄 것을 요청
하였음. 김일성은 또한 북조선은 예비 연대들 및 2개의 전차 여단을 편성하기
시작하였다고 언급하였음. 이를 위해서 무기와 전차가 필요하다는 것임.

이어서 김일성은 매우 복잡한 상황속에서 작전을 보다 잘 통제하기 위한 방
법에 관하여 조언을 요구하였음. 북조선군이 미군을 상대로 싸워야 하는 사실
을 언급하면서 김일성은 북조선의 군사적 지휘 체계를 강화해야 할 필요성을
강조하였음. 김일성은 작전 통제 문제에 관하여, 그리고 총참모부를 부대에 보
다 근접 이동시키기 위하여, 작전 통제의 조직 구조에 관한 소련의 조언을 요
청하였음.

(10 - 2) KA 45/1/346/145 - 147[1]

平壤 駐在 소련 대사 귀하,

우리에게 문의도 안 하고 朝鮮人에게 고문관들을 제공하겠다고 약속했다는데
귀하는 일을 잘못하고 있는 것 같다. 귀하는 귀하가 소련 대표이지 北朝鮮의 대
표가 아니라는 것을 상기해야 한다.

우리 고문관들은 민간인 복장을 한 ≪푸라프다≫(Pravda) 특파원 자격으로 해
서 파견된 만큼 一線 사단이 아닌 '戰線 司令部'까지에만 보내도록 할 것이다.[2]
귀하는 그들이 포로가 되지 않도록 하는 데 있어서 소련 정부에 개인적으로 책
임을 져야 할 것이다.

핀시(Finsi)

---

1) 필자보주: 人民軍의 불법 '남침'에 대해 '유엔'軍은 이에 개입했으며, 金日成은 재차
소련 군사고문관의 一線부대에 배치를 요청했다. 슈티코프 대사는 金日成과의 대담
에서 '모스크바' 당국이 이에 '동의'하도록 설득할 것을 약속했다. 그런데 이에 대한
스탈린의 '분노'는 컸으며 그는 슈티코프에 대해 상기와 같은 '경고'를 하였다.

2) 필자보주: 제2군단 공병참모 朱榮福 中佐는 1950년 7월 9일에 '전선사령부' 공병
부부장으로 임명돼 전방에서 서울로 왔는데 이때 그는 돌긴 大佐와 再會했다.

"전선사령부는 日帝 통치의 상징이었던 옛 '총독부' 건물 내에 자리 잡고 있었
다. ……중앙청에 들어가 놀란 것은 사복차림의 서양 사람들이 카메라를 메고 2
층과 3층에서 서성대고 있는 사실이다. 그들은 이목을 피하기 위해 신문기자 보
조원, 카메라 맨 등으로 가장한 소련 군사고문들이다."
"부장실(朴吉南 大佐) 옆에 고문관실(돌진 大佐)이 있었다. 고문관 실내에 들어가
니 처음 보는 키가 큰 두 사람(中佐들)이 있었으며, 돌진 大佐와 합해 모두 3인
인데, 그들은 민간복 차림으로 날씨가 더워 그런지 상의(上衣)는 앞을 열고, 슬
리퍼를 신고 있었다."

그리고 7월 10일 사령부의 지휘중추(金策, 姜健 등)는 바실리예프 中將 이하 여
러 작전고문들과 같이 大田방면(鳥致院)으로 떠났는데, 이때 고문관들은 신문기
자, 보도원, 카메라맨 등으로 사칭했다.
朱榮福, 『朝鮮人民軍の南侵と敗退』(東京:コリア評論社, 1979년), p.319, 322, 朱榮
福, 『내가 겪은 조선전쟁』(서울: 고려원, 1990), p.352.

(10 - 3) 1950년 8월 28일

(극비) 平壤 駐在 소련 대사 귀하,

金日成에게 다음과 같이 전달할 것. 만일 그가 서면양식을 요구하면 서면으로 전달하되 나의 서명은 없도록 할 것. 黨 중앙위는 金日成 지도하에 혁혁한 勝利로 이끌어 온 조선인민들의 위대한 해방투쟁에 대해 金日成과 그의 동지들에게 축하를 보낸다. 黨 중앙위는 간섭자들이 곧 불명예를 안고 朝鮮에서 축출될 것을 의심치 않는다.

50/8/28 핀시(Finsi)

金日成 동무는 개입(介入)세력들을 상대로 하는 전쟁에서 항상 성공을 거두지 못한다는 사실, 그리고 진격이 지연되고 심지어 일부 국지적인 전투에서 패배하였다는 사실로 인해서 당황해서는 안됨. 그와 같은 전쟁에서 끊임없는 성공을 기대할 수는 없음.

조선인민이 거둔 최대의 성공은 조선이 세계에서 가장 인기있는 국가가 되었으며, 아시아에서 제국주의적 압제에 대항하는 해방운동의 기수화 하였다는 사실임.

(10 - 4) 1950년 8월 31일, KA 45/1/347/14 - 15

경애하는 스탈린 동지 귀하,

우리는 귀하의 관심에 감동하였습니다. 경애하는 우리의 先生인 당신에게 우호적인 참여와 충고를 내려준 것에 대해 감사드립니다. 우리는 朝鮮을 예속시키려고 하는 미국 간섭주의자들에 대하여 싸우는 이 투쟁에서 결정적인 승리를 쟁취하기 위한 결의로 충만해 있습니다. ……귀하의 만수무강을 기원합니다.

귀하에게 충실한 金日成
(조선노동당 중앙위 政治局의 위임에 의해)

(10-5) 北韓 수상 金日成과 외상(副수상) 朴憲永이 소련 수상 스탈린에게 보낸 구원문(1950. 9. 28.)

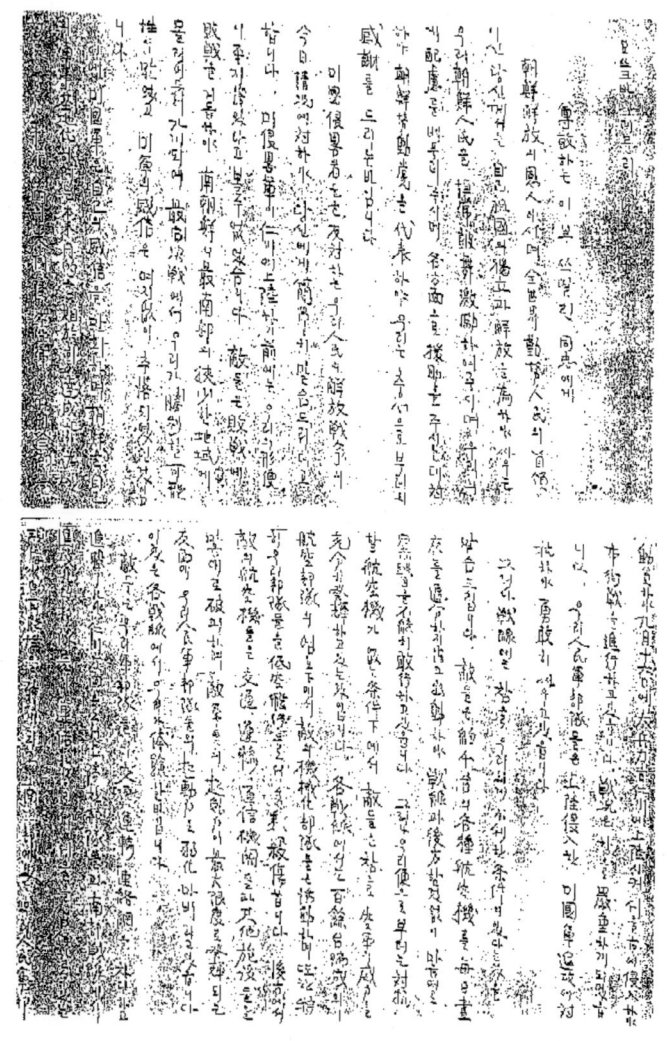

[자료 11]

중국 공산黨 기관지 ≪百年潮≫, 1997년 제1기
논문(靑石 씀), "1950년 해방 대만 계획"[1]

··

조선의 정세는 날로 긴장이 고조되고, 中·蘇는 충돌 회피에 주력하다

1945년 8월 소련군이 북조선을 해방하였으며, 직후 김일성은 소련군의 도움 아래 북조선에 노동당 지도하의 정부를 구성하였다. 미군 점령하에 있는 남조선에서도 이승만 반공정권이 수립되었기 때문에 남북 조선 사이에는 심각한 대립 상황이 형성되었다. 1948년말 소련은 미군철수를 압박하기 위해 북조선에서 먼저 철수하였다. 그러나 소련군 철수후 한반도 정세는 오히려 갈수록 악화되기 시작하였는데, 1949년 1월 1일부터 4월 15일 사이에 남조선군대는 37차에 걸쳐 38선을 넘어 군사마찰을 일으켰으며, 비밀리에 38선 부근에 4만 1,000명에 이르는 군대를 배치하여 북조선 정부에 커다란 압력을 조성하였다.

---

1) 필자보주: 이 연구는 미국시사주간지 ≪News Week≫(1997. 7. 14.)71-요약 번역하여 보도하였다. 연구에는 다음과 같은 새로운 내용이 포함되어 있어 극히 주목되는 바이다.

"한국전쟁은 스탈린이 주도했고, 金日成은 2주 안에 南韓을 점령할 수 있다고 믿은 과격주의자였으며, 毛澤東은 이에 동조했다."

"한국전쟁은 지금까지 中國이 주장해 온 것처럼 '영광스러운 승리가 아니라 스탈린의 수중에서 놀아나 동아시아에서 中國의 實益을 침해한 대실수였다.'"

"毛가 北韓 金日成에게 전쟁을 승인하지 않았더라면 미국과의 전쟁은 피할 수 있었을 것이다."

"당시 毛는 대만을 공격해 中國을 통일할 계획을 세우고 소련에 200대의 전투기와 조종사를 요청했지만 스탈린은 대만 대신 南韓을 침공하기 위해 金日成과 공모 북한군을 훈련시키고 있었다."

김일성은 안전보장의 필요성에 의해 1948년 12월과 1949년 1월 두차례 소련 측에 '朝蘇友好互助(상호협력)조약' 체결을 요구하고, 무기원조도 요구하였다. 그러나 소련은 미국이 이 것을 구실로 소련을 공격하고 남북조선을 영구 분열시키려 할 수 있다는 점을 고려하여 김일성의 요구에 동의하지 않았다. 단 스탈린은 주조선대사 스티코프의 보고에 의거하여 소련 극동군의 조선에 대한 군사원조 계획을 승인하였으나, 이 원조는 輕型무기에 지나지 않았다.

1949년 3월 김일성은 조선 당정대표단을 이끌고 소련을 방문하여 스탈린과 북조선의 안보문제를 직접 토론하였다. 스탈린은 소련대사와 조선에 있는 군사대표단의 보고에 근거하여 북조선의 군대를 강화하는 것이 필요하며, 남조선을 두려워할 필요가 없다고 명확히 표시하였다.

그러나 1949년 4월 중순, 즉 김일성이 귀국한 후 (소련은) 북조선으로부터 미군이 5월중 전부 철수할 준비를 하고 있으며, 남조선은 일단 미군이 철수하면 6월중 북조선에 대해 대규모로 진공하여 2개월내에 전투를 끝내기로 결정했다는 정보를 입수하였다. 이 때문에 스탈린은 매우 걱정하였다. 이 당시 김일성은 단지 3개 보병사단만을 갖고 있었고 무기와 장비도 부족한 상태였던 반면 이승만은 미군의 훈련을 받고 잘 무장된 6개 사단을 갖고 있었다. 이로 인해 소련은 북한에 대해 북경과 협의하여 중국 인민해방군내의 조선족 장교와 병사를 조선인민군에 편입하도록 하였으며, 이에따라 김일성은 한편으로 스탈린에게 5월말 이전에 조선인민군의 기계화를 도와주고 9월말이전에 항공기술을 전수해 달라고 하였으며, 한편으로는 막 양자강을 돌파한 중국 공산당에게 병력 제공을 요청하였다.

5월 김일성의 특사가 비밀리에 이미 중공 중앙(공산당 정치국)의 소재지가 되어있던 북평(49.10 공산정권 수립전 국민당 정부의 북경 호칭)에는 을 방문, 모택동에게 북조선이 당면해 있는 엄중한 형세를 설명하고 남북조선이 병존하기 어렵다는 상황을 특별히 강조하였으며, 모택동에게 원조를 요청하는김일성의 서한을 전달하였다. 모택동은 평양의 시각에 찬동하고 북조선과 남조선의 충돌은 피하기 어렵다고 인정하면서 '전격전이 될 수도 있고, 지구전이 될 수도 있는데, 지구전은 당신들에게 불리하다. 왜냐하면 미국이 불간섭한다고 해도 일본을 사주하여 남조선에 원조를 제공할 것이다'고 하였다. 그러나 또한 모택동은 '이 때문에 걱정할 필요는 없다. 소련과 중국이 당신들 편에 있다. 일단 상황이 필요하면 중국은 파병하여 당신들과 나란히 싸울 것이다'고 하면서 '김일성은 흔들림없이 조선통일의 목표를 쟁취하여야 한다. 그러나 가까운 시일내에는 행동을 취할 필요가 없다. 왜냐하면 국제정세가 아직 불리하고 중국공산당이 아직 북조선에 유효하고 대규모의 지원을 할 수 없기 때문이다. 일단 중국통일의 임무를 완성하면 상황이 달라질 것이다'고 했다.

북조선 특사의 이번 방문 최대 성과는 중국공산당 지도부로부터 북조선이 공격을 받을 때 실제 원조를 제공하겠다는 구체적 보증을 얻어낸 점이다. 모택동은 심지어 동북지역에 배치되어 있는 2개의 조선족 사단을 신속히 인민군에 편입하고 중국공산당의 통일 전쟁이 일단락되면 인민해방군의 기타 조선족 사병과 군관도 인민군에 편입시켜 북조선 군대의 실력을 강화할 것이라고 명확히 약속하였다.

남조선 이승만정권이 표출하는 북조선에 대한 강렬한 적대적 태도로 인해 남북조선간 관계는 갈수록 악화되었으며, 쌍방간 접경지역에서의 충돌 회수가 6월에 이르러서는 더욱 빈번해졌다. 6월 11일 이승만은 심지어 공개적으로 남조선이 공산당에게 치명적 타격을 준비하고 있다고 하였으며, 이러한 상황에서 평양의 불안 정서는 더욱 고조되었고 소련측도 이 시기에는 어떻게 근본적으로 조선문제를 해결할 것인 가를 고려하기 시작하였다. 소련은 한편으로 평양이 응당 적극적으로 평화통일공세를 전개하고 또 한편으로 남조선의 공격에 대처하는 동시에 필요시 반격준비를 해야 한다고 생각하였다. 같은 해 9월에 이르러 중무기를 포함하는 대규모 소련 군사장비가 북조선에 도착했으며 인민군도 신속히 9만명으로 증강되자 북조선 지도자는 최초로 남조선의 도발에 대해 반격해야 한다고 제기하였다. 소련대사가 모스크바에 보고한 데 따르면 김일성은 국제정세가 허용한다면 '그들은 2주 이내 남조선을 점령할 수 있고 길어야 2개월이다'고 보고 있었다고 한다. 북한은 모스크바의 지지를 얻기를 희망했으나, 그들이 이해하지 못했던 것은 이미 2개월전에 중공 중앙이 스탈린에게 대만 해방을 도와달라고 요청했다는 점이다.

모택동은 대만진공을 계획하고, 모스크바는 애매모호한 태도를 취하다

****** ***

김일성은 선제공격을 결정하고, 스탈린은 조선통일 지지로 기울다

모스크바와 장기간 의견대립 상태에 있던 모택동과 달리 김일성과 다수의 북조선 지도층은 일찍이 소련 극동군 진영에서 상당시간을 지냈기 때문에 스탈린은 중국과 조선의 사이에서 북조선 지도부를 더 신뢰하였다. 그러나 스탈린도 김일성이 모험을 하는 것을 원하지 않았으며, 1949년 9월 김일성의 제안에 대해서도 마찬가지로 거절의 태도를 보였다. 소련공산당 중앙은 명확히 '미국은 중국에서의 실패 후 조선문제에 대해서는 더 직접적으로 간여할 가능성이 있다'고 답변했으며, 더욱이 북쪽 군대가 아직 남쪽에 대해 성공적인 속결전을 발동할 만큼 강력하지 못했다. 전쟁이 일단 대치국면에 들어가면 '미국이 각 방면에 있어 조선문제에 개입하는 이유를 제공하게 된다'는 것이었다.

그러나 김일성은 조선통일의 구상을 포기하지 않았다. 남북 조선은 계속 심한 긴장상태에 있었고, 근본적으로 전쟁의 그림자를 없애기 위해서는 남조선 반공정권을 제거해야만 했으며, 조선공산당으로서는 전 국민을 해방하는 것이 임무였다. 김일성은 모택동이 중국을 일거에 통일하는 것을 목격하면서 아직 절반의 강산과 절반을 넘는 인민들이 해방되지 못한 것에 대해 초조해 하였다. 따라서 애치슨 성명이 발표된 5일만에 김일성은 기회를 놓치지 안고 재차 소련 외교관에게 남북조선 통일 문제 가속화를 제시하였다.

1월 17일 북조선의 주중대사 부임을 위한 오찬석상에서 김일성은 술잔을 들고 주북 소련대사에게 다가가서 격정적으로 '현재 중국은 해방사업을 완성하고 있는데 다음 문제는 어떻게 조선을 통일할 것인가 하는 것이다'고 말했다. 김일성은 '모택동이 이미 보증한 적이 있는데, 중국통일이 완성되면 조선통일이 바로 가장 절박한 문제라는 것이다. 중국은 이 임무 완성을 지지할 것이다. 스탈린도 일찍이 구두로 약속한 적이 있다. 일단 남조선이 공격을 시작하면 반격을 가할수 있으나, 남조선이 공격하지 않으면 조선의 통일문제는 계속 지연될 것이다'라는 것이다.

김일성은 '인민들의 간절한 소망을 저버리고 있다는 생각에 잠을 이루지 못하고 있다'라고 말했다. 김일성은 스탈린과 다시 만나기를 분명히 요구하고 있었다. 이를 위해 그는 이전에 있었던 일을 말했다. 즉, 주중 북조선 대사를 통해 모택동에게 조선통일문제에 대해 중국을 방문하여 의견을 교환하고자 한다고 전했다는 것이다. 이에 대해 모택동은 흔연히 동의를 표시하고 북한대사에게 김일성의 방문을 환영하며 만일 김일성이 조선통일의 구체적 계획이 있다면 이 방문을 비밀로 하고 아직 구체적 계획이 없다면 정식방문으로 진행하자고 했다는 것이다. 이당시 북경은 아직 주북대사를 파견하지 않고 있었으며, 군사고문단도 없었기 때문에 북조선의 통일사업 진행 과정에 대해 이해하지 못하고 있었다. 모택동은 한편으로 무력으로 남쪽을 통일할 필요성을 인정하면서도, 또 한편으로는 여전히 북조선이 경계심을 높이고 먼저 군사상 준비작업을 잘 함으로써 자신의 역량을 강화하여 가능한 전쟁에 대비하여야 한다고 하였다.

3월 30일 김일성 등은 비밀리에 모스크바를 방문하여 4월 25일까지 머물렀다. 스탈린과의 대화에서 김일성은 '소련의 도움으로 조선인민군은 이미 남조선에 대해 군사적 우위를 확보하였으며, 남조선 인민도 지지하고 있다. 이미 조선을 통일할 수 있는 역량을 갖추고 있다'고 소개하였다. 이당시 소련 정보조직은 맥아더 장군이 워싱턴에 비밀보고를 하였으며, 내용중에 미국은 남북조선사이에 발생하는 충돌에 간여하지 말 것을 주장하였다는 정보를 입수하였다. 이로 인해 스탈린도 형세에 대해 낙관하였으며, 현재가 조선통일의 기회라고 믿었다.

스탈린은 이번 회견에서 김일성의 통일계획에 대해 첫 번째로 긍정적인 태도를 보였으며, 나아가 1년전에 김일성의 계획이 통하지 않을 것이라고 말했었다면, 오늘은 이 계획이 통할 것으로 본다고 하였다. 왜냐하면 조선 국내와 국제정세가 모두 중요한 변화가 있었기 때문에 제국주의는 현재 조선 내부 충돌문제에 직접적인 간섭을 하지 않을 것이라고 하였다. 당연히 스탈린은 여전히 조선통일 작전은 남조선의 공격에 대한 반격의 형식을 갖추어야 한다고 강조하였다. 마지막으로 스탈린은 김일성에게 계획을 모택동에게 반드시 통보해야 한다는 점을 환기시키고 모택동이 동의한다면 자신도 반대하지 않을 것이라고 하였다.

스탈린은 시종 모택동에게 정보를 제공하지 않았으며, 최후에 김일성에게 모택동의 동의를 구하라고 요구하였는 데, 특별히 심혈을 기울여 계략을 짠 것은 아닌 것 같다. 중공 중앙이 앞서서 소련에 대만해방을 도와줄 것을 요구하였으며 모택동 또한 직접 스탈린 본인에게 부탁하였전 점으로 미루어 스탈린이 모택동과 김일성과의 관계를 쉽게 정리하지 못했다는 것을 상상할 수 있다. 모택동에게 이러한 선택의 필요성을 설명하고 일의 선후 관계를 논쟁하는것 보다 기정사실화하여 모택동이 할말이 없도록 하는 편이 나았을 것이다. 필경 49년 7월 劉少奇가 대표단을 이끌고 소련을 방문했을 때 이미 雙方간 조선문제는 소련측이 책임을 진다는 데에 합의하였기 때문에 사전에 중국과 협의하지 않는다 해도 정리에 어긋나는 것은 아니었다. 그러나 이렇게 한다고 해도 모택동에게 형식상 '공평'하게 대해야 할 필요가 있었으며, 이러한 방식의 '공평'이 모택동이 원하는 것이 아니라 해도 최소한 스탈린은 김일성이 모택동에게 동의를 구한다면 심리적으로 모택동을 안위할 수 있을 것이라고 보았다. 조선반도의 분단은 중국에 가장 직접적인 영향을 끼치는 사안인대, 일단 정국의 형세가 분명해진 다음에는 어떠했겠는가.

스탈린이 가장 우려했던 것은 미국의 간섭이었으나, 그 또한 미국이 왜 모택동의 중국통일에 간섭하지 않았는 지 이해할 수 없었다. 중국대륙조차 간섭하지 않았는 데, 미국이 작은 조선에 간섭할 것인 가? 현재는 트루만과 애치슨이 공개적으로 조선과 대만은 미국의 방위권에 포함되지 않는다고 하였으므로 더욱 미국의 간섭을 우려할 필요는 없었다. 어쨌든 스탈린이 가장 먼저 생각한 것은 조선문제였다. 왜냐하면 일본은 항상 러시아의 우환이었기 때문이다. 소련의 안보에 별 영향이 없는 대만과 비교할 때 조선의 통일은 소련 극동의 안전을 크게 공고히 할 수 있고 오히려 일본이 소련의 직접적인 위협하에 처할 것이기 때문이다. 이러한 상황은 스탈린이 꿈에 그리던 것이었다. 김일성과 모택동의 요구를 비교한 후 스탈린은 명확히 북조선을 지지하는 것이 중국을 지지하는 것 보다 실속이 있었기 때문인 데, 이는 스탈린이 조선의 전략지위를 중시했을 뿐 아니라 김일성을 돕는 데는 한명의 소련 병사도 필요하지 않았기 때문이었다. 미국이 극동지역에 대해 취하고 있는 불간섭 정책은 제한적일 수 있었기 때문에 소련도 엄격히 수세를 취할 필요성이 있었다. 일단 미국정부가 소련이 비밀리에 극동지역 전쟁에 개입된 것을 알게 된다면 트루만과 애치슨이 그들의 성명을 지킬지 알 수 없었기 때문이다.

약 2주간의 고려 후에 스탈린은 1950년 1월말 김일성의 원조 요구를 받아들이는 방향으로 기울기 시작했다. 스탈린은 1월 8일 주조선 대사에게 보낸 전보에서 '나는 김일성 동지의 불만스러운 감정을 이해한다. 그러나 김일성은 남조선에 관한 이러한 큰 일을 해결 하는 데 착수하려고 한다면 주도면밀하게 준비해야 하며, 리스크가 크지 않도록 해야 한다. 이 일을 본인과 상의하고자 한다면 항상 만날 준비가 되어 있으며, 이 일을 김일성과 토론할 것이다. 이러한 점을 김일성에게 전달하고 이 문제와 관련 김일성을 도울 준비가 되어 있다는 점을 통보할 것'이라고 했다.

이 전보는 스탈린이 김일성을 돕기로 결심했다는 것을 분명히 보여 준다. 이 시점은 모택동이 모스크바를 떠난 지 최소한 반달 정도 시간이 지난 후였는 데 스탈린은 모택동에게 한마디도 알려주지 않았다. 스탈린과 모택동은 단지 우연히 조선문제를 언급했을 뿐인 데, 49년 4월 모택동의 김일성에 대한 약속에 따라 중공 중앙이 50년 1월에 인민해방군의 12,000여 조선족 장병을 무기를 휴대한 채로 북조선 인민군에 이양하기로 결정한 사실을 얘기할 때 두사람은 조선문제를 거론했다. 그러나 모택동은 여전히 현시점은 북쪽이 어떻게 남쪽을 공격할 것인 가 하는 문제가 아니라 어떻게 남쪽의 공격을 방어할 것인가 하는 문제라고 얘기하였다. 모택동이 보기에 더욱 현실적인 것은 중국의 대만 해방 전투였다.

소련은 비밀리에 원조를 하고, 중국은 예상치 못했던 부담을 지게 되다

******

모택동은 크게 우려하고, 김일성의 믿음은 더욱 확고해지다

5월 13일 김일성이 북경 中南海 懷仁堂에 나타났다. 당일 밤 회담에서 김일성은 먼저 스탈린과의 회담 결과를 통보했다. 김일성은 '남조선의 침략 의도가 이미 명백하고 남북조선의 긴장관계는 해결할 수 없는 지경에 이르렀으며, 남조선 인민도 간절히 조국의 통일을 바라고 있으므로, 조선 통일의 기회가 무르익었다. 이점에 대해 스탈린도 명백히 긍정하였으며, 현 시점에서 조선 통일이 가능하다고 인식했다. 단지 스탈린 동지는 이 문제의 최후 결정에 관해 반드시 모택동 동지의 동의를 얻으라고 강조하였다. 이 것이 이번 방문의 주요 목적이다' 라고 설명하였다.

모택동도 김일성이 통일계획을 갖고 있지 않을 것이라고 생각한 것은 아니었으나, 김일성이 통보하는 상황이 매우 의외라고 생각되었다. 왜냐하면 스탈린이 이미 중국의 대만해방을 위한 군사준비 진행에 명백히 동의하였으며, 해방군이 이미 순서에 따라 대만 진공을 위한 여러 사업을 신속히 진행하고 있는 상황에서 스탈린이 왜 갑자기 입장을 바꿔 먼저 조선 통일을 찬성했는 지 알 수 없었다.

모택동은 완곡히 김일성에게 '당신들의 대사가 이미 수차례 본인과 이문제를 논의했다. 본인은 대사에게 현재는 안된다고 얘기했다'고 했다. 김일성은 '소련은 이미 우리를 도와 많은 준비를 하고 있다. 스탈린도 동의했다. 중국이 동의하기만 하면 어떠한 도움도 요구하지 않는다'고 설명했다. 모택동은 부득이 김일성에게 '이것은 매우 중대한 문제다. 소련 대사를 통해 즉각 스탈린에게 사실 여부를 확인해 볼 필요가 있다'고 한 다음 회담을 중지하고 긴급히 소련대사 로신을 접견하여 당장 스탈린에게 전보를 보내 김일성의 설명을 확인해 달라고 요구하였다.

2일째 밤 소련대사는 스탈린의 전보를 들고 모택동을 예방하였다. 전보에는 :

모택동 동지 !

조선 동지와의 대화에서 필리포프(스탈린의 가명)와 그의 친구들은 다음과 같이 의견을 표시하였다 : 국제정세에 변화가 발생하여 그들은 조선인이 새롭게 통일에 착수한다는 건의에 동의하였다. 단 부대 조건이 있다. 즉 문제는 최종적으로 당연히 중국 동지와 조선동지가 공동으로 결정해야 한다는 것이다. 만일 중국동지가 다른 의견이 있다면 문제의 해결은 한차례 새로운 토론이 있을 때까지 연기되어야 한다. 회담의 구체적인 내용은 조선동지가 그대에게 전달 설명할 것이다.

스탈린이 이미 명확한 입장을 밝혔기 때문에 모택동은 자연히 반대 태도를 견지할 방법이 없었다. 모택동은 소련대사에게 '본인은 조선반도의 상황을 주의하고 있다. 본인은 조선 동지의 평가에 완전히 동의한다. 즉 미국세력이 점차 남조선에서 물러나고 있으므로 조선의 정세는 이미 커다란 변화가 발생했다. 그러나 본인은 중국과 조선간 中蘇조약과 같은 우호호조동맹조약을 신속히 체결할 필요가 있다고 생각한다'고 했다. 모택동은 김일성의 계획이 가져올 수 있는 부작용을 우려하였는 데, 북조선이 준비를 잘 할 수 있도록 직접적으로 원조할 필요성이 있는 것이 아닌 지 생각하게 되었다.

소련대사를 면담한 후 모택동은 즉각 주은래 등 북경에 있는 중앙 정치국 영도들을 소집하여 회의를 개최하고 이 중요한 상황 변화를 토론하였다. 모택동은 스탈린과 김일성이 사전에 자신과 이 일을 협의하지 않은 데 대해 매우 불쾌해하였다. 수년 후 모택동은 소련대사 및 미코얀, 흐루시쵸프 등 과 회견할 때 수차례 이 일을 제기하였는 데 '사실상 자기는 김일성이 급하게 와서 스탈린이 이미 동의했다고 할 때에야 비로서 그런 일이 있었다는 것을 알게 되었으며, 중공 중앙은 스탈린의 의견에 동의할 수 밖에 없었다'고 했다. 왜냐하면 스탈린은 1945년이래 수차례 중국공산당에 개입하여 '혁명을 불허'(번역자 주 : 스탈린이 중국 공산당의 전 중국 통일과정에서 보인 상해진공과 양자강 도하 만류 등 소극적 태도를 지칭하는 것으로 이해)함으로써 모택동과 중국 영도들의 인의 강렬한 불만을 야기하였는 데, 사실은 이러한 외부로부터의 간여가 매우 잘못된 것임을 증명하고 있다. 이러한 기억들이 생생한 새로운 상황에서, 모택동과 그의 동료들이 스탈린이 과거에 했던 그러한 역할을 어떻게 할 것인가? 어쨌든 중공 중앙은 기정사실을 받아들이기로 최종 결정하였다.

5월 15일 모택동은 다시 김일성과 회담하였다. 모택동은 김일성에게 '원래 본인은 응당 대만을 먼저 해방하고 그 다음에 조선문제를 해결해야 하며 그렇게 해야만 중국이 북조선을 충분히 원조할 수 있다고 생각했다. 그러나 통일문제가 이미 모스크바의 승인을 얻었다면 본인도 먼저 조선통일을 추진하는 데 동의한 다'고 통보했다. 김일성은 모택동에게 3단계 계획을 상세히 소개하였다. 1단계로 병력을 진일보 강화하고, 2단계는 남측에 대해 공개적으로 평화통일 방안을 제 시하며, 3단계는 평화통일 방안을 남조선이 거절할 경우 무력에 호소한다는 것 이었다. 모택동은 이에 대해 긍정적인 의견을 표시하고 다음과 같이 강조하였 다 : 작전계획은 충분히 준비하여야 하며, 부대행동은 신속해야 한다. 주요 도시 를 포위해야 하나 도시를 점령하기 위해 시간이 지체되어서는 안된다. 병력을 집중하여 적을 소멸해야 한다. 그러나 모택동은 여전히 미국이 일본군대를 사주 하거나 아니면 직접적으로 간여할 가능성을 우려하였다. 모택동은 김일성에게 '2-3만 일본군이 일단 전쟁에 투입되면 전체 전쟁 과정이 연장될 것이다. 미군 이 전쟁에 참여하면 중국은 당연히 군대를 파견하여 북조선을 지원할 것이다. 왜냐하면 미군이 참전해도 소련은 출병하기가 여의치 않은 데, 소련은 미국과 체결한 협정의 제한을 받기 때문이다. 반면 중국은 이러한 제한을 받지 않는다 '고 했다.

김일성은 '일본군의 참전 가능성이 크지 않으며, 설사 미국이 2-3만명의 일본 군을 파병한다고 해도 전황을 바꾸지는 못할 것이며, 오히려 인민군 사병이 더 욱 용감히 싸울 것'이라고 했다. 미국의 참전 가능성에 대해서는 '그건 거의 불 가능하다'고 단언하면서, 스탈린이 '제국주의는 간여하지 않을 것'이라고 했으므 로 더 이상 고려할 필요가 없다고 했다. 그러나 모택동은 여전히 '제국주의일은 우리가 알 수 없다. 우리는 그들의 참모장이 아니며, 그들이 무엇을 생각하는 지 알 수 없다'는 의견을 제시하였으며, '그러나 어쨌든 준비는 필요하다. 우리 는 압록강변에 3개 군을 배치하겠다. 만일 제국주의가 불간섭하면 상관이 없을 것이며, 제국주의가 간섭을 하더라도 38선을 넘지 않으면 우리도 관여하지 않을 것이다. 만약 38선을 넘으면 우리는 싸우러 갈 것이다'고 했다. 김일성은 이에 대해 감사를 표시하면서도 완곡히 거절하였다. 5월 16일 모택동과 김일성이 마 지막으로 회담한 날, 모택동은 모스크바로부터 전보 한 통을 받았는 데, 내용은 모택동이 제기한 中朝간 우호호조동맹조약 체결에 동의를 표시하고, 단지 모스크바는 이것을 전쟁 발동전이 아니라 조선이 성공적으로 통일된 후 체결하는 것이 응당하다고 생각한다는 것이었다.

조선전쟁이 임박해진 데 따른 이 시기 김일성의 흥분된 감정은 이해할 수 있다. 이와 비교할 때 대만문제의 해결이 엄중히 영향을 받았다는 점에서 모택동의 낙담 또한 말하지 않아도 알 수 있다. 김일성이 소련을 방문하기 얼마 전부터 중공은 대만을 무력통일하는 구체적 작전 구상에 대해 소련 군사 당국과 깊은 토론을 진행하고 있었고, 또한 공군과 해군 장비가 계속 도착하고 있었기 때문에 대만을 공격하기 위한 기술조건문제가 각방면의 노력을 통해 점차 해결되고 있었으며, 중공 중앙은 이미 자기의 역량에 의지하여 대만을 탈취하는 결심을 새롭게 하기 시작했다. 초보적으로는 1951년중 조건이 기본적으로 갖추어진 후 적당한 시기를 선택하여 작전행동을 개시하려고 했었다. 어쨌든 모택동은 조선전쟁이 대만해방에 앞서 진행될 것이라는 점을 생각하지 못했다. 그가 가장 우려한 것은 일단 조선전쟁이 발발하면 승패를 떠나 미국정부가 대만에 대한 정책을 바꾸게 될 것이며, 이로인해 대만해방의 계획이 거대한 어려움에 직면할 수도 있다는 것이었다.

/끝/

참고문헌

[공식문서]

미국:

Korea's Independence, Publication No.2933, Far Eastern Series(FES) 18, October, 1947.

Korea, 1945 to 1948: A Report on Political Developments and Economic Resources with Selected Documents, Pub. 3305, FES 28, October, 1948.

United States Policy in the Korean Crisis, Pub. 3922, FES 34, 1950.

United States Policy in the Korean Conflict—July, 1950—February, 1951, Pub. 4263, FES 44, 1951.

The Conflict in Korea: Events Prior to the Attack on June 25, 1950, Pub. 4266, FES 45, August, 1951.

United Nations Action in Korea Under Unified Command: Report to the Security Council: First Report, July 25, 1950, Pub. 3935, International Organization & Conference(IOC), Ⅲ, 54, 1950.

• Second Report, August 16, 1950, Pub. 3955, IOC, Ⅲ, 55, 1950.

• Third Report, September 2, 1950, Pub. 3962, IOC, Ⅲ, 56, 1950.

• Fourth Report, September 17, 1950, Pub. 3978, IOC, Ⅲ, 59, 1950.

• Fifth Report, October 5, 1950, Pub. 3986, IOC, Ⅲ, 60, 1950.

• Sixth Report, October 25, 1950, Pub. 4006, IOC, Ⅲ, 62, 1950.

National Emergency, Address and Proclamation by President Truman, Pub. 4052, General Foreign Policy(GFP), 40, 1950.

It has Fallen to us: A Letter from Secretary of State on the Meaning of Korea, Pub. 4144, GFP 45, 1951.

Preventing a New World War, Address by Harry S. Truman, Pub. 4195,

GFP 48, 1951.

Why we need Allies? Address by President Truman, May 7, 1951, Pub. 4218, GFP 50, 1951.

A Global Foreign Policy, Pub. 4277, GFP 57, 1951.

The Measure of Today's Emergency, Remarks by the Secretary of State, Pub. GFP 63, 1951.

The Defense of Freedom, Address by President Truman, July 4, 1951, Pub. GFP 62, 1951.

The American Frontier, 1951, Address by President Truman, July 28, 1951, Pub. 4313, GFP 64, 1951.

Problem of Peace in Korea—An Oral Report by Secretary of State, Pub. 4771, IOC Ⅲ 88, October, 1952.

Selected Speeches and Statements of Secretary of State Acheson, February, 1949—April, 1950, Pub. 3852, GFP S. 28, 1950.

Selected Documents on American Foreign Policy, 1945~1951, Pub. 4245, GFPS 53, October, 1951.

North Korea: A Case Study on the Techniques of Take Over, Pub. 7118, FES 103, January, 1961.

A Historical Summary of United States—Korean Relations: with Chronology of Important Developmets, 1834~1962.

Department of States Bulletin, 1947~1950.

United States, Department of the Army and National Security Council: Korea, 1950, 1951.

Army Information Digest, August, 1950.

National Security Council Paper, No.68, 1949.

미국議會:

Public Law No.477. 81st Congress, 2nd Session, 1950.

Senate, Committee on Foreign Relations, Backgroud Information on Korea.81st Congress, 2nd Session, 1950.

Senate, Committee on Foreign Relations, A Decade of American Foreign Policy, 1939~1949. 81st Congress, 1st Session, 1950.

Senate, Committees on Armed Service and Foreign Relations, Military Situation in the Far East. 82nd Congress, 1st, Session, 1951.

Senate, Committees on the Judiciary, Strategy and Tactics of World Communism and Judiciary, 83rd Congress, 2nd Session, July, 1954.

Senate, Committees on Foreign Relations, The United States and Korean Problem: Documents, 1943~1953. 83rd Congress, 1953.

旧소련:

Ministry of Foreign Affairs, The Soviet Union and the Korean Question -1945~1948. Moscow: 1948.

USSR Embassy in the United States, USSR Information Bulletin, 1945~1950.

旧소련 '정부문서' 1949년 1월~1953년 7월(公電 및 公文 총 216건)

중국:

Ministry of Foreign Affairs, The Sino-Soviet Treaty and Agreements. Beijing: Foreign Language Press, 1950.

Shih Chieh Chih Shih, A Chronicle of Principal Events Relating Korean Question, 1945~1954. Beijing: Shihchieh Chihshih, 1954.

Shinhwa Shihshih Tsungkan She, Chao Hsien Min Chu Chui Sen Min

Kung Ho Kuo. Peking: Shinhwa Shihshih Tsungkan She, 1950.

自由中國(대만):

China Handbook, 1937~1945. New York: The MacMillan Co., 1947.

China Handbook, 1950. New York: Rock Port Press, Inc., 1950.

China Handbook, 1951~1952. Taipei: China Publishing Co., 1952.

China Handbook, 1953~1954. Taipei: China Publishing Co., 1953.

韓國:

ROK Delegation to the United Nations, "Toward Triumph", Korea and
    United Nations, New York: 1952(unpublished phamphlet).

外務部, 韓國統一問題: 1943~1960. 서울: 外務部, 1961.

國防部, 韓國動亂一年誌, 서울: 國防部, 1954.

公報處 A Handbook of Korea. Seoul: Office of Public Information,
    1956.

北韓:

1950년 미국 정부와 유엔軍이 노획한 '공문서' 다수(현재 미국도서관이
    보관)

일본:

內閣官房聽, ソビエト年鑑, 東京: 勞動新聞社, 1954.

外務省, 日本外交年鑑表, 東京: 日本國聯協會, 1955.

Cabinet Office, Soviet Nenkan, 1953. Tokyo: Rodo Shin Bun Sha, Ltd.,
    1954.

유엔:

Year Book of the United Nations, 1946~1947. New York: Department
    of Public Information of the UN, 1947.

Year Book of the United Nations, 1947~1948. New York: Department
    of Public Information of the UN, 1948.

Year Book of the United Nations, 1948~1949. New York: Columbia
    University Press, 1949.

Year Book of the United Nations, 1948~1949. New York: Columbia
    University Press, 1950.

United Nations Bulletin, 1947~1950.

[한국서적]

金基兆, 『38線 分割의 歷史』(東山出版社, 1994).
주영복, 『내가 겪은 조선전쟁』(고려원, 1990).
최태환(공저), 『젊은 혁명가의 초상』(공동체, 1989).
김영훈, 『分斷과 戰爭』(도선출판 다나, 1994).
金陽明, 『한국전쟁사』(日新社, 1976).
金點坤, 『한국전쟁과 노동당전략』(박영사, 1973).
金學俊, 『소련정치론』(일지사, 1976).
_____, 『한국전쟁』(法文社, 1990).
金容郁, 『韓民族의 平和統一論』(大旺社, 1995).
朴甲東, 『박헌영: 그 일대기를 통한 현대사회 재조명』(인간사, 1983).
_____, 『서울, 평양, 北京, 東京』(기린원, 1988).
梁好民・李相禹 공편, 『민족통일론의 전개』(형성사, 1982).

李命英,『권력의 역사: 조선로동당과 근대사』(성균관대학교 출판부, 1983).

韓國弘報協會,『韓國動亂』(韓國弘報協會, 1973).

陸軍士學校,『韓國戰爭史』(일신사, 1994).

박명림,『한국전쟁의 발발과 기원』(도서출판 나남, 1996).

드미트리 볼코고노프(한국전략연구소 역),『스탈린』(세경사, 1993).

가브릴 코로토코프(이건주 옮김),『스탈린과 金日成』(≪東亞日報≫社, 1992).

[외국서적]

神谷不二,『朝鮮戰爭』(中央公論社) 1966.

陸戰史普及會編,『朝鮮戰爭』(原書房) 1966~1973.

徐大肅(金進 訳),『朝鮮共産主義運動史』(コリア評論社) 1970.

民族問題研究會編,『朝鮮戰爭史』(コリア評論社) 1971.

永井陽之助,『冷戰の起源—戰後のアジアの國際環境—』(中央公論社) 1978.

朱榮福,『朝鮮人民の南侵と敗北』(コリア出版) 1979.

趙淳昇,『朝鮮分斷の責任』(成甲書房) 1984.

金學俊(市川正明 訳),『朝鮮半島の分斷構造』(論創社) 1984.

_____,『朝鮮戰爭』(東京: 論創社) 2007.

小此木政夫,『朝鮮戰爭』(中央公論社) 1986.

平松茂雄,『中國と朝鮮戰爭』(勁草書房) 1988.

思想運動研究所編,『日本共産黨事典』(全貌社) 1978.

日本共産黨 中央委員會,『日本共産黨の六十五年』上・下, 1988.

饗庭孝典,『朝鮮戰爭』(日本放送出版協會) 1990.

萩原 遼,『朝鮮戰爭』(東京: 文藝春秋) 1994.

藤原 浪,『日本共産黨の細胞經營と今後の對策』(東京: 極東事情研究所) 1955.

柳 政治, 『日本共産黨の運動史』(戰後編)(東京: 改文閣) 1953.

野坂參三, 『新シイ中國ト日本』(東京: 日本共産黨) 1949.

聶榮臻, 『聶榮臻 回憶錄』(北京: 解放軍出版社) 1984.

和田春樹, 『朝鮮戰爭』(東京: 岩波書店) 1996.

トルクノフ A. V. (下斗米仲夫, 金成浩 譯), 『朝鮮戰爭の謎と眞実』(草思社) 2001.

赤木完爾 編著, 『朝鮮戰爭』(慶應義塾大學出版會) 2003.

Acheson, Dean, Present At The Creation, My years in the State Department, New York: New American Library, 1969.

Bailey, Sydny D, The Korean Crisis. London: National Peace Council, 1951.

Barnett, A. Doak, Communist China and Asia. New York: Harper & Brothers, 1960.

Beloff, Max, Soviet Policy in the Far East. London: Oxford University Press, 1952.

Boorman, Howard L., et al., Moscow－Peking Axis, Strength and Strains. New York: Harper & Brothers, 1957.

Borton, Hugh, et al., Japan Between East and West. New York: Harper & Brothers, 1957.

Bouscaren, Anthony T., Imperial Communism, Washington: Public Affairs Press, 1953.

Calvocoressi, Peter and Harden Sheila(ed.), Survey of International Affairs, 1949～1950. London: Royal Institute of International Affairs, 1953.

Campbell, John C., "Soviet Politics and Successes in Eastern Europe", The Threat of Soviet Imperialism, ed. c. Grove Haines. Baltimore: The John Hopkins University Press, 1954.

Chen, Theodore H., The Chinese Communist Regime: A Documentary Study. Vol. I. Los Angeles: University of Southern California Press. n. d.

Cheng, Tien Fong, A History of Sino−Soviet Relations. Washington: Public Affairs Press, 1957.

Corry, J. A., Soviet Russian and Western Alliance. Toronto: Canadian International Affairs, 1958.

Cumings, Bruce, The Origins of The Korean War. Vol. I. Princeton: Princeton University Press, 1981.

Dallin, David, Jr., Soviet Russian and Far East. New Haven: Yale University Press, 1949.

_____, The Changing World of Soviet Russia, New Haven: Yale University Press, 1956.

_____, Soviet Foreign Policy Afrer Stalin. New York: J. B. Lippincott Co., 1961.

David, F. D., Our Neighbors: The Korea. New York: Field Afar Press, 1946.

Dulles, John F., War or Peace. New York: The MacMillan Co., 1950.

Farley, Miriam S., Korea and World Politics. Toronto: Canadian Association for Adult Education, 1950.

Fleming, D. F., The Cold War and Its Origins, 1917~1960. Vol. II; Garden City, N.Y: Doubleday & Co., Inc., 1961.

Gluckstein, Ygael, Mao's China. London: George Allen & Unwin Ltd., 1957.

Gromyko, Andrei, Memoirs. New York: Doubleday, 1989.

Halliday, John and Cumings, Bruce, Korea: The Unknown War. New

York: Pantheon, 1988.

Hindus, Maurice, Crisis in the Kremlin. Garden City, N.Y.: Doubleday & Co., Inc., 1953.

Karig, Walter, et. al., Battle Report, the War in Korea. Prepared from official sources. New York: Farrar & Rinehart, 1952.

Keeton, George W., et. al.(ed.), Year Book of World Affairs, 1953. New York: Frederick & Prager Inc., 1953.

Kennan, George F, Memoirs 1925~1950. Boston: Atlantic Little, Brown & Co., 1967.

Crankshaw, Edward, Khruschev Remembers. Boston: Little, Brown, 1970.

Levl, Wener, Modern China's Foreign Policy. Minneapolis: University of Minnesota Press, 1953.

Lindsy, Michael, China and Cold War. Melbourne: Melbourne University of Press, 1955.

Manel, William, Soviet Source Material on USSR Relations with East Asia: 1945~1950. New York: Institute of Pacific Relations, 1950.

McCune, George M., Korea Today. Cambridge: Harvard University Press, 1950.

McCune(ed.), Korean American Relations. Berkeley: University of California Press, 1951.

Mosely, Philip E., The Kremlin and World Politics, Studies in Soviet Policy and Action. New York: Random House, 1960.

Oliver, Robert T., Why War Came in Korea. New York: Fordham University Press, 1950.

_____,Syngman Rhee: The Man Behind the Myth. New York: Doad Meat & Co., 1954.

Panikkar, K. M., In Two China, Memoirs of a Diplomat. London: George Allen & Unwin Ltd., 1955.

Poats, Rutherford M., Decision in Korea. New York: The Mcbride Co., 1954.

Pyun, Young Tai, Korea My Country, Washington: Library of International Speech, Korean Pacific Press, 1953.

Reichauer, Edwin. O., An Asian Policy. New York: Alfred A. Knopf, 1955.

Robert, Payne, Portrait of a Revolutionary: Mao Tse Tung. New York: Abelard – Schuman Ltd., 1961.

Rostow, W. W., et. al., Prospect for Communist China. New York: John Wiley & Sons Inc., 1954.

Rudolph, Philip, North Korea's Political and Economic Structure. New York: International Secretariat, Institute of Pacific Relations, 1959.

Rusk, Dean, As I Saw It. New York: W. W. Norton & Co., 1990.

Salisbury, H. E., Moscow Journal. Chicago: Chicago University Press, 1961.

Scalapino, Robert A., The Japanese Communist Movement 1920~1966. Berkeley: University of California Press, 1962.

Slusser, Robert M., et al., A Calender of Soviet Treaty, 1917~1957. Stanford: Standford University Press, 1959.

Smith, Walter B., My Three Years in Moscow. New York: J. B. Lippincot Co., 1950.

Stone, Isidor F., The Hidden History of Korean War. New York: Monthly Review Press, 1952.

Swearingen, Rodger and Langer, Paul, Red Flag in Japan. Cambridge:

Harvard University Press, 1952.

Tang, Peter S. H., Communist China Today, Vol. Ⅰ, Washington: Reseach Institute on the Sino－Soviet Bloc, 1961.

Truman, Harry S., Memoirs. Vol.Ⅱ: Years of Trial and Hope. New York: Doubleday & Co., 1956.

Walker, Richard L., China Under Communism: The First Five Years. New Haven: Yale University Press, 1955.

Wedemyer, A. D., Wedemyer Reports. New York: Henry Hold & Co., 1958.

Whiting, Allens S., China Crosses the Yalu. New York: The MacMillan Co., 1960.

Wilcox, Francis O., Recent American Foreign Policy Basic Document: 1941～1951. New York: Appleton－Century－Craft, Inc., 1952.

Wu, Aitchen K., China and the Soviet Union, A Study of Sino－Soviet Relations. New York: The John Day Co., 1950.

[한국논문]

동아일보사 안보·통일문제조사연구소(편), "분단국의 대화"(동아일보사, 1979).

溫揚一, "미국의 대한 안보개입의 기본태세, 1945～1953" 『국제정치논총』(한국국제정치학회), 제25집(1985).

李用熙, "38線劃定新考: 소련對日參戰史에 關하여", 『아세아학보』 제1집 (서울: 1965년 12월).

鄭鎔碩, "38線劃定과 미국의 책임", 『신동아』』(서울: 1971년 8월).

_____, "韓半島는 4분될 뻔했다", 『신동아』(1983년 1월).

384

丁一權, "6·25 비록, 전쟁과 휴전"(동아일보사, 1985).

蘇鎭轍, "共産軍은 이렇게 남침準備를 하였다", 『共産主義問題硏究』 제1권 제1집(서울: 1964년 9월).

_____, "北傀軍은 왜 남침했나", 『共産主義問題硏究』 제1권 제2호(서울: 1965년 11월).

_____, "韓國戰爭과 中·蘇 同盟의 對日包圍 전략", 硏究論文 84 3(外務部 外交安保硏究院, 1984. 11).

_____, "한국전쟁의 기원 - 후루시쵸프와 金日成의 主張", 『외교』 제12호(한국외교협회, 1989. 12).

_____, "한국전쟁의 기원 - 스탈린의 일본공산당 비판과 6·25 전쟁", 『외교』 제24호(한국외교협회, 1992. 12).

_____, "金日成이 말한 한국전쟁의 기원", 『北韓』 1989. 6(北韓硏究所).

Soh, Jinchul, "The Role of the Soviet Union in Preparation for the Korean War", Journal of Korean Affairs, Vol.Ⅲ, No.4(Jan. 1974).

_____, Some Causes of The Korean War of 1950: A Case Study of Soviet Foreign Policy in Korea(1945~1950), with Emphasis on Sino-Soviet Collaboration. Unpublished Ph.D. dissertation, The University of Oklahoma, 1963.

Soon-Sung Cho, "The Politics of North Korea's Unification Policies, 1950~1965", World Politics, Vol.14 No.2(January 1967).

Chong-Sik Lee, "Politics in North Korea: Pre-Korean War Stage", in Robert A. Scalapino(ed.), North Korea Today(New York: Frederick A. Praeger, 1963).

Sung-Joo Han, "The Republic of Korea and the United States: The Changing Alliance", Korea & World Affairs, Vol.1, No.2(Summer 1977).

Ju, Yeongbok, "I was in the Invading Army of Korea", Korean Survey, XⅢ, No.7(Sept. 26, 1950).

金昌順, "六. 二五와 朴憲永", ≪韓國日報≫(1962. 6. 25.~7. 11.)

韓載德, "金日成을 告發한다", ≪東亞日報≫(1962. 4.~8.)

朱榮福, "望鄕", ≪東亞日報≫(1962. 7. 28.~8. 18.)

[외국논문]

Acheson, Dean G. "Crisis in Asia—an Examination of the United States Policy", Department of State Bulletin, XXⅢ(January 23, 1950), pp.111−118.

Ashida, Hitoshi. "Japanese Communist Temptation", Contemporary Japan, XX. Nos.1~13(1950), p.18.

Baldwin, Hanson W. "Major Decisions in Korea." New York Times, June 30, 1950, p.3.

_____, "Soviet Arms Well Tested", New York Times, July 5, 1950, p.6.

Baldwin, Roger N. "Our Blunder in Korea", The Nation, No.165(August 2, 1947), pp.119−213.

Benson, Oliver E. "Changing Patterns of Policy Formation and Implementation in Communist China", The Southwestern Social Science Ouarterly, September, 1959, p.77.

Blum, Bystanley B. "Sharing the Burden", Journal of International Affairs, Ⅵ(Spring, 1952), p.147.

Chang, C. M. "Communism and Nationalism in China", Foreign Affairs, XXⅦ, No.r(July, 1950), pp.548−564.

Delivet, Louis, "The Five Danger Spots of the World", United Nations World, Ⅳ, No.8(August, 1950), p.19.

Dulles, John F. "The Korean Experiment in Representative Government", Department of State Bulletin, ⅩⅩⅢ, No.574(July 3, 1950), p.13.

Farley, Mirian S. "Crisis in Korea", Far Easterm Survey, ⅪⅩ, No.14 (August, 1959), pp.149－152.

Gromyko, A. "Gromyko's View on Validity of the Resolution adopted by Security Council", New York Times, July 4, 1950.

Hartwell, J. R. "Korea: Incident or Global War?" Eastern World, Ⅳ, No.8～9(August－September, 1950), p.7.

Hudson, G. F. "Korea and Asia", International Affairs, ⅩⅩⅦ, No.1 (January, 1951), p.10.

Kalinov, Kyril. "How Russian Built North Korean Army", The Reporter, Ⅲ, No.7(September 26, 1950), pp.4－8, and No.8(October 10, 1950).

Kern, Harry F. "Significance: Will the Chinese Red Move?" News Week, Ⅱ, No.3(July 17, 1950), p.7.

Langer, Paul and Swearingen, Rodger. "The Japanese Communist Party, The Soviet Union and Korea", Pacific Affairs, ⅩⅩⅢ(December, 1950), p.350.

Lawrence, Robsinger L. "Breaking up the Japanese Empire", Foreign Policy Reporter(June 1, 1944), p.68.

Malenkov, Georgi M. "Proud and Calm With Abundant Reason, USSR Marks 32nd Anniversary", USSR Information Bulletin, Ⅹ(November 18, 1949), pp.696－697.

McCune, George M. "The Occupation of Korea", Foreign Policy Reports, ⅩⅩⅢ(October, 1947), p.194.

North, R. C. "The Sino－Soviet Agreement of 1950", The Far Eastern Survey, ⅪX, No.13(July, 1950), pp.125－130.

Partt, John. "Moscow and Peking", Eastern World, Ⅴ, No.11(November, 1951), p.9.

Rhee, Syngman. "The Korean Dilemma: Between Russia and Japan", Korean Survey, Ⅲ, No.3(December 6, 1954), p.175.

"Good－by to Red Terror", Life, ⅩⅩⅩ, No.24(December 13, 1954), p.50.

Rudzinki, Alexander W. "The Influence of the UN on Soviet Policy", International Organization, Ⅴ, No.2(May, 1951), pp.292－293.

Stalin, J.(Observer), "Concerning The Japanese Situation", For a Lasting peace and For a Peoples Demacracy, Bucharest, Jan. 6, 1950.

Strong, Anna L. "North Korea", New Statement and Nation, January 17, 1948.

Swearingene, Rodger. "Nosaka and Cominform", Far Eastern Survey, Ⅺ Ⅹ(May, 1950), pp.99－100.

Topping, Seymour. "Indo－China on the Razor's Edge", Foreign Affairs, ⅩⅩⅣ(April, 1951), pp.468－469.

Truman, Harry S, "Tough Decisions in Korea", Life(Februaty 6, 1956), pp.127－138.

Washburn, J. W. "Russia Looks at Northern Korea", Pacific Affairs, Ⅹ Ⅹ(June, 1947), pp.152－153.

"Korea: A Chronology of Principal Events, 1945～1950", The World Today, Ⅵ, No.8(August, 1950), p.320.

野坂參三, "私の自己批判", ≪前衛≫(1950. 3).

榜田里見, "私の戰后史", ≪週間朝日≫, (1978.4.28,6.9).

閔錫山, "第3次世界大战の展望", ≪改造≫(ⅩⅩⅪ, No.9, 1950. 9).

388

青石, "1950年 解放台湾計劃", ≪百年潮(中共党機関紙)≫,(1997).

[신문, 잡지]

Time	Pravda
New York Times	Izvestia
News Week	Facts on File
New York Herald Tribune	The Reporter
US News & World Report	サンデイ毎日
Life	毎日新聞
中央公論	毎日情報
極東通信(東京)	朝日新聞
改造, 世界	世界ノ動キ
前衛, 赤旗	東亞日報
新華社通信	韓國日報
China News Analysis	朝鮮日報
人民日報	노동신문
South China Morning Post	민주일보
大公報, 1950, Shanghai News, 1950	
Central News Agency	
People's China	
London Times	
Intelligence Digest	
New Times(Moscow)	

색 인

소진철 •약 력•

1930년 전북 익산 생
1953년 서울대 법대 졸업(고등고시 행정과 합격)
1957년 미국 남 일리노이대학 M.A.
1963년 미국 오클라호마대학 Ph.D.
     박사학위논문: Some Causes of the Korean war of 1950-A Case
     Study of the Soviet Foreign Policy in Korea (1945-1950), with
     emphasis on Sino-Soviet collaboration.
1960 ~ 1985년 외무부 근무
     (싱가폴, 아프간, 요르단 대사 역임)
1964년 미국 메릴랜드대학(서울캠퍼스) 강사
1986년 미국 버클리대학(동아연구소) 연구교수
1987년 ~ 현재 원광대학교 교수, 객원교수

•주요논저•

『한국동란』(공저)
『韓國戰爭의 起源』(원광대 출판국)
『SOME CAUSES OF THE KOREAN WAR OF 1950』(한국학술정보)
『朝鮮戰爭の起源』(일본, 동경, 삼일서방)
「공산군은 이렇게 남침준비를 하였다」(논문)
「The role of the Soviet Union in preparation of the Korean war」
「한국전쟁과 중소동맹의 대일포위 전략」 외 다수

한국전쟁 어떻게 일어났나

• 초판 인쇄   2008년 11월 25일
• 초판 발행   2008년 11월 25일
• 지 은 이   소진철
• 펴 낸 이   채종준
• 펴 낸 곳   한국학술정보㈜
              경기도 파주시 교하읍 문발리 513-5
              파주출판문화정보산업단지
              전화 031) 908-3181(대표)·팩스 031) 908-3189
              홈페이지 http://www.kstudy.com
              e-mail(출판사업부) publish@kstudy.com
• 등   록   제일사-115호(2000. 6. 19)
• 가   격   35,000원

ISBN 978-89-534-6814-6 93340 (Paper Book)
      978-89-534-6856-6 98340 (e-Book)